Theory of Logistics Management

개정2판

물류관리사를 위한

# 물류관리론

이서영 저

도서출판 두남

# 개정 2 판 머리말

물류에 대해 조금이라도 쉽고 평이하게 소개함으로써 학생들의 이해를 돕고자 하는 목적으로 본서를 출간한 지 벌써 12년이 지났다. 이 자리를 빌어 그 동안 부족한 점이 많았음에도 이 책을 대학교재로 채택하여 활용해 주신 교수님들을 비롯하여, 애독해 주신 독자들에게 감사를 드린다.

초판이 출간될 당시에 비하여 국내외 물류산업은 물류수요 다양화와 기술변혁에 따른 환경변화 그리고 이에 대응하려는 물류기업들의 혁신에 따라 급격한 변화를 겪고 있다. 특히 물류네트워크 측면에서 소비자 니즈에 탄력적 대응을 위한 플랫폼 방식의 물류네트워크 구축이 활발하게 진행되고 있으며, 노동 측면에서는 로봇의 부상과 자동화기기의 인력 대체 현상이 가속화되고 있다. 이에 따라 물류기업은 4차산업혁명 시대 급변하는 물류환경의 변화 속에서 물류산업의 복잡화와 고도화에 대응하기 위해서는 체계화된 물류관리를 통한 효율화가 필수적이다. 그 어느 시대보다 물류관리의 중요성이 더욱더 강조되고 있는 현실이다.

이처럼 물류환경이 급변하게 변화하고 있는 상황에서 교과목의 특성상 실제 변화된 물류산업의 새로운 동향 등을 반영해야 할 필요성을 느껴 물류관리론의 개정2판을 출간하게 되었다. 이번 개정의 주안점은 그 동안 저자가 강의하면서 느꼈던 점과 여러 교수님들의 의견을 참조하여 다음과 같이 개정하였다.

첫째, 4차산업혁명 시대와 관련하여 물류산업의 변화된 트렌드를 반영하였다.

둘째, 통계자료의 내용을 최신 내용으로 업데이트 하거나 새로운 자료로 대체하였다.

셋째, 그 동안 본서를 교재로 사용해 주신 교수님들의 의견을 수렴하여 내용상의 오류를 수정하고 불필요한 내용을 삭제하거나 간략하게 정리하였다.

필자는 나름대로 많은 자료와 신념을 가지고 지난 1년 동안 개정작업을 진행하였다. 개정작업을 진행하는 과정에서 당초의 목표였던 물류관리에 관련하여 누구든지 쉽게 이해하고 접근할 수 있는 물류 지침서를 제공하자는 의도와는 다르게 부족한 점이 많다는 것을 새삼 느끼게 되었다. 아무쪼록 대학에서 물류를 공부하는 학생들 뿐만 아니라 일선의 물류실무자에게 조금이라도 도움이 되길 희망한다.

이 책을 출판하기까지 저자는 주위의 많은 지인들로부터 은혜를 입어왔다. 특히 전재경 교수님께서는 물심양면으로 많은 지원과 격려를 해 주셨다. 전재경 교수님께 지면으로나마 감사의 뜻을 표할 수 있게 된 것을 더 없이 영광으로 생각한다. 그리고 본서를 출판해 주신 도서출판 두남 사장님과 편집부 관계자들께도 감사를 표한다.

2023년 8월
저자 씀

# 차 례

## CHAPTER 1 물류의 기초 ——13

## CHAPTER 2 물류관리의 이해 —35



## CHAPTER 3 물류관리전략 —63

## CHAPTER 4 물류관리조직 —85



## CHAPTER 5 물류비 관리 —99

## CHAPTER 6 물류표준화와 공동화 —136



## CHAPTER 7 공급사슬관리 —169

## CHAPTER 8 물류아웃소싱과 제3자물류 —198



## CHAPTER 9 운송관리 —214

Chapter 1

# 물류의 기초

## 제 1 절 물류의 의의

### 1. 물류의 개념

물류의 역사는 인류의 역사와 동일하다. 자급자족 시대에는 생산과 소비가 동일하여 물류가 필요 없지만, 사회적 분업시대는 생산과 소비가 분리되고 이것을 연결하는 물류 활동이 필요하게 되었다. 기업경영에서 물류의 비중이 점차 높아가고 있는데 특히 최근에는 물류의 영문표기가 Physical Distribution에서 Logistics로 변하여 점차 업무영역이 넓어져 감을 볼 수 있다. 물류는 경영학에서 파생된 마케팅에 소속된 학문이라고 할 수 있는데, 마케팅에서는 제품전략, 가격전략, 촉진전략과 유통전략을 다루고 있기 때문이다. 이 중 유통전략에서 상류와 물류로 구분하여 다루고 있으며, 오늘날의 물류는 무역학, 산업공학, 회계학, 경영학, 마케팅 등 종합학문으로 자리 잡아 가고 있는 경향이다. 물류의 목적은 경제적 측면으로는 물류합리화와 생산성 제고를 통한 원가절감과 이를 통한 물가상승 억제, 기업적 관점에서는 최소의 비용으로 고객서비스를 극대화하는 것이다. 물류는 서비스 향상과 물류비용 절감을 추구하되 인간을 노동으로부터 해방시키고 인간의 생활수준을 향상시킨다는 인간중심에 두고 있다. 기업은 제품이나 서비스의 형태, 시간, 장소, 소유가치를 창출하는 활동을 수행하는데, 이 중 물류와 가장 관계가 깊은 것은 시간과 장소이다.

물류란 물리적인 물物의 흐름에 관한 경제활동으로서 시간, 공간 그리고 일부의 형질변경을 통한 효용창출이 주업무이며, 생산된 재화를 수요자에게 이동시키는 과정과 관련되는 운송, 보관, 하역, 포장 및 이들 활동을 지원하는 정보 등의 제 활동이라 할 수 있다. 우리나라 물류정책기본법에서 규정하고 있는 물류에 대한 정의는 물류란 재화가 공급자로부터 조달, 생산되어 수요자에게 전달되거나 소비자로부터 회수되어 폐기될 때까지 이루어지는 운송, 보관, 하역 등과 이에 부가되어 가치를 창출하는 가공, 조립, 분류, 수리, 포장, 상표부착, 판매, 정보통신 등을 말한다.

**표 1-1** 물류의 정의

| 단체 및 개인 | 정의 |
|---|---|
| 미국마케팅협회<br>(AMA, 1948) | 생산의 단계에서 소비 또는 사용의 단계에 이르기까지의 재화의 이동 및 취급을 관리하는 것이다. |
| 미국로지스틱스관리협회<br>(NCLM, 1985) | 제품의 기원에서 소비시점까지 고객의 요구에 부응하기 위하여 효율적이고 효과적인 제품 재고, 서비스, 정보의 흐름을 계획, 실행, 통제하는 과정이다. |
| Cooper & Ellram<br>1990 | 공급자로부터 최종고객에게까지 이르는 유통채널의 전체흐름을 관리하는 통합적인 철학이다. |
| Towill et al.<br>1992 | 물류는 원자재 공급자, 생산 설비, 유통서비스, 고객간에 원자재는 순방향으로 정보는 역방향으로 흘러가도록 연결되어 있는 하나의 시스템이다. |
| Christopher<br>1997 | 공급자, 유통기관, 고객과의 상향적 및 하향적 관계를 관리하는 것으로 그 목적은 총비용을 절감하면서 높은 가치를 달성하는 것이다. |
| D. J. Bowersox<br>1986 | 로지스틱스의 조정은 재고의 이동과 보관을 모든 상품에 포함하고 있다. 로지스틱스 관리의 책임은 완성품의 흐름을 관리하는 시스템을 설계하고 이를 수행하는 관리의 책임이다. |

## 2. 물류의 기원

물류는 역사 이래로 전쟁과 관련된 필수 불가결한 부분이었으며, 특히 군사, 무기, 물자를 이동시킬 수 있는 능력은 승리자의 중요한 요인이었다. 한 견해에 따르면 로지스틱스Logistics의 기원은 프랑스 나폴레옹 군대의 한 장교에게 붙여진 로지스티끄Logistique에서 유래되었다고 한다. 그 장교의 임무는 군대를 야영시키고 그 군인들에게 음식을 공급하며, 말이나 다른 짐승들의 먹이건초 등 군수품을 조달하는 일을 책임졌다고 한다. 'Logistics'를 '물류'라고 명명한 것은 일본에서 도입된 말이며, 미국에서는 '병참'이라는 군사용어로 시작되었음을 상기해 볼 때, 무기나 식량 등을 제대로 조달·공급하는 것이 승패의 관건이 되었던 것이다. 미군의 규정에 의하면 병참에는 군수자재의 발주, 생산계획, 구입, 재고관리, 배급, 수송, 통신 외에 자재의 규격화, 품질관리 등 주로 군 외 작전활동에 필요한 관리의 내용이 대부분 여기에 포함되어 있다.

기업경영에서 본 물류관리도 이와 유사한데 그 구성 요소로는 ① 원재료의 조달과 관리, ② 제품의 재고관리, ③ 수송과 배송수단, ④ 제품능력과 입지적응 능력, ⑤ 창고 등의 물류거점, ⑥ 정보관리, ⑦ 인간의 기능과 훈련 등을 포괄하고 있다. 이와 같이 로지스틱스와 기업경영에서의 물류관리의 내용이 유사하여 로지스틱스라는 군사용어가 경영이론에 도입되었다.

## 3. 물류와 관련된 용어

### 1) 로크레매틱스

로크레매틱스Rhocrematics는 1960년 미국 워싱턴대학의 브로워S. H Brewer 교수에 의해 제창된 용어이다. 로크레매틱스는 "조달물류를 포함한 물物의 흐름을 정보의 흐름과 결합시킨 시스템으로서 이 시스템을 관리하는 과학"이라고 정의하고 있다. 일명 물류공학이라고 번역되고 있는데 공장, 물류시설, 배치 등을 어떻게 합리적으로 할 것인가 하는 문제를 하드웨어 측면에 중점을 두고 관리하는 과학이다. 'Rho'는 흐름, 'crema'는 물자와 정보를 의미하고 'ics'는 학문을 나타내는 희랍어이며 't'는 발음으로 인해 표시한 것뿐이다. 현재는 물류와 로지스틱스Logistics라는 용어로 인해 이 용어는 사용하지 않고 있다.

### 2) 로지스틱스

로지스틱스Logistics는 원자재의 조달에서부터 생산되어 고객에게 물품인도는 물론이고, 상품 인도 후 고객클레임 처리를 위한 상품의 반품과정, 포장재의 폐기를 위한 처리과정 및 빈병이나 공컨테이너, 공파렛트를 회수하기 위한 처리과정까지를 포함한 통합적 시스템이다. 즉, 로지스틱스의 영역은 조달물류, 생산물류, 판매물류, 회수물류, 반품물류, 폐기물류 등을 포함하는 것으로 물류보다는 더욱 더 폭넓은 개념이다.

### 3) 머리티얼 핸들링

머리티얼 핸들링Material Handling을 직역하면 물자운반의 뜻으로, 물자운반이란 벌크, 포장된 것, 고형 혹은 반고형의 개별 제품을 기계를 이용하여 업무영역 내에서 운반하기 위하여 필요한 모든 기본적 업무를 포함한다. 물자운반은 단지 기계를 이용하여 물자를 움직이는 것 외에 몇 가지 부가적 기능을 함축하고 있다.

첫째로 물자운반은 물자의 수평·수직방향으로의 운반과 부품의 적재 및 하역을 수반한다. 둘째로 업무영역 내에서의 물자운반이란 말은 각 작업장으로의 원자재의 운반과 작업장 간의 반제품의 운반 및 최종 제품을 저장 위치로 운반하는 것을 함축하고 있으며 물자운반을 수송과 구별하여 준다. 셋째로 기계를 사용하는 것이 초기 투자비용은 크지만 선호하는 방법이다. 사람이 단순 작업을 하는 것은 비효율적이며 비용이 더 많이 들 수도 있다. 노무비가 비싼 사회에서는 물자운반 장비에 대한 투자비용을 단기간 내에 회수할 수 있다.

### 4) SCM

SCMSupply Chain Management은 구매에서부터 최종고객까지의 전체 물류흐름을 계획하고 통제하는 통합적인 관리 방법이다. 제품의 공급과정에 관련된 모든 업체, 즉 원재료 공급업체, 제조업체, 물류센터, 유통업체, 서비스 제공업체, 최종고객에 이르기까지 업무를 통합함으로써 경로 전체의 효율성을 높이자는 목적에서 출발했다. 조직 안팎을 망라해 물류와 관련된 모든 기능을 하나의 단위로 보고 물적 흐름과 정보의 흐름을 체계적으로 관리하여 전체 흐름을 최적화하기 위한 기법으로 관리자는 하나의 단일 시스템처럼 관리할 수 있어야 한다.

SCM은 원재료 공급, 생산, 유통, 최종고객까지 모든 집단이 서로 혜택을 누릴 수 있도록 경로 관계를 원활하게 관리해야 하는데 이를 위해서는 공급체인 파트너 간에 효과적인 정보의 창출, 공유, 확산이 필수적이다. 그래야만 경로상의 재고를 효율적으로 관리할 수 있을 뿐만 아니라 파트너 간에 유기적이고 협력적인 관계를 구축함으로써 고객의 욕구를 효과적으로 충족시킬 수 있을 것이다. SCM은 공급사슬 파트너 간에 정보를 공유함으로써 수요 불확실성과 재고 보유를 줄이고, 유연하고 신속한 제품 흐름을 구축한다는 것이 목표이다.

**| 그림 1-1 | 물류와 로지스틱스의 범위**

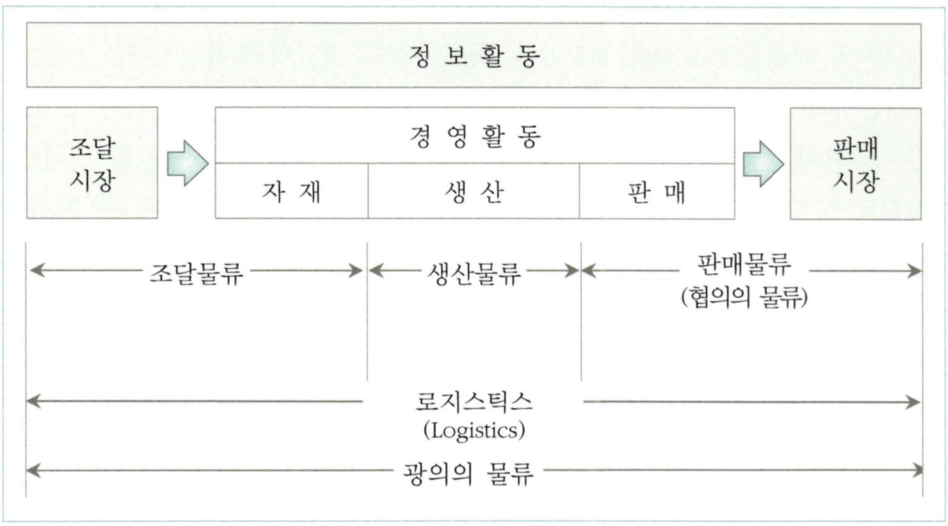


## 4. 물류의 중요성

기업에서 만들어내는 제품의 품질이나 가격에 차이가 없다면 이제는 물류에서 승패를 찾을 수밖에 없는 상황이 되고 있다. 나날이 물류비는 상승하고 고객의 요구는 높아만 가는데 이에 신속하게 대응하지 못한다면 기업은 도태되고 말 것이다. 따라서 기업은 물류비를 낮추어 이익을 극대화하고 물류서비스를 높여 판매경쟁에서 보다 많은 고객을 확보하고자 하는 기본목표를 설정하고 있다. 그러나 물류비와 물류서비스 사이에는 trade-off 관계가 있기 때문에 합리적인 서비스 수준과 비용을 설정하여야 할 것이다.

물류의 중요성을 물류비와 물류서비스 측면에서 좀 더 구체적으로 살펴보면 다음과 같다.

| 구분 | 현재 실적 | 물류비 25% 절감 | 매출액 증대효과 |
|---|---|---|---|
| 매출액 | 100억 | 100억 | 200억 |
| 물류비 | 20억 | 15억 | 40억 |
| 제비용 | 75억 | 75억 | 150억 |
| 당기 순이익 | 5억 | 10억 | 10억 |

위에서 보는 것처럼 물류비가 매출액 대비 20%를 차지하고 당기순이익이 매출액 대비 5%라고 했을 때, 당기순이익 측면에서 물류비 25%를 절감했을 때의 매출액 증대 효과는 100%의 매출성장 효과와 동일하다. 물류비 25% 절감이 당기순이익을 2배로 늘리고, 당기순이익 10억을 내기 위해서는 매출액을 200으로 증대시킨 것과 같은 효과를 내고 있는 것처럼 물류비 절감은 제3의 이익원이라고 할 만큼 중요하다 할 것이다.

다음으로 물류서비스 측면에서 물류의 중요성을 살펴보면, 예를 들어 전자제품의 납품이 늦어진다면 서비스가 나쁘다고 불평할 것이며 심지어 고객들은 타사의 유사제품으로 발길을 돌길 것이다. 납품의 지체가 판매기회의 손실로 이어지고 서비스가 저평가되어 시장에서 설자리를 잃게 될 것이다. 이처럼 기업경영에서 물류의 중요성은 아무리 강조해도 지나치지 않을 것이다.

기업경영활동에서 물류의 중요성은 아래와 같다.

① 물류는 마케팅의 절반이다.

② 물류는 판매기능을 촉진시킨다.

③ 물류는 알려지지 않은 제3의 이익원제1은 생산, 제2는 판매이다.

④ 물류는 재고량을 삭감시킨다.

물류의 중요성이 부각되는 이유는 아래와 같다.

① 제조부문 원가절감의 한계

② 물류비의 지속적 증가

③ 고객욕구의 다양화, 전문화, 고도화

④ 기업경쟁에서 승리하기 위한 물류부문의 우위확보가 필요

⑤ 재고비 증가 및 운송시간과 비용의 상승

⑥ 다품종소량생산 체제의 등장

⑦ 운송, 보관, 하역, 포장 및 물류정보기술의 지속적인 발전비용절감의 여지 발생

**예제** 물류비가 매출액의 10%를 차지하고 매출액이 100억 원인 기업이 있다. 현재 이 기업의 이익은 매출액의 5%이다. 만일 이익을 현재 수준에서 10% 증가시키고자 할 경우에 매출액은 그대로 유지하면서 물류비를 줄이는 방법과 매출액을 증가시켜서 달성하는 방법이 있다. 물류비를 줄이는 방법에서 필요한 물류비 감소비율과 매출액을 증가시키는 방법에서 필요한 매출액 증가비율은 각각 얼마인가?(단, 두 가지 방법 모두에서 이익은 매출액의 5%인 것으로 가정한다.)

답 5%, 10%

**풀이**

| | 현재실적 | 물류비 5%절감 | 매출액 증대효과(10%) |
|---|---|---|---|
| 매출액 | 100억 | 100억 | 110억 |
| 물류비 | 10억 | 9.5억 | 11억 |
| 제비용 | 85억 | 85억 | 93.5억 |
| 이익 | 5억 | 5.5억 | 5.5억 |

**문제 1** 아래와 같은 경영실적 사례에서 물류비의 10% 절감은 몇 %의 매출액 증가효과와 동일한가?

답 40%

| | |
|---|---|
| 매출액 : 2,000억 원 | 물류비 : 400억 원 |
| 기타비용 : 1,500억 원 | 경상이익 : 100억 원 |

**문제 2** 물류비 절감효과를 표현한 것이다. ( ) 안에 알맞은 수치는 다음 중 어느 것인가?

답 ① 9억 원, ② 45억 원

> 물류비가 매출액의 9%인 기업의 매출액이 100억 원인 경우 그 기업의 물류비는 ( ① )이다. 이 물류비를 10% 절감하면 9천만 원 정도가 절감되어 그만큼 이익이 증가하게 된다. 이 기업의 매출액 대비 이익률이 2%라고 하면 이익의 증가는 ( ② )억 원의 매출액을 증가시킨 것과 동일한 효과를 가진다.

# 제 2 절 물류의 기능과 영역

## 1. 물류의 기능

### 1) 운송(수송)

수송은 물품을 공간적으로 이동시키는 것으로, 수송에 의해서 생산지와 수요지와의 공간적 거리가 극복되어 상품의 장소적 효용이 생겨난다. 수송은 물류의 중핵이기 때문에 수송이라는 말로 물류 전체를 대표하는 경우도 많다.

### 2) 보관

보관은 물자를 창고 등의 보관시설에 보관하는 활동으로, 생산과 소비 사이의 시간적 차이를 조정하여 시간적 효용을 창출하여 생산과 소비를 결합시키는 물류활동이다. 오늘날 물류활동의 신속, 정확화 및 재고 최소화 전략에 따라 보관물류의 개념은 물류의 다른 기능과 연계하여 장기보관 개념이 아닌 일시보관, 즉시 반출 개념으로 변화하고 있는 측면도 있다. 예로서 여름에 생산된 난방기는 겨울까지 보관하지 않으면 수요에 적합하지 않게 된다. 물류시스템으로 파악할 때에는 창고, 배송센터뿐만 아니라 재고관리의 중요한 요소가 된다.

### 3) 하역

하역은 수송과 보관의 양단에 걸친 물품의 취급으로서 물자를 상하좌우로 이동시키는 활동으로 싣고 내림, 시설 내에서의 이동, 피킹, 분류 등의 작업이다. 하역작업의 대표적인 방식이 컨테이너화와 파렛트화에 의한 하역이다. 이러한 파렛트 화물과 컨테이너화물은 기계를 사용하여 하역하는데, 여기에는 지게차, 크레인, 컨베이어 등 각종 기기가 있다.

### 4) 포장

포장은 물품의 수배송, 보관, 하역 등에 있어서 가치 및 상태를 유지하기 위해 적절한 재료, 용기 등을 이용해서 포장하여 보호하고자 하는 활동이다. 포장활동에서 중요한 모듈화는 일관시스템 실시에 있어서 중요한 요소이다. 포장에는 단위포장개별포장, 내부포장속포장, 외부포장겉포장의 3종으로 구분할 수 있다. 생산단계의 종착점이며 물류단계의 출발점에 해당하는 물류기능이다.

### 5) 유통가공

유통가공은 주로 물류센터에서 발생하고 있으며, 물자의 유통과정에서 물류효율을 향상시키기 위하여 가공하는 활동으로 단순한 가공, 재포장 또는 조립 등 제품이나 상품의 부가가치를 높이기 위한 물류활동이다. 이러한 유통가공은 물류리드타임의 단축, 상품 부가가치의 향상, 고객에게의 서비스 타임조절 등을 통하여 고객서비스를 한층 제고시킨다.

예를 들어 가구류 제품의 보관, 하역, 운송기능을 효율적으로 실행하기 위해 영업소나 지점에서의 부품의 조립 등을 하는 것이 유통가공이다.

### 6) 물류정보

물류정보는 물류활동과 관련된 물류정보를 수집, 가공, 제공하여 운송·보관·하역·포장·유통가공 등의 기능을 컴퓨터 등의 전자적 수단으로 연결하여 줌으로써 종합적인 물류관리의 효율화를 기할 수 있도록 하는 기능이다. 예를 들어 고객으로부터 주문을 받아 이를 이행하기 위해 창고에 출하를 지시하며 수배송을 수배하는 것 등의 처리활동이라고 볼 수 있다.

이와 같이 물류의 각 기능은 서로 연계를 유지함에 따라 효율을 발휘하는데 이것을 가능하게 하는 것이 정보이다. 결국 컴퓨터 처리 등에 의한 정보기능의 도입에 따라 물류의 시스템화가 가능하게 되어 물류의 효율화가 도모된다.

## 2. 물류활동의 수요기능

물류활동의 수요기능은 수요충족기능과 수요창출기능 그리고 수급조정기능으로 구분할 수 있다.

### 1) 수요충족기능

수요충족기능은 물류 본연의 기능이다. 고객에 대한 상품공급활동이며, 수요에 대한 충족활동이다. 생산된 상품을 소비자에게까지 도달시키는 과정에 관련된 제반활동으로 필요한 물품을, 필요한 장소에 필요한 때에, 적정한 가격으로 도달시키는 것이다.

### 2) 수요창출기능

수요창출기능은 물류를 상품력으로 생각하는 것으로, 현재는 상품의 품질이나 가격으로 차이를 만드는 것이 어렵게 되어, 물류서비스로 타사와 차별화함으로써 판매경쟁수단으로 활용하는마케팅 기능 것이다.

### 3) 수급조정기능

수급조정기능은 판매정보실수요정보와 재고정보품절이나 과잉재고를 파악하여 기업이 장소적으로나 비용적으로 재고를 갖지 않게 되는 부분에서 수요와 공급을 잘 연결하여 주는 것이다.

## 3. 물류의 영역

물류를 개별기업의 입장에서 영역별로 분류하면 다음과 같다.

### 1) 조달물류

조달물류는 물류의 시발점으로 물자가 조달처로부터 운송되어 매입자의 매입물자 보관창고에 입고 관리되어 생산공정또는 공장에 투입되기 직전까지의 물류활동을 말한다. 즉, 원자재, 부품, 중간가공품, 빈포장용기, 포장재료 등을 조달처에서부터 구매자인 생산업자에게 납입되어, 기업 내 자재창고에 입하된 후 생산공정에 투입되기 전까지의 물류활동을 말한다. 이 조달물류에서는 원자재나 부품 등의 조달활동과 자재창고에서의 보관 및 재고관리의 효율성 제고에 중점을 두게 된다.

## 2) 생산물류

생산물류는 물자가 생산공정에 투입될 때부터 제품의 생산에 이르기까지의 물류활동을 말한다.

## 3) 사내물류

사내물류는 생산업자의 생산된 완제품 출하 시부터 판매보관창고에 이르기까지의 물류활동생산물류와 사내물류를 분리하여 설명하고 있으나 사내물류를 생산물류에 포함하여 정의하기도 함을 말한다.

## 4) 판매물류

판매물류는 완제품의 판매로 출고되어 고객에게 인도될 때까지의 물류활동을 말한다. 제품창고에서 출고하는 과정과 배송센터까지의 수송, 그리고 고객에게까지 배송하는 작업 등이 포함된다. 즉, 제품의 판매가 확정된 후 출고되어 고객에게 인도될 때까지의 물류활동이다. 이 판매물류는 최종 고객과 직접적으로 접하는 부문으로서 물류활동 중에서 가장 중요한 활동이며 이는 물류센터나 창고에서의 제품의 출고, 중간 물류거점인 배송센터까지의 운송, 배송센터 내에서의 보관, 분류, 출고작업 및 대리점이나 고객에의 최종 배송단계로 크게 분류할 수 있다.

## 5) 회수물류

회수물류는 제품이나 상품의 판매물류에 부수적으로 발생하는 파렛트, 컨테이너 등과 같은 빈 물류용기와, 판매와 관련하여 발생되는 빈 판매용기의 회수 및 재사용과 관련한 물류활동을 말한다. 환경물류, 녹색물류 등으로 불리기도 하며 폐기물을 줄여서 환경을 보호하는데 대한 관심이 커지면서, 특히 청량음료나 주류 등과 같은 업종의 경우 중시되고 있다. 이러한 회수물류는 판매물류에서의 물류활동과는 반대 방향으로 이동이 이루어지게 되므로 기존의 판매물류망을 이용할 것인지, 아니면 회수물류 자체의 물류망을 구축할 것인지를 검토할 필요가 있다.

### 6) 반품물류

반품물류는 소비자에게 판매된 제품이나 상품자체의 문제점상품 자체의 파손이나 이상 발생, 그리고 물류과정에서 발생하는 파손, 이상, 하자뿐만 아니라 고객요구의 불일치로 인하여 발생하는 것까지 포함된 상품의 교환이나 반품을 하는 물류활동을 말한다.

### 7) 폐기물류

폐기물류는 파손 또는 진부화된 제품이나 상품 또는 포장용기 등의 물류기기가 제 기능을 수행할 수 없는 상황이나 제 기능을 수행한 후 소멸되어야 할 상황일 때 제품 및 포장용기, 자재 등을 폐기하는 물류활동을 말한다. 즉, 원자재와 제품의 포장재 및 수배송용기 등의 폐기물을 처분하기 위한 물류활동이다. 오늘날 환경문제가 심화되면서 생산업자는 이제 제품을 생산할 때에 재생이 가능한 포장재의 사용이나 용이하게 처리가 가능한 소재 및 포장재의 사용을 통하여 폐기물류 비용의 절감을 고려하여야 한다. 환경문제가 중요시 되고 있는 현재의 시대적 상황 하에서 폐기물류는 물류활동에서 매우 중요한 위치를 차지하고 있다.

# 제3절 물류활동의 원칙

물류의 목적은 고객을 만족시키는 고객서비스를 보다 낮은 물류비용으로 이루어내고 시장경쟁에서 우위를 확보하고, 목표로 하는 매출 증대와 이에 따른 이익을 만들어 내어 기업번영에 기여하고자 하는 것이다. 이러한 물류비용과 물류서비스 사이에는 트레이드 오프 관계가 있다. 즉, 물류서비스가 높아지면 물류비용도 상승하는 관계를 가지고 있다.

## 1. 3S 1L의 원칙

3S 1L의 원칙은 필요한 물품을, 필요한 장소에, 필요한 때에, 적정한 가격으로 전달한다는 원칙으로 신속성, 정확성, 안전성, 경제성이 모두 고려된 원칙이다.

① Speedy : 신속하게
② Surely : 확실하게
③ Safely : 안전하게
④ Low : 싸게

❙그림 1-2❙ 3S 1L의 원칙

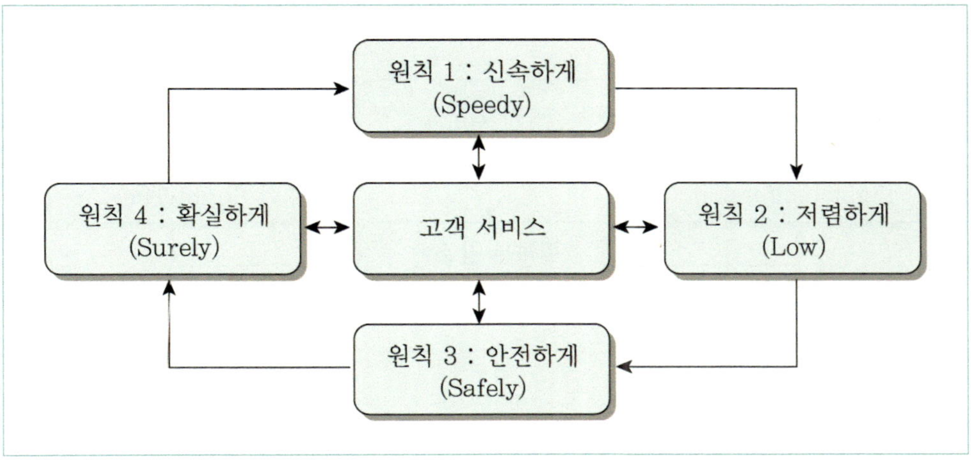


## 2. 7R의 원칙

7R의 원칙은 스마이키E. W. Smykey 교수가 제창한 원칙으로, "고객에게 적절한 상품을 적절한 품질로써, 적절한 양만큼 적절한 시기에 적절한 장소에 좋은 인상을 주면서, 적절한 가격으로 거래선에게 전달하는 것"이다. 여기서 '적절하다'는 말은 바로 고객이 요구하는 서비스의 수준을 뜻하는 것이다.

① Right Commodity : 적절한 상품
② Right Quantity : 적절한 양
③ Right Quality : 적절한 품질
④ Right Time : 적시
⑤ Right Price : 적절한 가격
⑥ Right Impression : 좋은 인상
⑦ Right Place : 원하는 장소

이를 잘 실행시키기 위해서는 하역, 포장, 보관, 수송, 정보, 유통가공 등의 물류 서브시스템을 통합시키는 작업이 필요하다.

**그림 1-3** 7R의 원칙

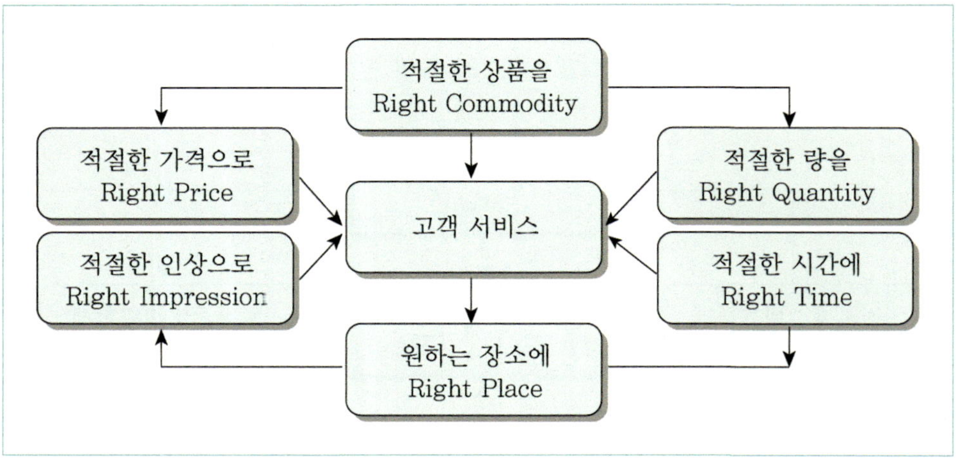


## 제 4 절 물류환경의 여건변화

### 1. 물류아웃소싱 및 제3자물류의 활성화

시간과 공간을 초월하여 정보의 이동이 가능한 디지털시대에는 신속·정확·저렴한 물류서비스가 경쟁력을 결정한다. 기업은 핵심역량만을 보유하고 주변역량을 out-sourcing하는 외부자원의 내부자원화 선택이 불가피하다. 유통산업의 구조변화로 제조업체의 소매점 간의 직거래가 확대되면서 이에 수반되는 물류 및 배송업무를 효율적으로 위탁관리해 주는 물류전문업체들의 시장 진출이 활발히 전개되고 있다.

화주기업이 물류전문업체에게 요구하는 물류 아웃소싱의 범위도 기존의 물류 단위업무의 관리 및 운영에서 점차 물류전략·관리·운영 등 전체 물류업무의 최적지원으로 확대되고 있다. 이에 따라 물류기업들은 물류 진단, 컨설팅, 제안, 물류업무의 재설계, 시스템 구축, 실행, 사후관리 및 물류개선활동 등 물류활동 전체의 최적화를 위한 토탈솔루션total solution 제공 능력을 확보하기 위해 노력하고 있다. 물류아웃소싱 및 제3자물류에 관해서는 제8장을 참조하면 된다.

## 2. 공급사슬관리(SCM)의 확산

다품종·소량·적기수송을 원하는 소비자 행태의 변화와 전자상거래의 급속한 확산으로 생산자와 소비자를 직접 연결하여 유통단계가 대폭 축소되고, 고객맞춤 물류서비스 제공을 위한 SCM의 이용이 증가되고 있다. SCM에 관해서는 제7장에서 자세히 설명되어 있다.

## 3. 물류영역 확대

물류업의 영역이 단순한 수송·보관 등에서 조립·가공을 겸한 부가가치 물류로 확대되고, 물류업이 전체 산업구조에서 차지하는 위상이 높아진다. 미국의 경우 "부가가치를 높이는 물류창고는 미래형태의 공장"이라고 하며 물류산업의 중요성 강조하고 있다.

## 4. 사회적 환경변화

노동력 부족, 공해 발생, 교통 정체 및 도로혼잡, 지가 상승으로 적정 토지물류거점, 창고용지 등 확보 곤란 등 기업을 둘러싼 사회적 환경변화로 인해 물류비 절감과 매출 증대의 중요성이 강조되고 있다.

## 5. 기타

① 정보통신기술의 발달로 물류정보시스템이 고도화되고 있으며, 물류정보기능의 중요성이 더욱 부각되고 있다.
② 환경규제가 점차 강화됨에 따라 회수물류에 대한 관심이 증대되고 있다.
③ 다품종 소량화의 진전과 함께 가공도가 높은 제품으로 물류품목이 변화하고 있다.
④ 제품기술이 발달하고 소비자의 구매욕구가 다양화함에 따라 제품 수명주기가 점

차 단축되고 있다.

⑤ 선진국의 물류정책은 규제완화, 물류인프라 확충, 정보화·표준화를 통한 물류시스템의 고도화, 환경과 안전을 중시하는 경향으로 나아가고 있다.

# 제5절 환경과 물류

## 1. 환경물류에 관한 용어

### 1) 녹색물류

녹색물류Green Logistics는물류에 환경의 개념이 도입되어 지구환경에 유익한 로지스틱스를 추구하는 것으로 오늘날 지구 환경이 점차 악화되어감에 따라 환경에 대한 중요성이 날로 높아 가는 상황에서 자연스럽게 이루어졌다. 환경을 중시하는 물류활동을 강조하는 개념이며 최근 정부의 녹색성장과 기조에 맞는 물류의 발전전략으로 이해할 수 있다.

녹색물류는 환경물류라고도 하며, 제품을 생산하기 위한 설계단계에서부터 판매되어 고객사용에 이르기까지 필요한 물류의 제 활동들이 저비용, 고효율로 달성되도록 환경적 유해요인과 물류활동을 통하여 발생되는 폐기물의 양을 최소화하며, 자원의 재사용, 재활용을 위해 필요한 적정 프로세스를 실시할 수 있도록 물류시스템을 설계하여 부가가치를 재창출한다. 즉 기업에서 제품을 설계 및 생산단계부터 환경친화적인 재료 및 부품을 사용하고 제품을 사용한 후 철저한 분리 및 회수시스템을 적용하여야 한다. 물류시스템 활동 중 발생되는 제품과 포장재 등의 폐기물을 역逆물류로 회수하고 물류시스템 설계는 과잉포장을 시정하고 용기의 표준화를 지향한다.

순물류Forward Logistics나 역물류Reverse Logistics는 물류활동의 방향성을 나타내는 개념이나, 녹색물류는 환경 지향적인 모든 물류활동 전체를 지칭하는 개념으로 물류활동의 모든 과정에서 환경에 대한 부정적 영향을 줄이는 방향으로 물류의사결정이 이루어진다. 예를 들어 포장재의 경량화, 간이화하는 활동은 녹색물류환경물류에 해당되지만 재사용 가능한 상자를 만들어 사용하는 것은 역물류와 녹색물류에 모두 해당된다고 볼 수 있다.

녹색물류는 물류활동의 모든 과정에서 환경에 대한 부정적 영향을 줄이는 방향으로 물류의사결정이 이루어지며, 이산화탄소의 배출을 고려한 수송수단 선택도 포함된다.

**| 표 1-2 | 순물류, 역물류, 녹색물류의 비교**

| | 순물류 | 역물류 | 녹색물류 |
|---|---|---|---|
| 범위 | 조달 → 생산 → 판매 | 판매 이후 → 회수 → 폐기<br>(반품, 재사용, 재활용, 폐기물류) | 원자재 조달 → 폐기까지<br>SCM 전과정 |
| 목표 | 고객중심의 공급사슬<br>구축을 통한 높은<br>부가가치창출 | 소비 이후의 공급사슬 최적화를<br>통한 자본과 자원의 절약 | 자재의 순환시스템 구축을<br>통한 환경문제 해결 |
| 중점<br>사항 | 이윤의 극대화<br>고객서비스 만족도 | 자산가치의 최적화<br>자산가치의 복구<br>이윤의 극대화 | 물자의 재활용 촉진<br>친환경 대체제 활용<br>쓰레기 발생량, 대기오염 및<br>소음 감축 |

## 2) 역물류

역물류Reverse Logistics란 제품과 포장물로부터 발생하는 폐기물을 감량하고 관리, 처리할 때 필요한 로지스틱스관리 기술 및 제 활동을 말한다. 환경물류 활동을 위해서는 자원의 절감Reduce, 재사용Reuse, 재활용Recycle, 대체Substitute는 물론 요구되는 역물류활동을 통해 환경오염원인 폐기물 처리량을 줄일 수 있느냐가 중요하다. 반품, 회수, 폐기를 포함하는 리버스물류는 판매물류와 가장 밀접한 관계에 있다.

## 3) 생산자책임 재활용제도

대량생산, 대량소비 체계 하에서 폐기물감량 및 재활용을 통한 자원순환형 사회구축을 위해서는 정부와 소비자의 책임만으로는 한계가 있으므로 생산자의 책임을 강화하여 제품의 설계제조과정에서 재활용이 용이한 소재선택, 디자인 및 구조개선을 통해 폐기물의 원천적인 감량화와 발생된 폐기물의 재활용 가능성을 향상시키는 것이 필요하다는 게 생산자책임 재활용제도EPR : Extended Producer Responsibility를 도입한 취지이다. 즉 "생산자책임 재활용제도"란 제품의 생산자들로 하여금 제품의 설계, 제조, 유통, 소비 및 폐기 전 과정에 걸쳐 환경 친화적인 경제활동을 유도함으로서 폐기물의 감량, 재사용, 재활용을 촉진하여 자원순환형 경제·사회체계를 도모하려는 제도이다.

## 2. 대응방안

환경물류를 위한 실천방안을 정리하면 다음과 같다. 첫째, 환경을 고려한 제품설계 및 구매가 필요하다. 이를 위하여 재자원화가 쉬운 재료를 사용하는 제품의 개발이 진행되어야 한다. 그리고 환경친화적인 원재료나 포장재의 구매가 필요하다.

둘째, 사용단계를 고려한 환경대책으로서 간이포장 추진, 폐기물 감량 그리고 점포의 에너지 절약 추진 등이 실천되어야 할 것이다.

셋째, 폐기단계를 고려한 환경대책으로는 재자원화가 쉬운 소재의 개발, 폐기물의 감량화를 위한 제품의 개발, 제품의 오랜 수명화, 유해물질 사용절감을 위한 제품개발이 필요하다.

넷째, 재활용을 적극 실천해야 한다. 유통단계에서 사용하는 포장재와 완충재의 사용을 합리화하는 것과 함께 사용된 재료들의 재활용은 세계적으로 유망한 사업 분야가 될 정도로 물류환경 대처방안에서 중요하다. 재활용은 환경적으로 이익을 가져다 줄 뿐만 아니라, 기업의 입장에서는 재활용 재료의 판매와 사용에서 오는 재무적 이익과 함께 고객 그리고 다른 기업에게 자사의 긍정적 이미지를 심어 줄 수 있다. 자원의 재사용 및 재활용률 향상을 위해 자원순환형 물류체계를 구축할 수 있도록 생산기업과 소비자 간에 협력체제가 형성되는 유기적인 사회시스템이 중요하다.

## 연습문제

1. 기업은 제품이나 서비스의 형태, 시간, 장소, 소유가치를 창출하는 활동을 수행하는데, 이 중 물류와 가장 관계가 깊은 것은?

① 형태, 시간
② 시간, 장소
③ 장소, 소유
④ 소유, 형태
⑤ 시간, 소유

2. 환경친화적 물류시스템 설계에 관한 설명으로 옳지 않은 것은?

① ISO 9001을 통하여 환경친화적 물류시스템과 관련된 방침, 목표 등을 설정하고 실행하는 것이다.
② 물류활동을 통하여 발생되는 폐기물의 양을 최소화하는 것이다.
③ 자원의 재사용, 재활용을 위해 필요한 적정 프로세스를 실시할 수 있도록 물류시스템을 설계하여 부가가치를 재창출한다.
④ 물류시스템 활동 중 발생되는 제품과 포장재 등의 폐기물을 역(逆)물류로 회수한다.
⑤ 물류시스템 설계는 과잉포장을 시정하고 용기의 표준화를 지향한다.

3. 물류를 둘러싼 각종 환경의 변화에 관한 설명을 옳지 않은 것은?

① 사회간접자본의 수요는 급증하나 물류기반시설의 부족으로 물류비용이 증가하여 기업의 원가부담이 가중되고 있다.
② 소비자 니즈(needs)의 다양화와 제품수명주기의 장기화에 따라 과잉재고를 보유하려는 경향이 있다.
③ 소비행태 변화에 따라 배송단위의 소량화, 재고보관량의 증대, 폐기물의 증가가 물류비 상승의 원인이 되고 있다.
④ 세계화 및 시장개방의 가속화로 국제시장에서 다국적기업의 대두와 경제블록화 등을 함께 고려하는 새로운 물류시스템이 요구되고 있다.
⑤ 정보기술 및 자동화기술의 혁신으로 물류작업의 고속화, 공동이용의 효율화, 통관절차의 간소화 등을 도모하고 있다.

4. 기업의 물류환경 변화에 관한 설명으로 옳지 않은 것은?

① 상물일치의 개념 확대로 인하여 물류의 중요성이 부각되고 있다.
② CRM(Customer Relationship Management), SCM(Supply Chain Management) 등의 정보기술을 이용한 물류관리체계의 합리화가 정착되고 있다.
③ 기업정보시스템 및 물류정보시스템을 통합적으로 운영하기 위하여 전통적인 EDI(Electronic Data Interchange)는 XML/EDI로 대체되고 있다.
④ 물류기능의 일부 또는 전부를 제3자물류업체에 위탁하는 형태로 확산되고 있다.
⑤ 전자상거래의 확대, 특히 B2C의 확대는 물류의 중요성을 부각시키고 있다.

5. 제4자물류에 관한 설명으로 옳지 않은 것은?

① 제4자물류서비스 제공자는 공급사슬관리와 아울러 부가가치 서비스를 제공할 수 있는 능력을 갖춘 물류업체이다.
② 물류 컨설팅과 네트워크 개선 등에 관한 조언을 해 줄 수 있다.
③ 제3자물류나 제4자물류 둘 다 물류서비스의 아웃소싱에 해당한다.
④ 제3자물류가 기업과 고객 간의 거래(B2C)에 집중하는 반면 제4자물류는 기업 간의 거래(B2B)에 집중한다.
⑤ 제3자물류에 솔루션 제공 능력을 더하면 제4자물류가 된다.

6. 다음 중 물류에 관한 설명으로 옳지 않은 것은?

① 물류는 유통부문 중에서 수송, 보관, 하역, 포장 등의 업무를 전문적으로 취급하는 것이다.
② 물류는 상류에 상대되는 개념이다.
③ 물류는 물자유통뿐만 아니라 서류 및 금전의 이동, 정보유통까지도 포함한다.
④ 물류와 상류의 기능이 구분되는 배경은 경제구조의 대형화·광역화와 밀접한 관련이 있다.
⑤ 협의의 관점에서 물류의 범위는 생산지점으로부터 소비 또는 이용지점까지 재화의 이동을 관리하는 것을 말한다.

7. 물류의 기본기능과 함께 전자상거래가 발전되면서 공급사슬을 효율적으로 지원하며, 해결책을 제시하고 변화·관리능력 및 전략적 컨설팅을 포함하는 물류영역을 무엇이라 하는가?

① 제4자물류(4PL)
② 운송주선업
③ 제2자물류(2PL)
④ NVOCC
⑤ 포워더(Forwarder)

**8.** 아래에서 S기업이 물류비용 5%를 추가로 절감할 경우, S기업은 얼마의 매출액을 증가시키는 것과 동일한 효과를 얻게 되는가?

> • S기업 총 매출액 : 100억 원　　• 매출액 대비 물류비 비중 : 10%
> • 매출액 대비 이익률 : 5%

① 1억 원　② 1억 1천만 원　③ 10억 원
④ 11억 원　⑤ 110억 원

**9.** 물류활동에 관련된 다음 설명 중 가장 적절하지 않은 것은?

① 재공품의 보관 및 운송, 유통가공 통제, 생산계획 및 자재소요계획 수립 지원 등은 중요한 생산물류활동들이다.
② 소비자에게 판매된 제품의 문제점 발생으로 인해 발생하는 상품의 교환이나 반품과 관련된 것은 반품물류활동이다.
③ 물적유통은 운송기초활동, 운송, 보관, 하역, 포장, 유통가공, 정보유통활동 등을 포함한다.
④ 판매물류는 완제품이 공장창고에서 출고되는 시점부터 유통센터에 입고되는 시점까지의 물류활동을 의미한다.
⑤ 조달물류활동은 공급자 선정, 구매주문 발주, 입하, 검수, 원자재 재고관리 및 품질관리, 구매협상, 원자재 원가산정 등을 포함한다.

**10.** 물류환경의 변화에 관한 다음 설명 중 가장 거리가 먼 것은?

① 제품 수명주기의 연장　② 소비자의 구매욕구 다양화
③ 과학기술의 급속한 발전　④ 다품종 소량생산 시대
⑤ 유통시장 개방 등 무역 자유화 진전

**11.** 다음 중 판매물류에 대한 설명으로 옳은 것은?

① 포장재 및 빈 용기를 회수하여 재사용하기 위한 물류를 의미하기도 한다.
② 자재창고의 출고작업에서 생산공정으로의 운반과 하역, 그리고 제품창고의 입고까지 포함한다.
③ 제품창고에서 출고하는 과정과 배송센터까지의 수송 그리고 고객에게까지 배송하는 작업 등이 포함된다.
④ 제품의 생산시작부터 소비자에게 전달하는 일체의 수·배송활동과 이에 수반되는 제반 물류활동을 의미한다.
⑤ 자재가 조달처로부터 운송되어 생산자의 보관창고에 입고되고 생산공정에 투입된 후 최종 제품이 만들어지기까지의 물류활동을 의미한다.

12. 다음 중 물류에 대한 설명으로 옳지 않은 것은?

① 물리적, 사회적인 물(物)의 흐름에 관한 경제활동으로 물자유통과 정보유통이 포함된다.
② 제품의 흐름을 용이하게 하는 이동 및 보관활동의 전부와 이에 수반되는 정보를 계획, 조직, 통제하는 활동을 말한다.
③ 생산단계에서부터 소비 또는 사용에 이르기까지 상품이동 및 취급을 관리하는 것을 말한다.
④ 물류관리의 목표로 물류비절감, 서비스향상 등 어느 쪽에 더 중점을 두느냐를 정하여야 한다.
⑤ 상거래에 의해서 구매자로부터 판매자에게 상품의 소유권이 이전되는 활동을 말한다.

13. 다음은 물류관련 주요 지표간의 상관관계를 설명한 것이다. 옳지 않은 것은?

① 고객서비스수준과 물류비는 상충관계에 있다.
② 주문처리비와 재고유지비는 상충관계에 있다.
③ 재고유지비는 운송비와 비례관계에 있다.
④ 운송로트를 키우면 단위당 운송비는 감소한다.
⑤ 물류거점의 수를 늘이면 총 재고는 증가한다.

14. 물류활동의 방향을 결정하는 21세기 물류 비전(Vision)으로 가장 적합하지 않은 것은?

① 세계를 연결하는 글로벌 물류
② 화주와 함께하는 고품격 맞춤 물류
③ 환경친화적인 물류
④ 시장경제원리에 충실한 개방 물류
⑤ 인터넷에 기반을 두지 않은 실공간 물류

15. 다음 중 제3자물류(3PL)의 효과로 옳지 않은 것은?

① 운영비용 감소효과
② 서비스 개선효과
③ 자본비용의 감소효과
④ 핵심역량에 대한 집중효과
⑤ 수직계열통합(Vertical Integration)효과

Chapter 2

# 물류관리의 이해

## 제 1 절 물류관리의 의의

### 1. 물류관리의 개념

기업의 물류관리는 전통적인 기업조직인 구매, 생산, 마케팅 등의 활동과 상호 밀접하게 관련되어 있으며, 물류부문은 이러한 활동을 수행하기 위하여 여러 하부 조직체계로 구성되어 있고 이들은 상호작용하여 하나의 시스템을 이룬다.

물류관리란 소비자에게 고도의 물류서비스를 제공하기 위해 원자재 및 부품의 조달에서부터 생산과정을 거쳐 상품이 최종고객에 이르기까지의 전체 흐름을 용이하게 하는 물자의 운송·보관·하역·포장·유통가공·정보활동과 이를 수행하는 인력에 관한 모든 사항들을 계획, 조정, 통제하여 하나의 독립된 시스템으로 관리함으로써 기업 경영효율을 극대화하는 것이다. 물류관리의 기본목표는 비용절감과 재화의 시간적·장소적 효용가치의 창조를 통한 시장능력의 강화 및 고객서비스 향상에 있다.

## 2. 물류관리의 역할

물류관리의 역할을 그 미치는 영향 정도에 따라 국민경제적 관점, 사회경제적 관점, 개별기업적 관점 등으로 나누어 살펴볼 수 있다.

### 1) 국민경제적 관점

물류관리의 합리화는 유통효율성의 향상으로 인해 물류비를 절감시키고 기업의 체질 개선과 소비자 및 도매물가의 상승을 억제한다. 그리고 물류합리화는 정시배송의 실현을 통한 서비스 향상에 이바지하며, 수요자들에게 양질의 서비스를 제공하게 되고 자원의 효율적인 이용을 가능하게 한다. 뿐만 아니라 지역경제 발전의 기회를 부여하여 인구의 지역편중을 해소할 수 있게 해주며, 사회자본의 증강과 각종 설비투자를 필요로 하게 되는데 이것은 결과적으로 국민경제 발전을 위한 투자기회를 늘려준다.

### 2) 개별기업적 관점

영리를 목적으로 하는 개별기업적 측면의 물류관리는 최소비용으로 소비자를 만족하게 하며 서비스의 질을 높임으로써 매출 신장을 꾀하는 역할을 한다. 또한 개별기업은 마케팅 분야에서 상품을 제조 또는 판매하기 위한 원재료 구입과 제품판매와 관련된 여러 가지 업무를 종합적으로 총괄하는데 중점을 두게 된다. 특히 개별기업의 입장에서 볼 때 서비스의 경쟁 특히 고객욕구를 만족시킬 수 있는 물류관리 서비스가 판매경쟁에 있어서 향후 중요한 역할을 하게 될 것이다.

### 3) 사회경제적 관점

사회경제적 입장에서 본 물류관리의 활동은 물리적 흐름에 관한 경제활동으로 그 범위는 운송통신 활동과 상업활동을 주체로 하여 그들을 지원하는 여러 가지 활동을 포함하여, 거시적 관점에서 사회경제적 총물류비 절감에 중점을 두고 있다.

## 3. 물류관리의 필요성

기업의 물류비가 증가하고 소비자 주문의 신속한 처리를 통한 물류활동이 매출증대와 수요자극의 효율적인 수단이 된다는 점에서 물류활동에 대한 관리의 필요성이 인식되기 시작하였다.

## 1) 경제 환경적 측면

### (1) 세계경제의 블록화

각국은 자국의 경제를 보호하고 세계경제에서 기득권을 획득하기 위해 경제를 블록화하고 있어 물류관리를 통한 물류비의 감소가 필요하다.

### (2) 국제시장의 수평적 분업화

분업화로 기업은 공급자로부터 수요자에게 적시적소에 효용성이 증대된 상품을 제공하기 위한 방안을 모색함으로써 경쟁적 우위를 얻어야 한다.

### (3) 자원의 세계화

시장개방과 운송 및 보관수단의 발달로 세계 도처의 원자재 활용이 가능하게 되었다. 자본의 자유로운 이동이 가능해지고 기업의 경쟁 추이가 범세계적으로 되어가고 있는 국제경제구조의 변화는 물류의 효율적 관리를 기업의 전략으로 삼아 다른 기업과의 경쟁에서 승리하려는 의도에서 그 중요성이 커지고 있다.

### (4) 제품 차별화의 한계

세계시장에서 제품의 수명Life Cycle이 단축되어 더 이상의 차별화된 제품의 생산이 한계에 이르렀다.

### (5) 생산부문 합리화의 한계

생산공정의 합리화가 어느 정도 이루어진 상태에서 그 속도가 점차 둔화됨에 따라 비용절감의 영역이 좁아져 새로운 비용절감 영역을 찾을 수밖에 없게 되었다.

### (6) 다품종 소량생산 시대의 도래

다품종 소량생산체제에서는 운송횟수가 증가하고 생산공정상의 불합리성규모의 경제 효과상실을 유발하는 등 단위당 비용의 증가를 가져오게 되므로 결과적으로 총비용의 증가를 초래하게 된다. 이러한 환경 하에서 물류의 효율적인 관리는 기업에 있어서 새로운 비용절감의 수단으로 등장하게 되었다.

### 2) 기업 경영적 측면

기업을 구성하는 가장 기본적인 요소로서 생산, 물류, 판매로 나눌 수 있다. 생산, 물류, 판매는 기업의 물物의 흐름에 있어 상호 보완적인 관계를 가지고 있으며, 3분야의 합리적인 연결이 기업의 성장을 유지시켜 주고 비용을 절감시켜 준다는 점에서 각각의 균형 있는 발전은 필수적이다.

#### (1) 생산 부문

생산공정에서 주문량을 생산하지 못하거나 납기와 품질의 서비스 수준에 미치지 못할 때 기업의 이윤이 감소된다.

#### (2) 물류 부문

물품이 생산되었어도 물物의 흐름이 원활하지 않는다면 기업의 발전을 이루기가 힘들다. 생산에서 판매에 이르기까지 수배송을 포함한 보관, 하역 등의 여러 분야의 물류활동이 필요하게 된다.

#### (3) 판매 부문

제품의 판매기능이 약하면 기업의 판매량이 증가하기 힘들고 생산에도 큰 차질을 받기가 쉽다. 이러한 부분을 해결하기 위하여 판매부문에도 심려를 기울여야 한다.

## 4. 물류관리의 변천단계

### 1) 1단계(물적유통단계)

기업들이 완제품 생산 후 소비자의 요구에 의해 완제품의 수송, 보관, 하역, 재고관리 등을 통해 소비자에게 직접 제품을 전달하는 일과 관련된 기능을 통합하는 단계이다.

### 2) 2단계(기업내부 물류의 통합단계)

기업들이 완제품을 효과적으로 유통시키는 단계에서 더 발전한 것으로 기업내부의 관련활동인 조달활동, 생산활동, 물적유통 활동들을 통합·관리하는 단계이다.

### 3) 3단계(기업외부 물류의 통합단계)

기업외부의 공급업체, 고객, 외부의 물류업체 등과의 효율적인 업무협조 관계를 형성하여 물류의 영역을 확장해 나가는 단계로 고객들에게 더 좋은 서비스를 제공하기 위해서 총체적으로 노력하는 단계이다.

## 제2절 물류관리의 중요성과 목표

### 1. 물류관리의 중요성

물류는 기업활동에 있어서 제조부문에 대하여 부수적인 측면으로 간주되어 온 느낌이다. 그 결과로 제조부문의 원가절감이 점점 더 한계점에 이르고 있는 반면, 물류부문은 아직도 연구가 미비하고 비용감축의 여지가 많다.

물류부문의 이러한 미개척 상황과 관심부족에 대하여 많은 비판이 있었다. 드러커 P. Drucker, 1962 교수는 물류부문을 "경제의 암흑대륙 또는 이윤의 보고"로 표현하면서, "그것의 존재와 그 규모가 엄청나게 크다는 것을 알고 있지만 그것이 전부이다."라고 말한 바 있다. 또한 파커David Parker, 1974 교수는 물류부문을 "비용절감의 보고"라고 하여 물류혁신을 통한 이익개선의 가능성을 지적하였으며, 코틀러Kotler, 1980는 비용절감을 위한 최후의 미개척 분야, 코파치노Copacino, 1997는 물류에서의 우위는 마케팅의 우위를 가져올 뿐만 아니라 고객을 유인하는 역할을 한다고 주장하였다.

기업에 있어 제1의 이윤의 원천을 생산, 제2의 이윤의 원천을 판매라 한다면, 이제 제3의 원천으로서 물류가 새로이 강조되고 있다. 이는 관리에 혁신을 가하면 대폭적인 비용절감을 기대할 수 있다는 의미이며, 그 비용절감액은 실제로 매출증대와 제조원가의 절감효과를 가져온다고 해서 물류를 "비용절감의 보고" 또는 "제3의 이윤원"이라고 표현한다.

## 2. 물류관리의 목표

물류관리의 목표는 고객서비스 수준의 향상, 물류의 생산성 제고, 물류이익의 추구라는 측면을 고려하여야 한다. 오늘날 대부분 기업들의 물류관리 목표는 최소의 비용으로 적정 상품을 적절한 장소에 정확한 시간에 전달하는데 있다. 그러나 고객서비스의 향상은 필연적으로 물류비용의 증가를 가져오게 하는 상충관계trade-off를 초래하게 된다. 기업의 비용을 최소화하기 위해서는 서비스 향상과 물류비 절감 중에서 어느 부분에 더 중점을 둘 것인가를 정해야 하며, 이를 위해서는 물류시스템을 구성하는 제반 물류활동에서 발생하는 비용을 최적화할 수 있는 시스템적 접근이 필요하다.

## 3. 물류관리와 물류서비스

### 1) 물류서비스의 본질

서비스service의 일반적인 개념은 재화goods와 구별되는 경제객체로서 타인에게 직간접으로 제공되는 인간의 활동 내지 노력인 무형의 재화를 말한다. 즉, 주문에서부터 고객에게 배달되는 동안에 또는 판매 후 수선이나 보수 등의 서비스를 포함하여 고객을 만족시키는 활동을 의미한다. 물류에서 고객에게 제공하는 서비스는 짧은 납기, 소량 납품, 긴급 배송, 납기 회답의 신속성, 재고 정보의 제공, 판매 정보의 제공 등 영역이 넓다.

기술혁신으로 품질과 가격 면에서 평준화가 이루어진 상태에서는 고객서비스가 마케팅과 물류에서 가장 중요한 비중을 차지한다. 고객에 대한 서비스 원칙으로는 앞에서 설명한 3S 1L 원칙과 7R의 원칙이 있다.

### 2) 물류서비스의 구성요소

공급자와 고객 간 거래행위가 발생하는 시점을 기준으로 고객서비스 요소들을 거래 이전pre-transaction의 서비스, 거래 시점transaction의 서비스, 거래 후post-transaction의 서비스 요소로 분류할 수 있다.

#### (1) 거래 이전의 서비스 요소

우수한 고객서비스를 제공하기 위한 환경을 조성하고, 발주 후 제품의 정확한 인도일시나 반품·적재방법 등에 대한 고객 서비스 지침을 사전에 제공하여 고객 자신이 받을 서비스에 대해서 미리 알 수 있게 해 준다.

#### (2) 거래 시점의 서비스 요소

재고수준 설정, 수송수단 선택, 주문처리 절차 확립 등 고객에게 제품을 인도하는데 직접 관련되는 요소로서, 인도시간, 인도 시 제품상태, 재고가용성 등에 영향을 준다.

#### (3) 거래 후의 서비스 요소

결함이 있는 제품으로부터 소비자를 보호하고, 재활용이 가능한 빈병이나 포장용기 회수, 반품, 소비자 불만 등이 포함된다.

**| 표 2-1 | 물류서비스의 구성요소**

| 거래 이전의 서비스 요소 | 거래시점의 서비스 요소 | 거래 후의 서비스 요소 |
|---|---|---|
| • 절차 및 규정의 명문화<br>• 고객에게 명문화된 절차를 제공할 수 있는 능력<br>• 조직구조<br>• 시스템의 유연성<br>• 기술적인 서비스 지원 | • 재고수준<br>• 재주문 시의 대응력<br>• 주문주기 요소들<br>• 배송시간<br>• 시스템의 정확성<br>• 주문의 편리성<br>• 제품의 대체 가능성 | • 설치, 품질보증, 수선<br>• 회수 가능한 용기, 파렛트<br>• 제품의 포장<br>• 제품의 추적<br>• 일시적인 부품의 교환<br>• 고객 클레임, 불만 처리 |

### 3) 주문주기시간

주문주기시간Order Cycle Time은 주문한 제품을 고객이 받기까지 걸리는 총시간을 구성하는 시간과 관련된 사항을 포함하며, 주문전달방법이나 재고정책, 주문처리과정 등에 관한 개선활동을 통하여 단축할 수 있다. 주문주기시간과 관련된 주요 활동들의 일부는 동시 병렬적으로 발생할 수 있다.

주문주기를 구성하는 요소에는 주문전달시간, 주문처리시간, 주문어셈블리시간, 재고가용성, 생산시간, 인도시간 등이 있다. 주문주기시간은 주문전달방법, 재고정책, 주문처리과정 등에 관한 개선활동을 통하여 단축할 수 있으며 주문처리 활동은 주문확인, 적재서류 준비, 재고기록 갱신, 주문정보의 관련 부서 전달 등을 포함한다. 또한 주문주기시간과 관련된 주요 활동들의 일부는 동시 병렬적으로 발생할 수 있다. 주문주기시간은 주문처리 우선순위나 주문조건 등에 따라 조정될 수 있다.

### (1) 주문전달시간

주문전달시간Order Transmittal Time은 주문을 주고받는데 사용되는 방법에 따라 판매원 우편통신체계와 전자송달르 나누어 볼 수 있다. 판매원 우편통신체계는 판매원과 판매부서가 주문을 받아서 우편으로 발송하기 전까지의 시간과 우편배달에 소요되는 시간으로 이루어지며, 고객이 직접 발주하는 전자송달electronic trans-mission의 경우에 총 전달시간은 전화 통화나 유사한 형태의 통신에 소요되는 시간이 기본을 이룬다.

### (2) 주문처리시간

주문처리시간Order Processing Time은 적재서류 준비, 재고기록 갱신, 신용장 처리작업, 주문확인, 회사 내에서 주믄과 관련되는 구성원과의 의견교환, 그리고 주문정보를 생산, 판매, 회계부서에 전달하는 활동을 포함한다.

### (3) 주문어셈블리시간

주문어셈블리시간Order Assembly Time은 주문을 받아서 주문정보를 창고나 발송부서에 전달한 후부터 주문받은 제품을 발송·준비하는데 걸리는 시간을 포함한다. 이것은 재고품으로부터 주문품을 인출하고, 창고 내에서 적재지점으로 제품 이동, 필요한 포장작업, 그리고 다른 주문들과 혼재하는 작업을 포함한다.

### (4) 재고가용성

재고가용성Stock Availability은 창고에 보유하고 있는 재고가 없을 때 생산지의 재고로부터 보충하는데 소요되는 시간으로, 생산지의 보유재고가 없으면 주문품을 생산하게 된다.

### (5) 인도시간

인도시간은 주문품을 재고지점에서 고객에게 전달하는데 걸리는 시간이다.

주문처리와 어셈블리 작업은 상당부분 동시에 이루어지고 있으며, 창고에 재고가 있는 경우에는 공장을 거치지 않고 고객에게 바로 인도하는데 걸리는 시간이 인도시간이 된다.

## 4. 물류관리와 물류비용

### 1) 고객서비스와 비용과의 관계

고객서비스와 비용과의 관계는 트레이드오프trade-off 관계가 있다. 즉, 서비스 수준을 높이면 비용이 올라가고 서비스 수준을 낮추면 비용은 내려간다.

예를 들어, 지금까지 매일 한 번 배송하고 있었던 A업체는 거래처로부터 오전과 오후로 나누어 하루 두 번 납품하도록 요청이 들어왔다. 전체의 출하량은 변하지 않았기 때문에 오전, 오후 각각의 배송량은 지금까지의 하루 분 운반량의 절반 정도로 적어졌으며, 배송 트럭의 적재율이 낮아질 우려가 있다. 그러므로 상품 1개당 배송 비용이 상승하고, 물류센터 측의 피킹 작업도 두 차례로 나뉘게 되어 전체 작업효율이 떨어지고, 인건비 등 물류센터 내의 작업 비용도 하루에 한 번 배송할 때보다 더 들게 되었다.

### 2) 물류서비스 수준의 상승에 따른 추가비용

[그림 2-1]에서 물류서비스 수준을 높이기 위해서는 추가 비용이 발생한다는 것을 알 수 있다.

① A단계에서 B단계로 서비스 수준 상승 시
추가비용 = (b' − a')

② B단계에서 C단계로 같은 비율의 서비스 수준 상승 시
추가비용 = (c' − b')
이때 추가 비용은 물류서비스 수준을 B단계에서 C단계로 올릴 경우, A단계에서 B단계로 올릴 경우보다 비용이 더 많이 든다.

③ 비용 : (b' - a') 〈 (c' - b')

**| 그림 2-1 | 물류서비스 수준별 비용**

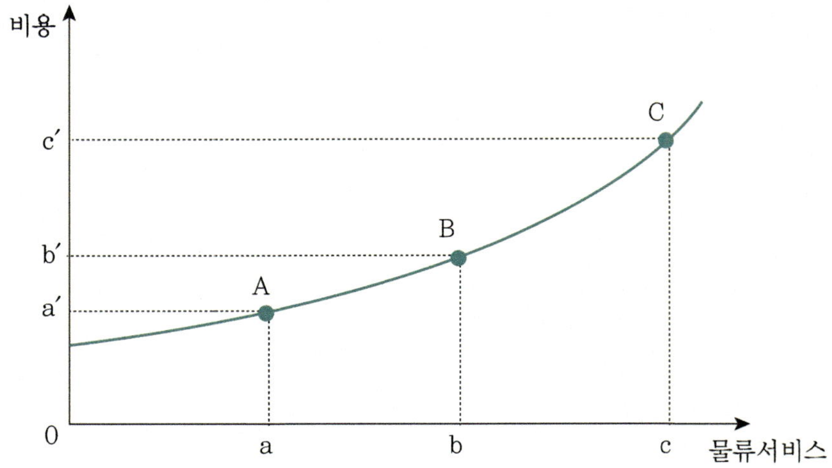


[그림 2-2]는 고객서비스 수준을 설정하는 문제를 나타내고 있다. 고객들이 높은 수준의 서비스를 제공받을 때에는 재고부족, 배송지연 그리고 부정확한 주문처리로 인하여 고객을 잃는 경우는 많지 않다. 즉 서비스 개선으로 판매손실로 인한 비용은 줄어들게 된다. 이와 같이 줄어든 판매손실과 서비스 수준을 유지하기 위한 비용은 서로 트레이드오프 된다.

**| 그림 2-2 | 고객서비스 수준 결정**

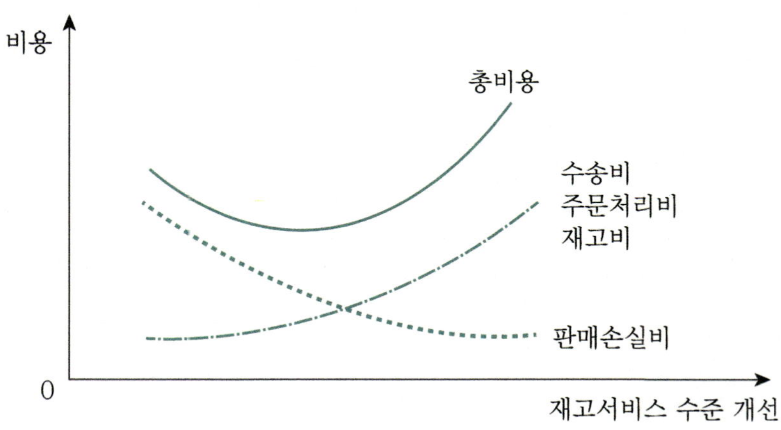

**| 그림 2-3 | 창고의 수 결정**

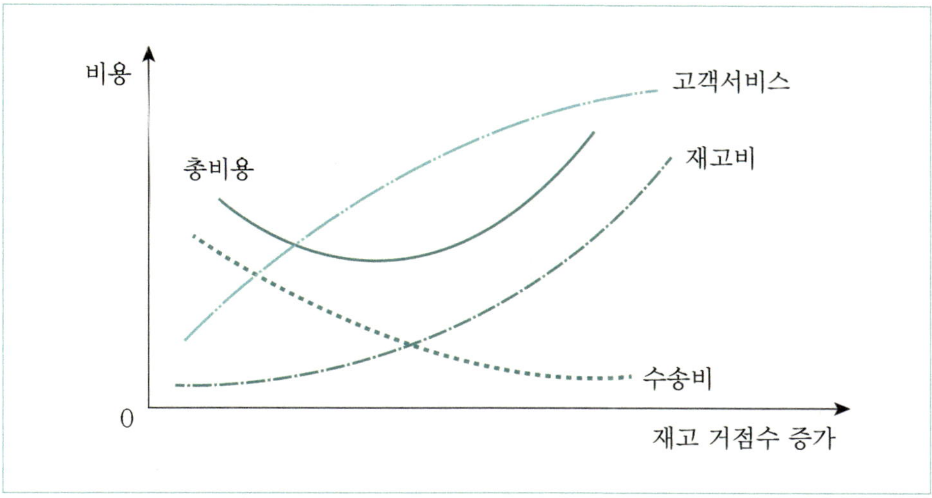


일반적으로 서비스의 개선은 수송, 주문처리, 그리고 재고와 관련해서 더 많은 비용을 지출해야 하는 것을 의미한다. 가장 좋은 트레이드오프는 100% 서비스 수준보다 낮은 서비스 수준에서 발생한다.

[그림 2-3]은 물류네트워크에서 물류센터의 수를 결정하는데 필요한 기본적인 경제적 고려사항을 보여 주고 있다. 소비자가 소량으로 상품을 구입하고 물류센터는 대량으로 보충되는 경우, 물류센터에서 소비자에게 제품을 배달하는 배송비용은 공장에서 창고로의 수송비용을 초과하게 되어 물류센터의 수를 증가시킬 때 수송비용은 감소하게 된다. 그러나 물류센터의 수가 증가하게 되면 전체 네트워크에서 재고수준과 재고비용은 증가하게 된다. 더불어 소비자 서비스 수준은 이러한 결정사항에 의해 영향을 받는다. 물류센터의 수가 증가하면 고객서비스는 증가하게 된다. 우리가 생각해야 할 것은 제공되는 소비자 서비스 수준으로부터 얻는 수익에 대해 재고비용과 수송비용이 균형을 이루는 것이다.

## 5. 물류서비스와 물류코스트 전략

### 1) Service 일정·Cost Down 전략

Service 일정·Cost Down 전략은 물류서비스 수준을 일정하게 하고, 물류코스트를 절감하는 전략이다. 물류서비스 수준을 일정하게 해 놓고 물류시스템을 개선하는 것으로

❙ 그림 2-4 ❙ Service 일정·Cost Down 전략

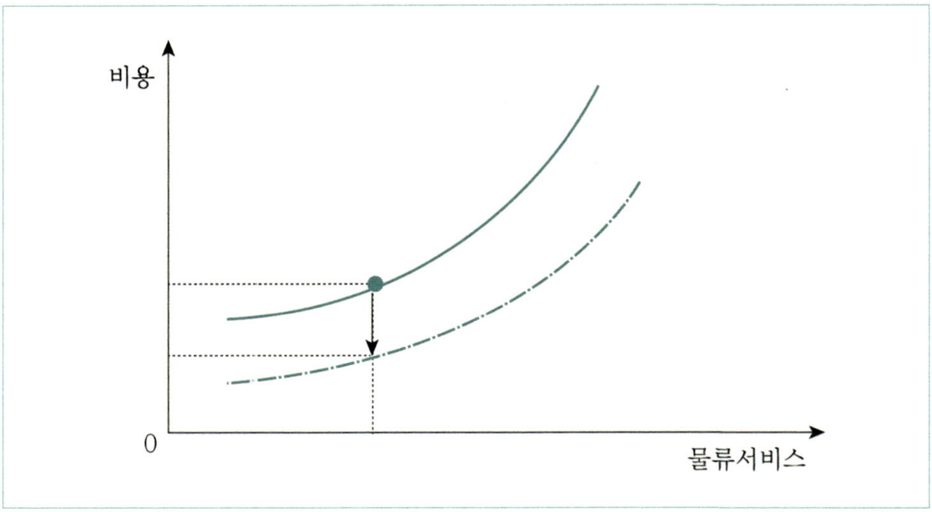


가능한 한 적은 코스트로 일정 서비스를 달성하는 효율화를 추구하는 개념이다.

## 2) Service Up·Cost 일정 전략

Service Up·Cost 일정 전략은 물류코스트를 일정하게 유지하면서 물류서비스를 향상시키는 전략으로 대부분의 기업이 생각하고 있는 물류서비스의 향상 개념이다

❙ 그림 2-5 ❙ Service Up·Cost 일정 전략

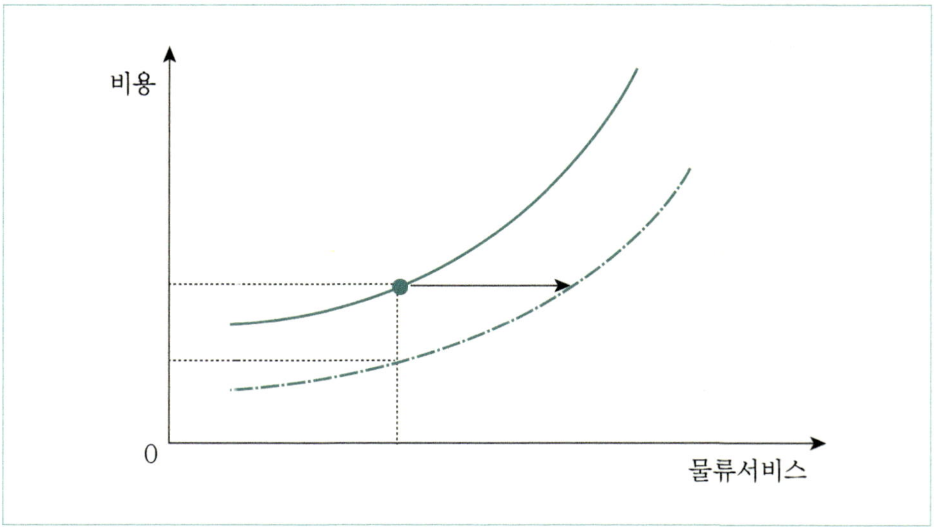

### 3) Service Up·Cost Up 전략

Service Up·Cost Up 전략은 물류서비스를 향상시키기 위해 물류코스트를 증가시키는 전략으로 적극적으로 코스트를 생각하는 방법으로 물류코스트를 유효하게 활용하는 개념이다.

┃그림 2-6┃ Service Up·Cost Up 전략

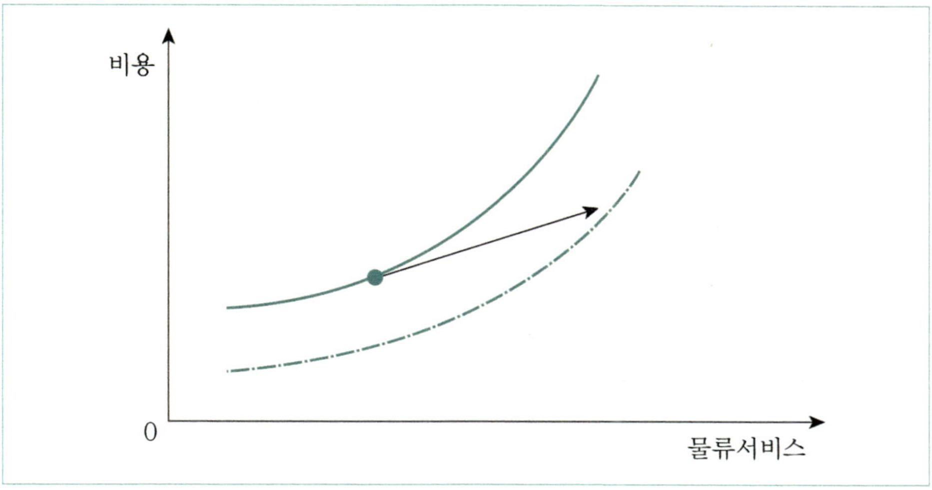


### 4) Service Up·Cost Down 전략

Service Up·Cost Down 전략은 물류서비스를 향상시키고 물류코스트는 절감시키는

┃그림 2-7┃ Service Up·Cost Down 전략

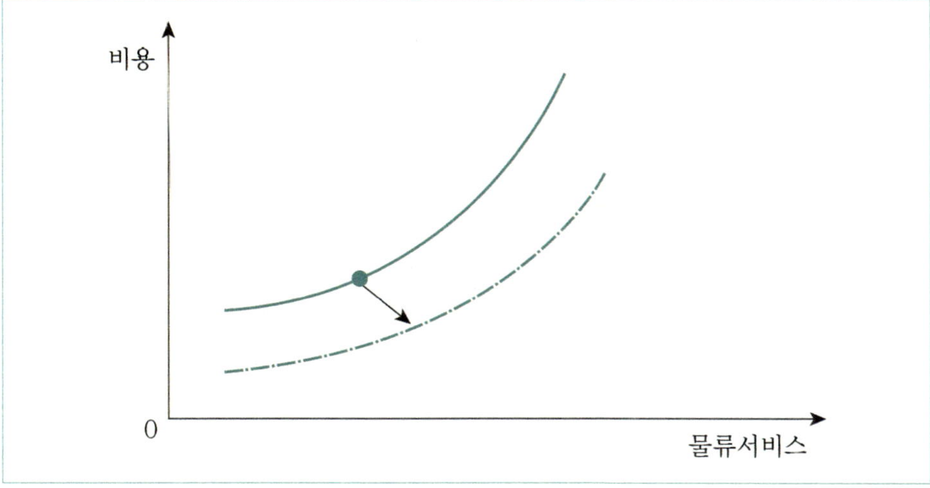

전략이다. 보다 낮은 물류코스트로 보다 높은 물류서비스를 실현하는 것으로 매출증대와 이익확대를 노린 전략적 개념이다.

## 6. 물류서비스 수준의 결정

물류관리자는 고객이 원하는 서비스 수준을 파악하고 어느 정도의 수준에서 서비스를 제공할 것인지 결정하여야 한다. 그러나 물류비를 절감시키려고 하면 서비스가 저하되거나, 반대로 물류서비스를 향상시키려고 하면 물류비는 상승하기 때문에 서비스 수준을 결정한다는 것이 그리 쉬운 일이 아니다. 서비스 수준의 결정에 앞서 우선 매출액과 서비스 비용과의 상관관계를 이해하여야 한다. 일반적으로 서비스 수준을 높이면 그만큼 비용이 더 소요된다는 것이 상식이다.

예를 들어 물류거점 운영과 서비스 비용과의 관계를 살펴보자. 재고보유량을 늘리면 그만큼 재고관리비가 추가되기 마련이듯이 고객이 추구하는 서비스 최대화 욕구와 물류거점 운영자가 지향하는 이윤극대화 목표는 서로 상충관계에 있다고 할 수 있다. 따라서 고객서비스라는 것은 적정수준의 비용범위 내에서 고려되어야 한다. 제공되는 서비스가 가득할 수 있는 수익과 균형을 이루어 최대의 이윤창출에 기여할 수 있어야 한다.

**| 그림 2-8 |** 물류서비스 수준에서의 비용과 수익의 관계

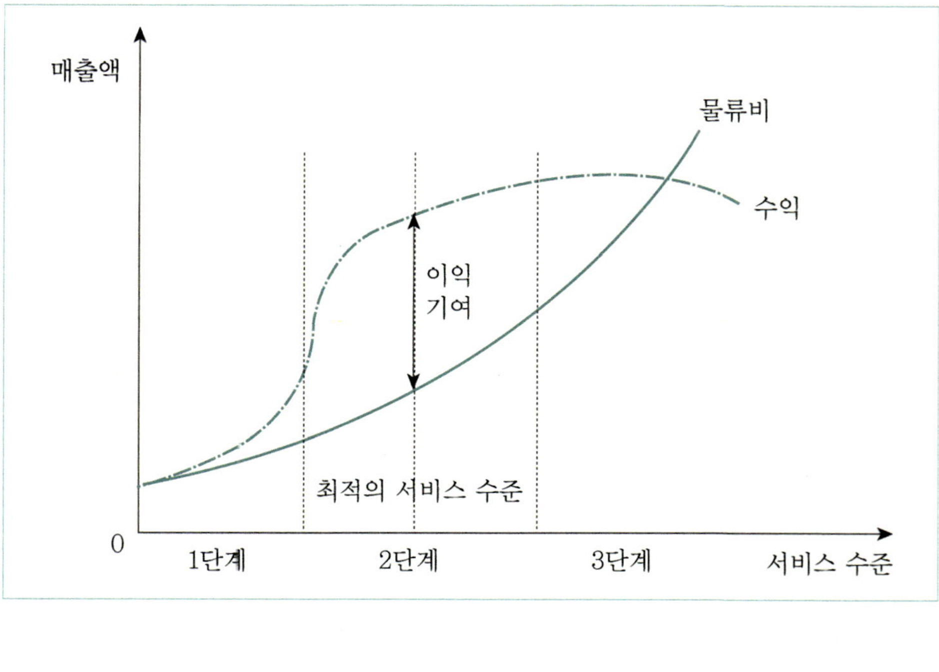

서비스 수준을 X축, 매출액을 Y축에 놓고 이 양자간의 상관관계를 그래프로 그려보면 서비스 수준 향상에 따라 우상향하는 곡선형태로 나타낸다. 두 곡선이 모두 우상향한다고는 하지만 비용곡선이 비용체증성향아래로 볼록한 곡선임에 비해 수익곡선은 수확체감성향위로 볼록한 곡선을 보이면서 점점 간격을 넓혀가다가 변곡점을 지나면서 다시 좁아져 결국 만나게 되는데, 비스듬히 기울인 럭비공 같은 모양의 궤적을 남기게 된다. 이는 곧 낮은 서비스 수준에서는 적은 비용의 추가로도 괄목할만한 서비스향상과 매출증대를 가져올 수 있지만, 어느 정도 서비스가 제고된 단계에서는 투입비용에 상응하는 서비스 개선이나 수익증대를 기대하기 어렵다는 의미이다. 따라서 수익곡선와 비용곡선의 간격이 최대화되는 서비스 포인트를 찾아내는 것이 바로 물류거점 운영의 이윤 최대화와 서비스비용 최소화가 균형을 이루는 최적점을 도출하는 것이 된다고 할 수 있다.

매출은 경제원칙에 따라 1단계에서는 수확체증의 법칙이, 2단계에서는 수확체감의 법칙에 따라 증가하였다가 일정 수준 이상이 되면 감소한다. 1단계에서 서비스 수준은 경쟁사의 서비스 수준에 도달할 때까지, 2단계에서는 경쟁사의 서비스를 넘어서는 경우이며, 마지막 단계에서는 서비스 수준이 극도로 높은 단계인데 과잉 친절은 고객에게 불편을 초래시킬 수도 있으므로 매출액은 오히려 감소할 수 있다.

따라서 서비스의 수준은 물류비와 매출의 상관관계에서 설정할 수 있는데 물류비 책정은 서비스의 대가로 창출되는 공헌이익이 최대가 되는 부분에서 이루어져야 한다. 즉 제경비가 일정하다고 했을 때 매출액에서 물류비를 뺀 금액공헌이익이 최대가 되는 점에서 최적의 서비스 수준이라고 할 수 있다.

이를 다시 도표로 물류비와 고객서비스의 상관관계에서 설명해 보자.

| 주문충족률 | 월평균 재고비용 | 월평균 매출액 | 공헌이익 |
|---|---|---|---|
| 80% | 500 | 1200 | 700 |
| 85% | 550 | 1350 | 800 |
| 90% | 620 | 1450 | 830 |
| 95% | 750 | 1400 | 650 |

고객서비스의 수준을 주문충족률의 관점에서 살펴본다면, 고객서비스의 수준을 높이기 위해서는 주문충족률을 높여야 하고 주문충족률을 높이기 위해서는 평균재고를 많이 보유하여야 한다. 그러나 재고가 증가하면 고객서비스 수준은 증가하지만 재고유지

비용은 상승하게 된다. 따라서 최적의 재고수준은 공헌이익이 최대가 되는 점에서 결정되는데 도표에서 주문충족률이 90%일 경우이다. 이와 같이 최적의 서비스 수준을 결정하고 난 후, 결정된 서비스 수준을 달성하기 위해서 창고관리, 재고관리, 수송정책 등을 구체적으로 결정하게 된다.

## 제3절 물류관리의 운영기법

### 1. 물류 TQM

전통적인 품질의 개념인 '사용의 적합성'에서 전사적 품질관리TQC : Total Quality Control라는 소비자 지향적인 개념으로 바뀌었고, 더 나아가 TQMTotal Quality Management으로 발전하였다. 대량생산시스템에서 다품종 소량생산으로 전환됨에 따라 기업도 이제는 기획·설계부터 제조와 마케팅에 이르기까지 전 단계에 걸쳐 경영차원의 종합적인 대응이 요구되기에 이르렀다. 지금까지의 현장위주, 제품위주의 품질관리 체계에서 한 걸음 나아가 제품, 공정, 사람, 자원에 대한 총체적인 품질향상을 통한 경쟁우위 확보에 주력하게 되었다.

이러한 배경에서 탄생한 경영기법이 TQM이다. 고객내부, 외부이 원하는 것이 무엇인가를 조사 분석하고 추진하며, 좋은 결과를 연속적으로 생산할 수 있도록 작업과정을 향상시키는 것이다. 이는 약속된 품질을 보증한다는 소극적인 사고방식에서 벗어나 전사적 차원에서 최고경영자의 주도하에 전 분야에 걸쳐 모든 사원의 참여로 능동적으로 품질을 향상시킴으로써 경쟁우위를 실현하는 종합적인 혁신활동이다.

이제 물류는 단순한 운송, 보관의 수준에서 고객 만족·고객의 즐거움으로 나아가야 한다. 전자상거래의 활성화와 더불어 물류는 급속도로 팽창하고 있지만 결국 물류서비스의 품질이 이를 좌우할 것이다.

물류 TQM은 제품 위주, 현장 위주의 품질관리체계에서 한걸음 더 나아가 제품, 공정, 자원, 사람에 대한 총체적인 품질향상을 통한 경쟁우위 확보에 주력해야 하며, 물류부서의 담당자 혹은 한 기업의 종사자가 아닌 재화의 흐름과 관계된 사내외의 모든 종사자들이 품질과 서비스에 책임을 지고 업무를 수행하는 것이 중요함을 의미한다. 이를 위해서는 물류종사자들에 대한 충분한 서비스 교육, 문제인식, 문제해결, 자료수집, 의사결정, 리더십 발휘를 위한 교육 등을 지속적으로 실시해 나가야 한다.

## 2. 적시생산시스템

적시생산JIT : Just in Time은 도요다자동차에서 부품의 재고를 줄임과 동시에 부품의 품질결함을 제로0화하기 위한 기법으로 사용한 자재공급기법이지만 재고수준을 줄이면서 결품을 방지하기 위한 방법이다. JIT시스템은 운송에서 일반화되고 있으며 더 나아가 JOTJust on Time로까지 발전하고 있다. JIT시스템의 능력은 기업의 높은 품질수준을 유지하는 것이다. 기업에서 JIT사이클에 의해 품질개선의 노력을 지속하여야만 제품의 높은 경쟁력을 유지할 수 있다. 어떠한 경우라도 자재의 결점이나 작업불량에 의한 생산라인의 정지를 허용하지 않음으로써 생산라인을 정상적으로 운영할 수 있을 것이다. JIT시스템에서 강조하는 것은 조직의 모든 구성원이 품질에 대하여 책임을 지는 것인데, 품질서클은 품질활동 부서만이 아닌 작업자 중심의 품질활동 전개라는 점에서 매우 유용한 수단이 된다. 물류에서도 우리가 명심해야 할 것은 하나의 물류부서나 한 기업에 종사자가 아닌 물의 흐름에 관계되는 사내외의 종사자들이 품질과 서비스에 책임을 지고 업무를 수행한다면 높은 경쟁력을 유지할 수 있을 것이다.

## 3. 6-Sigma

### 1) 6-Sigma의 의미

6-Sigma는 모토로라에 근무하던 마이클 해리Michael J. Harry에 의해 1987년 창안됐다. 미국의 반도체 회사인 Motorola는 1988년부터 1992년까지 5년 내에 불량률을 획기적으로 줄이는 품질향상 전략을 수립하고 이를 성공적으로 실천한 초일류 경영혁신활동이 6-Sigma 프로그램이다.

6-Sigma는 고객의 관점에서 경영의 병목Bottle Neck이 되는 핵심요소CTQ : Critical To Quality를 찾아서 문제해결 분석기법을 적용하여 경영의 전 분야에 걸쳐 무결점을 추구함으로써 낭비나 오류로 인한 과다한 손실비용을 제거하고, 프로세스의 질을 6-Sigma 수준으로 높여 궁극적으로 기업의 경영성과를 획기적으로 향상하기 위한 전략이자 수

단이다. 어떻게 하면 품질을 획기적으로 향상시킬 수 있을 것인가를 고민하던 중 통계 지식을 활용하는데 착안하게 되었고 점차 GE, IBM, 소니 등으로 확산되어 기업 경영혁신 기법으로 자리를 잡았다. 이들 기업의 6-Sigma는 모든 제품과 서비스를 고객의 관점에서 바라보고 만드는 것이다.

6-Sigma는,

① 통계적 측정치이다.

② 경쟁력 확보에 도움이 되는 기업전략이다.

③ 기업의 사고방식을 바꿔주는 철학이다.

그리스 문자인 시그마는 통계학적 용어로 표준편차를 의미한다. 에러나 오류의 발생 확률을 가리키는 통계용어다. 통계학에선 100만 번에 3.4회 에러가 나는 수준을 6-Sigma로 규정하고 있다. 5-Sigma는 100만 번에 233회, 4-Sigma는 6,210회 에러가 발생하는 수준이다. 6-Sigma는 실제 업무상 실현될 수 있는 가장 낮은 수준의 에러로 인정되고 있다.

6-Sigma 운동은 제품설계, 제조 및 서비스 품질의 편차를 최소화해 규격 상한과 하한이 품질 중심으로부터 6-Sigma 거리에 있도록 하겠다는 것이다. 즉 상품이나 서비스의 에러나 오류의 발생률을 100만 분의 3.4회라는 극한적인 수준으로 줄일 것을 목표로 제조 현장뿐만 아니라 경영활동 전반에 있어서 업무 Process를 근본적으로 재검토하는 것이 6-Sigma 기법이다.

**| 표 2-2 | 6-Sigma와 전통적 품질관리의 차이**

| 구분 | 전통적 품질관리 | 6-Sigma |
|---|---|---|
| 목표 | 제조공정의 만족을 목표로<br>추상적이면서 정성적인 목표설정 | 고객만족을 목표로 구체적이며 정량적인<br>목표설정 |
| 측정지표 | %(불량률) | Sigma |
| 개선기법 | 임기응변적 대처 | 총체적 Design |
| 추진방법 | Bottom-up 방법 | Top-down 방법 |
| 문제의식 | 외부로 드러난 문제 중시 | 외부로 드러난 문제 및 잠재적 문제까지 포함 |
| 적용범위 | 제조공정의 부분 최적화 | 전사적 업무프로세스의 전체 최적화 |
| 기본적 관점 | 기업 측의 관점 | 고객 측의 관점(고객만족) |

과거의 품질경영이 대량생산시대에 부합하는 공장 중심의 활동으로 그 목표가 고객에게 인도되는 최종제품의 불량을 줄이는 것이었다면, 6-Sigma는 생산 현장뿐만 아니라 재무, 회계, 인사관리 등 기업활동의 전 과정에 적용되는 정보화사회에 부합되는 21세기형 전방위 경영혁신 운동으로 불량 가능성을 근본적으로 제거하여 기업활동 전 부문에서 오류가 생길 수 있는 구조나 시스템 자체에 메스를 가하는 기업활동 전반을 대상으로 하는 혁신이다.

### 2) 6-Sigma의 특징

6-Sigma는 전통적 품질관리기법과는 차이가 있다. 전통적 품질 관리기법이 대량생산시대에 부합하는 공장 중심의 운동이었다면, 6-Sigma는 정보화사회에 알맞은 21세기형 전방위 경영혁신 운동으로 다음과 같이 요약할 수 있다.

첫째, 모든 현상을 숫자로 표시하고 관리하는 것을 철학으로 한다.

둘째, 6-Sigma 기법은 목표설정을 Top-down 방식으로 하여 전체 최적화의 관점에서 목표달성의 프로세스를 수치화구체화한다.

셋째, 6-Sigma 기법은 프로세스 중시형 접근방법이다.

넷째, 고객에게 인도되는 최종 생산품의 불량을 줄이는 것뿐만 아니라 회사 내 전 부문에서 불량의 원인을 근본적으로 제거하는 기법이다.

다섯째, 6-Sigma에서는 명확한 공통기준을 마련하고 있기 때문에 다양한 기업에서 적용할 수 있다.

### 3) 6-Sigma의 실행절차

6-Sigma를 이용한 경영혁신 프로세스는 각 회사의 시장에서의 위치나 업종에 따라 다르기 때문에 통일적으로 제시하기는 어렵지만 일반적으로 DMAIC라고 불리는 5단계 프로세스를 거치며 이를 거친 프로젝트는 개선 효과에 대한 사후 평가를 받고 여기서 입증되면 계속 관리된다.

#### (1) D (Define : 정의단계)

무엇을 개선해야 고객과 사업의 목적에 바람직한 영향을 미치는가에 대한 개선 기회를 명확히 하고, 프로젝트팀을 결성하여 개선의 목적, 목표, 일정 등을 포함하는 실행계획을 작성하는 단계로 고객이 품질에 가장 큰 영향을 미치고 있다고 생각되는 CTQCritical To Quality 속성들을 파악한다.

### (2) M (Measurement : 측정)

프로세스의 현재 상태를 파악하는 단계로 결함 빈도가 어느 정도 되는지를 찾는 단계라고 할 수 있다. 개선 대상이 되는 프로세스에서 제품의 품질에 가장 큰 영향을 미치는 CTQ와 CTQ에 영향을 미치는 다른 제어인자를 찾아낸다. 그리고 각 프로세스를 구분하고 프로세스 별로 입력과 출력을 확인하고 가장 중요한 입력, 출력인자를 구분하는 Process Mapping을 행한다.

### (3) A (Analysis : 분석)

결함이 언제 어디서 발생하는가를 파악함으로써 개선의 대상을 명확히 하는 단계로 기존 공정을 가장 크게 변화시킬 것 같은 핵심 변수들을 파악하고 결함이 나타난 원인을 발견하며, 결함이 언제 어디서 발생하는지를 통계수치로 전환하는 단계로 변동의 주요 원인을 발견하기 위해 FMEAFailure Mode Effects Analysis, 다변량 분석, 공정능력분석을 실시하게 된다. 이 단계에서 주요 변동 인자를 찾아내기 위한 선별 작업을 실시할 때 분산분석이나 통계적 가설검정을 사용하는데 무분별하게 여러 가지 분석을 수행하는 것은 바람직하지 못하다.

### (4) I (Improvement : 개선)

통계수치를 통하여 공정의 해결 방안을 모색하며 핵심 변수들을 확인하고, 이 변수들이 CTQ에 미치는 영향을 수치화한다. 또한 핵심 변수들의 최대 수용 가능한 범위를 파악하고, 이 변수들의 편차를 측정하기 위한 시스템의 타당성을 확인하는 단계로 목표치와 현실의 차이를 발생시키는 요인을 발견하는 방법과 실험계획법을 배우고 개선작업을 실시한다.

### (5) C(Control : 관리)

시간이 흘러도 핵심 변수들이 수정된 공정에서 최대 수용 가능한 범위 안에 확실하게 유지될 수 있는 방안을 모색하는 단계로 SPCStatistical Process Control기법을 이용하여 새로운 프로세스 조건에 대한 문서화 및 프로세스 감시를 하게 된다. 새로운 프로세스 조건에서의 결과가 이전의 경우보다 더 나아졌는지를 확인하기 위하여 공정능력분석을 다시 수행한다.

## 4. 제약이론

### 1) 제약이론의 개념

제약이론TOC : Theory of Constraints은 물리학을 전공한 골드렛Eliyahu M. Goldratt 박사가 어려움에 처한 친구의 공장을 우연한 기회에 방문하여 문제를 해결해 주고자 방법을 찾았으며 이러한 시도가 TOC의 첫 시발이었다. 여기서 제약constraint이란 그 조직이 가지고 있는 목표를 달성하는데 있어서 제약이 되는 모든 것자원, 부서, 인식, 환경 등이며, 조직을 하나의 고리사슬로 구성된 시스템으로 인식하여 어느 하나의 고리가 취약하면 전체 고리사슬이 제 기능을 발휘하지 못한다는 것이다. 제약이론은 기업의 여러 가지 활동 중 취약한 활동요인의 효율성을 제고함으로써 기업의 성과를 극대화한다는 것으로, 재무적인 성과를 나타내기 위해 스루풋Throughput, 재고, 운영비용 등 3개의 개념을 제시하고 있다. 제약이론은 조직에서 제일 취약한 부분과 경영능력의 제약조건을 찾아내어 보완하고 제 기능을 발휘할 수 있도록 경영자원의 활용능력을 극대화하는 이론이다.

### 2) 제약이론 관리의 5단계

조직의 자원은 크게 제약요인과 비제약요인으로 분류할 수 있으며, 이 중 제약요인을 찾아내고 집중적으로 관리함으로써 조직이 목표를 조기에 달성하는 과정이 곧 제약요인 관리의 5단계이다.

#### (1) 1단계 : 시스템의 제약요인을 찾아낸다.

물류에서 어느 부분이 가장 취약제약요인한 곳인지를 찾아내는 것이다. 제약요인에는 유형, 무형이 있다. 유형의 제약요인에는 작업의 독려가 많은 곳, 잔업이 많은 곳, 재고가 자주 쌓이는 곳 등으로 일단 제약요인일 가능성이 높다. 무형의 제약요인은 잘못된 관행, 인식 등이 해당된다. 만약 제약요인이 유형이면 2단계로 넘어가고, 무형인 경우에는 4단계로 넘어가면 된다.

### (2) 2단계 : 제약요인을 최대한 효율적으로 이용할 방법을 결정한다.

제약요인이 목표를 달성하는데 있어서 중요한 결정변수이므로 이를 최대한 활용할 방법을 결정한다. 예를 든다면 숙련된 작업자의 배치, 예방 정비, 항시 작업준비 상태 등이 있으며, 물류담당자도 제약요인이 물류개선의 중요요소라고 생각하여 적극적인 참여와 관심을 가져야 한다.

### (3) 3단계 : 그 밖의 모든 의사결정을 제약요인의 최대 활용이라는 관점에서 내리도록 한다.

제약요인에 맞추어서 모든 방법을 강구하다보면 비제약요인에 대하여 어떻게 관리할 것인가 하는 문제가 제기된다. 비제약요인의 과다한 운영은 제약요인의 운영과 조직 전체의 운영에 비효율성이 증대되므로 가급적이면 제약요인의 운영에 맞추어서 진행되도록 한다. 예를 들면 피킹작업이 제약요인인데 계속해서 피킹속도보다 빠른 입고는 창고공간의 비효율성을 증대시킬 뿐이므로 입고시점과 수량을 피킹작업의 속도에 맞추어서 동기화시킬 필요가 있다.

### (4) 4단계 : 제약요인의 능력을 향상시킨다.

조직 내의 모든 자원을 동기화시켜 각 자원간에 완벽한 종속성을 유지하게 되면 모든 관리의 초점은 제약요인에 모아지게 된다. 이때 제약요인이 조직운영과 관리의 열쇠가 되므로 제약요인을 통해 조직의 전체 효율성이 결정되게 된다. 이때 제약요인의 능력을 향상시키게 되면 조직 전체의 효율성이 증대되게 된다. 무형의 제약요인일 경우에는 혁신운동, 마인드 교육 등 각종 교육프로그램을 통하여 제약요인낮은 만족도, 인식 등을 고취시킬 수가 있다.

### (5) 5단계 : 기존의 제약 요소를 제거하고 1단계로 돌아가 새로운 제약요소를 탐색한다.

제약요인에 대한 능력을 증대시켰으므로 이제 더 이상 제약요인이 되지 않을 수 있으나, 과거에 비제약요인이 새로운 제약요인으로 나타날 수가 있다. 이제 피킹작업이 더 이상 제약요인이 되지 않는다. 그러나 과거에는 출고장의 규모가 피킹작업량보다 상대적으로 크기에 문제가 되지 않았지만 새로운 피킹장비의 추가로 출고장의 규모보다 피킹작업량이 많아지면 더욱 넓은 출고장이 필요하게 되는 것이다.

# 5. 물류 리엔지니어링과 물류 리스트럭처링

## 1) 물류 리엔지니어링

리엔지니어링BPR : Business Process Reengineering은 혁신적 경영관리기법으로 정보기술을 활용하여 업무의 흐름에 주목하여 이를 근본적으로 재조정함으로써 고객만족을 추구하는 상품과 서비스의 흐름으로 재설계하는 것을 말한다.

물류리엔지니어링은 재료의 발주처리로부터 주문품의 배송에 이르는 일련의 과정을 리엔지니어링의 기본목표인 고객만족 또는 가치창출의 관점에서 물류활동의 핵심적인 성과를 달성하기 위해 제로베이스 상태에서 근본적으로 재설계하여 경쟁우위를 확립하는 것이다.

물류리엔지니어링을 실천하기 위해서는 고객만족 향상과 관련하여 고객욕구의 다양화와 개성화에 대응하고 상품이나 서비스에 대한 고객만족 향상을 위한 물류서비스의 질적향상, 리드타임의 단축, 적정재고수준 유지 및 물류비의 최소화를 추구할 필요가 있다. 또한 고객욕구의 관점에서 조직 간·기업 간 업무흐름을 파악하고 종래의 직능별·사업별 계층조직을 고객지향적인 횡단조직으로 재설계할 필요가 있다.

## 2) 물류 리스트럭처링

리스트럭처링Restructuring은 1980년대 경제불황이 지속되고 있을 때 기업의 저성장을 통한 생존전략이 대두되면서 리엔지니어링 전략에 앞서 대두된 경영기법으로 인력 삭감,

**| 표 2-3 | 물류 리엔지니어링과 물류 리스트럭처링**

| | 물류 리엔지니어링 | 물류 리스트럭처링 |
|---|---|---|
| 내용별 | 고객지향적 | 경쟁지향적 |
| | 기능 자체를 변경하여 물류합리화 추구 | 기능을 그대로 두고 물류합리화 추구 |
| | 높은 목표에 의한 변혁 추구 | 점진적인 개선목표 |
| | 직능횡단적 팀 활용으로 경영전반 재구축 | 전문가에 의한 분업체계를 통해 조직 개혁 |
| | 최근 기술을 적극적으로 이용한 조직개편 | 기술혁신과 관계없이 조직개편 |
| 종합 | 전사적 최적화 요구 | 개별 최적화 추구 |

불량사업의 통폐합, 신규투자 억제, 간접비 삭감 등 주로 기업의 조직개편에 목적을 둔 경영혁신기법을 말한다.

물류 리스트럭처링 전략은 기본적으로 해당 기업의 전사적인 리스트럭처링 전략의 일환으로 장기적 차원에서 조직, 인사, 연구개발, 생산, 판매 관리시스템 등을 상호 연관시키면서 기업의 장기적인 이익증대라는 관점에서 추진되어 왔다. 그러나 그 효과가 미비하여 생산·판매·물류의 통합화를 위한 종합지향형 확대전략으로서 물류 리엔지니어링과 물류 ABS활동기준원가계산로 전환하고 있다.

## 6. 상물분리

### 1) 상물분리의 개념

상물분리란 물류합리화의 관점에서 상류경로와 물류경로를 분리하여 운영하는 것을 말한다. 상류와 물류와는 표리일체의 관계에 있기 때문에 종래에는 동일 경로로 흐르는 일이 많았다. 하지만 로트lot화 화물을 최단 경로로 수송하는 일이 유리한 물류에 있어서 복잡다기한 상류경로는 합리화를 방해하는 요인이 되는 경우가 많았다.

따라서 대량수송과 수·배송 시간의 단축, 재고의 집약화로 고객서비스를 향상시키고 총 물류비를 절감할 수 있는 상商, 물物의 분리가 중요시된 것이다. 유통활동에서 판매력을 확대하기 위하여 거래범위를 넓히면 매출액이 증가하는 효과가 있지만, 반면에 물류 측면에서는 수송거리의 연장, 보관설비, 재고 등의 증가를 가져온다. 매출액의 증가로 인해 단위당 물류비가 증가하는 결과로 오히려 총이익이 감소하는 결과를 초래하게 되는 것이다.

그러므로 상류와 물류의 상반된 현상을 해결하기 위하여 상물분리를 함으로써 기업 전체를 효율성을 제고시키는 것으로 각 영업소의 물류기능을 통합하여, 물류는 물류부서에서 전담하고 상류는 영업부서에서 담당하게 하는 것이다.

### 2) 상물분리의 경제적 효과

상류와 물류를 분리하면 경제적으로 다음과 같은 효과를 얻을 수 있다.

첫째, 물류거점을 통한 수배송으로 수송경로가 단축되고 대형차량의 이용이 가능하므로 수송비가 절감된다.

둘째, 지점과 영업소의 수주 통합으로 효율적 물류관리가 이루어지고 리드타임이 단축된다.

셋째, 배송차량의 효율적 운행이 가능하여 트럭적재율이 향상된다.

넷째, 전산화로 사무처리가 경감된다.

다섯째, 재고의 편재 및 과부족을 해소하여 효율적 재고관리가 가능하다.

여섯째, 물류거점물류센터 등에서 하역의 기계화, 창고자동화 추진이 가능하므로 물류코스트가 절감된다.

일곱째, 영업부는 판매활동에만 전념하여 도·소매업의 매출이 증대된다.

여덟째, 제조업자는 유통경로 전체에서 물류효율화를 실현할 수 있다.

**| 그림 2-9 |** 상물분리 실시 전의 출하 형태

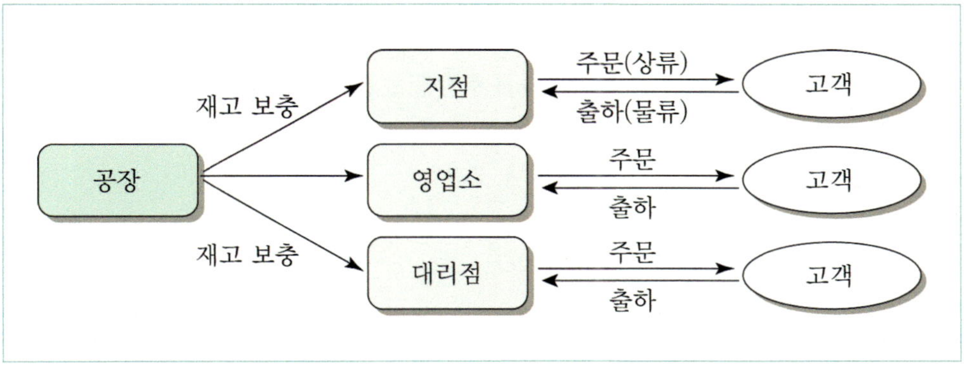


**| 그림 2-10 |** 상물분리 실시 후의 출하 형태

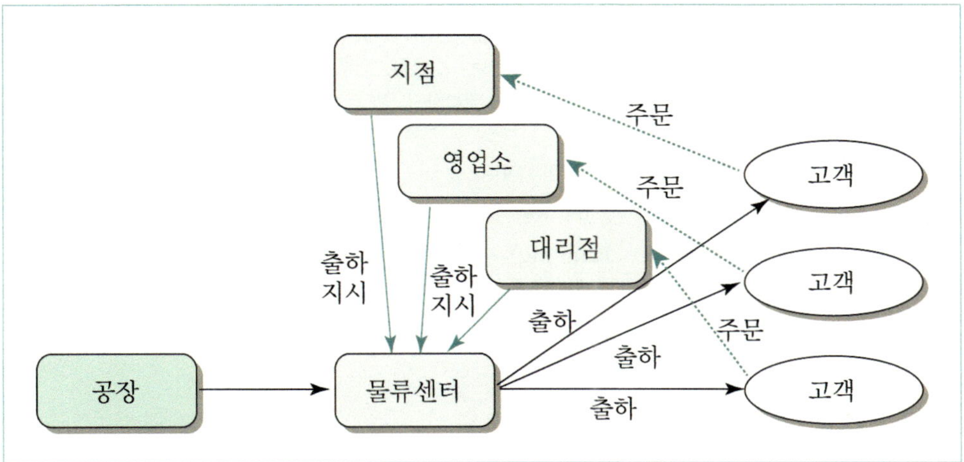

## 연습문제

**1.** 물류관리의 필요성에 관한 설명으로 옳지 않은 것은?

① 제품의 수명이 단축되고 차별화된 제품생산의 요구 증대로 인하여 물류비용 감소의 필요성이 부각되고 있다.
② 물류관리를 통해 비용절감, 서비스수준의 향상, 판매촉진 등을 꾀할 수 있다.
③ 국제적인 경제 환경이 변화하면서 물류관리의 중요성이 부각되고 있다.
④ 전자상거래의 증가로 인하여 물류관리의 중요성이 감소되고 있다.
⑤ 기업활동의 특성상 판매비나 일반관리비에 비하여 물류비의 절감이 요구되고 있다.

**2.** 단위 시간당 필요한 자재를 소요량만큼 조달하여 재고를 최소화하고, 다양한 재고감소 활동을 전개함으로써 비용절감, 품질개선, 작업능률 향상 등을 통해 생산성을 높이는 생산시스템을 무엇이라 하는가?

① Bullwhip Effect
② QR(Quick Response)
③ ECR(Efficient Consumer Response)
④ JIT(Just In Time)
⑤ CR(Continuous Replenishment)

**3.** 다음 중 아래 설명에 해당하는 물류합리화 기법은 무엇인가?

> 골드랫(Eliyahu M. Goldratt)이 제안한 개념으로, 기업의 여러 가지 활동 중 취약한 활동요인의 효율성을 제고함으로써 기업의 성과를 극대화한다는 것으로, 재무적인 성과를 나타내기 위해 스루풋(Throughput), 재고, 운영비용 등 3개의 개념을 제시하고 있다.

① BPR(Business Process Re-engineering)
② TQM(Total Quality Management)
③ ERP(Enterprise Resource Planning)
④ 6 Sigma
⑤ TOC(Theory Of Constraints)

**4.** 기업 활동 중 제약요소의 효율성 제고를 추구하는 제약이론(Theory of Constraints)에서 지속적 개선을 위한 5단계 과정에 대한 다음 설명 중 적절하지 않은 것은?

① 1단계 - 제약 요소의 발굴
② 2단계 - 제약 요소의 최대한 활용
③ 3단계 - 제약 요소의 최대 활용이라는 관점에서의 의사결정
④ 4단계 - 제약 요소에 대한 투자 축소
⑤ 5단계 - 제약요소 제거와 새로운 제약요소 탐색

**5.** 다음 중 국민경제적 관점에서 물류의 역할이 아닌 것은?

① 유통효율의 향상으로 물류비 절감
② 기업의 체질 개선과 물가상승 억제
③ 자재의 낭비를 방지하여 자원의 효율적인 이용에 기여
④ 개별기업의 제품 및 원재료와 관련된 업무를 총괄관리
⑤ 상품의 품질유지, 정시배송 실현으로 양질의 서비스 제공

**6.** 물류합리화 기법으로서 6-Sigma에 대한 설명으로 옳지 않은 것은?

① 모토로라에서 처음 시행하였다.
② 통계적 기법을 이용한 품질개선운동이다.
③ 모든 현상을 숫자로 표시하고 관리하는 것을 철학으로 한다.
④ 최종 생산품의 부적합뿐만 아니라 생산과정의 부적합에도 주목한다.
⑤ 평균에서 규격한계까지의 거리가 ±3시그마가 되도록 품질수준을 통제하는 것을 목표로 한다.

**7.** 다음의 내용에 해당되는 경영기법은?

> 생산, 물류, 판매기능의 최대 능력이 각각 100, 80, 90인 회사가 있다. 작년에 경영실적을 보면 100을 생산하여 80만큼 유통하고 80만큼 판매하였다. 회사는 모든 부분에 대한 역량을 동시에 강화하지 않고, 물류기능을 집중 개선하여 그 능력을 90으로 올렸다. 그러자 다음 해의 판매는 90으로 상향되었다.

① 6-시그마　② 자재소요계획
③ 제약이론　④ JIT(Just In Time)
⑤ 수송계획법

8. 다음 중 물류관리(Logistics Management)의 영역에 속하지 않는 것은?

① 창고관리
② 재고관리
③ 고객서비스
④ 물류네트워크 디자인
⑤ 리스크관리

9. 어떤 회사에서 6-Sigma 물류경영을 목표로 물류품질을 향상시키려 한다. 일년에 삼백만 건의 피킹작업이 이루어지는 경우, 몇 건의 피킹작업 오류 발생 시 이 회사의 물류품질을 6-Sigma 물류경영 수준으로 볼 수 있는가?

① 3,400건 정도
② 1,000건 정도
③ 100건 정도
④ 10건 정도
⑤ 3건 또는 4건

10. 환경친화적인 물류관리를 위한 온실가스 감축관리목록 작성 시, 사업자는 직접소유, 통제하는 배출원으로부터 나오는 온실가스 정보를 직접배출과 간접배출로 구분할 수 있다. 다음 중 직접적인 온실가스 배출과 거리가 먼 것은?

① 전력, 스팀 등 사업자가 구매하여 배출한 온실가스 배출
② 차량, 선박, 항공기 등 이동수단의 연료연소로 인한 이동연소배출
③ 공정시설의 화학적 생산 활동으로 인한 공정배출
④ 저장시설, 관의파손 등에 의한 탈루배출
⑤ 보일러, 난로 등 고정 설비에서의 연료연소로 인한 고정연소배출

11. 물류관리의 목표에 대한 설명으로 가장 적절한 것은?

① 재고량을 줄여 재고비용을 감소시키면 고객 서비스 수준은 향상된다.
② 고객서비스 수준보다는 물류비용을 항상 우선적으로 고려해야 한다.
③ 고객서비스 수준의 향상은 배달지연이나 재고부족으로 인한 매출의 감소를 가져온다.
④ 운송비, 주문처리비 등의 눈에 보이는 비용을 절감해야 고객서비스 수준이 향상된다.
⑤ 일반적으로 물류비의 감소와 고객서비스 수준의 향상 간에는 상충관계(trade- off)가 있다.

# Chapter 3

# 물류관리전략

## 제 1 절 경영전략

### 1. 경영전략의 개념

경영전략은 기업의 장기적 목적 및 목표의 설정 그리고 이들 목표의 결정을 실행하기 위하여 기업활동을 전체적·계획적으로 적응시키는 전략으로 기업을 둘러싼 환경변화에 능동적으로 대처하여 기업의 존속과 성장을 꾀하는 것을 말한다.

경영전략의 수립은 기업의 목적을 명확히 정의하는데서 출발한다. 즉, 이윤의 추구, 생존, 사회적 기여, 투자수익률, 시장점유율, 성장 등이 이에 해당하며, 다음으로 비전수립 과정이 필요하다.

경영전략 수립시 고객, 공급자, 경쟁자, 전략의 주체가 되는 기업의 4가지 요소를 고려해야 하는데 이를 위해서는 이들 각각의 니즈, 강점, 약점, 지행하는 목표, 전망 등을 평가하고 최적의 전략을 도출해야 한다.

경영전략의 효율적인 실행을 위해서는 포괄적이고 일반적인 비전과 전략들을 보다 구체적인 계획으로 전환해야 한다. 비용구조, 재무적 강점과 약점, 시장점유 수준, 자산 기반과 배치, 외부환경, 경쟁력, 고용자의 기술 등에 대한 명확한 이해를 바탕으로 기업이 직면하고 있는 위협과 기회로부터 도출되는 대안 전략들을 선택하고, 이들 전략들이 수립된 비전을 실현할 수 있는 구체적인 방향을 제공해야 한다.

## 2. 경영전략과 물류전략의 관계

기업전략은 [그림 3-1]에 제시된 바와 같이 세부적인 기능별 전략을 포함한다. 즉, 제조, 마케팅, 재무 그리고 물류활동에 대한 각각의 계획을 구체화함으로써 기업전략은 구현될 수 있다. 물류전략은 기업의 경영전략에 포함되며, 기업 전체의 최적화를 목적으로 전략적인 체계 하에서 효과적으로 운영되어야 한다.

**그림 3-1** 경영전략과 물류전략

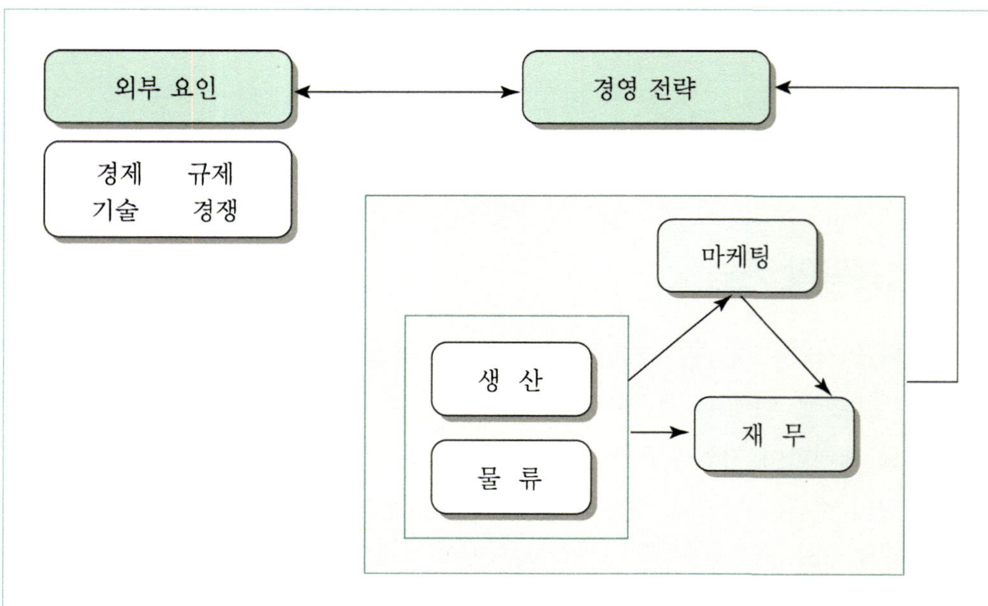

# 제 2 절 마케팅전략

## 1. 마케팅의 의의

### 1) 마케팅의 개념

마케팅은 재화나 서비스를 생산자로부터 최종 수요자에게 전달시키는 과정에서 필요한 매매, 교환, 유통 등의 제 활동이라 할 수 있으며, 고객의 필요needs와 요구wants를 만족시키는 것이다. 또한 제품, 서비스, 아이디어를 창출하고 가격을 결정하고 이들에 관한 정보를 제공하고 이를 배포하여 개인 및 조직체를 만족시키는 교환을 성립시키는 활동이다. 그러나 현대사회에서는 한 단계 더 나아가 고객과 고객의 만족감을 창조하고 고객의 생활의 질을 높이기 위해, 그리고 건전한 소비문화와 생활문화를 창조·보급하는 대 고객 활동으로 마케팅을 인식하고 있다.

마케팅은 수요를 창출하고 조절하는 역할을 하는데 반해 물류의 경우에는 발생한 수요에 대해 서비스를 공급함으로써 수요를 충족시킨다. 실제로 물류의 경우 시장에서의 수요발생 이전의 상품의 존재가 수요를 창출하기도 하기 때문에 엄밀히 말하자면 수요의 창출과 조절기능을 분리시킬 수는 없다. 물류의 역량이 강한 기업일수록 수요창출 및 조절에 유리한 것을 보더라도 물류서비스가 수요창출에도 영향을 미치고 있음을 알 수 있다.

### 2) 마케팅의 기능

마케팅의 기능에는 환경 분석, 마케팅 조사, 소비자 분석, 상품기획, 유통계획, 촉진계획 그리고 가격결정 등이 있다. 이중에서 환경 분석, 마케팅 조사, 소비자 분석은 시장세분화를 통한 표적시장의 선택과 상품의 포지셔닝 등의 기본적인 마케팅 전략의 수립을 위해 수행되는 기능이며, 상품Product, 가격Price, 유통Place, 촉진Promotion의 4P's와 관련된 계획은 이미 수립된 기본적인 마케팅전략에 근거하여 만들어진다. 4P's 중 물류는 유통채널과 관련이 깊다. 참고로 유통채널은 경직적이므로 다른 마케팅 믹스에 비해 한번 결정되면 다른 유통채널로의 전환이 용이하지 않다.

## 2. 마케팅전략의 의의

최근에는 마케팅을 전략적인 관점에서 바라보는 경향이 늘어나고 있다. 오늘날 존재하는 많은 기업들 중 빠르게 변화하는 시장환경 하에서 성공하는 기업들은 그 환경에 맞게 적시에 적절한 제품을 제공하는 마케팅 전략이 있었기 때문이다.

### 1) 마케팅전략의 과정

#### (1) 마케팅 조사

소비자와 마케팅 담당자들 간의 의사소통을 담당하는 기능으로서 마케팅 의사결정을 위한 정보 제공을 목적으로 정보를 체계적·객관적으로 획득, 분석, 해석하는 공식적인 과정이다.

#### (2) 소비자 행동 분석

소비자의 구매행동은 항상 어떤 욕구와 욕망의 충족을 목적으로 전개되며, 이것은 기본적으로 지각, 동기, 개성, 학습 등에 의해서 결정되어지는데, 소비자 행동은 직접적인 요인인 심리적·경제적 요인에 의해서는 물론 간접적 요인인 사회적·문화적 요인에 의해서도 크게 영향을 받기 때문에 소비자 행동은 경제학적 관점에서보다 행동과학적 관점에서 하나의 전체적 시스템으로서 이해되고 분석되어야 한다.

#### (3) 소비자의 욕구 파악

많은 상품들을 고객의 욕구에 맞도록 구성하는 것은 매우 힘든 일이다. 무한정 상품을 갖춘다고 해서 고객이 욕구를 모두 충족시키는 것은 아니며, 고객의 특성 및 구매행동을 정확히 파악하는 것은 매우 중요한 일이다. 최근에는 POS판매시점 정보관리 시스템를 이용해서 고객의 소비패턴이나 욕구 등을 파악할 수 있다. 도·소매점에서 소비자가 물건을 구입하면 물품을 바코드 스캐너에 입력되며 본사 호스트 컴퓨터에 전송이 되어 그것을 통해 제품 선호도 또는 소비자의 동향을 파악할 수 있고 이에 대해 적절히 대처할 수 있다.

#### (4) 제품설계

구매자의 입장에서 구매자 선호, 구매동기, 구매관습 등을 충분히 감안하여 설계하는 것이 현대 마케팅의 기본적 특징이다. 따라서 어떻게 하면 제품이 아무런 판매 저항을 받지 않고 수요자에게 잘 받아들여지느냐 하는 관점에서 제품설계가 이루어져야 한다. 현대에는 소비자 지향적인 제품설계가 이루어지고 있는데 이것은 구매자의 필요나 욕구충족, 경쟁에서 우위차지, 판매촉진활동 자극, 특정재료의 이용을 통하여 보다 유리한 제품을 개발하기 위해서 필요하다고 볼 수 있다.

### 2) STP전략

기업의 구체적인 목표가 설정되면 시장에서의 전략적 위치를 결정하게 되는데, 시장세분화와 표적시장선정이 이루어지고 표적시장에서의 제품 포지셔닝이 이루어진다.

#### (1) 1단계(시장세분화)

시장세분화Market Segmentation는 시장을 상이한 제품 또는 서비스를 요구하는 독특한 구매자 집단으로 분할하는 작업이다.

#### (2) 2단계(표적시장 선정)

표적시장Target Market선정은 각 세분시장의 매력도를 평가하고 진출할 하나 또는 그 이상의 세분시장을 설정하는 단계이다.

#### (3) 3단계(포지셔닝)

포지셔닝Positioning은 시장에서의 위치선정 즉, 고객의 마음속에 자사의 독특한 상품이나 서비스에 대한 어떤 위치를 차지하도록 하는 마케팅 노력을 말한다.

## 3. 4P에 따른 마케팅 전략

### 1) 제품전략

제품Product전략은 마케팅전략의 가장 중요한 요소로 어떤 상품을 거래할 것인지, 포장과 브랜드상표는 어떻게 할 것인지에 대한 종합적인 의사결정을 말한다.

### 2) 가격전략

가격Price전략은 상품의 가격수준과 범위, 가격결정기법, 판매조건 등의 의사결정을 말한다. 다른 마케팅전략에 비해 단기간에 뚜렷한 효과를 나타내는 특징이 있으며, 서로 다른 세분시장에 대해 다른 가격을 설정할 수도 있다.

### 3) 유통전략

유통Place전략은 제품과 서비스가 생산자로부터 소비자 및 최종사용자에게 옮겨가는 과정에 참여하는 모든 개인 및 회사, 즉 생산된 제품을 생산자로부터 소비자에게 전달하는 과정에서 백화점, 대규모 할인점, 시장, 대리점, 인터넷 등에서 판매할 것인지 검토하는 전략이다.

### 4) 촉진전략

촉진Promotion전략은 제품판매를 확대시키기 위해 펼치는 것으로 어디에 광고를 게재하고 어떻게 홍보할 것인지 등에 대한 전략이다. 촉진전략에는 광고Advertising, 판매촉진Sales promotion, 홍보Publicity, 인적판매Personal selling 등이 있다.

## 4. 마케팅과 물류와의 관계

물류는 마케팅의 4P 중 Place, 즉 유통채널과 관련이 깊다. 물류는 포괄적인 마케팅 개념에 속하는 것으로 볼 수 있으나, 물류역량이 강한 기업일수록 본래 마케팅의 기능이었던 수요창출 및 조절에 유리하다. 공통적인 영역은 관련 부서간의 이해관계가 얽혀 있기 때문에 어느 한 부서 독자적으로는 효율적으로 수행할 수 없는 활동이다. 마케팅과 물류의 상호작용에 포함되는 요소로는 고객서비스, 가격, 포장, 매장관리, 정보관리 등이 있다. 최근의 물류는 마케팅뿐만 아니라 생산관리 측면, 산업공학적인 측면 등 보다 광범위한 개념으로 인식되고 있다.

복수의 부서에 관련되어 있는 활동을 특정 부서에 맡길 때 기업의 목표가 한 부서의 목표로 전락하는 결과를 초래하여 기대치에 못 미치는 결과를 얻게 된다. 따라서 이러한 문제를 효율적으로 해결하기 위해서는 조직이나 부서 간의 협조를 이끌어 낼 수 있는 매체나 동기부여가 필요하다.

**| 그림 3-2 |** 마케팅, 생산과 물류와의 관계

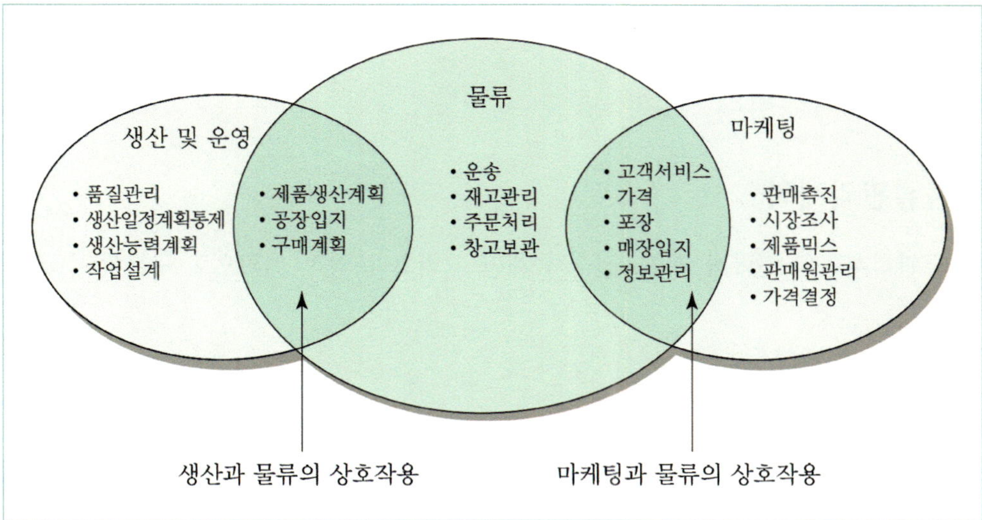


# 제 3 절 물류관리전략

## 1. 물류관리전략의 목표

물류는 기업 전체의 활동과 관련되어 있으므로 전략적인 체계 하에서 효과적으로 운영되어야 한다. 기업의 목표가 고객의 욕구를 충족시켜주면서 이익을 창출하는데 있으므로, 물류는 고객의 요구를 충족시키기 위하여 제품, 서비스, 정보를 효과적으로 흐르게 하고 이를 계획, 통제하는 활동이어야 한다. 물류관리전략의 목표는 다음의 세 가지로 나누어 설명할 수 있다.

첫째, 비용절감이다. 이동 및 보관과 관련된 가변비용을 최소화하는 것으로 창고위치 선택, 수송수단 선택 등과 같이 여러 대안을 평가함으로써 수립한다. 물류서비스 수준을 일정하게 하고 물류코스트를 최소화하는 전략이 해당된다.

둘째, 자본투자의 절감이다. 물류시스템에 대한 투자수준을 최소화하는 것으로 창고에 보관하지 않고 직접 소비자에 수송, 자가창고 대신 영업창고 이용, 재고비축보다 JIT 공급방식 선택 및 제3자물류서비스 이용 등이 있다.

셋째, 서비스 개선이다. 수익은 서비스 수준에 비례한다는 것을 인식할 필요가 있다.

## 2. 물류관리계획의 수립

### 1) 물류관리계획

물류관리계획은 전략적 계획, 전술적 계획 그리고 운영적 계획으로 구분할 수 있다.

#### (1) 전략적 계획

전략적 계획Strategic Planning은 기간이 1년 이상의 장기계획으로, 전략적 계획은 설비투자와 같이 장기간에 걸쳐 이루어지는 사업을 대상으로 한다. 시설입지 계획창고입지 결정, 수송수단 선택 등은 전략적 계획에 포함된다.

#### (2) 전술적 계획

전술적 계획Tactical Planning은 기간이 1년보다 작은 단위의 중기계획으로, 재고 포지셔닝, 고객주문에 대한 우선순위규칙, 공급자 선택 등이 포함된다.

#### (3) 운영적 계획

운영적 계획Operational Planning은 시간, 일 단위로 자주 의사결정이 이루어지는 단기계획으로 주문처리, 경로계획, 주문품 발송 등이 운영적 계획에 속한다. 운영적 계획은 정확하고 세부적인 자료를 이용해서 수행된다.

### 2) 물류관리계획의 수립과정

기업이 물류관리를 합리화하기 위해서는 우선 기업이 수립한 장기판매목표와 전략이 합치되도록 물류관리에 대한 목표와 전략을 수립하여야 한다. 합리화를 위한 전략의 수립단계는 다음과 같다.

#### (1) 제1단계(물류환경분석)

물류업계의 환경, 관련 산업의 물류환경, 경쟁사 물류환경, 소프트웨어·하드웨어환경, 기술환경, 법규환경 등을 중심으로 물류환경을 분석한다.

#### (2) 제2단계(물류목표설정)

고객서비스의 수준향상, 생산성향상, 비용절감, 재고감축, 리드타임의 단축 등을 중심으로 물류목표를 설정한다. 특히 고객서비스의 수준향상과 비용절감이라는 상충관계를 어떻게 조정하느냐가 문제의 핵심이라고 할 수 있다.

#### (3) 제3단계(물류전략수립)

물류환경분석과 물류목표설정의 성과를 토대로 물류전략을 수립하며, 전략수립에 필요한 제 자원을 검토한다. 과거의 물류활동은 운송, 보관, 포장 등 개개의 기능별로 물류합리화가 추진되었지만 앞으로는 이러한 기능들을 통합하여 전체적인 물의 흐름으로 관리하여야 한다.

#### (4) 제4단계(운영 및 성과측정)

물류관리전략에 따른 물류시스템의 운영과 성과측정을 통하여 이를 기업의 경영전략에 다시 반영하도록 한다.

## 3. 물류관리전략의 추진단계

### 1) 전략적 단계

전략방향 설정 시 가장 우선적으로 고려되어야 할 사항은 고객이 원하는 것이 무엇인지를 파악하는 일이다. 고객서비스 수준은 물류시스템이 갖추어야 할 수준과 물류시스템의 성과 수준을 결정하기 때문에 물류전략 수립과정에서 최우선적으로 결정되어야 한다. 여기서 중요한 것은 고객을 만족시킴과 동시에 회사의 이윤목표를 달성할 수 있는 최적의 서비스 수준을 정하는 것이다. 고객서비스 수준의 증대는 엄청난 비용의 증대를 초래하기 때문이다. 그리고 가능하면 구매 집단간에 물류경로의 공유가능성을 모색하는 것도 필요하다.

## 2) 구조적 단계

구조적 단계는 고객의 서비스 요구사항을 파악하여 고객서비스 수준을 결정한 후 이를 충족시키기 위한 방안으로 물류시스템의 구조를 결정하여야 한다.

### (1) 유통경로 설계

유통경로 설계는 주로 완제품을 고객 혹은 최종소비자에게 전달하는 과정의 설계로 물류활동에서 원자재 조달구매에서부터 재공품의 흐름, 완제품의 이동까지와는 다르다. 유통경로가 한 번 구축되면 변경이 용이하지 않기 때문에 치밀한 사전계획 하에 이루어져야 하며, 시대의 변화에 따라 고객의 요구사항이 변화함으로 경쟁 상황에 맞게 유통경로를 재검토하여 재구축하여야 한다.

우선 필요한 목적지 및 공급원공장, 창고의 수와 이들을 지역적으로 어떻게 분산할지에 관하여 관심을 가져야 한다. 여기서 수송비, 설비투자비 등의 비용조건을 총비용 개념에서 고려해야 한다. 예를 들어 전국에 있는 물류센터를 5개로 줄인다고 했을 경우 현 물류시스템의 환경 및 과정 등을 이해하고 물류센터를 줄이면 전체 물류성과에는 어떠한 영향을 미치는지 분석하여야 하며, 최종적으로 현재의 물류센터를 줄이는 경우 총비용과 효용의 측면에서 장기적인 분석이 필요하다.

### (2) 물류네트워크 설계

물류네트워크 설계는 원부자재의 공급과정에서부터 생산과정을 거쳐 완제품의 유통과정까지의 흐름을 최적화하는 전략이다. 네트워크 전략은 경로 전략과 개별적으로 수립되어서는 안되며, 서로 통합하여 조화를 이루면서 수립되어야 한다. 원부자재 조달업무, 생산제조활동, 유통활동 등의 전체 과정을 상호 연관된 단계인 부가가치 공급사슬 value added supply chain으로 접근하여야 한다. 공급자 → 제조 → 도매 → 소매 → 고객에 이르는 Value Chain 과정을 이해하고, 각 단계마다 부가가치를 창출하려는 노력을 통하여 자사의 상품이나 서비스를 경쟁자와 차별화할 수 있다.

## 3) 기능적 단계

기능적 단계는 물류전략의 세 번째 단계로 물류창고의 설계 및 운영, 운송관리, 자재관리 등의 기능적 요소에 관한 것이다.

### (1) 물류창고 설계 및 운영

목표로 하는 서비스 수준과 관리되는 물자를 고려하여 필요한 창고의 규모와 수, 설립 장소, 운영시설 등을 고려하여야 한다. 창고운영에 있어서는 직접 운영자가창고할 것인지, 리스 혹은 용역에 의할 것인지를 결정하여야 한다.

### (2) 운송관리

취급상품에 맞는 운송전략을 세워야 하며, 단기적·장기적으로 운송비용을 감소시킬 수 있도록 하여야 한다. 운송부문에 있어서 외주 부분을 고려해야 한다.

### (3) 자재관리

예측에서부터 시작하여 재고계획, 생산계획, 생산일정 및 구매를 포함하는 전반적인 원부자재 및 완제품의 보충과정에 관한 사항이다.

## 4) 실행 단계

### (1) 정보시스템 구축

정보시스템에서 제공하는 정보는 회계·생산·재무·마케팅 등을 포함한 모든 기업 활동과 서로 연계하고 있으며, 이 활동들을 서로 통합화시킴으로써 원가를 관리하고 고객에게 양질의 서비스를 제공할 수 있다. 정보시스템의 요건으로는 적시에 정확한 정보 제공, 효율적인 물류흐름 재구축, 첨단 응용소프트웨어의 제공, 의사결정 지원 등이 있다.

### (2) 정책 및 절차 수립

기업의 성과를 달성하기 위하여 필요한 각종 물류 관련 정책과 이 정책들을 실행할 수 있는 업무절차매뉴얼가 있어야 한다.

### (3) 설비 및 장비 도입

자사의 네트워크와 창고·수송·자재관리 등의 기능적 단계를 실현할 수 있는 적합한 시설을 도입해야 한다. 이때 자사의 운영자금을 고려하여야 한다.

### (4) 조직 및 변화관리

물류활동이 통합적으로 이루어지기 위해서는 효율적이고 통합적으로 구성된 물류조직이 반드시 필요하며, 역동적인 환경 하에서 능동적으로 변화에 대처할 수 있는 조직 형태를 갖추어야 한다.

## 4. 제품수명주기와 물류관리전략

제품은 시간의 흐름에 따라 [그림 3-3]과 같이 도입기, 성장기, 성숙기, 쇠퇴기의 4단계를 거쳐 판매량 형태가 정해진다. 따라서 이들 각 단계에 따라 물류관리전략을 달리 해야 한다.

**| 그림 3-3 | 제품수명주기 곡선**

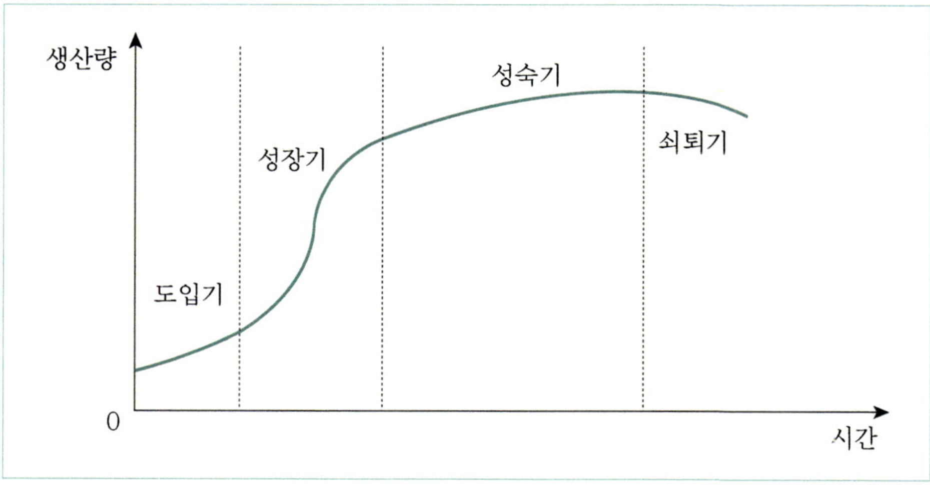


### 1) 도입기

도입기는 새로운 제품이 시장에 소개되므로 판매실적이 그리 높지 않다. 따라서 이 단계에서의 물류전략은 판매망을 상대적으로 몇몇 지점에 제한하면서 신중하게 이루어진다. 따라서 높은 수준의 재고가용성과 물류서비스 시스템의 유연성이 확보되어야 한다.

### 2) 성장기

성장기는 제품이 시장에 자리를 잡게 되며 판매량은 급속히 증가하게 된다. 이 단계에서 재고거점의 수나 재고수준을 결정하는 데에 정보가 많지 않으므로 물류관리자의 판단에 따른 물류계획이 필요하다. 규모의 경제가 달성되는 측면에서 물류활동이 필요하며, 비용과 서비스 간의 상충관계를 본격적으로 고려하기 시작하여야 한다.

### 3) 성숙기

성숙기는 판매량의 성장 정도가 정점에 다다르게 되어 안정된다. 수요량은 더 이상 빠르게 변화하지 않으며 유사 기존 제품의 유통형태와 같아지게 된다. 이 단계에서 제품의 유통지역은 가장 넓게 되며, 시장에서 제품가용성을 높이기 위하여 많은 수의 재고거점을 필요로 한다. 따라서 고객별로 보다 차별화되고 집중적인 물류서비스 전략이 필요하다.

### 4) 쇠퇴기

쇠퇴기는 기술적 변화, 경쟁, 소비자의 흥미감소 등으로 판매량은 줄어들게 된다. 이 단계에서는 재고보유 거점의 수가 줄어들어 제품의 재고가 소수의 지점에 집중하게 되므로 제품의 이동형태와 재고배치의 수정이 필요하다. 따라서 비용최소화보다 위험최소화가 보다 중요한 물류시스템의 운영목표가 된다.

# 제 4 절 수요예측

## 1. 수요예측의 개요

경영계획의 시작은 수요예측에서 시작한다. 수요예측은 미래의 가치창조에 대한 예측이자 계획이다. 무엇을 언제 얼마나 생산하여 서비스 할 것인지를 미리 조사하는 경영활동이다. 제품이나 서비스의 수요는 여러 가지 요인에 의해 수시로 변하기 마련이며, 기업은 변화하는 수요에 대응할 수밖에 없다. 그 대응으로서 경영계획을 세우는데 수요예측은 이러한 기능의 첫 단계이다. 수요관리란 기업의 제품과 서비스에 대한 수요의 발생을 파악하고 수요를 예측하며, 그 기업이 그 수요를 어떻게 충족시킬 것인가를 결정하는 것이다. 밀기push－끌기pull전략에서 부품관리는 수요예측에 기반하고, 조립은 실제 고객주문에 기반하는 전략을 수립해야 한다.

수요예측은 성공적인 물류관리를 위해서 매우 중요하다. 즉, 중간공급자와 최종소비자에 대한 수요는 많은 전략적·일상적 의사결정을 수반한다. 수요예측은 기업의 제품과 서비스에 대한 수요의 양과 시기를 예측한다. 수요예측이 이루어지면 수요를 충족시키기 위해 필요한 자원에 대한 예측을 실시하는데 이는 구매되는 부품과 원자재뿐만 아니라 기업의 설비, 기계, 노동력에 대한 양과 시기를 예측하는 것을 말한다. 수요예측은 기업의 모든 측면에서 아주 중요한 역할을 하고 있다.

예를 들어 재무부서와 회계부서는 수요예측을 이용하여 예산수립과 비용통제 그리고 마케팅부서는 신제품 계획수립을 할 수 있다. 생산부서에서는 공정선택, 생산능력계획, 설비배치 등의 장기적인 의사결정과 생산계획, 일정계획, 재고관리 등의 단기적인 의사결정에 수요예측 자료를 사용한다.

수요예측은 마케팅 혹은 판매부서와 물류부서가 공동으로 시행하는 것이 바람직하며, 가능한 한 모든 부서에서 동일한 수요예측치를 근거로 한 관리활동이 이루어져야 한다.

## 2. 수요예측방법의 유형

수요예측방법은 크게 정성적 기법Qualitative Method과 계량적 혹은 정량적 기법Quantitative Method으로 구분할 수 있다. 정성적 기법은 예측자의 주관적 판단이나 의견을 근거로 예측하는 방법이다. 이 기법은 주로 과거의 자료를 이용할 수 없는 경우나, 또는 단시간 내에 의사결정을 내려야 하는 경우에 사용되며, 이에는 델파이법, 패널조사법, 시장조사법, 역사적 유추법 등이 있다.

정량적 기법은 과거의 객관적인 자료를 처리하여 미래를 예측하는 기법으로서, 역사적 자료를 통해 과거의 동향과 변화를 파악하고, 변수들간의 관계규명을 통해 미래를 예측한다. 계량적 기법은 크게 시계열 분석과 인과형 분석이 있다. 시계열 분석은 과거자료의 시간에 따른 변화를 관찰하여 일정한 패턴을 발견하고, 이를 통해 미래를 예측하는 기법으로 수요변화의 양상이 비교적 안정적인 경우의 단기 및 중기 예측에 이용될 수 있다. 이에는 단순이동평균법, 가중이동평균법, 지수평활법 등이 있다.

인과형 분석기법은 변수간의 상호관계를 모형화하여 예측하는 기법으로 단순회귀분석법, 다중회귀분석법, 투입산출모형, 계량경제모형 등이 있다. 이 밖에도 수요 변동에 영향을 미치는 요인들 사이의 복잡한 상호작용을 보다 사실적이고 체계적으로 분석하여 예측하는 시뮬레이션모형이 있다.

### 1) 정성적 예측방법

정성적 예측방법은 예측자의 주관적인 판단에 의하여 예측하는 것으로 판단적 예측방법이라고도 한다. 정성적 예측방법에는 다음과 같은 방법이 자주 쓰인다.

#### (1) 전문가의견법

전문가의견법은 패널조사법이라고도 하며, 오랜 경험과 전문적인 지식을 갖춘 전문가들이 서로의 의견을 자유롭게 교환하여 일치된 예측결과를 얻는 기법으로 비교적 단기간에 저렴한 비용으로 예측결과를 얻을 수 있다.

#### (2) 시장조사법

시장조사법Market Survey은 예측 대상의 제품 및 서비스에 대해 앙케이트, 전화나 면담, 시험판매 등을 이용하여 소비자의 심리, 선호, 구매동기 등을 조사하는 방법으로 장시간이 소요되고 비용이 많이 들지만 정성적 예측방법 중 가장 수리적인 예측방법이다. 시장조사법의 사용범위는 회사 총판매량 예측, 중요 생산품 및 각 제품별 수요예측이 사용된다.

#### (3) 수명주기 유추법

수명주기 유추법Life Cycle Analogy은 역사적 유추법이라고도 하며 신제품이 개발된 경우에 과거의 자료가 없으므로 신제품과 비슷한 기존 제품의 제품수명주기의 도입기, 성장기, 성숙기, 쇠퇴기 단계에서의 수요변화에 관한 과거의 자료를 이용하여 수요의 변화를 유추해 보는 방법이다. 이 방법은 중기나 장기의 수요예측에 적합하다고 알려져 있으며 비용이 적게 든다는 장점이 있으나, 신제품과 비슷한 기존 제품을 어떻게 선정하는가에 따라서 예측결과가 큰 차이가 나는 단점이 있다.

### (4) 델파이법

델파이법Delphi Method은 예측대상의 제품이나 서비스에 관련이 있는 전문가들의 의견을 토대로 예측하는 방법으로 이들에게 우선 미래 수요에 관한 설문지를 보내어 응답하도록 하고, 이를 수집하여 분석하고 요약하여 요약된 내용을 다시 보내어 응답하도록 하는 과정을 되풀이 하면서 미래의 수요를 예측하는 방법이다. 주로 3~6차례 시행한 후 예측값을 확정한다.

## 2) 정량적 예측방법

정량적 예측방법은 계량적인 모델과 데이터를 사용하여 예측하는 것으로 대표적인 기법으로 시계열 분석기법과 인과형 예측기법이 있다.

### (1) 시계열 분석기법

시계열 분석기법Time Series Analysis은 예측하고자 하는 상품의 수요량이 과거의 일정기간 동안 어떤 형태로 이루어졌는지를 분석하여 미래의 수요를 예측하는 방법이다. 여기서 시계열이란 일정한 시간간격으로 본 일련의 과거자료를 말한다. 흔히 시계열 자료는 측정시점이 시간적으로 근접할수록 서로 상관관계를 갖는 경향이 강하며 이러한 이유로 해서 통계적 추론을 다소 어렵고 복잡하게 한다. 왜냐하면 흔히 통계적 추론에서는 시계열 오차항의 자기상관이 0이라고 가정하기 때문이다. 시계열의 구성요소로는 장기추세변동, 순환변동, 계절변동, 불규칙변동 등이다.

**| 표 3-1 | 시계열의 구성요소**

| | |
|---|---|
| 장기추세변동 | 시간의 경과에 따라 발생하는 시계열의 일반적 추세 또는 경향을 나타내는 것으로 추세경향이라고 함 |
| 순환변동 | 추세선상의 장기적인 변동, 순환변동을 말하며, 경제활동에서의 동일한 양상의 운송이 1년 이상의 간격을 두고 반복할 때 순환성을 인정함 |
| 계절변동 | 1년을 주기로 하여 전년과 같은 시기에 동일하거나 또는 유사한 양상으로 나타나는 변동이며, 이 변동의 크기를 연간 월평균에 대한 백분비로 표시하여 계절지수를 산출함 |
| 불규칙변동 | 천재지변, 폐업, 선거 등의 중대한 우연적인 사건의 결과로 인한 변동임 |

시계열 분석기법에는 단순이동평균법, 가중이동평균법, 지수평활법이 있다.

### ① 단순이동평균법

단순이동평균법Simple Moving Average Method은 최근 몇 기간 동안의 시계열 관측치의 평균을 내어 이 평균치를 다음 기간의 예측치로 사용하는 방법이다. 즉, 기간 t의 실제 수요를 At, 기간 t의 예측치를 Ft 그리고 이동평균기간을 N이라 하며, 예측치 Ft는 다음과 같다.

$$F_t = \frac{A_{t-1} + A_{t-2} + ... + A_{t-n}}{N}$$

### ② 가중이동평균법

가중이동평균법Weighted Moving Average Method은 단순이동평균법과 유사하나 각 관측치에 동일한 가중치를 주는 단순이동평균법과는 달리 오래된 값보다 최근의 값에 가중치를 좀 더 주어 그 값을 예측치로 사용하는 방법이다. 가중이동평균법은 최근의 자료에 보다 큰 가중치를 부여함으로써 예측치가 수요변동을 빨리 따라가게 할 수 있다는 장점이 있지만, 단순이동평균법에 비해 계산량이 다소 많다는 단점이 있다. 즉, 기간 t의 실제수요를 At, 기간 t의 예측치를 Ft, 기간 t에 부여된 가중치를 Wt라 하면 예측치 Ft는 다음과 같다.

$$F_t = (W_{t-1} \times A_{t-1}) + (W_{t-2} \times A_{t-2}) + ... + (W_{t-n} \times A_{t-n})$$

**예제 1** 다음은 (주)물류21의 지게차 판매대수에 관한 데이터이다. 판매대수에 대한 4기간(월) 단순이동평균을 적용하여 8월의 예측판매량을 구하라.

(판매량 단위 : 천대)

| 월 | 2 | 3 | 4 | 5 | 6 | 7 |
|---|---|---|---|---|---|---|
| 판매량 | 5 | 10 | 13 | 18 | 27 | 30 |

**풀이** 8월의 예측판매량은 다음과 같다.

$$\frac{13 + 18 + 27 + 30}{4} = 22$$

그러므로 8월 예측판매량은 22,000대이다.

**예제 2** 위의 내용을 가중치 0.1, 0.2, 0.3, 0.4를 사용하여 8월의 판매량을 예측하면 다음과 같다.

**풀이** y = (0.1×13)+(0.2×18)+(0.3×27)+(0.4×30) = 25
그러므로 가중이동평균법으로 계산한 8월의 예측판매량은 25,000대이다.

### ③ 지수평활법

지수평활법Exponential Smoothing Method은 단기예측에 있어서 매우 유용한 기법이다. 가장 최근의 값에 가장 많은 가중치를 두고 자료가 오래될수록 가중치는 지수적으로 감소시키면서 예측하는 방법이다. 가중치의 결정을 자동적으로 하는 일종의 가중이동평균법이다. 가중이동평균법은 가중치 결정의 어려움이라는 단점을 가지고 있으므로 이를 해소하기 위해 지수평활법에서는 평활상수α를 이용하여 현재에서 과거로 갈수록 더 적은 비중을 주는 방법을 채택하고 있다. α의 값이 높을수록 최근의 수요수준에 더 큰 비중이 주어진다. 기본식은 다음과 같다.

$$F_{t+1} = \alpha Y_t + (1-\alpha)F_t$$

$F_{t+1}$ : 기간 t+1에서의 예측값　　α : 평활상수(0≤α≤1)

$Y_t$ : 기간 t에서의 실측치　　$F_t$ : 기간 t에서의 예측치

지수평활법을 실제 적용할 경우 두 가지 사항을 고려하여야 한다. 하나는 평활상수α의 값을 결정하는 문제이고 다른 하나는 최초의 예측치이다. 평활상수 α는 0과 1사이의 값을 갖는다. 1보다 작은 수는 곱할수록 작아지기 때문에 최신의 자료에 부여되는 가중치는 크고, 과거로 멀어질수록 가중치는 작아지며 대상기간 전체의 가중치의 합은 1이다. α값이 1에 가까울수록 최근의 가중치는 커지고 과거로 갈수록 더 빨리 작아진다. 따라서 자료의 안정성이 낮을수록 평활상수α의 값은 커져야 함을 알 수 있다.

**예제 3** 예측치가 5,000이고 실측치가 6,000, 지수평활상수 α가 0.3이라고 했을 때 다음 달의 판매량을 예측하라?

**풀이** 0.3×6,000 +(1-0.3)×5,000 = 5,300

**예제 4** 평활상수 0.3의 지수평활법을 사용하여 (주)물류21의 8월의 지게차 판매대수를 예측하라.

(판매량 단위 : 천대)

| 월 | 2 | 3 | 4 | 5 | 6 | 7 |
|---|---|---|---|---|---|---|
| 판매량 | 5 | 10 | 13 | 18 | 27 | 30 |

**풀이** 2월에 실측치 Y2 = 5이므로, 지수평활계산을 시작하기 위해여 F2 = 5로 가정한다. 평활상수 $\alpha$ = 0.3이므로,
3월의 예측치는 F3 = 0.3 × Y2 + (1-0.3)F2 = 5
4월의 예측치는 F4 = 0.3 × Y3 + (1-0.3)F3 = 6.5
중략. 8월의 예측치는 F8 = 0.3×Y7 + (1-0.3)F7 = 20.21 이다.
그러므로 지수평활법에 의한 8월의 예상판매 대수는 20,210대이다.

### (2) 인과형 예측기법

인과형 예측기법의 대표적인 예는 회귀분석으로 둘 또는 그 이상 변수들이 상호 어떻게 관련되어 있는지를 분석하여 예측하는 기법이다. 예를 들어 아이스크림의 수요는 그 지역의 인구, 여름 동안 그 지방의 평균 온도 및 시간과 관계가 있을 것이다. 이와 같은 자료를 수집하여 변수 즉 인구, 온도, 시간과 수요량과의 관계를 설명하는 모형을 만들고 타당성을 분석하여 예측식을 만들 수 있을 것이다.

예측기법을 선정하는 데에는 정확성accuracy, 간편성simplicity, 그리고 견실성robustness을 들 수 있다. 정확성은 예측기법이 가져야 될 가장 중요한 점이다. 간편성은 예측기법이 이해하기 쉽고 사용하기에 간편함을 의미한다. 너무 복잡한 예측기법은 사용하기에 어렵고 적용 중에도 잘못이 일어나기 쉽다. 견실성이란 예측이 자료의 급격한 변동에 대해서도 쉽게 변동하지 않은 것을 말하며 예측의 안정성이라고도 한다. 인과형 예측기법에는 회귀분석법, 투입-산출모형, 시뮬레이션모형 등이 있다.

#### ① 회귀분석법

회귀분석법은 인과예측기법의 대표적인 기법으로 종속변수의 예측에 관련된 독립변수를 파악하여 종속변수와 독립변수의 관계를 방정식으로 나타내는 것이다. 즉 과거의 수요자료가 어떤 변수와 선형1차의 관계가 있다고 가정하고 그 관계를 찾음으로써 미래의 수요를 예측하려는 방법이다. 회귀분석에는 단순선형 회귀분석simple linear regression analysis과 다중선형 회귀분석multiple linear regression analysis이 있다.

단순선형 회귀모델의 방정식은 다음과 같다.

$$Y = ax + b$$

여기서 Y는 종속변수, x는 독립변수, a는 직선의 기울기, b는 Y의 절편을 의미한다. 그리고 a와 b의 값은 최소자승법에 의해 구해진다.

**예제 5** 지난 3년간 ㈜동명의 지게차 판매대수가 다음과 같을 때, 물류센터의 변화에 따른 지게차 판매대수를 예측하고자 한다. 2010년 물류센터가 6개일 경우, 지게차의 예상판매대수는 얼마인가?

(단위 : 백대)

| 년도 | 물류센터 수 | 판매대수 |
|---|---|---|
| 2018 | 3 | 2.5 |
| 2019 | 4 | 4 |
| 2020 | 5 | 4.2 |

| 년도 | 물류센터 수(x) | 판매대수(y) | xy | $x^2$ | $y^2$ |
|---|---|---|---|---|---|
| 2018 | 3 | 2.5 | 7.5 | 9 | 6.25 |
| 2019 | 4 | 4 | 16 | 16 | 16 |
| 2020 | 5 | 4.5 | 21 | 25 | 17.64 |
| 합계 Σ | 12 | 10.7 | 44.5 | 50 | 39.89 |

**풀이** $a = \dfrac{10.7 - 0.85 \times 12}{3} = 0.167$ $b = \dfrac{3 \times 44.5 - 12 \times 10.7}{3 \times 50 - 12^2} = 0.85$

$y = 0.167 + 0.85x$ 2010년도 x값 물류센터 수가 6이라면

$y = 0.167 + 0.85 \times 6$

예상 지게차 판매수 y는 5.267대 즉 5.27(527대)이다.

### ② 투입-산출모형

투입-산출모형은 각 산업부문 간의 제품이나 서비스의 흐름을 분석하여 수요를 예측하는 방법이다.

### ③ 시뮬레이션모형

시뮬레이션모형은 각종 내생변수와 외생변수에 대해 가정을 설정한 다음, 컴퓨터를 이용한 모의실험을 통해 수요를 예측하는 일종의 동적 모형이다.

## 연습문제

**1.** 다음은 어느 TV 제조업체의 최근 5개월 동안 컬러TV 판매량을 나타낸 것이다. 6월의 컬러TV 판매량을 단순 이동평균법, 가중이동평균법, 단순 지수평활법을 이용하여 예측한 값을 각각 A, B, C라고 할 때, 그 크기를 비교한 것으로 옳은 것은? (단, 이동평균법에서 주기는 4개월, 단순 지수평활법에서 평활상수는 0.4를 각각 적용한다)

(단위 : 천대)

| 구분 | 1월 | 2월 | 3월 | 4월 | 5월 | 6월 |
|---|---|---|---|---|---|---|
| 판매량 | 10 | 14 | 9 | 13 | 15 | |
| 가중치 | 0.0 | 0.1 | 0.2 | 0.3 | 0.4 | |

① A 〉 B 〉 C
② B 〉 A 〉 C
③ A 〉 C 〉 B
④ B 〉 C 〉 A
⑤ C 〉 B 〉 A

**2.** 물류 마케팅 전략에서 중요한 요소를 잘못 설명한 것은?

① 어떤 상품을 거래할 것인지, 포장과 상표는 어떻게 할 것인지의 제품전략
② 어디에 광고를 게재하고 어떤 브랜드로 차량홍보 할 것인지의 유통전략
③ 백화점, 할인점, 전철역 매점 등에서 팔 것인지의 유통전략
④ 물류센터 설비투자비용이나 운송비 등의 가격전략
⑤ 가장 속도가 빠른 운송수단을 검토하는 유통전략

**3.** 다음에서 설명하는 수요예측 기법은 무엇인가?

- 과거 수요에 입각하여 미래 수요를 예측
- 시간에 따라 변화하는 현상을 일정한 간격으로 관찰할 때 얻어지는 관측치 사용
- 단·중기 예측에 주로 사용

① 델파이법
② 수명주기 유추법
③ 회귀분석법
④ 시뮬레이션
⑤ 지수평활법

4. 다음 중 마케팅과 물류와의 관계를 설명한 것으로 가장 거리가 먼 것은?

① 물류는 마케팅의 4Ps 중 Place, 즉 유통채널과 관련이 깊다.
② 물류는 포괄적인 마케팅 개념에 속하는 것으로 볼 수 있다.
③ 물류와 마케팅을 상호 작용에 포함되는 요소로서 재고관리와 구매계획 등이 있다.
④ 물류역량이 강한 기업일수록 본래 마케팅의 기능이었던 수요의 창출 및 조절에 유리하다.
⑤ 최근의 물류는 마케팅뿐만 아니라 생산관리 측면, 산업공학적인 측면 등 보다 광범위한 개념으로 인식되고 있다.

5. 다음의 수요예측기법 중 가장 최근의 값에 가장 높은 가중치를 두고 자료가 오래 될수록 가중치를 감소시키면서 수요를 예측하는 방법은?

① 역사적유추법
② 단순이동평균법
③ 지수평활법
④ 회귀분석법
⑤ 투입-산출모형

Chapter 4

# 물류관리조직

## 제 1 절 물류관리조직의 의의

### 1. 물류관리조직의 개념

물류관리조직이란 기업 내 물류활동을 전문적으로 관리하고 그 물류활동에 관한 책임과 권한을 가지는 체계화된 조직으로, 물류활동의 효율화·통합화를 통한 고객서비스 개선 및 대외기업 경영활동의 경쟁력 강화에 큰 역할을 한다.

물류관리조직은 계획의 창조, 수행, 평가를 촉진하는 구조이다. 그것은 회사의 목표를 달성하기 위해 회사의 인적자원을 할당하는 공식적 혹은 비공식적 조직이다. 조직은 기능적 관계의 형식화된 차트, 어느 형식적 방법이 아닌 회사원에 의해 이해되는 눈에 보이지 않는 상호관계 혹은 이들의 결합으로써 나타난다. 어떠한 경우이든 최적방법으로 인간관계를 만드는 시도는 아마 회사의 가장 어려운 직무가 될 것이다. 이것을 해결하기 위한 어떠한 알고리즘도 존재하지 않는다. 우리가 바랄 수 있는 것은 수행할 수 있는 조직적 구조를 만드는데 유용한 가이드라인이다. 물류관리조직은 자사의 특성을 고려하여 효율적으로 구성하여야 한다. 효율적인 물류관리조직은 물류비 절감, 매출증대 등 보다 높은 물류경쟁력을 갖추어 핵심적인 업무를 수행할 수 있기 때문이다.

## 2. 물류관리조직의 필요성

과거에 기업에서 물류에 관한 책임은 여러 곳에 분산되어 어떠한 부분의 책임자도 전 물류활동을 관리하는 책임을 갖지 못하였다. 물류의 각 요소는 영업, 재무, 회계, 생산 등의 다른 여러 활동 속에 나뉘어져 각 부분의 관리자 개개의 업무에 따라 상호 대립되기도 하였다. 특히 우리나라 대부분 기업의 물류관리조직은 생산이나 판매부서에 종속되어 있는 경향이 심해 단순히 이들의 지원부서 역할만을 해오는 상태다. 이에 따라 이러한 문제점을 개선하고 물류활동을 효과적으로 추진하기 위한 방안으로 물류를 전문적으로 관리·담당하는 조직이 필요하게 되었다. 물품의 구매 시 구매 담당부서에서는 대량구매를 통한 가격할인과 대량수송으로 인한 수송비 절감을 추구하나, 재고관리부서에서는 대량구매에 따른 물품의 보관비가 상승하는 어려움이 따른다. 이러한 조직구성 간의 복합적인 문제를 전사적인 관점에서 조정·통제하기 위하여 물류관리조직이 필요하게 되었다. 물류관리조직은 물류업무와 관련하여 각 조직 부문 간에는 이해의 대립이 있으므로 잘 조절하여 물류비용 절감을 통해서 기업의 최대 이익을 부여하여야 한다.

## 3. 물류관리자의 역할

조직은 항상 변화하고 발전한다. 이상적인 물류조직 형태가 존재한다기보다는 그 기업환경에 맞는 다수의 좋은 조직형태가 존재할 수 있다. 따라서 물류관리자는 기업의 목표를 성공적으로 수행하기 위하여 조직의 효율성을 제고시켜야 하는데 다음의 사항에 유념하여야 한다.

첫째, 기업의 전체 목표에 따른 물류관리조직의 방향성을 제시한다. 물류관리조직의 목표가 설정되어야 종업원의 효과성을 최대로 이끌어 낼 수 있다.

둘째, 마케팅, 생산, 재무, 인사와 같은 연관기능을 이해하고 활용할 수 있어야 한다. 그래야 물류관리자는 기업 전체 전략수행에 있어서 그의 역할이 무엇인지 파악하게 되고 효율적인 물류조직을 이끌어나갈 수 있다.

셋째, 조직의 구성원이 물류업무를 충실히 수행할 수 있는 전문적인 인력으로 양성하는데 노력한다. 적절한 인력의 선발과 배치, 교육 및 개발 프로그램, 성과 평가 등을 통하여 효과성을 제고시킨다.

넷째, 원활한 커뮤니케이션이 필요하다. 물류정책 과정에 종업원의 의견을 반영하고 성패에 대한 피드백이 되도록 상하간 좋은 교류가 이루어져야 한다.

다섯째, 물류관리자는 전문성을 갖추어야 한다. 전문적이지 못한다면 그 물류조직 역시 효율적으로 운영되지 못한다.

여섯째, 물류관리자는 물류환경을 이해하고 변화하는 환경에 적응하고 혁신해야 한다. 이러한 적응과 혁신은 치밀한 계획 하에 이루어져야 한다.

## 4. 물류부서와 타 부서와의 연계성

### 1) 물류와 마케팅부서와의 연계성

물류관리자가 가장 빈번하게 접촉하는 부서가 마케팅부서이다. 물류조직관리는 마케팅 활동이 의도하는 일정 수준의 고객서비스를 달성해야 한다는 전제하에 운송, 재고, 창고 등과 관련된 제 비용들을 최소화시키는 활동이기 때문이다. 특히 유통경로 구성원의 관리유능한 중간상은 물적 흐름에 중요하므로, 제품의 가격책정물류비는 직접적으로 제품의 가격에 영향을 미치므로, 제품디자인 변경 시 사전조율제품의 크기가 수송효율을 좌우하므로, 판매촉진활동대규모 광고가 재고부족을 발생시키므로 등에는 물류부서와 연계하여 의사결정을 하여야 한다.

### 2) 물류와 생산부서와의 연계성

상품의 형태나 포장의 형태가 물류에 주는 영향은 무시할 수 없다. 제품이나 포장의 형태가 다양하면 트럭 내의 적재, 창고 내의 보관에 있어서 쓸데없는 공간이 생기게 되므로 비효율적인 물류비를 발생시킨다. 제품의 설계단계에서부터 물류의 효율이 고려되어야 하는데, 특히 공장의 생산담당자나 포장담당자는 사전에 충분한 협조가 있어야 한다. 또한 생산공장의 입지가 물류비에 지대한 영향을 미친다. 수송거리가 길어지고 소비지 근처에 대규모 집적창고가 필요하게 되므로 이러한 관점에서 물류책임자의 의견이 중시되어야 한다.

### 3) 물류와 회계부서와의 연계성

물류비 산정 및 통제에 있어서 회계부서와의 연계가 특히 중요하다. 물류 기본계획 수립이나 물류비 예산편성, 물류원가계산, 물류생산성 등을 파악하는데 필요한 기본 자료를 제공하므로 긴밀한 연계 속에서 협조가 있어야 한다.

### 4) 물류와 인사부서와의 연계성

유능한 인재를 물류부서에 배치할 수 있다는 측면에서 중요시된다. 물류전문가가 관리자로 있을 때 물류비를 절감하고 물류효율을 증대시킬 수 있기 때문이다. 따라서 물류부문과 타 부서와의 상호협조관계는 긴밀하게 유지되고 시스템적인 관점에서 이해되어야 할 것이다.

## 5. 물류관리조직의 변천과정

### 1) 분산형

물류관리조직이 각 공장 및 영업분야, 운송분야, 총무분야 등에 분산되어 있다.

### 2) 집중형

기업이 판매분야와 생산분야가 지역적으로 떨어져 있기 때문에 한곳에 집중하여 관리하고 있다.

### 3) 독립부문형

물류관리조직이 기업 내부에 집중하여 전사적으로 관리하고 있다.

### 4) 독립채산형

기업의 물류비용 비중이 과대하게 되므로 독립채산제 조직으로 발전하게 되었다.

### 5) 자회사형

물류관리조직이 전문화됨으로 인해서 이윤을 추구하는 기업으로까지 발전하게 되었다.

# 제2절 물류관리조직의 유형

## 1. 일반적 물류관리조직

일반적 물류관리조직은 기본적으로 발전 형태에 따라 직능형 물류관리조직, 라인과 스탭형 물류관리조직, 사업부형 물류관리조직 그리고 그리드Grid형 물류관리조직 등의 4가지 유형으로 구분할 수 있다.

### 1) 직능형 물류관리조직

직능형 물류관리조직은 라인부문과 스탭부문이 미분화된 1955년대 이전의 조직형태로 물류조직이 다른 관련 조직 속에 포함되어 있는 상태이다. 이 조직형태로 굳이 물류부서를 설치한다면 총무부나 경리부와 병렬해 두거나, 개개의 조직 가운데서 발송과, 창고과 또는 업무과 등과 같은 형태로 실시하는 것이 일반적이다.

반면, 직능형 물류관리조직은 다음의 문제점을 갖고 있다.

첫째, 기업 전체적인 관점에서의 물류정책·물류전략·물류계획 수립이 어렵다.

둘째, 물류활동이 다른부문 활동속으로 포함되어 버린다.

셋째, 조직이 미숙해 물류 전문화의 추진이 어렵다.

넷째, 물류전문가의 육성이 어렵다.

**| 그림 4-1 |** 직능형 물류관리조직 1

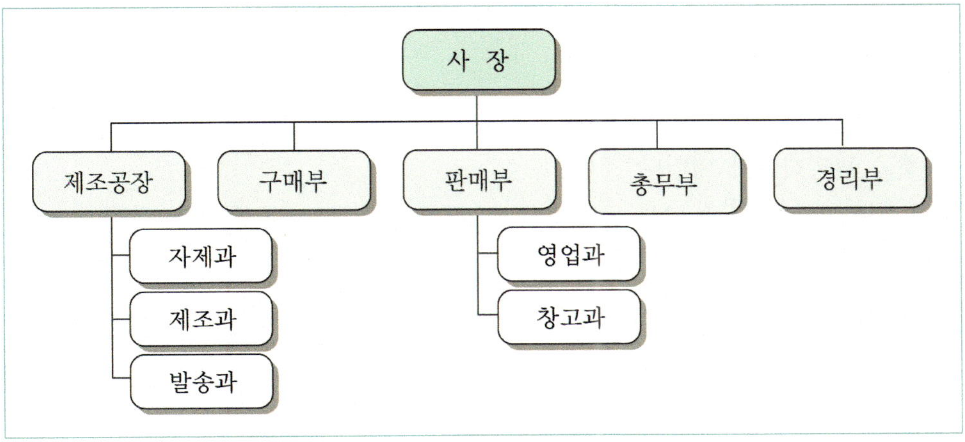

┃그림 4-2┃ 직능형 물류관리조직 2

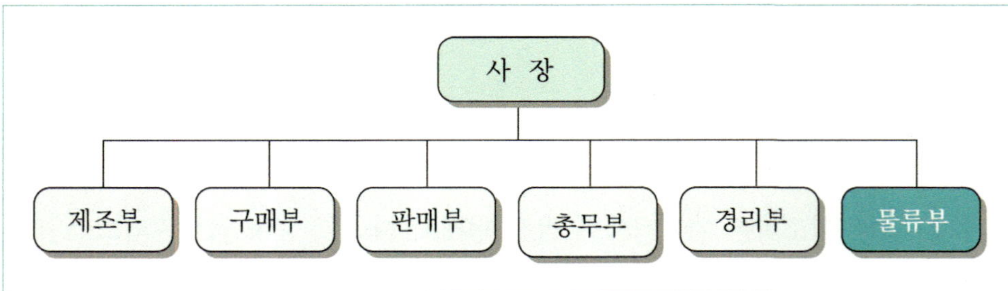


## 2) 라인과 스탭형 물류관리조직

라인과 스탭형 물류관리조직은 라인Line부문의 물류업무 실시기능과 스탭부문의 물류 지원기능을 분리한 조직형태로 직능형 조직의 단점을 보완한 조직형태이다. 라인과 스탭형 조직은 현대 기업조직의 중심을 이루고 있는 형태로서, 사업부형 물류관리조직과 리그드형 물류관리조직을 모방하고 있다. 이 조직이 적용될 수 있는 것은 어느 정도의 기업 규모까지이며, 규모가 확대함에 따라 프로젝트 센터구상을 핵으로 하는 사업부형 조직이나 다국적기업의 조기 형태에 볼 수 있는 그리드형 조직으로 발전한다.

라인과 스탭형 물류관리조직의 특징은 다음과 같다.

첫째, 라인과 스탭을 분리함으로써 실시기능과 지원기능을 명확히 한다.

둘째, 스탭부문은 라인부문을 지원한다.

셋째, 유통 전체의 시스템을 조절할 수 있게 보조한다.

넷째, 영업계획 등 기업 전반의 업무를 관할한다.

반면, 라인과 스탭형 물류관리조직은 다음의 단점을 갖고 있다.

첫째, 책임에 관련한 권한이 없다.

둘째, 물류조직에 관련되는 사항의 전부가 영업부문에 속해 있으므로 물류부문이 직접 이것을 관리하기가 어렵다.

셋째, 현장을 지나치게 의식하다보면 혁신적, 창조적 아이디어나 계획 입안에 어려움이 있다.

넷째, 스탭 왕국이 되어 현장에 대한 파악과 이해가 없이 계획을 입안하여 탁상계획이 되기 쉽다.

**| 그림 4-3 |** 라인과 스탭형 물류관리조직

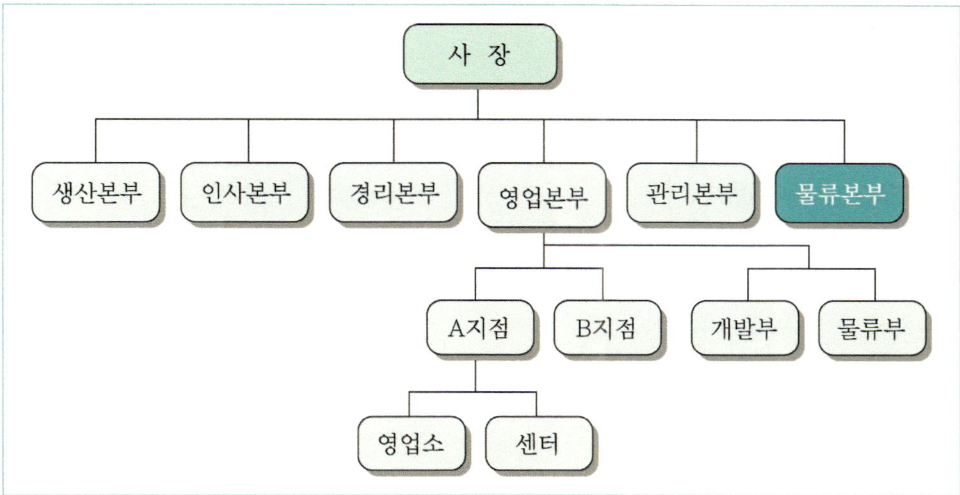


### 3) 사업부형 물류관리조직

사업부형 물류관리조직은 기업경영 규모가 커지고 최고경영자가 기업의 모든 업무를 관리하기에 어려워진 경우나 각 사업단위의 사업성을 극대화하기 위해 생긴 조직이다. 라인과 스탭에 의해 각 사업단위에 대해 독자적 생산, 마케팅 및 관리 권한을 부여하고 사업부단위로 독립된 분권조직형태이다. 라인과 스탭형 물류조직이 확대되면서 생긴 조직으로 상품별 사업부형과 지역별 사업부형의 형태가 있다.

사업부형 물류관리조직의 특징은 다음과 같다.

첫째, 라인과 스탭에 의한 각 사업부가 독립된 분권 조직의 형태이다.

둘째, 사업부 하에 제너럴 스탭이나 서비스 스탭이 존재한다.

셋째, 각 사업부가 하나의 회사와 같이 운영되어지며 결과에 책임을 진다.

넷째, 하나의 기업과 같이 활동되어지므로 물류전문 인재육성에 우수한 조직이다.

다섯째, 기업규모, 제품계열의 수, 시장상황, 기술, 관리자의 능력, 업적평가제도 등이 구비되어야 한다.

반면, 사업부형 물류관리조직은 다음의 문제점을 갖고 있다.

첫째, 인재의 교류가 경직화되어 적절한 활용이 어렵다.

둘째, 사업부의 채산이 우선시되기 때문에 설비투자나 연구개발 등의 전사적인 관점에서의 종합성이 결여되어 경영효율이 낮아진다.

| 그림 4-4 | 사업부형 물류관리조직

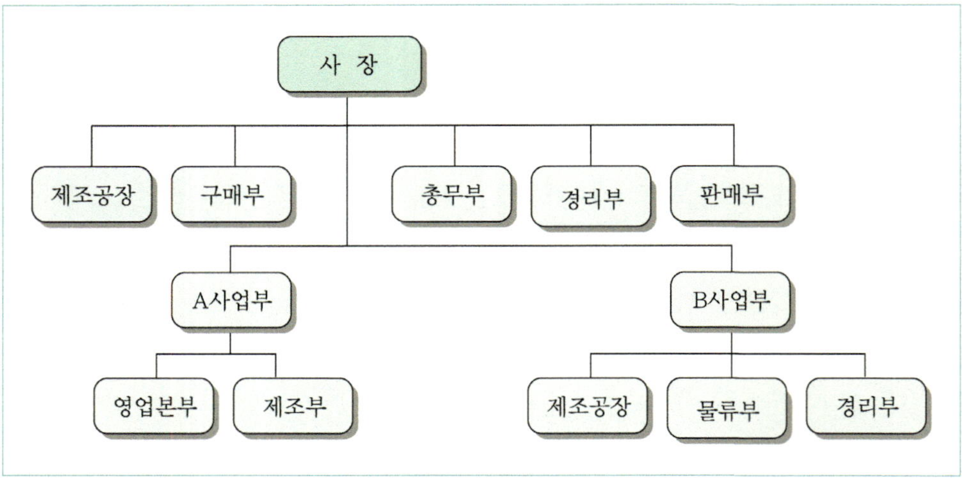


셋째, 전체 조직이 종적인 형태를 취함으로 각 사업부간의 횡적 교류가 어렵다.
넷째, 최고경영자가 하부조직을 통제하고 조정하는데 한계가 있다.

## 4) 그리드형 물류관리조직

그리드형 물류관리조직은 대부분 다국적 기업에서 많이 볼 수 있는 조직형태로 기본

| 그림 4-5 | 그리드형 물류관리조직

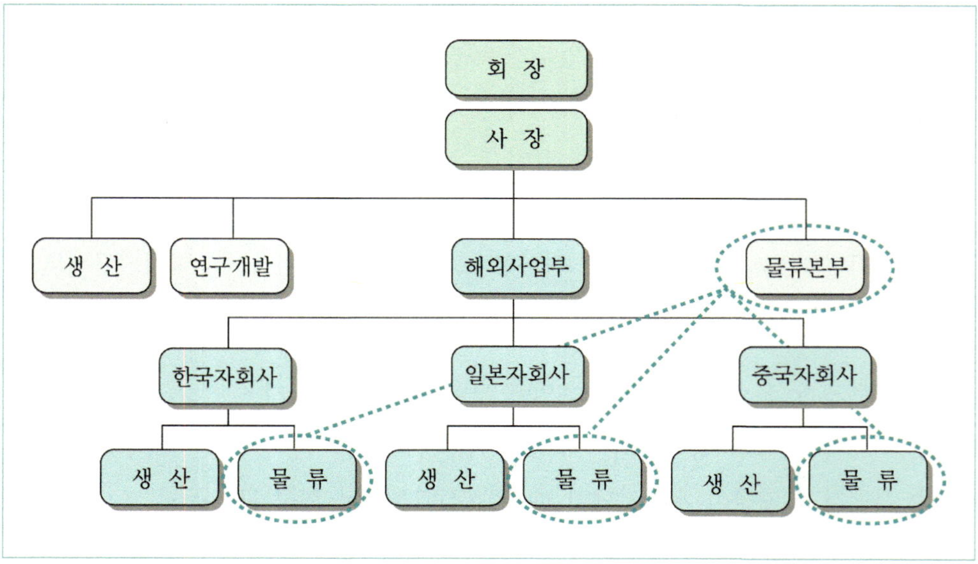

적으로 모회사와 자회사 간의 권한이양이라는 형태로 모회사의 스탭 부문이 복수 자회사의 해당 물류부문을 관리하고 지원하는 형태이다.

자회사의 물류부문은 자사의 최고경영자뿐만 아니라 모회사 물류본부의 지시도 받게 되므로 전체를 단일기업으로 지휘·명령하고, 해외자회사를 다른 해외자회사와 보조를 맞추어 국제적인 물류전략으로 관리수준을 일정 이상 가져갈 수 있다. 각국의 자회사는 각각의 일반 스탭과 서비스 스탭을 두고 영업활동에 대한 결과에 책임을 지며, 자회사의 물류부서는 자사 경영자의 지시뿐만 아니라 자회사 물류본부의 지시도 함께 받는다.

## 2. 기업형 물류관리조직

기업경영에 있어서는 일반적인 물류조직을 바탕으로 다양하고 혼합된 물류관리조직 형태를 나타내는데, 여기에는 크게 영업부형 물류관리조직과 독립형 물류관리조직이 있다.

### 1) 영업부형 물류관리조직

물류관리조직 부문이 영업부에 속해 있는 조직형태로서 상물 혼재형, 스탭형, 상물 분리형의 3가지가 있다.

**| 그림 4-6 |** 영업부형 물류관리조직

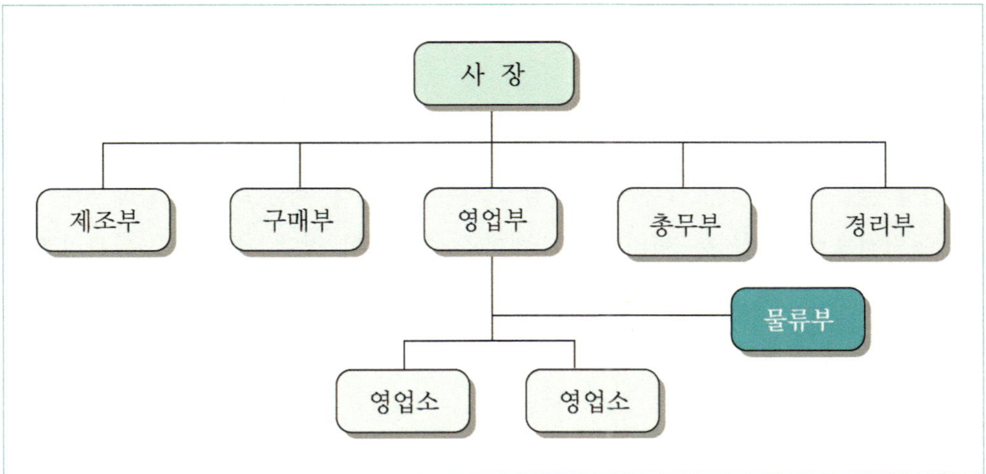

### (1) 상물 혼재형

상물 혼재로 인해 물류전략이 영업전략의 일환으로 수립·수행되는 형태이므로 물류전략을 현장에 반영하기 어렵고, 물류전문화 및 물류효율화의 추진이 어려운 조직의 형태이다. 물류에 관한 정책이나 전략이 마케팅정책이나 전략과 동일한 수준으로 표준화가 어려우며 물류관리조직이 조직화되지 않는 단계이다.

### (2) 스탭형

스탭형은 영업부문의 스탭으로 물류조직이 존재하는 유형이다. 물류기능의 실시는 영업부문영업소장이 관할한다.

### (3) 상물 분리형

상물 분리형은 물류부문이 영업부문에 속해 있지만 영업기능과 물류기능이 구분되어 책임소재를 명확히 하는 것을 목적으로 조직하는 형태이다. 상물 분리형은 다음과 같은 특징을 갖고 있다.

① 영업부의 영업정책에 대한 철저한 전달체계 구축
② 예산책임과 관리책임의 명확화
③ 라인과 스탭의 일체화 가능
④ 영업부의 영업력 향상
⑤ 물류부문의 독립조직화가 가능

## 2) 독립형 물류관리조직

독립형 물류관리조직은 물류부문이 영업부문이나 기타 다른 부문에 속해 있는 것이 아닌 독립적으로 존재하는 형태로서 스탭형과 종합형이 있다. 스탭형 물류관리조직은 라인부문은 분산시켜 놓고 스탭부문을 집중시켜 놓은 형태로, 물류스탭부문이 영업소 또는 지구 영업부에 속하는 라인부문을 지원한다.

### (1) 스탭형

물류 스탭부문이 영업소 또는 지방영업소의 라인부문을 지원하는 조직형태이다.

### (2) 종합형

물류 관련 부문이 독립적으로 유지되며, 물류부문에 라인과 스탭부문이 서로 종합되어 있는 조직이다.

┃그림 4-7┃ 독립형 물류관리조직

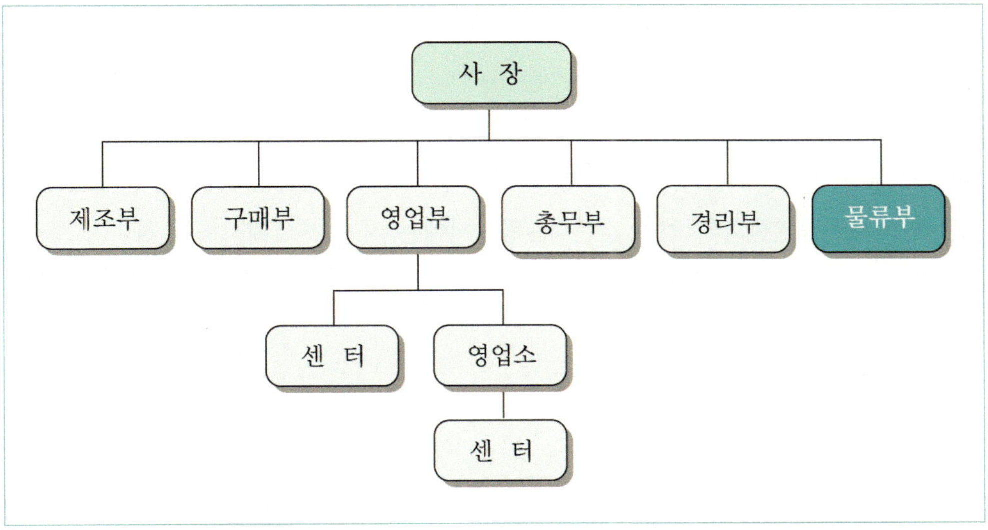


## 3. 기능특성별 물류관리조직

### 1) 기능형 물류관리조직

기능형 물류관리조직은 물류활동을 기능으로 보는 전통적인 형태의 조직유형이다. 그러나 이 경우 타 기능과 연계가 원활히 이루어지기 힘들고 최적화를 달성하기가 어렵다. 물류는 교차기능적인 성격을 갖고 있기 때문에 단일 기능으로서의 조직형태는 바람직하지 않다.

### 2) 프로그램형 물류관리조직

프로그램형 물류관리조직은 물류를 하나의 프로그램으로 인식하여 기업 전체가 물류관리에 참여하는 조직유형으로 이 경우 다른 경영기능들은 물류시스템의 향상을 위한 하나의 기능으로 여겨져 물류에 종속된다. 시스템의 비용 최소화라는 목표는 조직의 이윤 최대화라는 목표와 동일시된다. 수요창출이나 생산과정은 물류시스템에 기여하는 하나의 기능에 지나지 않는다.

### 3) 매트릭스형 물류관리조직

최적의 물류관리조직은 이상에서 설명한 두 가지 극단적인 조직의 중간형태인 매트릭스형 조직기능별 권한의 수직적 흐름과 프로젝트별 권한의 수평적 흐름이라 할 수 있는데, 특히 항공우주산업과 같은 첨단기술기업과 물류정보시스템 개발에 효과적이다. 각 기능 간에 거미줄같이 얽혀져 있어 각 활동의 조정이 필요하나 물류관리자는 각 활동영역에 관리자와 함께 의사결정권한과 책임을 갖는다. 평상시에는 자기 부서에서 근무하다가 특정 물류문제를 해결하기 위하여 여러 다른 부서의 인원이 모여 구성되는 조직이라고 볼 수 있다.

## 연습문제

**1.** 다음 기업의 물류조직에 대한 설명으로 잘못된 것은?

① 조직의 형태는 직능형 조직, 라인과 스탭형 조직, 사업부제형 조직, 그리드형 조직 등이 있다.
② 직능형 조직은 라인부문과 스탭부문이 미분화된 조직형태이다.
③ 라인과 스탭형 조직은 사업부제형 조직의 결점을 보완하여 라인과 스텝의 기능을 분화하고 실제 작업부문과 지원부문으로 분리한 조직으로서 직능형 조직 다음에 등장한 형태이다.
④ 사업부제형 조직은 기본적으로 상품별 사업부제와 지역별 사업부제의 두 가지 유형이 있으며, 라인과 스탭형 조직과 같은 집권조직에 비해 분권적인 조직이라는 특징이 있다.
⑤ 그리드형 조직은 자사의 경영자와 모회사 물류본부의 지시를 받는 이중구조로 되어있다.

**2.** 물류조직의 기본적인 발전 형태를 적절하게 배열한 것은?

① 라인/스태프형→직능형→그리드형→사업부형
② 직능형→라인/스태프형→그리드형→사업부형
③ 라인/스태프형→직능형→사업부형→그리드형
④ 직능형→라인/스태프형→사업부형→그리드형
⑤ 라인/스태프형→사업부형→직능형→그리드형

**3.** 다음 중 라인물류조직에 대한 설명으로 옳지 않은 것은?

① 물류조직에 있어 라인은 스태프로부터 조언을 받는 관계이다.
② 스태프는 물류전략 수립, 물류예산관리 및 채산성 분석 등을 수행한다.
③ 라인활동은 제품 또는 서비스의 생산과 판매활동에 상당한 영향을 미친다.
④ 라인은 분석, 조사 등을 통하여 생산 및 판매를 위한 2차적인 업무활동을 한다.
⑤ 직능형 물류조직의 단점을 보완하기 위하여 라인과 스태프의 기능을 세분화한 조직형태이다.

**4.** 사업부제 물류조직의 특징이 아닌 것은?

① 독립된 이익책임부서로서 역할 담당
② 각 사업부 내에 라인과 스텝부문이 동시에 존재
③ 물류인재 육성에 매우 용이
④ 전사적인 물류활동 목표를 우선적으로 달성
⑤ 물류조직이 하나의 독립된 회사와 같이 운영

**5.** 다음 그림에 해당되는 물류조직의 특징에 관한 설명으로 가장 적절한 것은?

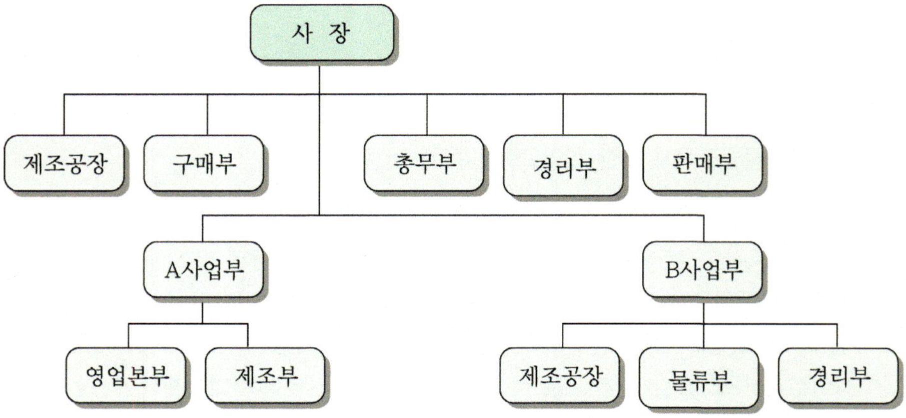


① 라인과 스태프의 기능을 일원화하여 조직의 통일성을 제고하는데 유리한 형태이다.
② 전체 조직이 횡적인 형태를 취함으로써 인재 교류가 원활히 이루어질 수 있다.
③ 다국적 기업에서 많이 볼 수 있는 조직형태로 모회사의 권한을 자회사에게 이양하는 형태를 지닌다.
④ 기업의 경영규모가 커져 각 사업단위의 성과를 극대화하기 위한 조직으로 사업부 내의 물류관리 효율화 및 인재육성에 유리한 조직형태이다.
⑤ 조직이 경직화되어 물류 전문화를 추진하기 어려우며, 최고경영자 또는 관리자에게 과다한 업무가 집중된다.

**6.** 라인과 스탭(Line & Staff)형 조직의 특징을 기술한 것 중 적절하지 않은 것은?

① 라인과 스탭을 분리함으로써 실시기능과 지원기능을 명확히 구별한다.
② 스탭은 라인을 지원한다.
③ 라인과 스탭형 조직은 규모가 큰 물류 기업에서는 적합하지 않은 형태로, 기업규모 확대에 따라 사업부제형이나 그리드형 조직 형태로 발전할 수 있다.
④ 스탭이 물류현장에 대한 충분한 이해 없이 계획을 수립하는 경우, 문제점이 야기될 수도 있다.
⑤ 라인은 재고 및 비용분석, 물류계획 등을 담당하고 스탭은 수주처리, 정보처리, 수송·포장·보관 등의 업무를 담당한다.

Chapter 5

# 물류비 관리

## 제 1 절 물류비 관리의 의의

### 1. 물류비의 개념

물류비란 물류활동을 수행하기 위하여 발생하거나 소비한 경제가치를 말하는 것으로, 이 정의는 물류활동에서 사용된 재화나 서비스를 원가 또는 비용으로 파악하는 것을 의미한다. 물류비는 기업 내부의 관리자가 물류활동과 관련하여 경영목적의 달성을 위해 적절한 의사결정을 내리는데 필요한 정보를 지원하기 위한 기초자료가 된다. 물류비는 물자의 물리적 이전에 따른 비용과 이들 활동에 필요한 설비 및 시설비용, 정보의 전달·처리 비용 및 이를 위해 필요한 설비·시설비용 그리고 이들을 종합적으로 관리하는데 소요된 직접 또는 간접비용으로 구성되어 있다. 직접비용은 자사내에서 물류활동에 소비되는 자가물류비와 물류활동의 일부를 사외업자에게 위탁하여 그 대가로 지불하는 위탁물류비로 구분한다. 간접비용은 처음에는 거래선 기업이 지불 또는 소비하지만 실질적으로는 특정의 제조업자가 부담하는 비용을 말한다.

## 2. 물류비 관리의 필요성

물류비 관리를 위해서는 물류비에 대한 정확한 파악이 중요하다. 물류비는 크게 국가의 사회간접자본과 시스템을 통한 국가물류비와 기업을 대상으로 한 기업물류비로 나누어 볼 수 있다. 기업물류비는 국가물류비의 근간을 이루는 것이므로 이의 정확한 파악과 활용은 국가의 물류경쟁력 확보를 위해 중요한 요소가 된다. 기업의 물류비는 제3의 이익원으로써 물류비 절감은 기업경영에 미치는 영향이 지대하다는 것은 명확한 사실이다.

물류비는 물류활동을 실행하는데 소비되는 경제 가치이며 또는 물류활동에 사용된 재화나 서비스를 원가 또는 비용으로 파악하는 것이다. 물류비계산은 기업 내부의 관리자가 경영목적을 설정하고 또한 그 달성을 위해 필요한 의사결정을 하는데 필요한 관리회계의 일종이다. 물류비의 관리목적은 기업물류비의 원가관리, 물류부문의 독립채산적인 계산을 하는데 있다. 1990년을 전후한 급격한 물류환경의 변화, 물류기반시설의 부족 등에 따라 물류비의 증가율이 매출액 증가율을 상회하여 물류비가 원가상승 또는 원가압박 요인이 되어가고 있다. 그러므로 물류 측면의 우위확보가 기업경쟁력을 좌우하게 될 것이므로 기업들에게 전략적 물류관리시스템의 구축이 시급한 과제가 되고 있다.

## 3. 물류비를 산정하여 관리하는 목적

물류비를 산정하여 관리하는 목적을 설명하면 다음과 같다.

① 물류활동을 화폐적 가치로 파악하기 위해서
② 물류관련 인건비의 파악을 위해서
③ 모든 기업 활동 및 프로세스에 연관된 물류 관련 비용을 파악하기 위해서
④ 물류의 중요성을 인식하고 물류활동의 문제점을 파악하기 위해서
⑤ 제품가격 결정을 위한 물류비정보를 입수하기 위해서
⑥ 물류예산을 편성하고 통제하기 위해서
⑦ 물류의 기본계획 수립에 필요한 원가정보를 제공하기 위해서

## 제 2 절 일반기준에 의한 물류비

물류비 산정기준으로 한국생산성본부의 기업물류비 계산 준칙, 대한상공회의소의 기업물류비산정·활용 매뉴얼, 국토해양부의 기업물류비 계산에 관한 지침이 있다. 물류비 지침의 특징은 정부차원의 물류회계기준 표준화, 기업실무를 중시한 계산기준의 탄력성 부여, 물류비 절감에 기여할 수 있는 포괄적인 목표 설정, 기업회계시스템에 준거한 물류비 인식기준의 제시, 기업회계정보의 공유성 확대, 기존 계산기준과의 연관성 및 독자성 고려에 있다. 국토해양부의 기업물류비 계산에 관한 지침에 따라 상세하게 원천적으로 계산하는 일반기준과 회계장부와 재무제표로 간단하게 계산하는 간이기준이 있다. 일반기준에 의한 물류비 계산목적을 물류비에 대한 실태파악을 상세히 하는 것으로 규정하고 있는 것은 이 지침의 목적인 개별기업의 물류비 계산의 정확성을 달성하기 위해서 이다. 즉, 물류비에 대한 정확한 정보를 산출해 내기 위해서는 물류비를 상세하게 개념 정의를 한 후, 분류하고 계산해 나가야 함을 의미하고 있다. 이를 위해 물류비 계산을 위한 원가의 종류로는 실적물류비만을 대상으로 하고 있다. 여기서 실적물류비란 과거의 물류활동을 위해 발생한 비용을 말하는 것으로써, 미래에 발생할 수 있는 예상물류비와는 상대적인 개념이다. 실적물류비는 발생요인별로 계산하도록 하고 있는데, 이 지침에서는 발생요인으로는 제7조의 물류비의 과목분류에서 제시하고 있는 영역별, 기능별, 자가·위탁별, 세목별, 관리항목별로 구분하고 있다. 그리고 필요에 따라서는 이러한 분류를 더욱 세분화 하거나 구체화하여 요인별로 물류비를 계산할 수도 있다.

**| 표 5-1 | 물류비의 분류체계**

| 과목 | 영역별 | 기능별 | 자가·위탁별 | 세목별 | 관리항목별 |
|---|---|---|---|---|---|
| 비목 | 조달물류비<br>사내물류비<br>판매물류비<br>역물류비<br>(반품, 회수, 폐기) | 운송비<br>보관 및 재고관리비<br>포장비<br>하역비<br>유통가공비<br>물류정보, 관리비 | 자가물류비<br>위탁물류비<br>(2PL, 3PL) | 재료비<br>노무비<br>경비<br>이자 | 조직별<br>제품별<br>지역별<br>고객별<br>운송수단별 등 |

## 1. 영역별 물류비

물류영역은 기업 경영활동의 주요 영역 중 어느 영역에서 발생한 물류비인가를 식별하기 위해 구분한다. 또한 많은 기업에서 영역별로 담당부문이 다르기 때문에 물류비를 계산하고 관리할 주체를 명확히 하기 위한 목적으로도 구분하게 된다. 영역별 물류비는 조달물류비, 사내물류비, 판매물류비, 역물류비회수, 폐기, 반품로 구분되며 생산물류비는 제외된다.

### 1) 조달물류비

조달물류비는 물자가 조달처로부터 운송되어 매입자의 매입물자의 보관창고에 입고, 관리되어 생산공정또는 공장에 투입되기 직전까지의 물류활동에 따른 물류비를 말한다.

여기서 생산공정또는 공장에 투입되기 직전까지의 물류활동이란, 원재료나 부품, 제품, 상품 등의 매입물자가 자사에 정상적으로 도착하여 사내에서 생산, 가공, 판매 등의 목적을 위해서 물리적인 이동을 가하기 이전의 물자유통과정을 말한다.

조달물류비에는 운송, 하역, 검수, 입고, 보관조달보관창고, 출고 등의 조달물류과정에 관련되어 발생하는 비용을 포함한다. 비용의 범위는 재무회계상의 자료주로 손익계산서에 나타나는 회계자료에 의하면 조달과정에서 외부에 지불한 비용만 나타나게 되므로, 자사 내에서 생산공정에서 투입 직전까지 실시한 검수, 하역, 입출고, 보관 등의 관련 제비용을 모두 포함하여야 한다.

국내 기업의 경우, 통상적으로 조달처납품자에서 매입물자에 대한 운송비 등을 부담하기 때문에 매입자 측에서는 이 조달과정의 타사지불 물류비를 거의 산정하고 있지 않는 것으로 나타나고 있다. 이때 운송비 등의 조달물류비는 자사의 조달보관창고까지의 조달비용에 불과하기 때문에, 조달창고보관에서부터 생산공정에 매입한 물자를 투입하기 직전까지의 물류비를 추가적으로 산정해야 한다. 다만, 실무적으로 이 조달물류비의 비중이 너무 작거나 또는 추가적으로 산정이 어려운 경우는 생략할 수 있다.

그러나 조달물류비는 구입물자의 매입계약의 방법이나 계약조건 등에 따라 조달처인 타사에서 지불하는 경우가 있는가 하면, 또는 자사에서 지불해야 하는 경우가 있다. 전자는 파악하기 곤란하지만, 후자는 파악하기가 용이하기 때문에 조달물류비는 구매부문의 역할에 따라 물류비에 상당한 영향을 미칠 수 있음에 주의를 할 필요가 있다.

특히, 해외에서 수입을 주로 하고 있는 수입기업의 경우, 매입물자의 물류에 대해서는 물류비 금액이 매우 클 수 있기 때문에 조달물류비에 타사지불 또는 자사지불이라는 구분을 통해 조달물류비를 구체적으로 지불주체나 매입방식 등에 따라 명시하는 것도 물류비 관리의 측면에서는 유용하다.

## 2) 사내물류비

사내물류비란 조달보관창고에서 원재료 등을 이동하여 생산공정또는 공장에 투입되는 시점부터 생산과정 중 공정과 공정 간의 원재료나 반제품의 운송활동, 보관활동 및 생산된 완제품을 창고에 보관하기 직전까지의 물류활동에 따른 물류비를 말한다.

여기서 생산공정또는 공장에 투입되는 시점부터 생산과정 중 생산된 완제품을 창고에 보관하기 직전까지의 물류활동이란, 조달된 물자를 이용하여 제품이나 상품을 생산가공을 포함하는 과정에서 발생하는 운송이나 보관 등의 물류활동에 소비되는 비용으로서 완제품의 창고보관의 이전까지 발생한 비용을 말하고 있다. 순수한 생산공정 내의 물류활동, 즉 원재료나 부품 등의 공정 내 이동이나 운반 등의 물류활동에 따른 비용은 생산물류비로 인식하여 사내물류비에서 제외시키고 있다.

사내물류비에는 포장, 운송, 하역, 분류, 보관, 재고 등 사내에서 발생한 물류비를 포함하는데, 이 과정의 비용 분류는 사내의 조직단위별공장별, 지점별 등, 물류경로별수·배송의 경로, 직송경로 등, 보관 장소나 위치, 보관방식별창고보관, 배송센터보관 등 등과 같이 물류흐름을 보다 구체적으로 도표를 이용하여 나타내면 사내물류비의 범위가 명확해 지게 된다.

이를 위해 제조기업의 경우, 공정과 공장을 중심으로 한 물류흐름과 보관창고나 물류센터를 중심으로 한 물류흐름을 그림으로 나타내 보거나, 도소매업의 경우는 상품의 매입과정에서 보관, 출하 및 판매하는 과정을 보관창고 또는 물류센터의 측면에서 물류흐름도로 나타내 보면 매우 유용하게 된다. 이 지침에서는 생산물류비에 대한 구체적인 규정은 없으나, 사내물류비의 규정 중에 '다만, 재료의 생산이나 제품의 제조공정 내에서 발생하는 비용은 생산원가 또는 제조원가에 삽입되므로 물류비에서는 제외시킨다.' 라고 하여 생산물류비가 기업물류비의 범위에서 제외됨을 명시하고 있다.

생산물류비는 생산원가 또는 제조원가에 삽입되며, 제품의 제조공정 내에서 발생하는 비용에 한정하고 있어서 사내물류비와 그 영역을 명확하게 구분하고 있다. 이때 사내물류비와 생산물류비를 구분하여 산정하는 것은 실무적으로 용이한 일이 아니다. 물류비 산정실무의 관점에서 보면, 특정의 공정단위나 또는 공장단위로 구분한 후 공정이나 공장 외 또는 공정이나 공장 간의 물류비는 사내물류비로 그리고 공정 내 또는 공장 내의 물류비는 생산물류비로 인식하는 것이 유용하다.

이때 중요한 점은 우선 사내와 생산이라는 두 영역간의 명확한 구분보다는 한번 영역을 설정하면 일정 기간 동안예를 들어, 3-4년 지속적으로 동일한 영역, 분류 및 범위에서 물류비를 산정해 나가는 것이 비교분석이나 표준비교 등의 관점에서 중요하다는 점이다.

그리고 물류비 절감과 관련해서 물류합리화나 자동화와 같은 전략을 특정의 공장단위 또는 공단단위로 추진할 경우는 사내물류비와 생산물류비를 구분하여 산정하는 것이 복잡하거나 또는 더욱 비효율적인 경우가 있는데, 이 경우는 물류비의 분류와 산정을 공장물류비 또는 공단물류비의 관점에서 실시하는 것도 유용하다.

### 3) 판매물류비

판매물류비란 생산된 완제품 또는 매입한 상품을 판매창고에 보관하는 활동부터 그 이후의 판매 관련고객에게 인도될 때까지 물류활동에 따른 물류비를 말한다. 즉, 판매물류비는 출고지시에 따라 보관된 제품이나 상품의 피킹, 출고, 상차, 운송, 하차 등의 판매물류 활동에 발생하는 비용이 포함된다. 예를 들어, 제조업자에 있어서 공장 등의 제품창고에서 고객에게로 직송하는 경우나, 유통업자에 있어서 조달처나 매입처의 상품보관창고에서 고객에게 직송하는 경우는 고객으로의 출고 이후의 비용을 판매물류비로 인식한다.

### 4) 역물류비

역Reverse물류비는 반품물류비, 회수물류비, 폐기물류비로 세분화된다.

#### (1) 반품물류비

반품물류비는 판매된 제품이나 상품의 반품물류 활동에 발생하는 비용을 말한다. 여기서 반품의 요건이란 제품이나 상품자체의 문제점예를 들어, 상품자체의 파손이나 이상 등의 발생이나 물류과정에서 발생하는 파손, 이상, 하자 등이 발생하는 것을 말한다. 반품물류비에는 반품과정에서 발생하는 운송, 검수, 분류, 보관, 하역 등 관련비용을 포함한다. 이때 반품 자체에 따른 비용예를 들어, 상품 대금의 환불액은 물류비에 해당하지 않는다.

### (2) 회수물류비

회수물류비는 제품이나 상품의 판매물류에 부수적으로 발생하는 파렛트, 컨테이너 등과 같은 빈 물류용기의 회수비용을 말한다. 회수물류비는 청량음료나 주류 등과 같은 업종의 경우 중시되는 비용의 하나이다.

### (3) 폐기물류비

폐기물류비는 파손 또는 진부화된 제품, 포장용기 등의 폐기물류 활동에 발생하는 물류비를 말한다. 여기서 폐기처리의 요건으로는 진부화나 소모 등에 의해 제품이나 상품 또는 포장용기 등의 물류기기가 제 기능을 수행할 수 없는 상황이거나 또는 제 기능을 수행한 후 소멸되어야 할 상황 등을 의미한다.

폐기처리 시 수반되는 검수, 보관, 운송, 하역 등의 비용은 폐기물류비에 포함되나, 폐기 자체의 비용이나 공해방지의 처리비용 등은 이 비용에 포함시켜서는 안 된다. 이러한 비용은 물류비가 아닌 일반경비 또는 제조원가에 삽입하는 것이 타당하다.

## 2. 기능별 물류비

물류기능이란 기업이 가치를 창출하기 위해 꼭 필요한 부가가치가 높은 활동을 의미하는데 물자를 이동, 보관하는 일련의 부대활동이 해당된다. 이 지침에서는 기능별 물류비 분류를 운송비, 보관 및 재고관리비, 포장비, 하역비, 유통가공비, 물류정보·관리비로 구분하고 있다. 유용한 물류비 정보의 산출과 관리를 위해서는 더 상세한 활동수준까지 분해하여 물류비계산이 되는 것이 바람직하며, 하역비는 별도로 분류하지 않을 수 있다. 그 이유는 하역활동의 속성상 선박이나 기차를 이용한 운송에 부대되어 발생하는 하역과 육송차량에 부대되어 발생하는 하역 등으로 구분할 수 있으나, 후자의 경우 운송활동이 범주에 포함되며 그 발생금액이 크지 않는 경우 별도로 하역비계산을 하는 것이 곤란하기 때문이다. 그러나 전자의 경우는 별도로 구분하는 것이 정보 활용의 측면에서 유용하다.

### 1) 운송비

운송비는 물자를 물류거점간 및 소비자에게 이동시키는 활동에서 소비된 비용을 말하며, 이 비용은 장소에 의한 제품의 효용을 창조하기 위한 목적에서 발생한다. 운송비는 해당 기업의 물류 특성이나 운송경로 등 필요에 따라서 수송비와 배송비로 세분할 수 있다.

#### (1) 수송비

수송비는 물류거점간 이동활동에 소요되는 비용으로서, 이 비용은 사내의 공장이나 창고에서 물류센터나 지점 등의 물류거점간 운송에 발생하기 때문에 주로 사내물류비에 해당한다.

#### (2) 배송비

배송비는 수요자에게 배송시키는 활동에 소요되는 비용으로서, 창고나 물류센터로부터 수요자인 고객에게 운송 시 발생하기 때문에 주로 판매물류비에 해당한다. 또한 고객으로부터의 판매된 상품의 반품이나 회수 등에 발생하는 비용도 여기에 포함된다. 그리고 하역비를 별도로 구분하지 않을 때, 운송과정에 있어서의 상하차비는 운송비에 포함하며, 한편 창고나 물류센터에 부설된 하역설비나 기기를 이용한 상하차비는 보관 및 재고관리비에 포함하여 운송비에 포함시키지 않는다.

### 2) 보관 및 재고관리비

보관 및 재고관리비는 물자를 창고 등의 보관시설에 보관하는 활동에서 소비된 비용을 말하며, 이 비용은 시간에 의한 제품의 효용을 창조하는 목적에서 발생한다. 일반적으로 보관비 또는 창고비라고 칭하는 이 비용에는 물자를 단순히 보관하는데 소요되는 비용뿐만 아니라 재고물품에 대해 발생하는 이자도 포함한다.

이때 보관비는 제품이나 상품을 일정 기간 동안 창고나 물류센터에 보관하는데 소비되는 비용을 말하며, 재고관리비는 제품이나 상품을 일정 기간 동안 보관함으로써 발생하는 자본비용인 재고부담이자 이외에도 적정 재고를 유지하기 위한 재고유지비나 적정 발주량을 유지하는 최적발주비 등이 여기에 포함된다. 그리고 하역비를 별도로 구분하지 않을 때, 창고나 물류센터에 부설된 하역설비나 기기를 이용한 상하차비는 보관 및 재고관리비에 포함한다.

### 3) 포장비

포장비는 물류포장 활동에서 소비된 비용을 말한다. 여기서 물류포장 활동이란 최종 소비자에게 인도되지 않고 이동과 보관을 용이하게 하기 위하여 실시하는 포장으로 판매포장과 상대적인 개념을 나타낸다. 따라서 포장비는 물품, 제품, 폐기물 등을 운송, 하역, 보관하기 위한 물류포장에 소비되는 물류포장비라고 말할 수 있으며, 제품이 생산되는 과정인 생산물류에서 소비된 비용은 생산원가 또는 제조원가에 귀속되기 때문에 포장비에서 제외한다.

한국공인회계사회의 기업회계 실무해설서1993에 의하면, 판매비와 일반관리비에 속하는 포장비는 상품 등의 포장과정에서 발생하는 비용을 나타내고 있다. 따라서 제품의 포장비를 제조원가에 포함하는 것이 일반적이며, 특히 일정한 포장을 하지 않고는 제품으로 판매가 불가능한 소다, 약품, 화장품, 과자 등의 포장비는 제조원가에 삽입하는 것이 보다 합리적이다.

### 4) 하역비

하역비는 물자의 운송과 보관활동에 수반되어 동일 시설 내에서 물자를 상하좌우로 이동시키는 활동에서 소비된 비용을 말한다.

입하, 격납, 피킹, 분류, 출고 등과 같은 물류의 세부기능에서 발생하는 하역작업은 독자적으로 실시되는 경우는 거의 없으며, 주로 운송이나 보관의 기능을 수행하면서 비용이 동시에 발생된다. 따라서 하역비는 독립적으로 분류되는 경우도 있으나 하역작업의 구분상 어려움이나 비용계산의 용이성을 고려하여 운송하역과 관련된 비용은 운송비에, 보관하역과 관련된 비용은 보관비에 포함할 수 있도록 이 지침에서는 규정하고 있다.

### 5) 유통가공비

유통가공비는 물자의 유통과정에서 물류효율을 향상시키기 위하여 이를 가공하는데 소비된 비용을 말하며, 물류활동상의 효율증대를 위해서 발생하는 비용이라고 할 수 있다. 물론 부분적으로는 제품이나 상품의 부가가치를 높이기 위해서 물류과정상 가공을 하는 경우가 있는데, 이것은 생산물류 또는 상류가공에 해당되기 때문에 이때 소비되는 비용은 제조원가나 유통비에 포함시키는 것이 타당하다.

예를 들어, 생선류 식품의 보관기간을 길게 하기 위해 냉동을 시킨다든가, 가구류 제품의 보관, 하역·운송기능을 효율적으로 실행하기 위해 영업소나 지점에서의 부품의 조립 등에 소비되는 비용이 유통가공비에 속한다.

## 6) 물류정보비

물류정보비는 물류정보를 수집, 가공, 전달하기 위해 필요한 입력, 처리, 기억, 출력, 제어, 통신 등의 제 활동을 컴퓨터 등의 전자적 수단을 사용하여 발생하는 다음과 같은 비용을 말한다.

### (1) 주문처리비

주문처리비는 원재료를 포함한 제품이나 상품 등의 발주, 수주, 출하지시 및 이에 관한 사무처리와 통계, 분석 등의 업무를 처리하는데 소요되는 비용이다. 단, 수주에 있어서 영업이나 판매상의 계약과정이나 절차 등에 관해서 발생하는 비용상류비에 해당됨은 제외된다.

### (2) 고객서비스비

고객서비스비는 출하문의에 대한 회신, 출하촉진 등의 업무에 소요되는 비용이다. 이 외에도 조달, 보관, 운송 등의 업무처리와 관련하여 정보의 교환이나 처리를 위해서 소비되는 비용을 포함한다. 특히 물류관련 정보기기의 운용, 통제를 위해 발생하는 비용은 이 범위에 포함된다. 예를 들어, 물류센터나 배송센터 등을 운영할 경우는 여기에서 발생하는 전산관련 정보비의 측정이 용이하지만, 물류부문 등에서 별도로 전산부문을 통해 재고관리, 수발주관리 및 물류정보관리 등을 실시할 경우 전산처리비용 내지는 정보관련 비용의 분류와 측정이 다소 용이하지 않은 것으로 나타나고 있으나, 기본적으로는 물류 관련 비용은 물류정보비에 포함시켜야 한다.

## 7) 물류관리비

물류관리비는 물류관리부문에서 발생하는 기타 모든 비용으로서 물류관리비는 물류활동에 대한 전반적인 계획, 조정, 통제를 위해 소비되는 비용으로 물자유통뿐만 아니라 정보유통과 관련해서도 발생하고 있다. 이 비용은 물류비관리의 조직단위에 따라서 공장이나 사업장별로 혹은 물류센터와 같은 현장의 물류관리비와 본사차원에서의 물류관리비로 구분되기도 하며, 후자의 경우 본사의 물류스탭의 업무수행을 위해 소요되는 제비용을 칭하고 있다.

## 3. 지급형태별 물류비

지급형태별 물류비 분류는 개별 기업의 입장에서는 물류활동을 누가 수행하고 물류대금을 누가 지불한 것인가에 대한 상세한 정보를 알 수 있도록 하고, 정부 등 유관기관의 입장에서는 물류비를 종합적으로 집계할 때 중복물류공급회사와 물류수요회사 간집계를 방지하기 위해서 필요한 분류방법이다.

물류비 산정에 있어서 물류주체별 분류는, 일본 운수성의 물류코스트 통일산정기준이나 KPC 계산준칙에 의하면, 지불주체에 따라 자사지불 물류비와 타사지불 물류비로 구분하여 물류비를 산정하도록 하고 있으나 후자의 타사지불 물류비는 자료의 객관성이나 검증가능성 등의 제약에 의해 산정이 어렵거나 자의성 개입의 여지가 있기 때문에 제외시키고 있다. 이에 따라 이 지침에서는 자사에서 지불하는 물류비에 대해 물류행위주체를 자사에서 직접 수행하는가 또는 외부의 물류업체에 위탁하는가에 따라 자가물류비와 위탁물류비로 구분하고 있다.

### 1) 자가물류비

자가물류비는 자사의 설비나 인력을 사용하여 물류활동을 수행함으로써 소비된 비용을 말한다. 이 자가물류비를 대부분의 기업에서 산정하고 있지 않으므로 기업의 물류비 실태를 정확하게 파악하고 있지 못하는 경우가 많다. 즉, 물류빙산의 전모를 파악하기 위해서는 어느 만큼 자가물류비의 분류나 계산을 구체적으로 하는가가 필요하다.

이에 따라 사내에서 실시하는 물류활동에 관련된 비용을 조달, 사내, 판매반품, 회수 및 폐기 포함 등의 영역으로 구분하여 재료비, 노무비, 경비, 이자의 세목별 계정과목을 통해 비용세분화를 하도록 한다.

### 2) 위탁물류비

위탁물류비는 물류활동의 일부 또는 전부를 외부의 물류업자나 물류자회사인 타사에 위탁하여 수행함으로써 지불하는 비용 또는 요금을 말한다. 위탁물류비는 주로 포장,

운송 및 보관 등의 활동을 위탁하는 경우에 발생하게 되는데, 예를 들어 지불포장비, 지불운임, 지불창고료, 입출고료, 수수료 등이 포함된다.

## 4. 세목별 물류비

세목별 분류는 기본적으로 재료비, 노무비, 경비, 이자로 구분한다. 구체적으로는 해당 기업의 물류비 관리실무에 적절한 회계부문의 비용계정과목을 중심으로 구분하여 물류비를 상세화하며 계정과목의 분류 및 정의 등은 기업회계기준 및 원가계산준칙의 계정과목과 동일한 체계를 가능하면 준용하도록 한다.

### 1) 재료비

재료비는 물류와 관련된 재료의 소비에 의해서 발생하는데, 주로 포장이나 운송기능에서 발생된다. 물류 관련 재료의 종류는 매우 한정되어 있으며 그 구성비율도 낮다고 할 수 있는데, 재료비의 항목에는 포장재료비, 연료비 이외에도 물류활동의 수행을 위한 소모용 공구비, 비품비 등을 포함한다. 예를 들어, 파렛트와 같은 운송기기 등을 물류자산에 속하므로 재료비의 범위에서는 제외되며, 운송기기에 소모되는 연료비 등이 포함된다.

### 2) 노무비

노무비는 물류활동을 수행하기 위해 발생하는 노동력에 대한 비용으로서, 운송, 보관, 포장, 하역 및 관리 등의 전반적인 기능과 조달, 사내, 판매 등의 전 영역에서 발생된다. 노무비의 항목에는 임금, 급료, 잡급 이외에도 물류 관련 종사자에 대한 제 수당, 퇴직금 및 복리후생비 등을 포함하는데, 기업에서는 공장별이나 사업장별, 지역별이나 고객별, 제품별 등의 관리단위에 따라서 노무비에 관련된 비용을 세분화시켜야 한다.

### 3) 경비

경비는 재료비 이외에 물류활동과 관련하여 발생하는 제비용으로서, 주로 물류관리의 기능에서 발생되며, 회계 및 관리부문 등에서 사용하는 계정과목이 전부 해당된다. 이 지침에서는 경비에 대한 세부적인 비목 구분이 없으나, 필요에 따라서는 다음과 같이 구분할 수 있다,

### (1) 공공서비스비

공공서비스비는 공익사업체에서 제공하는 용역service에 대해서 발생하는 비용으로서, 전력료, 가스·수도료, 통신비 등이 포함된다.

### (2) 관리유지비

관리유지비는 물류 관련 고정자산의 운용, 가동, 보전 등을 위해서 발생하는 비용으로서, 수선비, 운반비, 세금과 공과, 지급임차료, 보험료 등이 포함된다.

### (3) 감가상각비

감가상각비는 물류 관련 고정자산의 시간경과에 따른 가치감소분의 비용으로서, 건물감가상각비, 구축물감가상각비, 기계장치감가상각비, 차량감가상각비, 운반기기 감가상각비 등이 포함된다. 이 비용은 현금지출을 수반하지 않는 점에 유의해야 하며, 자산의 실제 사용분 만큼에 대한 가치감소를 화폐가치로 나타낸 것이다.

### (4) 일반경비

일반경비는 물류관리 목적을 위해서 지출하는 일반적인 물류비로서, 여비, 교통비, 접대비, 교육훈련비, 소모품비 등과 같은 비용항목 이외에도 물류과정에서 발생하는 변질이나 도난, 사고 등에 따른 손실 등이 포함된다. 예를 들어, 운송이나 보관과정에서 발생하는 불량이나 파손에 따른 비용은 물류경비에 속하게 된다.

## 4) 이자

이자는 물류시설이나 재고자산에 대한 이자발생분을 의미하고 있는데, 금리 또는 투자보수비라고도 한다. 이자는 시설부담이자와 재고부담이자로 구분한다. 이자는 기업회계기준과 상이한 세목으로서, 시설부담이자는 물류설비의 경제성을 검토하여 의사결정을 하기 위한 목적으로 유용하며, 또한 재고부담이자는 재고자산의 보유를 최소화시키는 것이 물류효율화의 중요한 관리포인트가 된다는 점에서 포함시키고 있다. 두 가지 세목은 모두 관리회계 측면에서 사용되는 것이므로 외부공표용 물류비 계산서에서는 생략할 수 있다.

물류시설과 재고자산에 대해 이자를 부담시키는 이유는 원가요소 중의 하나인 자본비용을 원가계산에 반영함으로써 산출된 원가정보의 유용성을 높이기 위해서이다. 이 방법은 최근 증권시장이나 회계학 분야에서 신개념으로 각광을 받고 있는 경제적 부가가치 개념과도 동일한 인식을 공유하고 있다.

지금까지 원가계산 실무에서는 자본비용을 원가요소로 인식하지 않고 영업외비용으로 인식한 것이 일반적이었다. 이에 따라 막대한 금액의 제조설비 투자액에 의해 유발되는 자본비용을 원가에서 제외하게 되므로 산출된 원가정보의 유용성에 심각한 문제가 발생하고 있다. 따라서 물류비를 계산함에 있어서 포함시킬 비용 중에 일반적으로 인정되는 기업회계기준에서는 비용으로 인식하지 않는 기회손실이나 이자부담 등을 포함하고 있는 사례가 많이 있다.

### (1) 시설부담이자

시설부담이자는 물류시설에 투자되어 있는 자금에 대한 이자부담분 만큼의 기회손실을 말한다. 시설부담이자를 포함시키는 이유는 해당 물류설비를 자가운영하는 것과 외부업체에 위탁하는 것의 경제성을 검토하여 의사결정을 하기 위한 목적으로 사용되기 때문이다. 시설부담이자는 투자액의 미상각잔액에 이자율을 곱하여 계산한다. 이때 시설투자액의 미상각잔액은 자산명세서로부터 물류 관련 자산을 추출한 후, 이에 대한 계산시점에서의 감가상각액을 차감하여 미상각잔액을 산정한다.

> 시설부담이자 = 투자액의 미상각잔액 × 이자율
> 시설투자액의 미상각잔액 = 취득원가 − 감가상각액의 누적액

### (2) 재고부담이자

재고부담이자는 재고자산이 존재함으로써 발생하는 재고자산의 가치에 대한 이자부담분만큼의 기회손실을 말한다. 재고부담이자는 재고자산의 보유를 최소화시키는 것이 물류효율화의 중요한 관리포인트가 된다는 점에서 물류재고를 어떻게 유지하고 있느냐를 금액적으로 표시하는 중요 지표에 해당하기 때문에 유용하다.

재고부담이자는 재고의 평균잔액에 이자율을 곱하여 계산한다. 이때 재고의 평균잔액은 재고명세서로부터 월별 기초·기말재고액을 기초로 다음 식에 의해 평균잔액을 산정한다.

> 재고부담이자 = 재고의 평균잔액 × 이자율
> 재고의 평균잔액 = (월초재고 + 월말재고) / 2

## 5. 관리항목별 물류비

관리항목별 분류는 중점적으로 물류비 관리를 실시하기 위한 관리대상 즉, 제품별, 지역별, 고객별 등과 같은 특정의 관리단위별로 물류비를 분류하는 것을 말하며 관리목적별이라고도 칭한다.

물류비를 관리항목별로 분류하는 주된 이유는 관리목적에 적합한 물류비 정보를 산출해 내기 위함이며, 이를 통하여 물류활동의 업적평가는 물론 각 관리단위별 채산분석을 통한 원가절감의 실현을 가능하게 해주기 때문이다. 그리고 물류활동의 중점관리목표를 정책적 또는 전략적 차원에서 실시하게 되면 물류정책이나 물류전략의 실효성 등을 검토해 볼 기회를 제공해 주기도 한다.

관리항목별 구분을 하지 않고 물류비를 계산하여도 물류비 총액이 얼마인지, 기능별 물류비가 얼마인지 등의 정보는 충분히 산출할 수 있다. 그러나 물류비 절감에 관한 의사결정을 위한 유용한 물류비 정보의 산출목적을 달성하기 위한 기초자료로서 관리항목별 구분은 필수적이다.

만일 어떤 기업의 판매물류비 중 운송비가 10억 원만큼 발생했다고 하면 이 정보를 통해 그 기업의 경영진은 어떤 시사점과 유의한 관리 포인트를 찾아낼 수 있을까? 10억 원의 운송비가 효율적으로 사용된 것인지 또는 비효율적으로 사용된 것인지에 대해서는 정확하게 파악할 수가 없으며 이 물류비 자료는 불충분한 정보가 되어 버린다. 여기서 경영의사결정에 유용한 정보로서 물류비의 적정성 판단과 물류비 절감을 위해서는 관리항목별로 물류비 정보가 더 상세화되어 있어야 하는데, 이러한 상세한 구분항목을 관리항목이라고 부른다.

관리항목별 구분은 회사의 관리목적에 따라 그 내용은 상이하며, 대표적인 사례는 다음과 같다.

① 부문별 : 물류비가 발생되는 부문이나 관리부문 등 조직계층단위
② 지역별 : 물류비가 발생되는 지역별 부문이나 조직단위
③ 운송수단별 : 철도운송, 해상운송, 육로운송, 항공운송 등의 운송수단
④ 제품별 : 물류활동의 대상이 되는 원재료, 제품, 부품 등의 제품종류
⑤ 물류거점별 : 물류활동이 발생하는 장소로서 물류센터, 창고, 집배소 등
⑥ 업체별 : 물류활동을 위탁할 경우 물류활동 수행업체

**| 표 5-2 | 관리항목별 물류비 분류의 매트릭스 사례(판매물류비의 경우)**

| 영역별 | 기능별 | 지급 형태별 | 세목별 | | 관리항목 | | | | |
|---|---|---|---|---|---|---|---|---|---|
| | | | | | 부문별 | 위탁 업체별 | 제품별 | 물류 거점별 | 운송 수단별 |
| 판매 물류비 | 운송비 | 자가 | 재료비 | 연료비 | √ | | √ | √ | |
| | | | 노무비 | 급료와 임금 | √ | | √ | √ | |
| | | | | 제수당 | √ | | √ | √ | |
| | | | | 퇴직급여 | √ | | √ | √ | |
| | | | 경비 | 복리후생비 | √ | | √ | √ | |
| | | | 시설부담이자 | | √ | | √ | √ | |
| | | 위탁 | 경비 | 운반비 | √ | √ | √ | √ | √ |
| | | | | 지급수수료 | √ | √ | √ | √ | √ |
| | 보관및 재고유지비 | 자가 | 노무비 | 급료와 임금 | √ | | √ | √ | |
| | | | 시설부담이자 | | √ | | √ | √ | |
| | | | 재고부담이자 | | √ | | √ | √ | |
| | | 위탁 | 경비 | 지급임차료 | √ | √ | √ | √ | |
| | | | | 지급수수료 | √ | √ | √ | √ | |
| - 이하 생략 - | | | | | | | | | |

## 제3절 간이기준에 의한 물류비

### 1. 간이기준에 의한 물류비의 개요

간이기준은 회계장부와 재무제표주로 손익계산서와 대차대조표로부터 간단하게 추산하는 방식으로서 물류원가계산의 관점에서 보면 재무회계방식에 의한 물류비 계산 기준을 말한다. 주로 기업의 외부 이해관계자를 위해서 매년 작성 보고되는 결산보고서에 해당하는 재무제표를 이용해서 물류비를 추적하여 역산하는 방식이다. 상세한 물류비 정보보다는 개략적인 물류비 정보나 자료 정도로도 만족하는 중소기업 등 비교적 물류비 관리수준이 낮거나 물류비 산정의 초기단계의 기업에서 사용하는 기준이다. 이 기준을 사용하면 필요로 하는 상세한 물류비 정보의 입수는 곤란하지만 해당 기업의 회계부서에서 작성하는 회계자료를 통해 물류비 실적을 산출해 낼 수 있으며, 이 과정에 소요되는 비용이나 노력도 상대적으로 덜 들 수 있기 때문에 유용하다.

물류비는 일반기준에 의한 계산이 요망되지만 전사적이고 체계적인 방법으로 물류비를 계산하지 못하는 기업 등에서 회사 전체를 대상으로 물류비 총액을 파악할 목적으로 간이기준에 의해 간략하게 물류비를 계산하기 위한 기준에 해당한다.

간이기준을 이용하면 정확하고 상세한 물류비를 계산할 수 없으며 복잡한 수작업이 요구되기도 하는 등 문제를 내포하고 있으나, 물류비 계산의 경제성을 고려하여 기업 규모가 작거나 일반기준을 적용하기 위한 물류정보시스템을 구축하지 못한 기업 등에서는 활용할 수 있도록 하였다.

간이기준에 의한 물류비 계산목적은 개별기업의 물류비에 대한 실태를 추정할 목적으로 재무회계방식에 의하여 기존의 회계장부와 재무재표로부터 기능별, 지급형태별로 계산함에 있다. 간이기준에 의한 물류비 계산은 다음과 같은 기업의 경우 유용하게 활용할 수 있다.

① 물류관리가 초기단계에 있는 기업
② 물류비 계산시스템이 확립되어 있지 않은 기업
③ 물류비를 산출하기 위한 노력과 비용이 과다하게 드는 기업
④ 물류비의 상세한 정보보다 개략적인 총액 정보로서 만족하는 기업
⑤ 물류비 계산의 실시까지는 물류관리상 곤란한 중소기업

## 2. 간이기준과 일반기준의 비교

기업의 물류비 산출방법은 크게 재무회계방식과 관리회계방식으로 나눌 수 있다.

### 1) 재무회계방식

재무회계방식은 간이기준이라 하며 기업이 외부 이해관계자를 위해 매년 작성·보고하는 재무제표를 이용하여 물류부문에 관련된 비용만을 역으로 추적해 산출하는 것을 말한다. 물류비는 일반기준에 의해 원천 자료로부터 구분하여 집계하는 것이 필요하지만, 전사적으로 물류비를 계산하지 못하는 기업과 물류비에 대한 상세한 정보를 필요로

하지 않는 기업 등에서는 회사 전체를 대상으로 물류비 총액을 파악하는 목적으로 간이기준에 의해 간략하게 계산하기를 원한다. 재무회계방식간이기준을 이용하면 정확하고 상세한 물류비를 계산할 수 없는 등의 문제점은 가지고 있으나, 물류비 계산의 경제성을 고려하여 기업규모가 작거나 일반기준을 적용하기 위한 물류정보시스템을 구축하지 못한 기업 등에서 적용하도록 하였다.

**| 표 5-3 | 재무회계와 관리회계의 비교**

| 항목 | 재무회계 | 관리회계 |
|---|---|---|
| 정보이용자 | 불특정다수인 | 내부경영자 |
| 회계처리원칙 | GAAP | 특별한 원칙 없음 |
| 정보의 질적 특성 | 객관적 강조 | 목적적합성 강조 |
| 회계정보의 시점 | 역사적 원가위주 | 미래지향적 |
| 회계기간 | 분기/반기/1년 | 월별/1년/수년 등 |
| 회계대상 | 조직 전체 | 조직/제품/부문/지역 |

## 2) 관리회계방식

관리회계방식은 일반기준이라 하며 원가계산제도에 의거하여 물류활동에 소요된 비

**| 표 5-4 | 일반기준과 간이기준의 비교**

| | 일반기준(관리회계방식) | 간이기준(재무회계방식) |
|---|---|---|
| 기본적 관점 | 물류목표를 효과적으로 달성하기 위한 활동에 관여하는 인력, 자금, 시설 등의 계획 및 통제에 유용한 회계정보의 작성이 목적(기능별·관리목적별의 업적평가나 계획수립 가능) | 기업활동의 손익상태(손익계산서)와 재무상태(대차대조표)를 중심으로 회계제도의 범주에서 물류활동에 소비된 비용항목을 대상으로 1회계기간의 물류비 총액 추정 |
| 계산 방식 | 물류활동의 관리 및 의사결정에 필요한 회계정보를 입수하기 위해 영역별, 기능별, 관리항목별로 구분하여 발생비용을 집계 | 재무회계의 발생형태별 비용항목 중에 물류활동에 소비된 비용을 항목별로 배부기준을 근거로 해당 회계기간의 물류비 추산 |
| 장점 | 영역별, 기능별, 관리항목별 물류비 계산을 필요한 시기, 장소에 따라 실시 가능<br>(물류활동의 개선안과 개선항목을 보다 명확하게 파악 가능) | 개략적인 물류비 총액계산에 있어서 별도의 물류비 분류, 계산절차 등이 필요하지 않고, 전담조직이나 전문지식이 부족해도 계산 가능 |
| 단점 | 상세한 물류비의 분류 및 계산을 위한 복잡한 사무절차와 작업량이 많기 때문에 정보시스템 구축이 필수 | 상세한 물류비 파악이 곤란하기 때문에 구체적인 업무평가나 개선목표 수립이 곤란하며, 물류비 절감효과 측정에 한계 |

용만을 측정하는 방식으로 비교적 정확한 물류비를 얻을 수 있다. 이러한 관리회계방식 일반기준은 기업에서 물류비 관리에 필요한 정보인 제품별, 고객별, 지역별로 운송비 또는 보관비 등과 같은 상세한 물류비 정보를 입수하기 위해 사용되는 기준이다. 관리회계방식은 별도의 복잡한 원가계산제도를 개발해야 하는 부담이 있어 일정 이상의 물류비 관리수준을 가지고 있는 기업에서 활용할 수 있다.

## 3. 간이기준에 의한 물류비 분류

간이기준에 의한 물류비 분류는 자가물류비와 위탁물류비로 구분한다. 간이기준에 의한 물류비 자료는 기본적으로 재무제표 중 제조원가명세서의 '제조원가'와 손익계산서의 '판매비와 일반관리비' 계정과목에 의해 입수되므로, 지급형태별 물류비와 계정과목별 물류비의 매트릭스형 분류에 의해 물류비 분류체계가 구성된다.

간이기준에 의한 물류비 계산은 세목별로 상세한 내용보다는 총 물류비가 얼마인지를 파악하는데 초점을 맞추고 있으므로 물류비 분류항목이 일반기준에 비해 훨씬 간단하다. 물류비 실태를 파악하기 위하여 기능별, 지급형태별로 물류비를 관리하기 위해서 조업도별, 관리항목별 등으로 다음과 같이 분류할 수 있다.

### 1) 기능별 분류

#### (1) 운송비

운송비는 물자를 물류거점간 및 소비자에게 이동시키는 활동에 따른 물류비를 의미한다.

#### (2) 보관비

보관비는 물자를 창고 등 보관시설에 보관하는 활동에 따른 물류비를 의미한다.

#### (3) 하역비

하역비는 유통가공, 운송, 보관, 포장 등의 업무에 수반하여 상차 및 하차, 피킹, 분류 등 물자를 상하좌우로 이동시키는 물류비이다.

#### (4) 포장비

포장비는 물자 이동과 보관을 용이하게 하기 위하여 실시하고 난 상자, 골판지, 파렛트 등의 물류포장최종소비자를 위한 판매포장은 제외 활동에 따른 물류비이다.

#### (5) 물류정보 및 관리비

물류활동 및 물류기능과 관련된 정보처리와 관리에 따른 물류비로서 물류정보비는 구매, 수송, 생산, 창고운영, 재고관리, 유통망 등 물류 프로세스를 전략적으로 관리하고 효율화하기 위하여 컴퓨터 등의 전자적 수단을 사용하여 지원하는 활동에 따른 물류비를 의미한다. 물류관리비는 물류활동 및 물류기능의 합리화와 공동화를 위하여 계획, 조정, 통제 등의 물류관리 활동에 따른 물류비를 의미한다.

### 2) 지급형태별 분류

#### (1) 자가물류비

자가물류비는 자사의 설비와 인력을 사용하여 물류활동을 수행함에 따라 발생하는 물류비를 말하며, 다시 재료비, 노무비, 경비, 이자로 구분하여 파악한다. 이중 이자는 필요에 따라 시설부담이자와 재고부담이자로 분류할 수 있으며, 재고부담이자는 보관비에 한정한다.

#### (2) 위탁물류비

위탁물류비는 물류활동의 일부 또는 전부를 타사에 위탁하여 수행함으로써 소비된 비용을 말하며, 물류자회사 지급분과 물류전문업체 지급분으로 구분한다.

### 3) 관리목적별 분류

#### (1) 조업도별 물류비

조업도별 물류비는 물류활동의 범위 내에서 물류조업도의 증감여부와 관련하여 물류고정비와 물류변동비로 분류할 수 있다.

### (2) 관리항목별 물류비

관리항목별 물류비는 물류비를 보다 상세한 항목으로 세분하여 파악할 목적으로 각 세목별 물류비를 개별기업의 특성에 적합하도록 조직별, 지역별, 고객별, 활동별 등과 같은 관리항목별 물류비로 세부 분류할 수 있다.

물류비를 관리항목별로 분류하는 주된 이유는 관리목적에 적합한 물류비 정보를 산출해 내기 위함이며, 이를 통하여 물류활동의 업적평가는 물론 각 관리단위별 채산분석을 통한 원가절감의 실현을 가능하게 해주기 때문이다. 그리고 물류활동의 중점관리목표를 정책적 또는 전략적 차원에서 실시하게 되면 물류정책이나 물류전략의 실효성 등을 검토해 볼 기회를 제공해 주기도 한다.

# 제 4 절 물류비 계산방법

## 1. 비목별 물류비 계산방법

비목별 계산은 비목별로 물류비를 집계하는 것으로써 물류비 인식기준에 의해 물류비를 인식하되 구체적인 계산방법은 영역별, 기능별, 지급형태별, 세목별, 관리항목별로 전개해 나간다.

**| 표 5-5 |** 물류비의 비목별 계산과정

| [제1단계] | | [제2단계] | | [제3단계] | | [제4단계] | | [제5단계] |
|---|---|---|---|---|---|---|---|---|
| 물류비 계산 욕구의 명확화 | | 물류비 자료의 식별과 입수 | | 물류비 배부기준의 선정 | | 물류비 배부와 집계 | | 물류비 계산의 보고 |
| • 물류비 계산 목표 확인<br>• 물류비 계산 대상 결정<br>• 물류비 계산 범위 설정 | → | • 물류비 계산 대상별 자료 식별<br>• 물류비관련 회계 자료(세목별) 수집<br>• 물류기회원가 관련 자료입수 | → | • 물류비 배부 기준 결정<br>-영역별<br>-기능별<br>• 물류비 배부 방법 | → | • 영역별 집계<br>• 기능별 집계<br>• 지급형태별 집계<br>• 관리항목별 집계 | → | • 물류비 보고서 작성<br>• 문제점과 대책 제시<br>• 물류비 정보의 활용 및 피드백 |

### 1) 영역별 계산

영역별 물류비 계산은 전술한 영역별 분류에 의해 물류비를 계산하는 것으로써 영역별 물류비는 세목별로 집계된 물류비를 기능별/지급형태별 물류비로 구분하여 집계하면 된다. 이때 중요한 점은 물류영역을 물류비 관리책임과 관련해서 설정하여 어느 범위까지 계산을 할 것인가에 있다.

일반적으로 판매물류비는 대부분의 물류부문에서 담당하고 있기 때문에 별다른 문제가 없겠지만, 조달물류비는 주로 구매부문이나 조달부문에서 비용책임을 갖고 있기 때문에 물류비 범위에 포함할 것인가의 여부, 그리고 사내물류비의 경우 생산물류 또는 공장물류와의 경계 내지는 범위를 어디까지 설정할 것인가에 따라 해당 기업에서 산정하는 물류비의 규모가 크게 차이가 난다.

제조업자의 경우 물자나 제품의 흐름을 도표로 나타낸 후 세부적으로 각 영역별로 비용의 흐름을 파악하면 기능별, 지급형태별 및 세목별로 입수된 비용의 배분이 가능하게 된다. 그리고 유통업자의 경우는 창고나 배송센터 혹은 점포를 중심으로 해서 조달, 보관 및 진열, 판매되는 상품의 흐름을 도표로 나타낸 후 세부적인 비용의 흐름을 파악해야만 영역별 물류비의 계산이 가능하다.

특히 영역별 물류비 계산이 실무적으로 잘 이루어지고 있지 않고 있는데, 그 이유는 물류비의 산출에 따른 활용목적이 분명하지 않거나 혹은 조직체계 등과 부합되는 비용흐름을 나타내고 있지 못하기 때문이다. 그러나 영역별 물류비 계산은 물류의 흐름을 통한 비용흐름의 현황이 가능하며, 이로 인해 어느 부분에서 물류비의 절감 내지는 물류업무의 효율증대를 꾀할 수 있는가를 파악할 수 있기 때문에 매우 중요한 계산과정이라고 말할 수 있다.

### 2) 기능별 계산

기능별 물류비 계산은 각 기능별로 운송비, 보관 및 재고관리비, 포장비, 하역비, 유통가공비, 물류정보 및 관리비로 분류하여 지급형태별/세목별 물류비를 적절하게 배부하여 합계하면 된다.

운송비, 보관비, 포장비, 하역비, 유통가공비에 대해서는 그 기능별 물류 특성에 의해 비용 파악이 비교적 용이하기 때문에 비목별로 상세하게 물류비를 구분하여 계산해야 한다. 이때 사용하는 세목별 물류비 자료의 기능별 배부는 전술한 물류비 계산절차의 제3단계에 따른다. 즉, 물류특성에 따라 해당 기능별로 직접적으로 연관이 있는 직접물류비는 전액을 직접 부과하고, 일부 또는 간접적으로 연관이 있는 간접물류비는 해당되는 일부의 비용을 적절하게 배부해야 한다. 예를 들어, 운전수의 급료나 수당이나 연료비, 차량의 감가상각비 등은 전액 운송비에 귀속되며, 창고관리자의 급료와 수당 및 창고건물의 감가상각비, 전력료, 수도료 등은 전액 보관비에 귀속된다. 그리고 하역자의 임금과 수당 등은 창고 내의 작업관련 비용의 경우 보관비로, 상하차 작업관련 비용의 경우 하역비로 각각 구분하여 계산할 수가 있다.

그리고 물류정보 및 관리비는 일반적으로 대부분의 비용이 공통비적인 성격과 현업부문보다는 관리부문에 의한 지원비용의 성격을 갖고 있음으로 인해 일괄 계산하여 총액으로 계산하면 된다. 특히 기능별 계산은 물류관리조직이 기능별로 편성되어 있을 경우 비용에 대한 책임소재 등의 파악과 관련하여 매우 중시되기도 하지만, 물류기능별로 채산분석을 실시하여 물류비 절감목표를 설정한 경우 실제 대체적인 방법에 대한 비용 트레이드오프, 즉 얼마가 절감 가능한가를 나타내는데 유용시 되기 때문에 매우 중시되는 계산과정에 해당한다.

### 3) 지급형태별 계산

지급형태별 계산은 다음과 같이 실시한다. 자가물류비는 물류활동을 사내에서 실시할 경우 발생하는 모든 비용을 말한다. 주로 사내의 물류활동과 관련하여 조달, 사내의 운송과 보관, 판매 등의 과정에서 발생하는 재료비, 노무비, 경비, 이자를 전부 포함한다.

한편 위탁물류비는 물류활동의 일부 또는 전부를 외부의 물류업자나 물류자회사에 위탁한 경우 지불하는 요금을 말한다. 이 비용은 주로 운송, 보관 및 포장 등의 활동을 위탁하는 경우에 발생하게 되는데, 예를 들어 지불포장비, 지불운임, 지불창고료 이외에도 입출고료, 수수료 등이 포함된다.

지급형태별 계산의 중요성은 물류비 절감을 위한 물류개선분석에 있어서 사내 활동과 사외 위탁에 대한 비교분석을 할 경우나 또는 자사 물류시설의 투자를 위한 경제성 분석에 있어서 비교우위에 대한 분석을 가능하게 해준다.

### 4) 세목별 계산

세목별 물류비 계산은 기본적으로 재료비, 노무비, 경비, 이자로 구분하여 실시하되 재료비, 노무비, 경비의 각 세부 비목별 계산은 회계부문의 계정과목체계를 준용하도록 하고 있다. 각 비목별 계산방법은 KPC 계산준칙의 내용을 참조하여 다음과 같다.

### (1) 재료비

재료비는 직접재료비와 간접재료비로 구분된다. 직접재료비는 일정 기간 동안의 실제 소비량에 소비가격을 곱하여 계산하며, 간접재료비는 적절한 기준에 따라 일정기간 동안의 매입액을 기초로 계산한다.

### (2) 노무비

노무비는 직접노무비와 간접노무비로 구분된다. 직접노무비는 일정 기간 동안의 각 물류영역에 관련된 실제 작업시간 혹은 작업량에 노임단가를 곱하여 계산하며, 간접노무비는 적절한 기준에 따라 일정기간 동안의 지불액을 기초로 계산한다.

### (3) 경비

경비는 실제 발생액을 전액 계상하는데, 공통적으로 발생하는 비용이나 간접적으로 발생하는 비용은 해당 활동에 대한 서비스 정도나 일정 금액을 적절하게 배분한다. 필요에 따라서는 공공서비스비, 관리유지비, 감가상각비 및 일반경비로 구분하여 경비의 세부 특성에 맞추어서 계산하면 차후에 물류경비의 실적분석에 있어서 기간별, 장소별 등의 비교나 증감분석에 유용하게 된다.

## 2. 관리항목별 물류비 계산방법

관리항목별 물류비 계산은 물류활동의 중점적 관리목표에 의거해서 원가중심점을 대상으로 실시되기 때문에 계산단위에 해당하는 원가중심점, 예를 들어 조직, 제품, 지역, 고객, 물류경로, 주문규모, 서비스수준, 운송수단 등으로 계산하게 된다. 이를 위해서는 전술한 물류비 계산절차의 제1단계에서 본 것과 같이, 미리 물류비 관리목표에 따라 계산단위를 결정해야 한다. 따라서 관리항목별 계산은 물류비 계산서를 조직별, 지역별, 고객별 등과 같은 관리항목별로 물류비를 집계하여 매트릭스표의 형태로 작성하면 된다. 이때 관리항목별로 직접 귀속이 가능한 직접비는 직접 부과하고 직접 귀속이 불가능한 간접비는 관리항목별로 적절한 배부기준을 이용하여 배부한다.

## 3. 간이기준에 의한 물류비 계산방법

간이기준에 의한 물류비 계산은 제조원가명세서와 손익계산서의 계정과목별로 물류비에 해당하는 금액을 추계하여 계산한다. 제조원가명세서로부터는 '제조원가' 중에서 물류 관련 비용을, 손익계산서로부터는 '판매비와 일반관리비' 중에서 물류 관련 비용을 각각 선택한 후 적절한 배부기준에 의해 계산하면 된다. 필요에 따라서는 일반기준에 의한 배부기준과 배부방법을 고려하여 필요한 물류 관련 자료를 입수하여 계산하면 된다. 그리고 자가물류비 중 시설부담이자와 재고부담이자는 제조원가명세서 및 손익계산서와는 별도로 자산명세서와 재고명세서를 기초로 하여 계산한다.

# 제 5 절 물류예산관리와 물류채산분석

## 1. 물류예산관리

### 1) 물류예산관리의 개념

물류예산관리란 기업의 물류활동을 위하여 설정된 물류계획에 대한 예산을 편성하고 예산집행에 있어서 비용지출을 조정하거나 통제하는 것을 의미한다.

### 2) 물류예산관리의 특징

물류예산관리는 정확하고 구체적인 물류정책이나 물류관리의 방침에 의거하여 수립해야 한다. 물류예산의 편성은 물류관리자들을 중심으로 한 상향식 예산제도에 의거하고 있어 물류관리를 실시하는데 있어서 물류담당자들의 자발적인 동기를 부여한다. 물류예산관리의 특징을 구체적으로 살펴보면 다음과 같다.

### (1) 예산편성의 근거기준

물류비 예산은 기업의 물류부문 방침에 의해서 편성된다. 즉, 장기적인 물류정책이나 물류방침에 의해서 예산이 편성됨으로써 단순한 예측이나 견적이 아닌 과학적 혹은 객관적인 활동규범이 예산을 통해서 제시하게 된다.

### (2) 예산편성의 방식

물류비 예산은 물류 관리자가 물류요원의 의견을 수렴해서 편성해야 한다. 이것은 예산 참가 방식을 이용한 상향식의 예산제도를 도입하도록 하고 있는데, 예산 집행상요원의 자발적인 동기유발의 효과를 꾀하기 위함이다.

### (3) 예산편성의 방법

물류비 예산은 과학적인 방법으로 편성한다. 여기서 과학적이란 주관적인 경험 등에 의하지 아니한 객관적, 통계적인 자료에 의해서 과거의 실적을 기준으로 한 정상적인 물류활동으로부터 장래의 변동을 고려하는 것을 의미한다.

### (4) 예산의 조정기능

관련된 비용 지출을 조정하여 물류비 예산을 편성한다. 물류비 지출에 대한 조정사항으로는 물류부문 내의 하부조직 단위별예를 들어, 기능별 부서간이나 기간별예를 들어, 생산부문과 판매부문 등과의 조정 혹은 정책적인 측면에서의 시설예산이나 요원예산과의 조정 등을 들 수 있다.

### (5) 예산의 통제기능

물류비 예산의 집행에 있어서 비용 지출을 통제한다. 기본적으로 예산의 통제 기능을 이용하여 예산범위 내에서 목표 달성을 유도함은 물론, 예산비실시 후에는 예산과 실적의 차이분석을 실시하여 물류활동의 업적을 평가할 수 있도록 해준다.

## 3) 물류예산의 종류

기업의 전 물류활동을 위해서 물류부문에 투입되는 예산을 물류종합예산이라고 한다. 이와 관련된 종류에는 물류시설예산, 물류요원예산 그리고 물류손익예산이 있다.

#### (1) 물류시설예산

물류시설예산은 물류자본예산이라고도 하며 물류시설의 건설이나 취득 대상의 예산이다.

#### (2) 물류요원예산

물류요원예산은 물류인력예산이라고도 하며 물류요원 확보 대상의 예산이다.

#### (3) 물류손익예산

물류손익예산은 물류활동에 의해서 발생하는 손실과 이익 대상의 예산이다. 물류수익예산은 물류 부문을 독립채산제로 운영할 경우 타 사업부로부터 받아들이는 사내물류 요금 대상의 예산이며, 물류비용예산은 물류활동을 통해서 수익을 창출해 내기 위해 지출되는 비용 대상의 예산이다.

### 4) 물류예산의 편성절차

#### (1) 1단계(물류환경 조건의 파악)

기업을 둘러싼 대내외적인 물류 환경에 대해서 분석하고 예측하는 과정을 말한다. 이 과정에서는 자사의 과거 물류 실태를 파악하는 것이 필수적이다. 장기적으로는 전략적 차원에서 사외의 환경조건을 고려하면서 개괄적으로 파악하여야 한다.

#### (2) 2단계(장기 물류계획의 설정)

장기 물류계획은 기업의 장기적인 경영전략 등에 의한 물류전략이나 정책을 기초로 해서 물류환경을 고려해서 설정한다.

#### (3) 3단계(물류예산 편성방침의 시달)

물류예산 편성방침은 당해 연도별로 물류 부문의 방침과 장기계획에 의거해서 물류비 예산안을 편성하기 위한 지침서의 역할을 수행하기 위해서 작성된다. 이 예산 편성방침은 당해 연도의 물류정책에 대한 최고 경영자의 의향이 포함되어 있으며, 방침의 내용 속에는 일정액의 물류비 절감과 같은 예산 목표가 명시되어야 한다.

### (4) 4단계(물류비 예산안의 작성)

물류비 예산안의 작성은 예산 편성방침에 의거하여 물류부문의 관리자가 하부직원의 의견을 수렴하여 이루어지는데, 이때 물류비 예산안은 물류비 관리의 목적에 따라서 발생형태별 이외에도 영역별이나 기능별 또는 중점관리 목적별로 제품별, 지역별, 고객별 등으로 세부적으로 작성하는 것이 필요하다.

### (5) 5단계(물류비 예산안의 심의, 조정)

물류부문에서 작성되어 제출된 물류비 예산안은 회사의 중역들로 구성되는 예산심의 위원회에서 심의를 하게 된다. 예산심의는 타 부문 예산안과의 조정 또는 비교 등의 과정을 거치게 되는데, 이 과정을 통하여 물류 종합예산의 차원에서 검토가 이루어지게 된다.

### (6) 6단계(물류비 예산의 확정)

예산심의 위원회에서 심의된 내용을 검토한 후 기업의 최고 경영자가 최종적으로 승인함으로써 확정된다.

## 5) 물류비예산의 통제

예산을 편성한 후에 실제로 물류활동을 수행하는데 있어서 예산목표를 달성하고 계산의 범위를 초과하여 집행되지 않도록 통제해야 한다. 사전 통제방법, 기중 통제방법 그리고 사후 통제방법을 이용한다.

### (1) 사전 통제방법

사전 통제방법은 물류비관리의 성과를 높이기 위해서 하는 방법으로, 예산편성 시 물류현장의 종사자를 참여시켜 자주적인 예산목표의 설정을 유도함으로써 예산통제에 관한 동기부여를 할 수 있다.

### (2) 기중 통제방법

기중 통제방법은 예산기간 동안 정기적으로 예산의 집행 정도를 점검하고 감시하는 방법이다.

### (3) 사후 통제방법

사후 통제방법은 예산의 실시 후 예산과 실적을 비교하여 차이 분석을 실시하는 방법이다. 물류비 예산 차이는 물류가격 차이와 물류수량 차이로 구분할 수 있다.

물류비예산 차이 분석은 다음 [그림 5-1]과 같이 물류가격 차이와 물류수량 차이로 구분해서 분석할 수 있다.

① 물류가격 차이 = (예산가격 − 실제가격) × 실제물류량

② 물류수량 차이 = 예산가격 × (예산 물류량 - 실제물류량)

③ 물류비예산 실적 차이 합계 = (실제물류량 × 실제가격) − (예산물류량 × 예산가격)

**| 그림 5-1 | 물류비 예산의 차이 분석도**

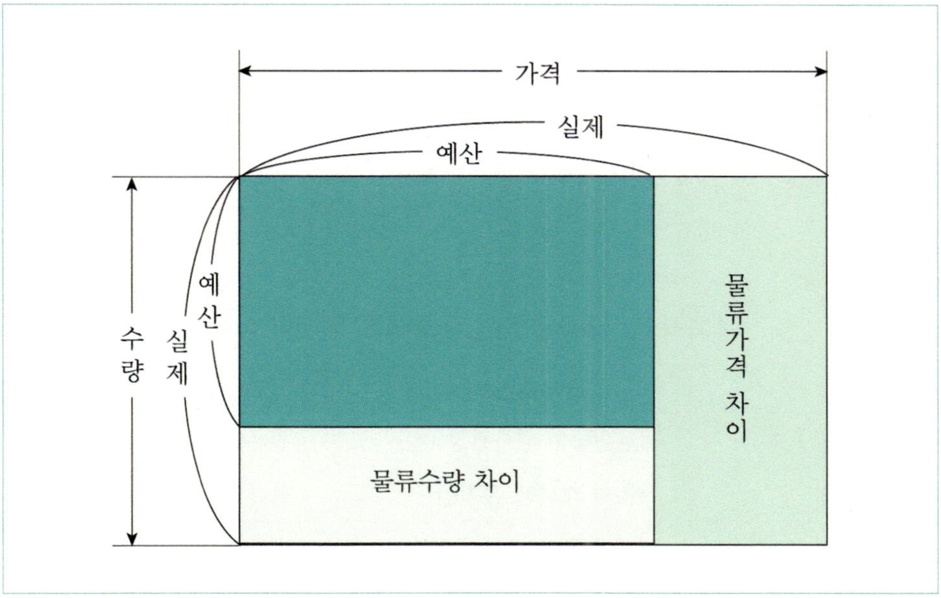

## 2. 물류채산분석

### 1) 물류채산분석의 의의

#### (1) 물류채산분석의 개념

물류채산분석은 현재 실시하고 있는 물류업무에 대한 타당성 분석이나, 신규 물류시설에 대한 경제성분석 등을 나타내는 의사결정 분석기법으로 유용한 의사결정을 하는데 필요하다.

#### (2) 물류채산분석의 중요성

물류채산분석이 중요시되는 이유는 단기적인 개선분석의 경우 물류부문을 중심으로 현행 물류업무의 효율이나 물류비 절감효과를 측정할 수 있기 때문이며, 장기의 경제성 분석의 경우 기업의 물류전략이나 재무정책과 관련하여 투자효율을 측정할 수 있도록 하여 합리적인 의사결정을 유도해 주기 때문이다. 물류채산분석은 물류원가계산이나 물류예산관리와는 그 내용이 다른데, 주요 특징을 물류원가계산과 비교하면 다음의 표와 같다.

**| 표 5-6 | 물류채산분석과 물류원가계산의 비교**

| | 물류채산분석 | 물류원가계산 |
|---|---|---|
| 계산 목적 | 물류활동의 의사결정 | 물류활동의 업적평가 |
| 계산 대상 | 특정의 개선안, 투자안 | 물류업무의 전반 |
| 계산 기간 | 개선안의 전(특정)기간 | 예산기간(월, 분기, 연도별) |
| 계산 시기 | 의사결정시 실시 | 각 예산기별로 실시 |
| 계산 방식 | 상황에 따라 상이 | 항상 일정 |
| 계산의 계속성 | 임시적으로 계산 | 반복적으로 계산 |
| 물류원가의 종류 | 미래원가, 실제원가 | 표준원가, 실제원가 |
| 할인계산의 유무 | 할인계산 유 | 할인계산 무 |

## 2) 물류채산분석의 절차

### (1) 1단계(물류현황의 파악)

물류채산분석의 1단계는 현행 물류업무에 대한 문제점을 명확하게 파악하는 단계이다. 현재 어떠한 물류활동을 실시하고 있으며 얼마의 물류비가 지출되고 있는가 등에 대해 그 현황을 가능한 한 구체적으로 파악한다. 그리고 필요에 따라서는 사내의 현행 업무에 대한 조사와 분석 이외에도, 사외의 환경 분석이나 조사 등을 실시하는 것이 요청된다.

### (2) 2단계(물류 개선안의 작성)

물류채산분석의 2단계는 문제를 해결하기 위한 개선안의 탐색과 작성을 하는 단계이다. 현재 실시하고 있는 물류업무를 어떻게 개선하면 좋은가에 관해서 물류관리의 목표에 준하여 전체적인 관점에서 조사 및 검토하여 개선안을 작성한다.

이 단계에서 작성되는 개선안은 현행 물류업무에 대한 대체적인 방안으로서, 해당기업에서 활용가능한 모든 대체적인 방법을 대안으로서 고려해야 한다. 이를 위해 사내의 정보만으로는 부족한 경우가 많으므로, 경쟁기업이나 정부 규제 등의 사외 현황과 문제점 등을 종합적으로 분석하고 검토하는 것이 요청된다.

### (3) 3단계(물류비의 측정)

물류채산분석의 3단계는 물류비의 측정단계이다. 물류 개선안이 각 개선방법에 따라서 작성되면, 다음은 개선안별로 얼마의 물류비가 필요한가 혹은 사용되고 있는가에 대해서 그 비용을 측정하여야 한다. 물류비는 단순히 과거에 지출한 실제 물류비뿐만 아니라 장래에 일어날 수 있는 물류비도 계산하여 측정하여야 한다.

특히 장래에 발생하는 비용의 예측이나 전혀 다른 개선안에 대한 비용의 산정에는 곤란한 점이 있으나, 장래의 비용인 경우에는 필요에 따라 할인계산을 실시하며 다른 개선안의 비용 측정은 가능한 한 공식적인 기관이나 정부에서 인정하는 기관의 공식요금표 등을 참조해서 추정하도록 한다.

### (4) 4단계(물류비의 비교)

각 물류 개선안별로 물류비가 측정되면 물류비를 비교 · 검토하여 어떠한 안이 가장 유리한가를 평가하여, 이 중에서 가장 물류비가 적게 드는 안을 최적안으로 선택한다. 이때 가장 유리한 안에 대해서는 현행 물류업무의 계속적인 실시와 비교하여 물류비가 절감 가능한 금액도 구체적으로 계산하도록 한다.

### (5) 5단계(물류 개선안의 최종 결정)

물류채산분석의 5단계는 물류개선안을 최종 결정하는 단계이다. 개선안을 최종적으로 결정하기 위해서는 물류비 절감액을 중심으로 선택된 최적안에 대해서 종합적인 평가를 하여야 한다. 이때에는 원가 이외의 비계량적인 요소나 비화폐적인 요소를 참작하여 물류를 개선하는 목적에 부합될 뿐만 아니라 물류관리의 효율을 향상시킬 수 있는가를 전사적인 차원에서 검토 및 평가한 후 물류관리사가 의사결정을 내리면 된다.

**| 그림 5-2 |** 물류채산성 분석의 절차

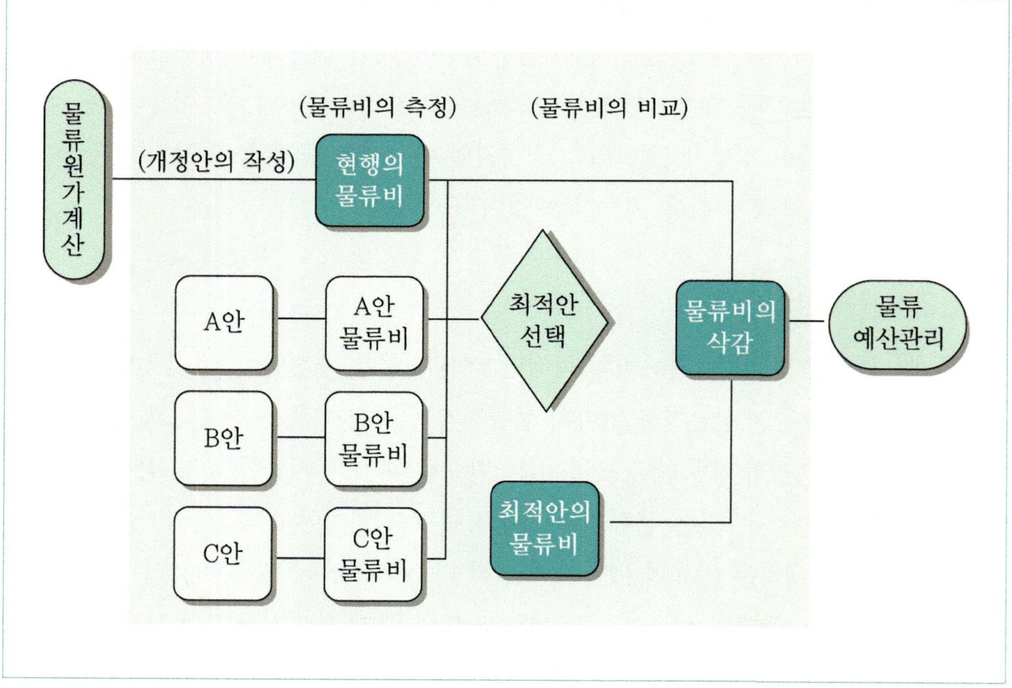

## 3. 물류업무의 채산분석 방법

### 1) 물류업무의 개선분석

현행 물류업무를 중심으로 한 절차나 방식을 변경할 때 실시하는데, 물류비의 증감분석을 정확하고 신속하게 실시할 필요가 있으므로 주로 단기의 물류비 절감을 목표로 한 분석이다.

① 자가운송과 위탁운송에 대한 분석
② 최적 물류거점수의 결정에 대한 분석
③ 포장자동화의 대체 여부에 대한 분석
④ 하역기계화 여부에 대한 분석
⑤ 창고의 입지선정에 대한 분석
⑥ 운송경로에 대한 분석
⑦ 운송기관의 선정에 대한 분석 등

### 2) 물류업무의 채산분석

#### (1) 비용상충분석방법

비용상충분석Cost trade-off analysis방법은 물류업무를 추진할 때 이율배반적인 관계가 발생하는 경우 원가의 비교를 중심으로 하여 채산성을 분석하는 방법이다. 즉 하나의 목적 달성을 위해서 공통된 자원이 경합을 하는 관계로 인하여 한쪽이 유리하면 다른 한쪽이 희생이 되는 상치 관계에 대한 원가분석이다. 예를 들어, 운송 서비스를 기존의 1일 1회에서 1일 2회로 늘려서 운송을 실시할 경우에서는 보관효율이 높아져서 총보관비재고유지비 포함는 감소하며, 운송의 관점에서는 다 빈도의 운송에 의해 총운송비가 증가하는 현상을 초래한다.

#### (2) 총비용접근분석방법

총비용접근분석Total cost approach방법은 물류개선에 관해서 요구되는 모든 비용 중에서 각 비용의 부분적인 절감이 아닌 비용 총액의 관점에서 어떻게 비용을 절감할 것인가에 대한 종합적 분석방법이다. 비용상충분석이 부분적인 관점에서 물류비를 절감하는 방법인 반면, 총비용접근분석은 전체적인 관점에서 물류비를 절감하는 방법이다.

## 연습문제

1. 회사는 물류비 중 하역비 항목을 별도 구분하지 않으며 항시 창고에 부설된 하역설비와 기기를 이용하여 상하역 하였다. 상하차 비용은 기업 물류비의 기능적 분류에 어떤 항목에 속하게 되는가?

2. 창고자동화를 위해 10억 원의 자동화 시설을 투자한 경우, 10억 원이란 현금은 지출되었으나 당해 연도의 비용처리는 감가상각비에 해당하는 1억 원만 계상(내용연수 10년, 잔존가액 없음을 가정)하게 된다. 이때 10억 원의 지출은 현금주의에 의한 회계처리이며, 발생주의에 의한 비용은 얼마로 처리되는가?

3. 운송 수단으로 2천만 원의 화물차를 자사에서 직접 구입하여 운송을 하게 되면 차량 구입금에 자금이 투입되게 된다. 만약 화물차를 구입하지 않고 위탁운송을 맡길 경우 이 2천만 원이란 자금은 활용이 가능하게 된다. 대체적인 용도인 후자에 2천만 원을 은행에 예금하게 되면 연간 이자액에 해당되는 2백만 원(10% 이자율)이라는 효익을 포기하는 셈인데, 이 2백만 원을 무엇이라 하는가?

4. A기업은 30억 원을 들여 물류창고를 건설하였으며, 그 내용연수는 15년, 감가상각은 정액상각 방식으로 한다. 시중 연이자율 6%를 적용할 때, 다음에 해당하는 물류비는 각각 얼마인가? (단, 투자비용의 시간가치와 잔존가치는 고려하지 않는다)

| ㄱ. 물류창고 건설 후, 7년 경과한 시점의 물류창고에 대한 연간시설부담이자<br>ㄴ. 물류창고 건설 후, 6년 경과한 시점(A)의 재고잔액이 3억 원, 7년 경과한 시점(B)의 재고잔액이 5억 원일 때, A~B 기간의 연간재고부담이자 |
|---|

① ㄱ : 7,200만 원, ㄴ : 3,600만 원
② ㄱ : 8,400만 원, ㄴ : 1,200만 원
③ ㄱ : 8,400만 원, ㄴ : 2,200만 원
④ ㄱ : 9,600만 원, ㄴ : 1,200만 원
⑤ ㄱ : 9,600만 원, ㄴ : 2,400만 원

5. 제조업체인 K 사가 아래와 같이 월 마감하여 TPL 업체에게 물류비를 지급하려고 한다. 전체 지급 물류비는 얼마인가? (단, A 제품군은 매출액의 5%, B 제품군은 1 CUBIC당 20,000원, C 제품군은 톤당 50,000원의 물류비를 지급하기로 되어 있다)

| 구 분 | 매출액(억 원) | 물동량 | |
|---|---|---|---|
| | | 용적(CUBIC) | 무게(톤) |
| A 제품군 | 100 | 3,000 | 100 |
| B 제품군 | 200 | 2,000 | 70 |
| C 제품군 | 300 | 2,000 | 500 |

① 5억 2천 5백만 원 ② 5억 4천 5백만 원
③ 5억 6천 5백만 원 ④ 5억 8천 5백만 원
⑤ 6억 5백만 원

6. 물류비가 매출액의 10%를 차지하고 매출액이 100억 원인 기업이 있다. 현재 이 기업의 이익은 매출액의 5%이다. 만일 이익을 현재 수준에서 10% 증가시키고자 할 경우에 매출액은 그대로 유지하면서 물류비를 줄이는 방법과 매출액을 증가시켜서 달성하는 방법이 있다. 물류비를 줄이는 방법에서 필요한 물류비 감소비율과 매출액을 증가시키는 방법에서 필요한 매출액 증가비율은 각각 얼마인가?(단, 두 가지 방법 모두에서 이익은 매출액의 5%인 것으로 가정한다.

① 5%, 5% ② 5%, 10% ③ 7.5%, 7.5%
④ 10%, 5% ⑤ 10%, 10%

7. 다음의 물류비 항목 중 발생형태별 분류에 의한 구분이 아닌 것은?

① 물류정보비 ② 자가물류비 ③ 위탁물류비
④ 타사지불 조달물류비 ⑤ 타사지불 판매물류비

8. 물류예산관리란 기업 방침에 따라 물류관리자가 담당자의 의견을 수렴하고 과학적으로 물류예산을 편성, 그 집행에 있어서 관련 비용지출을 조정, 통제하는 과정이다. 물류예산 편성절차를 가장 일반적으로 나열한 것은?

| | |
|---|---|
| ① 장기물류계획의 설정 | ② 물류비 예산안의 작성과 제출 |
| ③ 물류비 예산안의 심의·조정 | ④ 물류비 예산의 확정 |
| ⑤ 물류환경조건의 파악 | ⑥ 물류예산편성 방침의 작성과 제출 |

① ⑥ → ⑤ → ① → ② → ③ → ④ ② ⑤ → ① → ⑥ → ② → ③ → ④
③ ① → ⑥ → ⑤ → ② → ③ → ④ ④ ⑤ → ① → ⑥ → ③ → ④ → ②
⑤ ① → ⑥ → ③ → ⑤ → ④ → ②

9. 다음은 2006 H기업이 지출한 물류비 내역이다. 이 중에서 자가물류비와 위탁물류비는 각각 얼마인가?

| | |
|---|---|
| ① 노무비 8,500만 원 | ② 전기료 200만 원 |
| ③ 지급운임 300만 원 | ④ 이자 150만 원 |
| ⑤ 재료비 2,500만 원 | ⑥ 지불포장비 50만 원 |
| ⑦ 수수료 50만 원 | ⑧ 가스·수도료 250만 원 |
| ⑨ 세금 50만 원 | ⑩ 상·하차용역비 350만 원 |

① 자가물류비 12,150만 원, 위탁물류비 350만 원
② 자가물류비 11,800만 원, 위탁물류비 700만 원
③ 자가물류비 11,750만 원, 위탁물류비 750만 원
④ 자가물류비 11,600만 원, 위탁물류비 900만 원
⑤ 자가물류비 11,450만 원, 위탁물류비 1,050만 원

10. 물류비 산정의 목적 및 중요성에 대한 설명으로 옳지 않은 것은?

① 가격의 책정에 필요한 물류비 자료를 제공한다.
② 물류의 기본계획 수립에 필요한 원가정보를 제공한다.
③ 물류비관리는 경영관리자에게 필요한 원가자료를 제공한다.
④ 물류예산의 편성과 통제를 위하여 필요한 원가자료를 제공한다.
⑤ 소비자와 관련된 정보를 주관적으로 반영하여 적정가격의 책정을 위한 정보를 제공한다.

11. 다음은 대전에 위치한 K기업 물류사업부의 물류비 계산을 위한 자료이다. 총 운송비 1억 원 중 A와 B의 운송비는 각각 얼마인가? (단, 운송비 배부기준은 거리×중량을 사용한다.)

| 지 역 | 제 품 | 거 리(km) | 중 량(ton) |
|---|---|---|---|
| 대 전 | A | 50 | 200 |
| | B | | 300 |
| 부 산 | A | 300 | 200 |
| | B | | 50 |
| 합 계 | | 350 | 750 |

① A 운송비 : 4,000만 원, B 운송비 : 6,000만 원
② A 운송비 : 5,000만 원, B 운송비 : 5,000만 원
③ A 운송비 : 6,000만 원, B 운송비 : 4,000만 원
④ A 운송비 : 7,000만 원, B 운송비 : 3,000만 원
⑤ A 운송비 : 8,000만 원, B 운송비 : 2,000만 원

**12.** 실제물류량이 500이고 실제가격이 5이며, 예상물류량이 400이고 예산가격이 4인 경우, 물류비 예산과 실적 차이의 합계는 얼마인가?

① 900 ② 100 ③ 2,500
④ 1,600 ⑤ 400

**13.** 물류비 관리에 대한 다음 설명 중 가장 적절하지 않은 것은?

① 활동기준원가관리를 통해 각 물류프로세스에 대한 보다 정확한 원가 추정이 가능하다.
② 총이익이 최대화되는 점을 발견하기 위해서는 관리목적별 물류비 관리시스템, 물류정보시스템 등이 필요하다.
③ 물류 관련 의사결정 대안들을 비교할 때, 매몰원가, 고정비용 등은 고려할 필요가 없다.
④ 재고의 기회비용 계산을 위해서는 사내금리 등이 활용된다.
⑤ 비용과 고객서비스의 균형점을 찾기 위하여 관리회계적 방법을 활용할 필요가 있다.

**14.** 기업물류비 산정항목 중 영역별 분류에 의한 구분이 아닌 것은?

① 조달물류비
② 사내물류비
③ 위탁물류비
④ 판매물류비
⑤ 리버스(Reverse)물류비

Chapter 6

# 물류표준화와 공동화

## 제 1 절 물류표준화

### 1. 물류표준화의 의의

#### 1) 물류표준화의 개념

물류표준화란 운송수단간의 연결거점인 항만, 화물역, 공항, 트럭터미널, 배송센터 등에서 화물처리를 신속하게 할 수 있도록 운송, 보관, 하역 등 화물유통의 각 단계에서 기계화, 자동화를 촉진하고 일관수송이 가능하도록 포장의 규격·강도·재질·구조 등을 국가적인 효율성 차원에서 규격화·통일화하는 것을 말한다.

물류표준화는 물류의 일관성과 경제성을 확보하고 과다한 물류비를 줄일 수 있으며, 보관하역의 기계화 및 자동화, 수배송의 합리화 등을 통하여 물류활동의 효율성을 제고시킨다는 점에서 큰 의의가 있다. 물류표준화는 유닛로드시스템에 의하여 제조업에서부터 소매업에 이르기까지 일관된 물류의 체계화와 일관파렛트화의 추진을 위해 중요한 과제로 되어 있다.

## 2) 물류표준화의 필요성

물류표준화는 운송, 보관, 하역부문 등 물류활동을 효율화시키고 물류비를 절감할 수 있는 방안이며, 물류표준화를 통하여 물류서비스를 향상시킬 수 있다. 물류표준화의 필요성에 대해 구체적으로 설명하면 다음과 같다.

첫째, 국가경제 규모의 확대로 유통물량이 증가함에 따라 물류의 일관성과 경제성을 확보하기 위해 표준화를 하지 않을 수 없다.

둘째, 물류비의 과다부담을 줄이는데 표준화가 절대적으로 필요하다.

셋째, 신기술, 하역·보관의 기계화, 자동화, 수배송의 합리화 등의 기술을 도입하기 위한 물류표준화가 필요하다.

넷째, 국제화 및 시장개방 등으로 국제환경에 대응하기 위해서는 물류표준화가 국제표준ISO과 연계되어야 한다.

다섯째, 기업 자체 규격에 의한 표준화가 선행되어 정착되기 전에 국가 표준화가 선행되어야만 보급이 용이하고 낭비를 예방할 수 있다.

여섯째, 수배송, 보관, 하역, 포장 등의 기능 합리화를 위하여 물류표준화가 전제되어야 한다.

## 3) 물류표준화의 대상

물류표준화의 대상은 물류활동 전체라고 할 수 있다. 소비자 욕구 변화에 따라 다빈도소량 수배송의 물류활동이 일반화되고 있는 상황에서 물류표준화는 하역작업의 기계화를 통한 생산성 향상, 물류활동의 소요시간 단축, 보관시설의 표준화를 달성하여 가동율의 향상, 운송장비 회전율 및 적재율 향상, 물류장비 및 시설의 호환성 및 공동활용을 가능하게 하여 전체적인 물류의 효율성을 증가시킬 수 있다.

### (1) 소프트웨어 부문의 표준화

소프트웨어부문의 표준화 대상은 물류용어의 통일, 거래단위의 표준화, 전표의 통일, 표준코드의 활용, 포장치수의 표준화 등으로 요약할 수 있다.

#### ① 물류용어의 통일

물류에 관련된 용어들이 외국어로 된 원어 그대로 사용되는 것이 많고, 전문가나 학자 또는 회사에 따라 동일한 용어가 서로 다르게 사용되고 있는 경우가 많은 실정이다. 따라서 물류에 관련된 전문적인 용어들을 통일화하여 공통적인 이해가 가능하도록 기준이 되는 표준물류용어집을 제정해야 한다.

#### ② 거래단위의 표준화

동종업계 동일상품인 경우에는 가능하면 거래단위를 조정하여 이를 표준화하여야 한다. 단위포장의 중량, 크기, 수량 등을 적정하게 통일시키는 것은 물류의 표준화와 연결되어 있다. 더욱 광범위한 거래의 표준화를 추진하는 경우로는 단가의 결정, 할인조건, 결재조건, 배송방법, 운임의 결정, 수·발주방법, 반품방법 등을 표준화의 대상으로 삼을 수 있다.

#### ③ 전표의 표준화

업종별·지역별로 상품이 거래되는 유통과정에 사용되는 전표를 통일하여 사용하도록 하여야 한다. 업종이나 기업규모에 따라 거래관습이 달라 장부 기입방식이 서로 다른 시스템을 운영하고 있다. 제조업자나 유통업자도매업자, 소매업자는 물론 물류업자간에 상호 교환 사용되는 전표가 서로 다르므로 업무의 불편이 많다고 볼 수 있다.

#### ④ 표준코드의 활용

POS의 바코드은 물류분야에서도 본격적으로 활용되고 있다. 이 부분에 있어서 중요한 문제는 각 물동량에 대하여 단순히 코드를 부여하는 것만을 의미하지 않고 실제로 현물에 코드를 부착하여야 한다. 그리하여 물동량이 거래될 때나 이동될 때마다, 곳곳이 배치되어 있는 센서가 물동량의 데이터를 컴퓨터에 자동으로 입력시키도록 한다.

#### ⑤ 포장치수의 표준화

일반적으로 각 기업의 포장단위는 골판지상자, Bag, 캔, 드럼 등을 기준으로 하기 때문에 이에 따른 포장단위의 가로×세로×높이의 규격표준화가 필요하다. 물류의 표준화에서 유닛로드시스템이 가장 중요하다고 볼 수 있는 바, 이를 위해서는 포장표준치수를 포장크기로 반드시 채택하여야 한다.

### (2) 하드웨어 부문의 표준화

물류의 하드웨어 부문이란 물류활동에 이용되는 장비나 기기·설비 등을 말하며, 물류의 기능 중에서 운송장비, 하역기기, 보관설비 등의 일관된 규격의 정합성을 확보하는 것이 하드웨어 부문의 표준화이다.

### ① 파렛트의 표준화

파렛트는 컨테이너와 함께 물류의 핵심과제인 유닛로드시스템을 구축하는 수단이다. 물류활동에 있어서 파렛트의 표준화가 실현되지 않으면 엄청난 물류비가 발생하고 이에 따른 물류부문에 있어서 많은 손실을 초래한다.

파렛트가 표준화되지 못한 까닭에 일관파렛트시스템이 구축되지 못해 결국 물류의 비효율성을 탈피하지 못하고 있다. 이에 따라 Unit Load System 도입을 통한 포장치수 표준화와 함께 파렛트 표준화를 추진하여야 할 것이다.

### ② 내수용 컨테이너의 보급

컨테이너는 파렛트와 함께 물류에서 Unit Load System을 구축하기 위한 수단이다. 수출입용 물동량에 일반적으로 사용되고 있는 해상용 컨테이너는 훌륭한 물류시스템이다. 그러나 내수용 물동량에는 컨테이너를 잘 활용하지 못하고 있다. 원래 컨테이너는 포장비 절감과 신속한 물류작업 등이 그 장점인 바 물류시스템의 구축을 위해서도 내수물동량에 본격적으로 사용되어야 한다.

1톤 정도의 소형컨테이너와 5~10톤의 중간형 컨테이너를 표준화하여 화물자동차, 철도화차, 선박 등에 연계시스템으로서 사용될 수 있는 방안을 검토할 필요가 있다.

### ③ 하역장비의 표준화

하역장비 중 지게차는 각 제조업체별로 해외로부터 기술도입에 의한 공급방식이었으므로 공급된 장비의 사양이 각양각색으로 표준화가 필요한 분야이다. 따라서 안정성이나 작업효율을 고려하여 지게차의 사양을 제정하여 표준화를 추진하여야 한다. 지게차의 KS규격 제정 시 인양 높이, 차체의 폭, 포크의 크기, 바퀴의 규격, 안전도의 시험방법, 소음기준, 작업시야의 범위, 전동지게차의 배터리, 작업회전반경, 직각적재, 통로폭 등을 표준규격으로 채택하여야 한다.

### ④ 트럭적재함의 표준화

수송장비 중에서 화물자동차트럭의 의존도가 90%를 넘고 있다. 따라서 트럭의 화물적재함의 규격표준화가 물류표준화의 주요한 과제로 등장하고 있다. 자동차 제조업체의 임의대로 제조업체별, 기종별로 표준규격 없이 공급되어 있어 파렛트와 컨테이너의 규격과 일치하지 못하고 있다.

소형트럭1~3톤과 중형트럭4~6톤의 적재함 규격과 우리나라의 수송용 표준파렛트T-11형와의 규격 정합성을 위하여 KS규격으로 제정하고 적재함의 폭과 길이 등을 표준화시켜야 한다.

#### ⑤ 보관시설의 표준화

창고시설의 주요한 표준화 대상은 랙과 건물사양이다. 물동량을 보관할 때 사용하는 랙은 공간을 입체적으로 활용할 수 있는 물류설비이다. 물동량을 랙에 보관하는 방식은 파렛트 단위이거나 Box 단위 또는 낱개단위 등 다양하다. 또한 랙의 종류도 다양하며 랙 제조업체나 사용자 측 모두에게 규격의 표준화가 반드시 필요하다. 제조업 측에서는 부자재 및 부품의 표준화는 물론 조립 시 규격도 표준화되어 대폭적인 원가절감 가능하며, 사용자 측에서는 표준파렛트 규격에 맞추어 물류규격의 정합성이 가능하다.

**| 표 6-1 | 물류 표준화 주요 대상**

| 구분 | 분야 | 표준화 대상 |
|---|---|---|
| 운송 | 트럭, 기차, 선박, 항공기 | 트럭적재함, 화차, 파렛트 |
| 보관 | 창고, 물류센터 | 보관 랙, 하역시설 |
| 포장 | 운송용 외포장 | 포장단위 및 치수 |
| 하역 | 물류기기 | 파렛트, 컨테이너, 화차, 지게차, 컨베이어, 무인반송차 |
| 기반시설 | 도로, 철도, 항만, 화물터미널, 기차화물역 | 하역시설 및 장비 |

### 4) 물류표준화 효과

물류표준화가 이루어지면 다음과 같은 효과를 기대할 수 있다.

첫째, 재료의 경량화, 적재효율의 향상, 작업의 기계화, 자동화를 통한 물류 채산성의 향상으로 자원 및 에너지 절약이 가능해진다.

둘째, 물류장비 및 시설의 호환성 증대, 물류전문업체 및 공동물류시설의 정보화 진전 등에 따른 물류공동화를 촉진할 수 있다.

셋째, 각종 공정의 단순화에 따른 인건비 절감, 제품파손의 감소 및 보관효율 증가 등의 물류생산성을 향상시킬 수 있다.

## 5) 물류표준화의 방향

물류표준화는 점진적으로 확대되고 있으나 일관성의 결여로 시스템으로서 물류전체의 효율화를 이루지 못하고 있다. 이러한 문제를 해결하고 물류합리화를 실현하기 위해 다음의 사항들이 실시되어야 한다.

### (1) 물류표준화 체제의 확립

우리나라의 표준화는 점진적으로 성장하고 있으나, 시스템 전체로서의 일관성이 결여되어 있기 때문에 국민경제적 측면에서는 많은 결함을 가지고 있다. 이 결함을 없애고 물류 합리화를 실현하기 위해서는 물류의 표준화 체계를 확립하는 것이 필요하다.

### (2) 관계자의 상호협력

물류의 표준화는 단순히 어느 기업 또는 업계만의 문제로서 실시되는 것이 아니라 제조업자, 물류업자, 유통업자, 소비자 또는 사용자 등 관계하는 모두의 상호협력에 의해서 이루어져야 하는 것이다.

### (3) 일관된 표준화

물류 각 분야의 상호협력을 고려하지 않으면 그 연관 점에 있어서의 결합이 적절히 수행되지 못해 중복되거나 부합하지 않아, 국민경제적으로도 불이익을 초래하게 될 것이다. 그러므로 물류에 관해서는 일관된 표준화가 필요하게 된다.

### (4) 장치·기기·시설 등의 표준화

물류표준화의 구체화에는 물류에 관련된 장치, 기기, 시설 등을 표준화시키는 일에 필요하면 그것을 이용함으로써 물류의 효율화에 기여한다.

## 2. 유닛로드시스템

### 1) 유닛로드시스템의 개요

유닛로드란 수송, 보관, 하역 등의 물류활동을 합리적으로 처리하기 위하여 복수의 물품 또는 포장화물을 기계, 기구에 의한 취급에 적합하도록 하나의 단위로 정리한 화물을 일컫는다. 그리고 유닛로드시스템Unit Load System : ULS, 단위적재시스템이란 유닛로드를 도입함으로써 하역을 기계화하고 수송, 보관 등을 일관하여 합리화시키는 시스템이다.

일반적으로 하역작업의 혁신을 통해 수송합리화를 도모하기 위한 것으로 화물을 일정한 표준의 중량 또는 용적으로 단위화시켜 일괄해서 기계를 이용하여 하역, 수송하는 시스템을 말한다. 따라서 현대와 같이 화물이 가볍고, 얇고, 짧고, 작아지는 시대에 와서는 중량, 용량, 포장, 화물의 형태를 통일함으로써 하역의 기계화, 운송의 효율화, 포장의 간이화에 의한 노동력의 절감을 통해 물류비를 감소시킬 수 있게 되었다.

유닛로드시스템은 파렛트와 컨테이너라는 운송용구의 개발에 의해 화물을 문전에서 문전까지 일관운송할 수 있는 체제로서 이 같은 시스템은 처음 북미에서 해상과 육상운송주로 철도운송을 연계하는 협동일관운송Intermodal Transportation에 단위화물의 일관운송에서 처음으로 이용하게 되었다.

유닛로드를 기본으로 한 시스템에는 일관파렛트화, 컨테이너화, 프레이트라이너Freight Liner, 협동일관운송 그리고 국제복합운송 등을 들 수 있다. 그러나 유닛로드시스템은 이종 운송기관과의 연계 및 합동 시 하역과 중계의 합리적 체제를 중요시 하는 화물의 유닛로드시스템이기 때문에 협동일관운송과는 개념상 차이가 있다.

### 2) 유닛로드시스템을 도입하기 위한 선결과제

유닛로드시스템을 도입하기 위해서는 다음과 같은 조건이 전제되어야 한다.

① 수송장비 적재함의 규격표준화
② 포장단위의 치수표준화
③ 파렛트의 표준화
④ 운반하역장비의 표준화
⑤ 창고보관설비의 표준화
⑥ 거래단위의 표준화

### 3) 유닛로드시스템의 실행 효과

유팃로드시스템을 실행함으로써 다음의 효과를 얻을 수 있다.

#### (1) 인건비의 절감

파렛트화와 컨테이너화를 함에 따라 하역작업이 각종 장비에 의해서 기계화가 되므로 많은 인력이 절감된다.

#### (2) 물동량의 신속화

파렛트화나 컨테이너화의 경우 수백 킬로그램에서 수십 톤의 단위가 되어 기계로 작업하므로, 인력으로 운반할 수 있는 단위인 수십 킬로그램에 비해 유닛로드시스템 도입 시 시간의 단축과 수송기관의 운용효율이 향상된다. 즉, 하역단위가 대형화되어 빠른 속도로 하역이 가능하므로 물동량의 유통속도가 빨라지게 되어 물류비용의 절감과 물류생산성이 향상된다.

#### (3) 작업의 표준화

여러 종류의 물품이라 하더라도 유닛로드화 해서 화물이 획일화되어 기계작업에 적합해지고 작업의 표준화가 가능해진다. 작업의 표준화가 가능해지면 하루하루의 작업 계획도 확실하게 실천할 수 있게 된다. 그리고 화물의 형태가 일정하다면 이를 취급하는 하역기계나 작업설비 또한 표준화시킬 수 있게 되어 모든 화물에 적합한 효율적인 작업을 할 수 있게 된다.

#### (4) 운송장비의 효율적인 이용

트럭, 철도화차, 컨테이너, 선박 등 운송장비에 상·하차작업이 신속하게 이루어지므로 하역작업 대기시간이 대폭 단축되고 운송장비의 운행시간이 증가하여 운송비의 절감과 운송장비의 운행회전율이 향상된다.

#### (5) 포장비용의 절감

물동량을 단위화된 크기로 작업하므로 포장의 간이화가 가능하게 되고, 인력작업과 비교하여 포장자재의 비용절감이 가능하다.

### (6) 자동화설비 및 장비의 이용 가능

물동량을 단위화함으로써 각종 운반하역장비, 보관시설, 포장기계의 이용이 가능하다.

### (7) 적재효율의 향상

물동량을 표준화된 단위로 규격을 설정하게 되므로 창고 내부 적재공간의 효율을 향상시킬 수 있고 운송장비의 적재효율을 제고시킬 수 있다.

## 3. 물류모듈시스템

### 1) 물류모듈시스템의 설정

물류모듈이란 물류시스템을 구성하는 각종 요소인 화물의 Unit Load 및 이 Unit Load에 대한 하역 장비, 트럭·철도화차·컨테이너 등 수송을 위한 장비, 보관용 기기나 시설 등의 치수나 사양에 관한 기준척도와 대칭계열을 말한다. 즉, 물류시설이나 장비들의 규격이나 치수가 일정한 배수나 분할관계로 조합되어 있는 집합체로서 물류표준화를 위한 기준치수들이다. 따라서 물류모듈은 물류표준화 체계의 근간이 된다.

물류모듈의 치수구조를 보면 Unit Load의 최대허용치수Maximum Plan View Size 1,140mm × 1,140mm를 기준으로 하여 배수계열치수들은 컨테이너 내부치수, 트럭 적재함치수, 보관용 랙 규격과 창고의 천정높이, 기둥간격, 점포의 진열대 간격, 운반·하역장비의 규격 등이 있으며 분할계열치수로서는 포장단위치수들이 있다.

유닛로드시스템의 효율화를 도모하기 위한 물류모듈은 물류전반을 통하여 치수의 정합화를 구축할 수 있도록 포장치수의 표준화, Unit Load 치수의 표준화, 컨테이너·트럭의 적재함규격의 표준화, 하역·보관용 기기의 표준화, 보관시설, 수송시설, 점포 등의 표준화가 이루어져야 한다.

물류모듈 치수의 기본치수는 Unit Load 치수가 된다. 이 Unit Load 치수에는 실제 물동량의 치수로 평면치수인 Net Unit Load SizeNULS와 포장단위들을 하나의 집합체로 구성할 때 돌출부나 변형을 포함한 밑면과 수직인 4개 면의 간격인 입체 면으로부터 설정되는 Plan View SizePVS의 2종류 Unit Load 규격이 있다. 정방형규격으로서 가로×세로를 1,140mm × 1,140mm로 허용공차를 -40mm로 한다.

## 2) 배수모듈시스템

배수모듈시스템은 Unit Load Size1,140mm×1,140mm를 기준으로 하고 최대 허용공차 -40mm를 인정하고 있는 Plan View Unit Load Size가 하나의 기본단위이다. 이를 배수로 하여 물류시설이나 장비들의 표준치수들을 설정하고 있다.

여기서는 표준파렛트의 규격과 트럭의 적재함규격, 그리고 컨테이너의 규격의 배수 Module System을 설명하고자 한다. 우리나라의 표준파렛트일관수송용 파렛트 T-11형의 규격은 1,100mm가로 × 1,100mm세로 × 144mm높이이다.

육로수송의 주요장비가 되고 있는 8톤, 11톤 대형트럭의 적재함 폭은 2,340mm이다. Unit Load Size가 1,140mm이며 표준파렛트의 규격이 1,100mm로 이들 트럭의 적재함에 2열로 적재될 수 있도록 설계되어 있는 것이다. 8톤 트럭에는 표준파렛트가 12매6매×2열, 11톤 트럭에는 16매8매×2열가 적재되도록 물류 Module에 있어서 배수 관계가 정립되어 있다.

해상용 컨테이너는 ISO 표준규격으로서 현재 국제교역 물동량의 주된 물류장비로 활용되고 있다. 컨테이너 내부치수의 폭이 2,330mm이므로 Unit Load Size 1,140mm를 2열로 적재할 수 있도록 되어 있다. 따라서 평면적으로 20Feet 컨테이너에는 10매5매×2열, 40Feet 컨테이너에는 20매10매×2열가 적재되며 높이로 2단을 쌓는 경우 20Feet 컨테이너에는 20매, 40Feet 컨테이너에는 40매가 적재된다.

## 3) 분할포장모듈시스템

물류모듈시스템에서 분할 체계는 포장단위의 치수 모듈시스템이다. 이 치수들은 1,140mm× 1,140mm인 Unit Load Size에서 -40mm 공차를 뺀 1,100mm×1,100mm일관수송용 표준파렛트규격을 정수1, 2, 3, 4, 5 …로 분할한 수치들로서 T-11형 표준파렛트를 사용하는 것을 전제로 하여 설정되고 있으며 95% 이상 적재효율을 갖는 치수는 약 70여 종에 이른다. 즉 이들 치수들은 1,100mm를 어떤 정수로 나누거나 가로와 세로의 치수들을 합산하여 1,100mm가 되는 숫자들이며 포장모듈치수들은 이들을 조합하여 만들었다.

# 4. 일관파렛트화

## 1) 파렛트의 표준화

파렛트란 트럭, 지게차 및 관련 장비에 적합하도록 최소 높이를 갖는 견고한 수평대이며 화물의 집하, 겹쌓기, 보관, 하역, 수송을 위한 기초판으로 사용되는 것을 말한다. 즉 물품을 하역, 운송, 보관하기 위하여 단위수량을 적재할 수 있는 면과 지게차의 포크Fork 등의 차입구를 가진 하역대를 말한다. 물류분야에서 파렛트는 원자재 조달에서부터 소비자에 전달되기까지 전 분야에 걸쳐 미치는 영향이 매우 크며, 물류비용의 지속적인 증가에 따른 해결책으로서 생력화를 추구하는 데에 파렛트는 가장 기초적이며 필수적인 요소이다.

파렛트는 일반적으로 보급 초기 단계에는 공장 구내 및 창고 등에서 주로 보관용으로 사용되다가 점차 수송에 투입되고 마지막으로 생산에서 최종소비자까지 중간에 이적작업 없이 보관, 수송, 하역되어지는 일관파렛트화가 이루어진다. 파렛트는 화물의 수송 및 보관에 있어서 운반, 하역 및 보관작업의 합리화를 위한 도구로서 단위화물화Unit Load System 도입의 기본이며, 물류합리화의 중요한 요소로서 근래에 그 역할이 매우 중요시되고 있다. 또한 포장간소화의 유효한 수단으로 포장도구의 역할도 하고 있으며, 파렛트의 응용영역과 용도가 점차 다양화되고 있는 추세이다. 우리나라에서도 1970년대 하역작업의 편의를 위한 도구, 1980년대 수송에 활용, 1990년대 일관파렛트화 확산이라는 과정을 거쳤다.

우리나라에서는 일관파렛트화용 파렛트로서 1,100mm×1,100mm 평파렛트T-11형를 표준파렛트로 규정하고 있으며, 이 파렛트를 널리 보급시키고자 하고 있다. T-11형 파렛트는 ISO컨테이너에 가장 잘 맞는 것으로, ISO의 TC51기술위원회 51에서 ISO파렛트로 인정하고 있다. T-11형 파렛트는 1,200mm×1,000mm 파렛트에 비하여 트럭의 적재함 및 컨테이너 정합성이 우수하며, 일본, 대만 등에서도 이 파렛트를 표준파렛트로 규정하고 있다. 이렇듯 T-11형 파렛트가 수송수단과의 정합성에 있어서 최적의 조건을 구비하고 트럭이나 화차의 적재함과 국제해상 컨테이너의 안치수에 정확하게 맞기 때문에 표준 파펫트로 선정되었다.

## 2) 일관파렛트화의 개요

일관파렛트화란 발송지에서 최종 도착지까지 파렛트에 적재된 화물을 운반·하역·운송·보관하는 물류작업의 과정 중 이를 환적하지 않고 이동시키는 것을 말한다. 파렛트를 사용하여 복수단위의 화물을 한 단위의 화물로 전환하여 하역시 화물의 취급빈도와 하역시간을 낮춤으로써 물류작업의 효율성을 증진시키는 것이다.

일관파렛트화의 추진은 기업에 있어서 커다란 효과가 있는 것만이 아니고 사회적인 요청도 있다. 과거물류는 수하역을 전제로 한 것으로서 파렛트는 보관이나 하역을 위한 것으로만 사용되는 경우가 많았고 일관파렛트화의 실시체제는 거의 되어 있지 않았다. 유닛로드시스템의 완결은 생산자로부터 최종소비자까지 유닛트화된 화물이 도중에서 그 유니트를 허물지 않고 일관해서 흐르게 하는 것으로서 일관파렛트화의 목표도 동일한 것이다.

### 3) 일관파렛트화의 효과

일관파렛트화를 통해 다음과 같은 효과를 얻을 수 있다.

첫째, 인력에 의한 상·하차작업을 기계화하여 하역인원과 하역시간을 90% 감축시킬 수 있다.

둘째, 하역시간의 단축은 트럭의 상·하차작업 대기시간을 단축시켜 운행의 효율성을 향상시킨다.

셋째, 포장은 낱개단위로 인력작업을 할 때보다 간소화할 수 있으므로 포장비를 절감할 수 있다.

넷째, 보관방법의 개선 및 전반적인 물류작업의 신속화로 보관능력의 향상과 재고감축 등으로 보관비를 절감시킬 수 있다.

### 4) 일관파렛트화의 문제점

일관파렛트화를 실시함에 따른 여러 가지 문제점이 발생할 수 있는데 이에 대한 설명은 다음과 같다.

첫째, 파렛트를 사용하는 경우에 파렛트의 자체 체적에 해당하는 면적만큼 운송기관의 적재 효율이 감소할 뿐만 아니라, 포장 모듈화가 완벽하지 못할 경우 빈 공간의 발생으로 적재효율이 훨씬 낮아질 우려가 있다.

둘째, 파렛트화된 화물이 운송 및 하역이 진행되는 과정에서 진동이나 충격에 의해 손상되거나 붕괴될 수 있다. 파렛트 화물이 무너지거나 훼손될 경우 기계에 의한 하역작업이 불가능하게 된다.

셋째, 사외로 운송되어진 파렛트의 회수가 어려워 파렛트 회전율이 나빠진다. 따라서 파렛트의 필요매수가 늘어나게 되고 공파렛트의 회송비용이 부가적으로 발생한다. 파렛트의 교환성을 증가시키기 위해서는 일정한 규격의 파렛트를 공동이용제도Pool System 하에서 관리·운영해야 할 필요가 있다.

넷째, 일관파렛트에 의한 효과는 출화주, 운송회사, 착화주 모두에게 이익이 발생되는데 반해 경제적 부담은 일반적으로 출화주기업만이 지게 되므로 이익배분상의 문제가 발생하게 된다.

## 5) 일관파렛트화의 추진 방안

### (1) 파렛트 치수의 표준화 및 모듈화 추진

파렛트 단위로 유닛로드화할 경우 적재효율 감소 및 붕괴가 발생하므로 완벽한 포장 모듈화를 실시한다.

### (2) KS규격에 의한 파렛트 규격의 통일

일관파렛트화를 추진할 경우에는 반드시 1,100mm × 1,100mmT-11형의 일관운송용 표준파렛트를 사용해야 한다.

### (3) 화물 무너짐 방지책의 강구

파렛트 위의 화물이 운송 및 하역작업 도중에 붕괴되지 않도록 쌓는 방법을 개선하고 띠 두루기, 스트레치 필름포장, 수축포장 등 붕괴방지 기술이 적용되어야 한다.

### (4) 출하방식 및 출하단위의 조정

원칙적으로 일관파렛트화의 도입 범위는 공장이나 생산자에서 소비자의 물류거점배송센터 등까지 출하단위가 파렛트 단위로 되어야 한다.

# 5. 파렛트풀시스템

## 1) 파렛트풀시스템의 개요

파렛트풀시스템PPS : Pallet Pool System은 기업의 외부로 유출된 파렛트의 회수에 시간과 경비가 많이 들고 수요변동 및 분실 등에 대응하여 다량의 파렛트를 준비하는데 과다한 투자비가 발생하는 점 등 파렛트화에 따른 문제점을 극복하기 위한 방안으로 도입된 제도이다.

이 제도는 표준화된 파렛트에 의해 여러 화주 물류업자들이 공동으로 파렛트를 이용하는 제도로서 파렛트를 다량 확보하고 있는 풀조직이 파렛트에 대한 납품, 회수관리, 수리 등을 담당하는 파렛트 공동이용제도이다. 파렛트풀시스템하에서 일관파렛트화를 통하여 화주 및 유통업자의 물류비 부담을 경감시킬 수 있다.

파렛트풀시스템은 다음과 같은 특징을 갖고 있다.

첫째, 전국적으로 폭넓은 파렛트 집배망이 설치되어 있다.

둘째, 표준파렛트를 다량으로 보유하여 불특정다수의 화주에게 파렛트를 공급할 수 있다.

셋째, 공파렛트를 회수할 수 있는 네트워크를 갖추고 있다.

## 2) 파렛트풀시스템의 필요성

파렛트풀시스템 도입의 필요성에 대해 살펴보면 다음과 같다.

첫째, 일관파렛트화의 실현으로 제품을 생산하여 파렛트에 적재 후 최종 소비자까지 일관운송이 가능하게 된다.

둘째, 파렛트를 공동으로 사용함으로써 지역 간의 파렛트 불균형을 해소할 수 있다.

셋째, 계절적 수요에 대응이 가능하다. 즉, 업종 간에 파렛트를 공동으로 이용하여 성수기와 비수기의 파렛트 수요변동에 대한 대응이 가능하다.

넷째, 회수관리시스템의 구축으로 집배소를 공동으로 활용할 수 있어 회수운임이 절감되고 회수관리를 원활화할 수 있다.

다섯째, 설비자금의 절감으로 비수기에 불필요한 파렛트 비용을 절감하여 타용도 전용이 가능하므로 설비자금이 절감된다.

여섯째, 파렛트 보관관리가 불필요하고 분실률이 저하된다.

일곱째, 사회자본투자의 낭비를 제거할 수 있다. 전체적인 파렛트 제작에 대한 수요가 줄어들어 사회간접자본의 투자부담이 줄고, 물류기기 및 시설의 규격화와 표준화가 촉진된다.

이상과 같은 파렛트풀시스템을 도입하게 되면 보관 및 하역작업의 효율향상, 화물운임 및 부대비용의 물류비 절감도모, 포장간소화에 따른 포장비 절감, 파렛트회수운임 절감 및 회수관리 일원화 등과 같은 효과를 기대할 수 있다.

## 3) 파렛트풀시스템의 운영방식

### (1) 교환방식(서구방식)

교환방식은 송화주가 파렛트에 적재한 화물을 국유철도에 위탁하여 탁송하는 시점에 이와 교환으로 발송역 국유철도에 같은 수량의 빈 파렛트를 인도하고, 수화주 측은 도착역에서 파렛트에 적재된 화물을 인수하고 같은 수량의 빈 파렛트를 국유철도에 인도하는 시스템이다.

① 이점 : 파렛트의 분실과 회수에 따른 문제점이 없다.

② 결점 : 언제나 정비상태가 양호한 파렛트를 준비해 놓아야 한다. 수송기관의 이용이 복잡한 경우와 수송기관의 수가 많은 경우 원활하게 진행할 수 없다.

### (2) 리스·렌탈방식(호주방식)

리스·렌탈방식은 호주에서 시작하여 미국, 캐나다, 일본 등에 도입한 방식으로 개별기업에서 각각 파렛트를 보유하지 않고 파렛트 풀을 운영하는 기관이 사용자의 요청에 따라 규격화된 파렛트를 사용자가 소재하는 가까운 데포Depot에 공급해 주는 시스템이다. 파렛트를 공급받은 사용자는 도착지 가까이에 있는 파렛트 품 운영기관의 대포에 반납하는 방식으로 운영된다.

① 이점 : 수급파동의 조정 및 파렛트의 품질유지가 용이하다.

② 결점 : 파렛트를 인도하며 반환 등의 업무가 진행되므로 전표처리와 렌탈료의 계산 등 복잡한 사무처리가 필요하다.

### (3) 교환·리스병용방식

교환·리스병용방식은 교환방식과 렌탈방식의 결점을 보완한 방식이다. 관리 운영상 어려움이 많아 활성화되지 못하고 있다.

### (4) 대차결제방식

대체결제방식은 교환방식의 단점을 보완하기 위해 1968년 스웨덴에서 개발한 방식이다. 현장에서 즉시 파렛트를 교환하지 않고 일정한 시간3일 이내에 국철 역에 같은 수의 파렛트를 반환하면 된다. 그러나 회수를 확실히 하기 위해 책임소재를 명확히 하는 것이 어렵다는 단점이 있다.

## 제 2 절 물류공동화

### 1. 물류공동화의 개념

물류공동화란 물류활동에 필요한 노동력, 운송수단, 보관설비, 정보시스템 등의 물류 인프라를 복수의 파트너와 함께 공동으로 활용하면서 물류활동을 하는 것이다. 이것을

**그림 6-1** 물류공동화의 개념

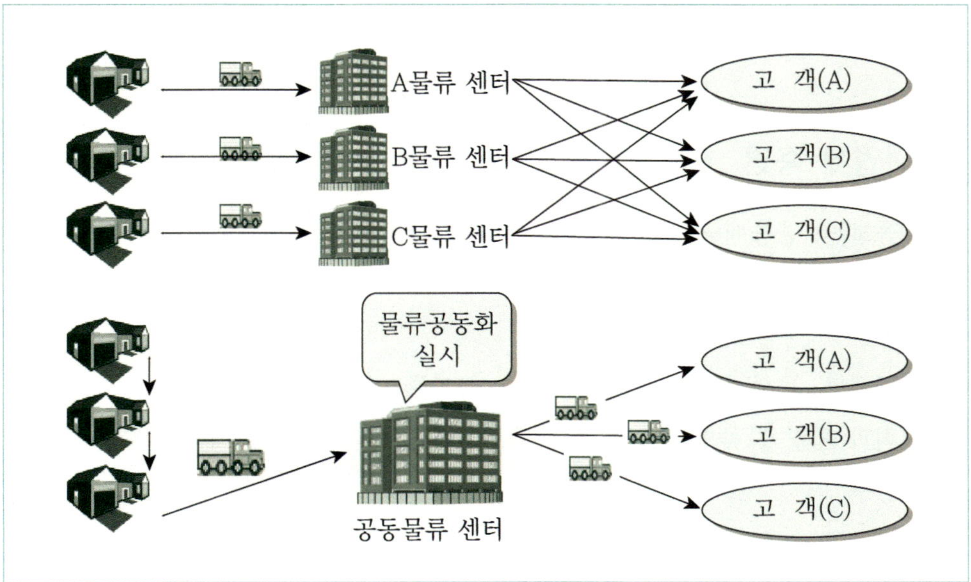

위해서는 자사시스템과 타사시스템 간의 연동이 불가피하며 자사의 물류시스템이 타사의 시스템과 접점을 가져야만 한다. 물류공동화 정책의 수단으로는 공동수배송의 도입, 물류자회사와 공동물류회사의 설립, 공동집배송단지물류센터와 물류단지의 건립 등을 들 수 있다.

## 2. 물류공동화의 전제조건

물류공동화를 통해 물류합리화를 가져올 수 있으나 다음과 같은 조건이 전제되어야 물류공동화를 실현할 수 있다.

첫째, 일정 지역 내에 유사영업과 배송을 실시하는 복수기업이 존재해야 한다.

둘째, 대상기업 간에 배송조건의 유사성이 있어야 한다.

셋째, 물류공동화에 대한 이해가 일치하여야 한다.

넷째, 물류공동화를 위한 간사회사가 존재해야 한다.

다섯째, 자사시스템의 개방 및 서비스 내용의 명확화와 표준화가 되어야 한다.

여섯째, 통일적인 기준에 의한 물류비의 명확화와 체계화가 이루어져야 한다.

## 3. 물류공동화 효과

물류공동화의 효과는 물류기업뿐 아니라 대리점이나 소비자 그리고 사회적 측면 등에서 다양하게 나타난다. 주체별 물류공동화의 효과를 다음과 같이 정리할 수 있다.

### 1) 참여업체 측면

① 공동보관, 공동배송을 통한 단위당 물류비용 절감

② 수배송 효율의 향상

③ 가동률·적재율 향상, 공차율 감소

④ 물류센터, 물류기기, 차량 등에 대한 중복투자 억제

⑤ 인력과 차량을 줄임으로서 필요 부분의 인력 및 자원으로 전환 가능

⑥ 공동구매MRO : Maintenance, Repair and Operations를 통한 비용 절감

⑦ 거래량의 평준화에 따른 효율화

⑧ 리드타임 단축과 재고 압축 효과
⑨ 물류아웃소싱을 통한 핵심역량 집중 가능
⑩ 기계화로 채산성 확보 및 생산성 향상
⑪ 새로운 유통채널 확보 가능

## 2) 물류업체 측면

① 공동물류를 통한 수익모델 구축
② 안정된 물류시장 확보
③ 소량화물 혼적으로 규모의 경제 효과
④ 수송효율향상적재율, 회전율 향상
⑤ 차량, 기사의 효율적 활용
⑥ 공동물류 네트워크 구축을 통한 시너지 효과

## 3) 대리점 및 소비자 측면

① 다수 납품차량에 의한 점두 혼잡 해소
② 납품횟수 및 검품시간이 감소되어 판매에 전념 가능
③ 주택가, 상점가 등의 교통체증 완화
④ 물류비 절감에 따라 소비자가의 하락

## 4) 사회적·산업적 측면

① 물류비 감축과 불필요한 사회적 비용 감소
② 차량, 시설의 불필요한 중복투자 억제
③ 물류시설 및 인원의 축소, 인력난 해결
④ 교통체증의 감소와 환경오염 경감
⑤ 차량의 적재율 향상에 따른 배송비 절감
⑥ 물류비 절감에 의한 기업비용의 상승 억제로 물가상승 억제에 기여

## 4. 물류공동화 추진의 장애요인

물류공동화를 추진하면 앞서 설명한 내용처럼 많은 이점이 있음에도 원활하게 추진이 되지 않고 있는데 그 이유를 살펴보면 다음과 같다.

### 1) 기업의 영업기밀 유지

경쟁기업 간 공동물류시스템을 이용하게 되면 자사의 판매량, 인기판매 품목 등의 정보가 경쟁사로 들어갈 수 있다는 우려로 기피한다.

### 2) 자사의 고객서비스 우선

물류공동화는 참여회사에 대한 표준적인 서비스를 제공하게 된다. 따라서 자사의 고객을 최우선적으로 서비스해 주기를 희망하는 기업들에게는 수용하기 어려운 시스템이다.

### 3) 배송서비스를 기업의 경쟁력으로 삼으려는 전략

일부의 기업들은 배송서비스를 핵심적인 경쟁요소로 삼으려 한다. 즉 배송 시 친절서비스, 약속준수, 즉석 A/S 등 고객만족적 배송서비스를 제공함으로써 경쟁력을 확보하려는 기업은 물류공동화를 기피한다.

### 4) 상품 특성에 따른 특수서비스의 제공 필요

상품에 따라서는 제품의 설치, 정기방문과 A/S, 취급설명, 구제품의 회수 등 단순 수·배송 외에도 다양한 서비스를 요구하기도 한다. 특히 무점포 및 전자상거래가 일반화되면서 수금업무, 계약서 회수 등 물류가 상류업무를 수행해야 할 경우가 많은데 이러한 특수서비스는 공동화의 경우에는 한계가 있다.

### 5) 긴급대처능력 결여

물류공동화에서는 계약 또는 규정된 스케줄과 방법으로 물류서비스를 실시한다. 그러나 상품의 판매에서는 긴급주문 및 공급이 빈번하게 발생하는바 이러한 긴급 수요에 대한 대처능력이 떨어지게 되어 기피하는 경우가 발생한다.

### 6) 상품에 대한 안전성문제

자사상품을 자사직원이 직접 배달하는 경우에는 화물의 특성에 따라 안전하게 취급하며 검수 및 검품도 매우 적극적으로 할 수 있으나, 물류공동화의 경우에는 운전기사들이 제3자적인 입장에 있기 때문에 이러한 안전성 문제에서 다소 뒤질 수밖에 없다.

## 5. 물류공동화의 유형

물류공동화의 추진에 여러 장애요인들이 있으나 어떠한 형태로라도 물류공동화를 추진하여 물류합리화에 의한 이익을 얻기 위한 노력이 필요하다. 물류공동화를 위한 유형은 다음과 같이 다양한 방식이 있다.

### 1) 공동물류센터가 없는 경우

물류공동화의 개념은 물류센터를 중심으로 공동화를 하는 것으로 되어 있다. 그러나 물류공동화는 물류센터가 없어도 실시할 수 있다. 즉, 하나의 차량에 다수 화주의 화물을 운송하면 공동수배송이 되는 것이다. 이러한 물류센터가 필요 없는 공동수·배송 방법도 다음과 같이 다양하게 실시할 수 있다.

#### (1) Many to One System

Many to One System은 집하처가 다수이고 배송처는 한 곳인 경우에 실시하는 방법이다. 즉, 다수의 부품하청업체들로부터의 납품물량에 대해서는 대형차량으로 순회집하하여 일정한 시간까지 조립공장의 라인까지 투입하는 것이다. 이러한 방법은 납품업체뿐만 아니라 LCLLess than Container Load화물을 수출하는 업체들의 물량을 CFSContainer Freight Station에서 컨테이너화하기 위하여 포워딩업체들이 사용하는 방법이기도 하다. Many to One System의 특징을 정리하면 다음과 같다.

① 납품업체들은 소형차량으로 납품하는 비효율성을 제거할 수 있다.
② 납품을 받는 업체는 정시에 납품을 받을 수 있다.
③ 납품받는 업체의 인수업무가 단순화 된다.
④ 순회집하의 순서 때문에 제조를 빨리 끝내야 하는 업체와 늦게 끝내도 되는 업체

가 발생하게 되어 납품시간 불균형이 발생하게 되며 이것이 납품업체의 불만이 될 수 있다. 따라서 이를 완화시키기 위하여 요일별 순서변경 및 1일 2~3회로 분할 집하하는 방법을 이용할 수도 있다.

**| 그림 6-2 |** Many to One System의 모형

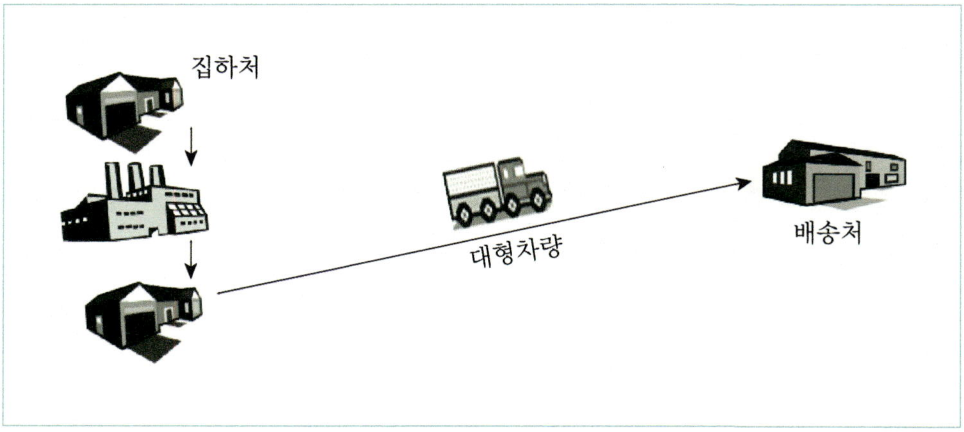


## (2) One to Many System

One to Many System은 대형 제조업체 또는 유통업체에서 다수의 거래처에 판매된 화물을 지역별 거래처별로 묶어 중·대형차량을 이용하여 순회배달하는 형태이다. 이러한 방식은 화주기업의 일반적인 배송시스템이라고 할 수 있으나, 운송임을 각 거래처에서 부담하고 운송업무를 외부의 운송업체를 이용할 경우 운송업체가 구매자들과 개별적인 계약을 하고 추진하는 공동운송 방법이다.

특히 장거리운송의 경우 높은 운송비 부담으로 인하여 구매자 측에서 운송비를 부담할 경우 운송업자는 구매자들과 개별적인 운송계약을 체결하고, 운송비 절감을 위하여 다수 화주의 화물을 콘솔하여 운송하고 순차적으로 배송하게 된다. 반면 One to Many System은 다음의 단점을 갖고 있다.

① 화물인계가 지연되는 수하처의 불만 발생 소지가 있다.

② 신속한 하차작업이 필요하기 때문에 이에 대한 준비사전 준비 요청, 컨테이너를 이용한 운송, 하역장비 정착 등가 필요하다.

**❙ 그림 6-3 ❙** One to Many System의 모형

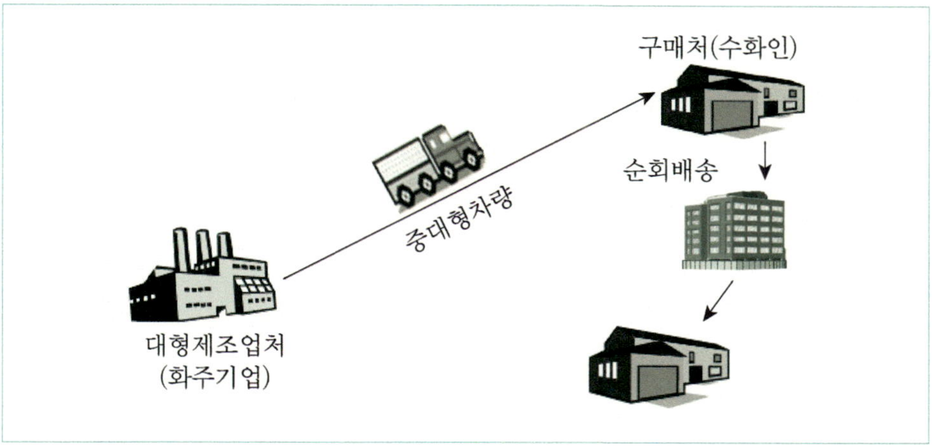


## (3) Many to Many System

Many to Many System은 일정한 구역 내에 산재한 다수 집하처의 화물을 중·대형차량을 이용하여 순회집하한 후 배송할 일정 구역으로 운송하고 순회하면서 구매처에 배달하는 형태이다. 일반적으로 대도시 또는 공단지역에서 발생하는 소량의 납품화물이나 판매화물을 운송회사에 운송을 의뢰하면, 운송회사가 운송주문 내용에 배달지역별로 분류한 후 중·대형차량에 운송지시를 시달하고 이 차량은 집하구역을 순회하면서 집하한다. 그리고 집하가 완료되면 배달지역으로 운행하여 순차적으로 수하처에 화물을 인계하는 콘솔 수배송시스템이다.

**❙ 그림 6-4 ❙** Many to Many System의 모형

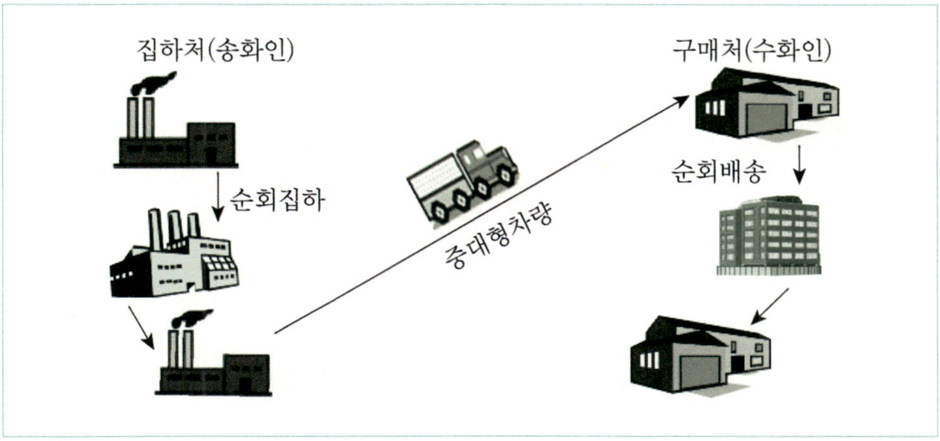

Many to Many System의 특징을 정리하면 다음과 같다.

① 운송을 하는 차량은 주로 주선업체에 회원으로 가입되어 있다.
② 4~5개의 배달처 물량을 적재하고 운송하며 오후집하 → 야간운송 → 오전배달형태로 이루어진다.
③ 전문적인 콘솔운송기사들이 담당하기 때문에 집하, 배달에 대한 신뢰도가 높은 편이다.
④ 정보시스템을 이용하여 주선과 업무처리가 이루어진다.

### (4) 노선집배송시스템

노선집배송시스템이란 집배차량들이 사전에 정해진 일전정한 노선을 정기적으로 운행하면서 발송할 화물을 집하하고, 집하한 화물을 배달하는 형태의 운송시스템을 말한다. 원래 노선화물 운송업체들이 이용하던 방법으로서, 이들은 운행노선과 경유시간을 정해놓고 운행노선 상에 설치된 영업소를 순차적으로 경유하면서 영업소에서 집하해 둔 화물을 적재하고 그 영업소에 도착시킬 화물을 인계하는 형태로 운송을 실시한다. 노선배송시스템을 구축하기 위해서는 다음의 전제조건이 필요하다.

① 노선운행 차량은 운행 스케줄을 정확히 준수해야 한다.
② 사전에 물량 출하계획이 정확하게 수립되어야 한다.
③ 운송관리실과 차량 간에 원활한 통신시스템이 구축되어야 한다.
④ 화주집단과 운송업체 간의 공동추진체계가 이루어져야 한다.

**| 그림 6-5 |** 노선 집배송 시스템의 모형

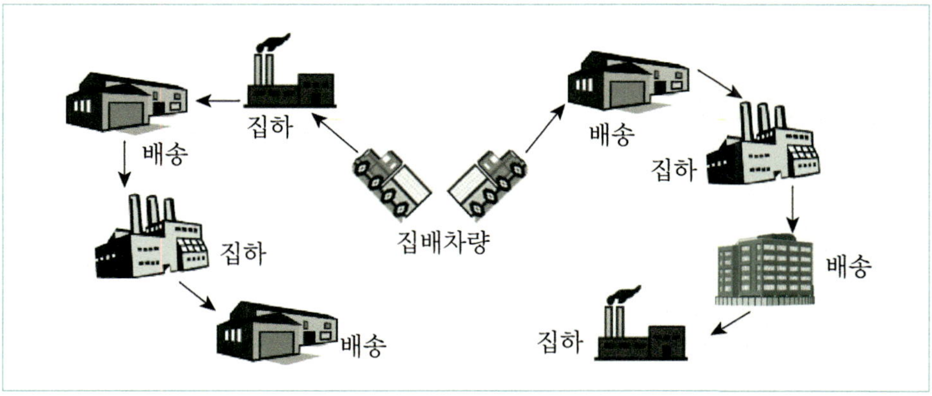

## 2) 공동물류센터가 있는 경우

일반적으로 물류공동화라고 하면 물류센터를 중심으로 화물의 취급과 수배송을 공동으로 실시하는 것을 생각하게 된다. 그만큼 물류센터를 매개로 수배송의 공동화를 실시하게 되면, 물류센터가 없는 경우의 공동수배송에 비하여 얻는 이익이 크기 때문이다. 즉, 물류센터를 이용하면 일단 화물이 한 곳으로 모이기 때문에 차량의 출발과 도착을 더 신속하게 할 수 있으며 더 많은 물량을 적재할 수 있다. 그리고 더 효율적으로 상하차작업을 할 수 있게 된다. 따라서 앞에서 소개한 물류센터를 이용하지 않는 공동수배송의 경우에도 취급물량이 많아지게 되면 점진적으로 물류센터형으로 개선되어야 한다. 물류센터를 이용한 공동수배송시스템은 배송지역 도는 집하지역에 하나의 물류센터만 운영하는 경우와 발지와 착지에 각각의 물류센터를 운영하는 경우가 있다.

물류센터의 기능은 입고된 화물을 배송처별로 분류하는 역할을 주로 하지만 점차 유통가공, A/S센터 등의 역할로 그 기능이 확대되고 있는 추세이다. 또한 Single Terminal을 운영하는 경우는 물류센터의 위치를 집하지 인근에 설치하는 경우와 배송지 인근에 설치하는 경우 그리고 집하지와 배송지 중간지역에 설치하는 경우로 나눌 수 있다.

### (1) 개별입고 공동배송시스템

개별입고 공동배송시스템은 공동배송센터까지의 운송업무를 납품업체가 직접 담당하며 입고 이후의 화물취급과 배송업무는 공동수배송 주체가 담당하는 형태이다. 개별입고 후에 일부화물은 크로스도킹으로 처리하고 일부화물은 보관 후 출하되기도 한다. 생필품, 농수산물, 의약품 등과 같이 대량으로 입고된 후 소형차량을 이용하여 수많은 배달처로 배송되는 화물이 개별입고 공동배송시스템의 적용대상이다. 개별입고 공동배송시스템은 다음의 전제조건이 충족되어야 활용 가능하다.

① 원활한 배송출발을 위해서 납품업체는 납품시간을 준수해야 한다.
② 공동수배송업체는 효율적인 분류시스템을 구축해야 한다.
③ 롤테이너를 이용한 배송시스템을 구축해야 한다.
④ 배송부분의 비용이 많이 발생하기 때문에 효율적인 배송시스템을 구축해야 한다.
⑤ 배송차량과 물류센터 그리고 배달처와의 리얼타임 통신시스템을 구축하는 것이 효율적이다.

**┃그림 6-6┃ 개별입고 공동배송시스템의 모형**

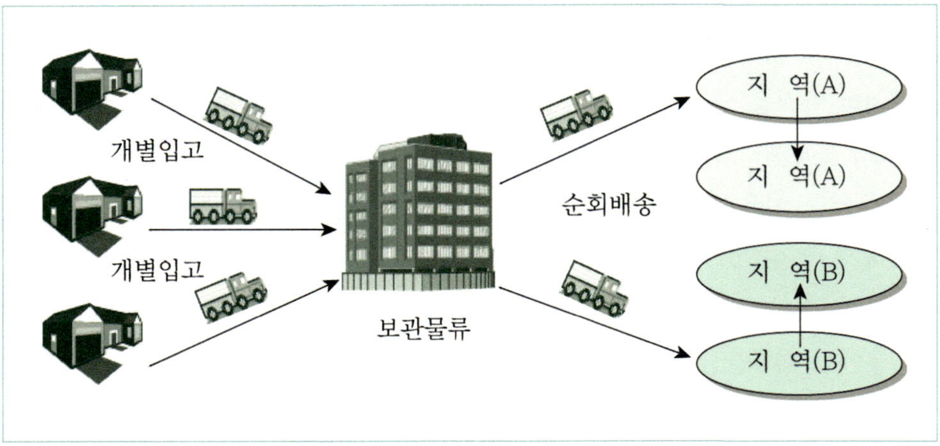


### (2) 공동집하 개별수송시스템

공동집하 개별수송시스템은 집하운송의 경우 중대형차량을 이용하여 순회하면서 실시하고, 공동배송센터에 입고된 화물은 화주별로 분류하여 수화주별로 대형차량을 이용하여 운송하는 형태이다. 주로 부품제조업체나 MRO조달업체들이 운영하는 방법이다. 납품을 받는 업체들이 납품이 많이 발생하는 지역에 물류센터를 설치하고 운송업체를 지정하여 순회집하 하도록 하고, 물류센터에서 업체별으로 분류하거나 하나로 모아서 조립공장으로 대형차량을 이용하여 운송한다. 공동집하 개별수송시스템의 특징을 정리하면 다음과 같다.

**┃그림 6-7┃ 공동집하 개별수송시스템의 모형**

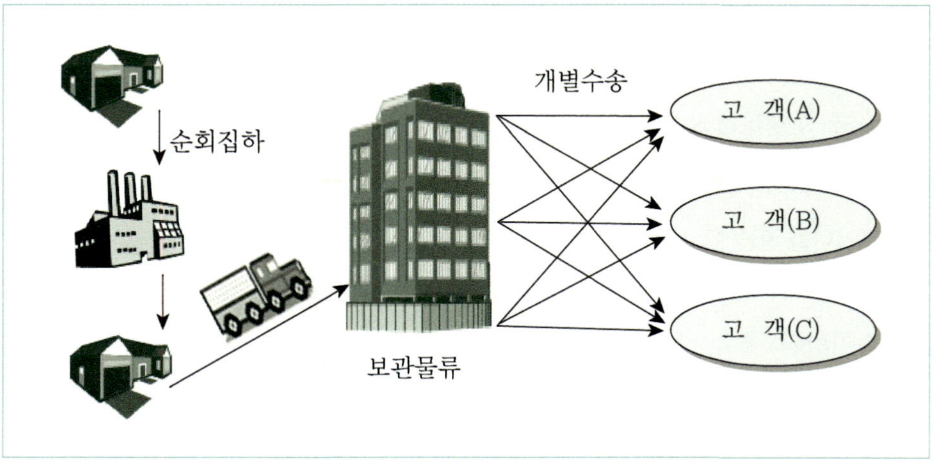

① 집하는 단거리에서 이루어지고 운송은 장거리구간에서 이루어진다.
② 납품처들이 납품화물을 정해진 시간에 준비해야 한다.
③ 집하시간 차이에 대한 불만을 줄이기 위하여 2~3회로 나누어 집하하거나 격일로 순서를 바꾸어 집하할 수 있다.
④ 입고 및 발송시간이 단시간 내에 이루어지기 때문에 전용물류센터보다는 타 용도로 이용되는 물류센터를 시간제로 활용하는 방법을 모색해야 한다.
⑤ 신속한 입고 및 분류, 상차를 위하여 롤테이너, 메쉬파렛트 등 용기를 이용한다.

### (3) 개별입고 개별수송시스템

개별입고 개별수송시스템은 공동집하 개별수송시스템에서 집하처의 집하시간에 대한 불만이 발생하거나 납품처가 상당히 넓은 지역에 분포되어 있고 납품물량이 소량이어서 대형차량을 이용하여 공동집하하는 효과가 없을 때 이용할 수 있는 방법이다. 납품업체는 지정된 시간까지 화물을 물류센터까지 입고시키면 운영주체는 이를 업체별로 분류하거나 한꺼번에 모아서 대형차량에 적재한 후 수하처로 운송을 하게 된다. 개별입고 개별수송시스템의 특징을 정리하면 다음과 같다.

① 납품업체의 납품시간 차이에 대한 불만이 없어질 수 있다.
② 납품업체는 자신이 운영하고 있는 업무용차량이나 자가용화물차량을 이용하여 납품할 수 있다.
③ 물류센터에서의 검수, 분류, 상차작업이 단시간 내에 복잡하게 발생한다.

**| 그림 6-8 | 개별입고 개별수송시스템의 모형**

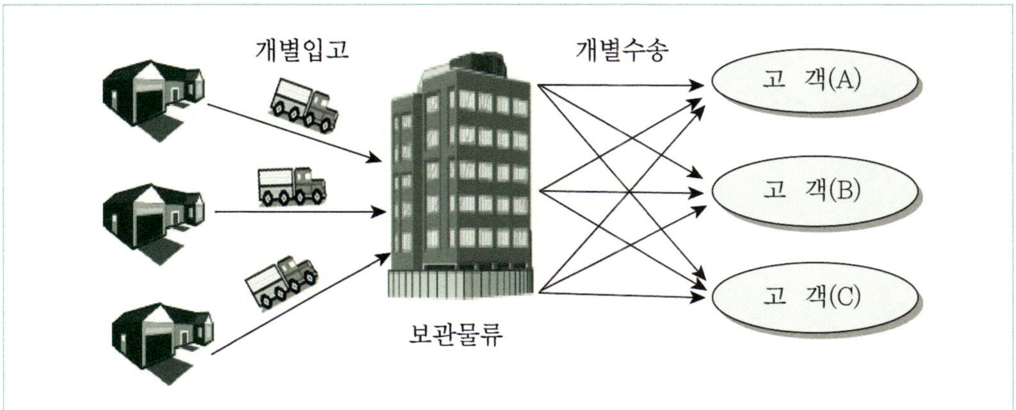

### (4) 집하배송공동시스템

집하배송공동시스템은 집하, 배송, 보관, 분류 등 공급체인상의 모든 물류활동이 공동으로 처리되기 때문에 공동수배송시스템에 있어서 가장 바람직한 형태이다. 운영주체가 납품처를 방문하여 납품할 화물을 순회집하하여 물류센터에서 보관하거나 크로스도킹으로 분류한 후 배송처별로 모아서콘솔 중·소형차량을 이용하여 순회배송하는 형태이다. 이러한 형태의 공동수배송이 활성화되어야 함에도 납품업체에 대한 납품시간 준수가 더욱 엄격히 요구되고, 가능한 납품시간을 늦추어야 유리한 납품업체의 입장 또는 납품업체 자체의 운송차량의 보유 등이 이러한 완전공동화의 장애요인이 되고 있다. 집하배송공동시스템을 운영하기 위해서는 다음의 전제조건이 필요하다.

① 대형의 공동물류센터가 필요하다.
② 정교한 물류관리정보시스템이 구축되어야 한다.
③ 정교한 검품업무, 신속한 화물의 처리입고 및 분류, 유통가공 등 전문적인 물류관리 지식과 경험이 필요하다.
④ 기타 개별납품, 공동배송시스템에서 필요한 사항이 요구된다.

**| 그림 6-9 |** 집하배송공동 시스템의 모형

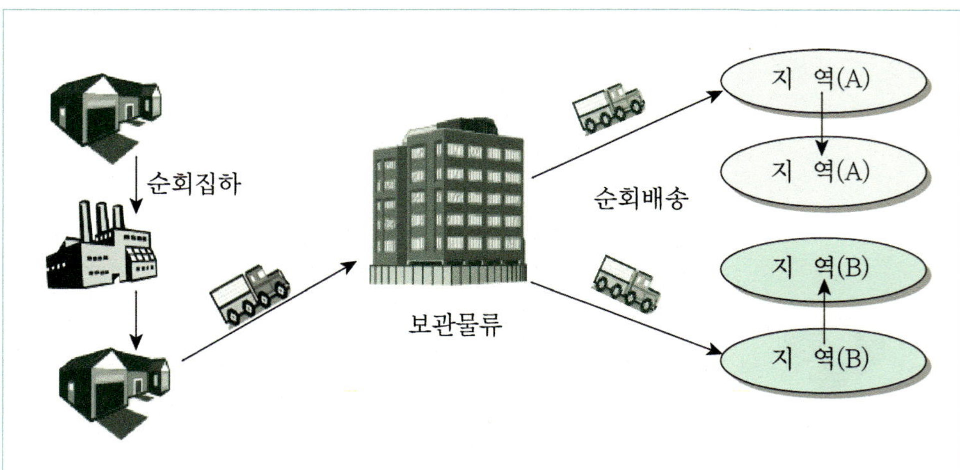


### (5) 업체간 물량교환

업체간 물량교환이란 운송업무를 자가용차량을 이용하여 수행하는 화주기업이나 어느 한 지역을 중심으로 운송영업을 하고 있는 운송업체 간에 협정을 체결하고 서로 상대방지역으로 운송되는 화물을 자체차량 일부와 협정을 맺은 기업의 차량을 이용하여 공동으로 운송을 하는 방식이다.

이는 장거리운송에 있어서 공차운행은 운송원가를 증가시키는 치명적인 사항이기 때문에 적극적으로 모색해야 할 사항이다. 특히 자가운송을 하는 경우에는 유상운송행위를 할 수 없기 때문에 상호 물량교환방식은 세금계산서 발행이 필요 없는 효과적인 방법이며, 운송업체의 차량이 장거리운송 후 일반운송주선업체를 이용했을 때는 대부분 저요율의 운송화물인데다 주선수수료를 지불해야 하기 때문에 운송업자들에게는 좋은 조건은 아니다. 따라서 이러한 문제를 해결할 수 있는 방법으로서 양단간에 위치한 운송업체 상호간에 운송물량을 교환하는 방식은 매우 유용한 방법이라고 할 수 있다.

## 연습문제

1. 물류활동에 필요한 노동력, 수송수단, 보관설비, 정보시스템, 도로 등의 물류인프라를 참여기업과 연계하여 하나의 시스템으로 운영하는 것을 물류공동화라고 한다. 다음 중 물류공동화의 효과로 적절하지 않은 것은?

① 물류비용의 절감
② 수배송 효율의 향상
③ 화물적재율 향상
④ 참여기업의 보안능력 향상
⑤ 물류작업의 생산성 향상

2. 물류표준화의 당위성으로 적절하지 않은 것은?

① 물류활동에 소요되는 물류비용의 절감
② 물류활동과 관련된 각 부문 상호간의 효과적 연계
③ 물류활동과 관련된 신기술을 적용하기에 적합
④ 물류활동과 관련된 부분들의 독립적 운용을 촉진
⑤ 물류활동의 물류정보화 구축에 밑바탕 역할

3. 우리나라 산업계의 물류표준화를 추진하는 방향이 아닌 것은?

① 물류의 기계화, 자동화, 공동화
② 물류시설이나 장비들의 표준화
③ 물동량 취급단위의 개별화
④ 표준화된 물류정보 시스템의 구축
⑤ Unit Load System의 구축

4. 다음 중 물류표준화의 필요성에 대한 설명으로 옳지 않은 것은?

① 물류비의 과다부담을 덜게 하는 데는 물류표준화가 절대적으로 필요하다.
② 국제환경에 대응하기 위해서는 물류표준화가 국제표준과 연계되어야 한다.
③ 개별기업에 의한 표준화 규격의 설정이 국가규격의 선도적인 역할을 하여야 한다.
④ 수배송, 보관, 하역, 포장 등의 기능 합리화를 위하여 물류의 표준화가 전제되어야 한다.
⑤ 유통물량이 증가함에 따라 물류의 일관성과 경제성을 확보하기 위해 표준화를 하지 않을 수 없다.

**5.** 다음 중 물류공동화의 효과가 아닌 것은?

① 운송비용의 감소
② 중복투자의 감소
③ 유사부품의 공동관리
④ 물류작업 생산성의 향상
⑤ 타사 핵심기술의 파악 용이

**6.** 다음 중 물류공동화를 성공시키기 위하여 반드시 필요한 것이라고 보기 어려운 것은?

① 참가 구성원의 높은 열의
② 취급 물량의 확대
③ 공동화 사업자의 적정한 물류센터용량 및 정보서비스 능력
④ 공동규칙의 제정과 준수
⑤ 고객별 물류서비스의 차별화

**7.** 물류합리화에 관한 설명으로 옳지 않은 것은?

① 운송리드타임을 단축하면 물류서비스는 향상되지만 운송비용은 상승한다.
② 물류합리화를 위해서는 총비용적 사고가 필요하다.
③ 재고량을 적게 하면 보관비는 감소하지만 서비스 수준은 일반적으로 저하된다.
④ 물류합리화는 비용과 서비스 사이의 트레이드 오프(Trade-Off) 관계를 고려하여 그 수준을 적정하게 조정하여야 한다.
⑤ 거점을 집약하면 거점비용은 감소하지만 물류서비스는 향상된다.

**8.** 물류표준화가 필요한 이유로 옳지 않은 것은?

① 운송수단의 단일화를 이루기 위해 필요하다.
② 물동량이 증가하는 상황에서 경제성을 확보하기 위해 필요하다.
③ 국제화 및 시장개방이라는 국제적 요구에 부응하기 위해 필요하다.
④ 대량의 물품을 신속하게 처리하기 위해 필요하다.
⑤ 물류의 기계화 및 자동화를 이루기 위해 필요하다.

**9.** 물류표준화 방안 중 소프트웨어 부문의 표준화에 관한 설명으로 옳지 않은 것은?

① 전표의 크기, 양식, 기재내용 등의 데이터를 표준화하는 것이 필요하다.
② 용어사용의 혼돈을 방지하기 위하여 물류용어의 표준화가 필요하다.
③ 표준파렛트와의 정합성을 갖도록 트럭 적재함의 바닥높이, 폭, 길이 등의 표준화가 필요하다.
④ 낭비적인 작업과정의 제거를 위하여 거래조건의 단순화, 규격화가 필요하다.
⑤ 포장치수의 표준화가 필요하다.

**10.** 물류합리화를 적극적으로 실행하여야 하는 이유로 옳지 않은 것은?

① 다품종 소량생산 체제가 가속화되고 있으며, 고객요구의 다양화, 물류 서비스의 차별화가 요구되고 있다.
② 물류비는 기업별 사업환경 여건 및 개선 노력에 따라 상당부분 감소하고 있지만 여전히 높은 비중을 차지하고 있다.
③ 마케팅 비용 및 생산비 절감만으로는 기업 전반의 비용절감을 통한 이윤추구에 한계가 있다.
④ 기술혁신에 의해 기본적인 물류영역의 발전이 가속화되고 있으며, 정보측면에서도 발전 속도가 매우 빠르다.
⑤ 기업간 경쟁력을 확보하기 위해서는 물류측면의 우위가 있어야 하며, 통합물류기능을 분산배치하여야 한다.

**11.** 물류공동화의 형태를 공유 유형에 따라 분류할 때, ㄱ~ㄷ에 해당되는 내용이 올바르게 연결된 것은?

ㄱ. 주로 자동차, 가전제품, 기계류 등 동종대형 제조업자들이 공장과 물류센터 간에 공동수송하는 형태
ㄴ. 다수의 동종 제조업체가 거래 도매상과 공동으로 정보와 물류를 공동화하려는 형태로 업계간 공동 VAN 등이 이에 해당
ㄷ. 물류자회사가 아닌 특정 물류업체가 특정 화주에 전속하여 하청기업화하든지 혹은 파트너십으로 협력관계를 형성하는 형태

① ㄱ : 경쟁업체간의 공동화
ㄴ : 수직적 공동화
ㄷ : 화주와 물류업자의 파트너십
② ㄱ : 수평적 공동화
ㄴ : 경쟁업체간의 공동화
ㄷ : 화주와 물류업자의 파트너십
③ ㄱ : 경쟁업체간의 공동화
ㄴ : 수평적 공동화
ㄷ : 화주와 물류업자의 파트너십
④ ㄱ : 화주와 물류업자의 파트너십
ㄴ : 수평적 공동화
ㄷ : 경쟁업체간의 공동화
⑤ ㄱ : 화주와 물류업자의 파트너십
ㄴ : 물류기업간의 공동화
ㄷ : 수직적 공동화

12. 물류표준화에 관한 설명으로 옳지 않은 것은?

① 화물유통 장비와 포장의 규격, 구조 등을 통일하고 단순화하는 것으로 구성 요소간 호환성과 연계성을 확보하는 유닛로드시스템을 구축하는 것이다.
② 물류의 시스템화를 전제로 하여 단순화, 규격화 및 전문화를 통해 물류활동에 공통의 기준을 부여하는 것이다.
③ 기대효과로는 재료의 경량화, 적재효율의 향상, 작업의 기계화 및 표준화, 물류생산성의 향상 등이 있다.
④ 표준화의 주요 내용으로는 포장 표준화, 수송용기 및 장비의 표준화, 보관시설의 표준화, 물류정보 및 시스템 표준화 등을 들 수 있다.
⑤ 물류활동의 효율화, 화물유통의 원활화, 수급의 합리화, 물류비 비중의 증대를 주요 목적으로 한다.

13. 기업의 물류합리화를 촉진하는 최근의 물류환경과 가장 거리가 먼 것은?

① 인건비 상승
② 시장경쟁의 심화
③ 교통체증의 심화
④ 제품수명주기의 연장
⑤ 수요의 다양화와 고도화

14. 물류표준화의 내용으로 적당하지 않은 것은?

① 파렛트와 수송용기와의 정합화
② 물류기기체계 인터페이스의 표준화
③ 효율성을 고려한 운송수단의 단일화
④ 단위화물체계의 보급을 위한 표준화
⑤ 물류정보체계에 있어서 인터페이스의 표준화

15. 유닛로드시스템(Unit Load System)을 도입하기 위한 선결 과제로 가장 거리가 먼 것은?

① 창고규모의 표준화
② 수송장비의 적재함의 규격표준화
③ 파렛트 표준화
④ 거래단위의 표준화
⑤ 운반하역장비의 표준화

16. 파렛트풀시스템(Pallet Pool System) 도입의 경제적 효과와 거리가 먼 것은?

① 화주, 유통업자의 자사소유 파렛트 활용률 제고
② 파렛트 수급파동 조절
③ 파렛트 관리 일원화 분실률 감소
④ 물류관련 요소의 표준화 촉진
⑤ 일관파렛트화(Palletzation)의 실현

17. 파렛트풀시스템(PPS: Pallet Pool System)에 관한 다음 설명 중 적절하지 않은 것은?

① 운송형태는 기업단위 또는 업계단위 시스템 등으로 구분된다.
② 파렛트의 규격, 강도 등을 통일하여 수송의 합리화를 기한다.
③ 화주와 유통업자의 물류비 부담을 경감시킨다.
④ 유럽에서는 주로 교환방식을 사용하고 있다.
⑤ PPS의 결점은 공파렛트의 회수가 어렵다는 점이다.

18. 다음 중 파렛트의 표준화에 대한 설명으로 옳지 않은 것은?

① 운송장비의 적재효율 향상
② 환적시 비용 절감 효과, 상호교환 촉진
③ 우리나라는 1,100mm × 1,000mm의 규격을 권장
④ 하역시간 단축, 수송비용 절감, 재고조사의 편의성 증대
⑤ 작업능률의 향상, 화물파손의 감소, 운임 및 부대비용의 감소

19. 표준화된 파렛트를 사용하는 이유로 옳지 않은 것은?

① 운송장비의 적재효율성 제고
② 일관 파렛트화의 실현
③ 화물의 특성에 따른 다양한 파렛트의 보급
④ 물류와 관련한 인건비 및 운송비의 절감
⑤ 자동설비 등 장비와의 정합성 실현

20. 물류표준화를 위한 유닛로드시스템(Unit Load System)의 도입 과제로 옳지 않은 것은?

① 수송용 적재함 규격의 표준화
② 포장단위 치수의 표준화
③ 운반, 하역장비의 표준화
④ 보관설비의 표준화
⑤ 주문량 및 주문시점의 표준화

Chapter 7

# 공급사슬관리

## 제 1 절 공급사슬관리의 의의

### 1. 공급사슬관리의 개념

공급사슬관리SCM : Supply Chain Management는 원재료 구매에서부터 최종고객까지의 전체물류흐름을 계획하고 통제하는 통합적인 관리방법이다. 제품의 공급과정에 관련된 모든 업체, 즉 원재료 공급업체, 제조업체, 물류센터, 유통업체, 서비스 제공업체, 최종고객에 이르기까지 업무를 통합함으로써 경로 전체의 효율성을 높이자는 목적에서 출발했다. 조직 안팎을 망라해 물류와 관련된 모든 기능을 하나의 단위로 보고, 물적 흐름과 정보의 흐름을 체계적으로 관리하여 전체흐름을 최적화하기 위한 기법으로 관리자는 하나의 단일 시스템처럼 관리할 수 있어야 한다.

SCM은 원재료 공급, 생산, 유통, 최종고객까지 모든 집단이 서로 혜택을 누릴 수 있도록 경로 관계를 원활하게 관리해야 하는데 이를 위해서는 공급사슬 파트너간에 효과적인 정보의 창출·공유·확산이 필수적이다. 그래야만 경로상의 재고를 효율적으로 관리할 수 있을 뿐만 아니라 파트너간에 유기적이고 협력적인 관계를 구축함으로써 고객의 욕구를 효과적으로 충족시킬 수 있을 것이다. SCM은 공급사슬 파트너들간에 정보를 공유함으로써 수요 불확실성과 재고 보유를 줄이고, 유연하고 신속한 제품흐름을 구축한다는 것이 목표이다.

공급사슬관리가 기업 내·외부 전체를 최적화하는 것이기 때문에 그에 대한 프로세스의 이해가 필요하다. 우선 기업 내부의 활동을 보면 크게 제품을 언제 어떻게 누구를 위해 생산해서 배송할 것인지에 대한 계획부문과 그것을 구매, 조달하는 부문 그리고 이것을 보충하여 제조하고 창고에 보관한다든가, 배달한다든가 하는 부문과 물건을 팔기 위한 판촉부문의 기능을 상정할 수 있으며, 기업 외부의 활동은 원재료만을 공급하는 공급자와 부품공급자, 조립품공급자가 있을 수 있고 제조회사가 만든 제품을 판매하는 도매상, 딜러, 양판점, 소매상이 있으며, 최종소비자가 궁극적으로 제품을 소비하는 Chain을 구축하고 있다. 결국 이 모든 요소를 최적화시키고자 하는 것이 Supply Chain Management가 되는 것이다.

SCM의 기원은 1980년대 중반에 미국의 의류제품부문에서 적용되었던 QRQuick Response에서 찾을 수 있다. QR의 도입으로 미국 의류업계와 유통업체는 매출증대 및 재고감소를 가져 왔다. 이후 1993년에는 가공식품산업에서 이전까지 관행처럼 되어왔던 과다재고 및 반품의 감소 등을 통한 생산성 증대와 유통산업의 경쟁력 제고를 위해 ECREfficient Consumer Response : 효율적 고객대응이라는 이름으로 유통공급망 내에 존재하는 비효율을 제거하고자 하였다.

SCM은 제조, 물류, 유통업체 등 유통공급망에 참여하는 모든 업체들이 협력을 바탕으로 정보기술의 활용, 재고의 최적화, 리드타임 감축 등으로 양질의 상품 및 서비스를 고객에게 제공함으로써 고객가치를 극대화하기 위한 21세기 기업의 생존 및 발전전략이다. 세계적으로 선도적 위치에 있는 제조업체, 물류업체, 유통업체들은 이와 같은 목적을 달성하기 위하여 그들의 거래선들과 협력함으로써 그 이익을 훨씬 더 극대화하고 있다. 즉, SCM은 고객의 수요를 효과적으로 충족시키기 위해서 신제품 출시, 판촉, 머천다이징 그리고 상품보충 등의 부문에서 원재료 공급업체, 제조업체, 도소매업체 등이 서로 협력하는 것이다. 따라서 SCM은 공급자에서부터 고객에 이르기까지의 모든 단계에서의 물류흐름을 관리하는 전사적이며 통합적인 철학이라 할 수 있다.

┃그림 7-1┃ SCM의 개념

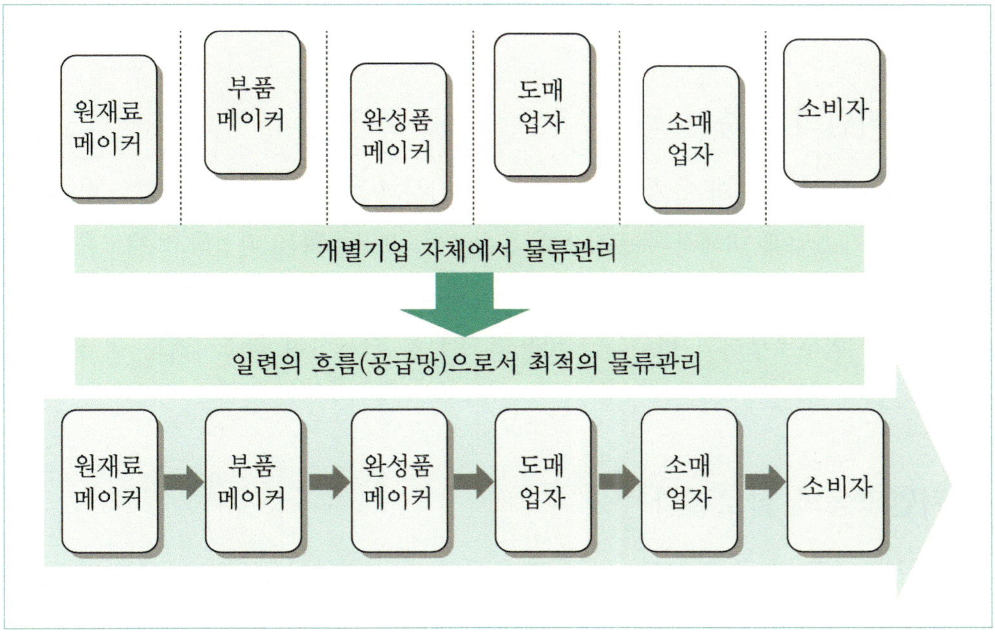


## 2. SCM의 필요성

기존의 제조업체들은 기업내의 생산성 향상, 리드타임 단축, 원가절감, 품질제고를 위한 합리화 및 리엔지니어링, 기업통합, 정보화, 자동화 등에 노력해 왔다. 그러나 최근에는 제품의 품질이 더 이상 시장에서 경쟁력을 판가름하는 요소가 될 수 없으며, 기업 내부의 각 조직·기능별 관리만으로는 경쟁력 확보가 어렵다는 것을 인식하게 되었다. 이와 관련해서 기업들은 경쟁우위를 확보하기 위해 자사의 내부 프로세스 통합과 함께 공급자, 자사, 고객을 연결하는 전체 공급사슬 상의 제품서비스, 정보, 현금 그리고 지식의 흐름을 통합하고 효율화하는데 초점을 두고 있다. 이에 따라 각 기업들은 경쟁우위를 확보하기 위한 전략으로 SCM의 도입이 필요하다고 할 수 있다.

### 1) 부가가치의 원천

부가가치의 60~70%가 제조과정 외부의 공급사슬 상에서 발생한다. 일반적으로 고객이 주문 후 납품까지의 주문 사이클 타임 중에서 순수 제조 소요기간보다 공급사슬 상에서 소요되는 시간이 훨씬 길다. 제조업체들이 공장자동화나 CIM 구축을 위해 막대한 투자를 하고 있지만 고객만족 효과는 주문처리, 물류관리, 구매조달 등에서 개선의 여지가 더욱 크며 적은 규모의 투자로 개선이 가능하다.

## 2) 리드타임의 단축

부품 및 기자재 공급의 납기 및 품질의 불확실성과 수요 및 주문의 납기, 수량 등의 불확실성을 제조업체 내에서 수동적으로 흡수하여, 생산계획을 편성하고 재고를 관리하여 리드타임을 단축하고 재고 및 재공품을 감축하는 데에는 한계가 있다. 따라서 최근에는 이러한 외부로부터의 변동을 저비용의 정보를 활용하여 감소시키는 적극적인 방안을 강구하게 되었다.

## 3) 기업활동의 글로벌화

생산, 부품조달 및 구매, 보관, 운송, 판매 등의 기업 활동이 글로벌화 됨에 따라 공급사슬상의 리드타임이 길어지고 불확실해졌다. 또한 부품조달 비용, 인건비, 금융비용, 생산성, 운송 및 물류비용 등의 국가별 편차가 커졌으며, 물류부문에 있어서 복잡하게 변화되고 있다. 이에 따라 글로벌한 공급사슬의 관리가 중요하게 되었다.

## 4) Mass Customization의 보편화

종래의 표준화된 제품을 대량 생산하여 고객에게 밀어내던 방식에서 탈피하여 고객의 다양한 요구에 맞추어 제조, 납품해야 하는 Mass Customization이 보편화되고 있다. 이에 따라 로지스틱스 대상 품목이 많아지고 재고 및 물류관리가 복잡해지며 주문관리, 생산계획, 정보관리 및 추적관리가 복잡해진다. 동시에 리드타임이 길어지고 불확실해지며 재고가 증가하고 주문충족도가 악화되는 등 공급사슬의 효율이 급속히 저하되게 되었다. 이에 따라 공급사슬관리의 중요성이 부각되게 되었다.

## 5) 기업간 경쟁의 심화

기업간의 경쟁이 치열해짐에 따라 비용 및 납기의 개선이 시급하게 되었다. 특히, 고객지향, 고객만족, 시장요구에 대한 적응을 위해 공급사슬의 혁신요구가 증대되고 있다.

### 6) 정보기술의 가속화

최근 ERPEnterprise Resource Planning 등에 의해 기업 내 프로세스가 통합되고 EDIElectronic Data Interchange, Internet 및 WEB, 전자상거래 등의 기술이 급속히 발전되고 있다. 이에 따라 공급사슬간의 정보공유 및 전달과정을 혁신하고 공급사슬간의 프로세스를 적극적으로 통합할 수 있게 됨에 따라 관련 개념 및 기법의 보급이 확산되고 있다.

## 3. SCM의 제원칙

정보기술의 발달, 기업의 글로벌화, 기업간 경쟁의 심화 등과 같은 다양한 요인들은 기업경영 혁신 방향을 조직내에서 외부조직과의 연계를 강화하는 방향으로 변화시키고 있다. 이에 따라 SCM을 도입하여 효과적으로 운영하기 위해서는 다음의 원칙들이 적용되어야 한다.

첫째, SCM은 고객의 가치와 욕구를 이해하는데서 출발해야 한다.

둘째, 공급사슬상 구성원간의 파트너십을 유지하기 위한 신뢰성이 중요하다. 물류 파트너십은 소유, 장기계약, 상호이해 등의 다양한 법적·계약적 형태를 취하게 되지만 무엇보다도 신뢰가 중요하다. 소매업자가 판매정보와 재고정보를 제조업자에게 공개하지 않는다면 효과를 기대할 수 없을 것이다.

셋째, JIT, MRP 등 물류계획의 제수단과 EDI 같은 정보수단을 활용해야 한다.

넷째, 경로 전체를 통합하는 정보시스템이 개발되어야 한다. 수량, 품질, 재고에 관한 정확한 정보가 공급사슬에 참여하는 파트너들에게 적시에 제공되어야 한다. 데이터베이스를 상호 공유하여 접근을 용이하게 함으로써 수요, 재고상황, 배송, 주문수량 등의 정보가 어떤 장소에서든지 언제라도 제공되어야 한다.

다섯째, 제품과 서비스의 품질을 제고하여야 한다. 기업은 고객이 원하는 니즈를 충족시키기 위하여 상품을 생산하고 공급하며, 고객이 원하는 제품사양을 충족시켜야만 한다. 공급사슬 구성원간에 상호 만족할 수 있는 품질보증절차가 있다면 상품의 흐름은 훨씬 개선될 수 있다. 즉, 고객의 니즈를 반영한 상품의 생산과 공급을 통하여 고객만족뿐만 아니라 상품과 서비스의 품질을 제고할 수 있게 된다.

## 4. SCM의 도입 효과

SCM을 도입하게 되면 다음의 효과를 얻을 수 있다.

① 작업지연시간의 단축이 가능하다.
② 사내업무의 정형화를 통한 업무시간을 단축시킨다.
③ 철저한 납기관리 및 영업관리로 고객만족도를 향상시킨다.
④ 비표준화된 수작업 처리로 인한 업무의 오류를 제거한다.
⑤ 수주처리기간의 단축 및 외형적인 업무운영효율화로 비용절감이 가능하다.
⑥ 계획기능의 강화로 재고를 감소시킨다.
⑦ 원청업체와 하청업체의 신속한 교류로 인한 하청업체의 재고를 감소시킨다.
⑧ 공급망 및 고객서비스 분야의 개선효과를 기할 수 있다.
⑨ 전산 도입비용 및 관리비용의 절감이 가능하다.

# 제2절 SCM의 응용기법

## 1. QR(신속대응전략)

### 1) QR의 개념

QRQuick Response은 기업이 고객욕구에 신속하게 반응하고자 하는 대표적인 노력으로 기업이 다양한 고객 그리고 공급자와의 파트너십을 자연스럽게 구축함으로써 경쟁우위를 차지하고자 하는 것이다. QR의 철학은 정보의 네트워크화를 축으로 하여 유통업자와 제조업자가 파트너십을 확립하는데 있다. 원료로부터 최종제품에 이르는 리드타임 단축과 재고의 감소, 상품기획과 소재기획의 연계 등을 계산하여 가격의 인하와 수익의 향상 그리고 국내생산거점의 유지를 도모하고자 하는 구조개혁의 시도이다.

QR은 1984년 미국 ARCThe Apparel Research Committee가 수입의류에 대한 방어 목적으로 개발한 생존전략의 일환이며, 고객을 기반으로 하는 시장시스템이다. QR은 도입초기에 의류 소매업자와 섬유, 패션 부문의 제조업체가 주체가 되어 궁극적으로는 고객을 만족시키고 그 결과로 인하여 소매업자, 제조업자, 고객 모두에게 이익을 주기 위한 것이다. QR시스템은 원료로부터 최종제품에 이르는 리드타임과 재고의 감소, 상품기획과 소재기획의 연계 등을 계산하여 가격의 인하와 수익의 향상, 그리고 생산거점의 유지를 도모하고자 하는 구조개혁 시도로서 적시생산JIT과 전사적 품질관리TQM의 개념을 포괄한다. 따라서 QR 운영의 혜택을 얻기 위해서는 거래업체들간의 커뮤니케이션과 파트너십이 주요한 요인이다.

분업의 벽에서 제한된 좁은 시야로 사물을 인식하다 보니 무엇보다 중요한 시장과 고객의 존재를 잊고 오로지 기업조직의 내부 요구에만 응하기 위해서 악착같이 일하고 있다. 이러한 분업의 폐해를 재거하여 QR의 정보기반 위에 업무쇄신이라는 새로운 비즈니스 세계를 재구축하여 섬유업계에 종사하는 모든 사람이 고객의 '얼굴'이 보이는 위치에서 일을 하는 것이 QR이념의 본질인 것이다.

QR에서는 물류센터의 본연의 자세도 변한다. 과거의 유통업의 물류센터는 공장과 점포시간에 맞추어 상품의 분류와 배송의 역할을 함과 동시에 Stock Yard로서의 상품 보관시설을 갖고 있는 것이 보통이었지만, QR체제에서는 보관기능을 갖지 않는 분류 후 배송가능한 Cross Docking Center로 변한다. QR의 Logistics가 더욱 발전하면 도매나 소매의 유통센터는 소멸한다. 점포에 그대로 진열될 수 있도록 Hanger 설치와 가격 Tag가 부착된 상품이 물류센터를 경유하지 않고 공장으로부터 소매점포에 직접 보내진다. 이것을 FRMFloor Ready Merchandise이라고 부른다.

## 2) QR의 발전단계

### (1) 1단계(기본 QR 정보기술 사용)

공동상품코드를 제품에 표시소스마킹하고 표준EDI 메시지 등을 이용하여 수발주를 행하며 재고관리에 GSI 코드를 이용한다. 소매점 POS 판매 데이터를 메이커에 전달하여 시즌 중에 추가생산이 가능하게 된다.

### (2) 2단계(자동재고 보충)

출하 카툰박스에 물류용바코드GSI-128를 붙이고 관련 데이터를 EDI전자문서인 발송통지를 이용하여 상대방에게 사전 통지한다. 따라서 상품인수 시 박스를 뜯어 검품작업을 할 필요가 없으며, 물류센터의 Cross Docking화와 소매창고의 재고삭감이 실현될 수 있다. 소매점은 POS 판매데이터를 이용하여 일별·주별 예측이 가능하며 이에 따라 고정사이클로 매장재고를 자동 보충하기 위한 자동보충발주시스템을 실시할 수 있다.

#### (3) 3단계(파트너십 보충)

POS 판매데이터를 공유함으로써 예측기능이 강화되어 더 짧은 사이클로 자동보충이 가능해진다. 이 단계는 메이커가 주도하는 매장재고의 자동보충이 이뤄진다. 이 단계에서는 메이커의 QR 대응능력이 향상되고 양자 모두의 장점을 갖는 공동상품을 계획하게 된다. 미국기업은 전반적으로 3단계에 와있으며, 일부기업은 4단계에 접어든 경우도 있다.

#### (4) 4단계(공동상품개발)

3단계까지의 성과로 얻은 확실성이 높은 상품 기획능력, 빠른 추가 생산능력, POS 정보의 즉각적인 입수와 예측 가능한 분석능력을 구사하여 신상품의 판매결과를 근거로 상품의 디자인을 개량하는 것이 가능하게 된다. 이것은 소매점과 메이커의 공동상품개발이 된다. 이 단계에서는 회전이 빠른 상품을 개발할 수 있어 가격이 높은 하이패션 상품에서 큰 QR 효과를 볼 수 있다.

#### (5) 5단계(소매지원)

제조업체가 가지고 있는 고도의 정보를 이용한 상품디스플레이와 영업 등의 소매지원이 행해진다. 이 단계는 QR을 이용하여 유행변화에의 대응이나 소량생산제품의 대응을 효율적으로 수행할 수 있다. 판매의 무대가 점포로부터 가정으로 이동하여 가계의 소비동향이나 요구를 여러 가지 방법으로 파악하여 고객이 필요로 하는 시기에 상품을 가정으로 보낸다. 이것이 소위 무점포판매의 일종으로 QR을 넘어섰다고 해서 CR Consumer Response이라고 부른다.

### 3) QR의 효과

QR을 도입하면 제조업자, 소매업자 그리고 시스템 측면에서 다음과 같은 효과를 얻을 수 있다.

### (1) 제조업자 측면

제조업자 측면에서는 주문량에 따른 생산 및 수요예측이 용이하고 자산 회전율이 높아진다. 또한 품질개선, 낮은 가격, 상품의 다양화, 상품단절의 방지 등의 효과를 얻을 수 있다.

### (2) 소매업자 측면

소매업자 측면에서는 매출과 수익증대 및 가격인하의 최소화, 비용절감, 고객서비스의 개선효과를 얻게 된다.

### (3) 소비자 측면

소비자들은 QR의 도입으로 낮은 가격으로 제품의 구매가 가능해질 뿐만 아니라 더 좋은 품질의 제품을 제공 받을 수 있다.

### (4) 시스템 측면

QR이 전면적으로 도입되면 제품이 소매점에 진열되기까지 기간의 단축효과를 볼 수 있으며, 전표서류를 EDI방식으로 처리함으로써 비용감소효과도 나타난다. 또한 정확한 생산스케줄에 의한 생산관리가 이루어지며 그로 인한 원가절감 및 재고율을 줄일 수 있게 되어 경영수지가 개선된다. 제품에 부착된 바코드를 통해 소매업자와 제조업자가 동시에 고객정보와 시장변화를 신속히 읽을 수 있고 재고량도 매시간 마다 추적이 가능하게 된다.

## 2. ECR(효율적 고객대응)

### 1) ECR의 개념

ECREfficient Consumer Response은 1990년대 미국 최대 할인점인 월마트에 대항하여 식품유통업체와 제조업체들이 유통경로의 효율성을 제고시키고, 고객의 가치를 증진하기 위하여 제조업체와 유통업체 간의 전략적 제휴, 카테고리 관리, 활동중심원가회계 도입, EDI 시스템의 활용, 조직의 변화 등을 추구하면서 시작되었다. ECR이란 상품의 제조, 생산으로부터 유통, 도소매를 통한 판매에 이르기까지 전 과정을 일관된 흐름으로 보고, 각 단계의 관련 기업들이 공동참여를 통해 총체적으로 경영효율을 개선하여 보다 낮은 비용으로, 보다 빠르게, 보다 나은 고객 만족을 달성하는데 초점을 둔 공급경로 Supply Chain의 효율을 극대화하는 모델이다.

ECR 체계는 소매점의 판매시점 정보를 제조업체와 공유하고 상황에 따라 적절한 시기에 상품을 납품하는 것으로, 고객의 요구에 신속하고 정확하게 대응하는 것이다. 공급경로에서 발생하는 재고를 줄이고 최소한으로 유지하여 재고비용, 창고비용 등 각각의 비용을 최소화한다. 이때의 대상이 한 업체에 국한된 것이 아니라 제조 발생으로부터 최종 고객에 이르는 전 과정을 대상으로 하는 것이다.

따라서 이 연결고리에 관계된 기업들, 즉 제조, 유통, 도소매 업체들 간의 제휴를 통해 전체적으로 효율을 높여 기업의 이익을 창출하고 그 성과를 참여한 기업들이 배분하여 갖는다는 것이다. ECR의 양대 축은 100% 비문서화에 의한 양질의 정보교환, 그리고 원활한 제품의 흐름으로 요약된다.

## 2) ECR의 운영 원칙

ECR을 운영하는데 있어서 다음의 6가지 원칙이 필요하다.

첫째, 최종 고객에게 보다 양질의 제품과 서비스를 제공할 수 있도록 지속적으로 노력해야 한다. 그리고 가능하다면 공급망에 상존해 있는 비용을 줄여야 한다.

둘째, 기존의 Win/Lose 대신 Win/Win이라는 협력의 자세가 이익을 가져다 줄 수 있다는 고위 경영진의 사고방식 전환이 필요하다.

셋째, 마케팅, 물류, 생산에 관련된 의사결정을 할 수 있는 신속하고도 믿을 만한 정보교환방법이 필요하다.

넷째, 생산에서 소비에 이르는 제품의 흐름을 최적화함으로써 적절한 시기에 적절한 제품을 제공할 수 있어야 한다.

다섯째, ECR의 효과비용 절감, 재고 감소, 자원의 효율적 활용 등를 측정하고, 그 이익회전률 향상, 이익 증가을 규명하는 한편, 이익의 공정한 분배를 실현할 수 있도록 공동의 평가시스템을 정의해야 한다.

여섯째, 고객에게 보다 나은 서비스를 제공하기 위해 파트너와의 지속적인 대화와 커뮤니케이션이 이루어져야 한다.

### 3) ECR의 실현도구

#### (1) 컴퓨터를 이용한 자동 발주

판매데이터를 기초로 한 자동 발주로서 상품에 부착된 바코드가 기술적으로 완벽하다는 가정에서 출발한다.

#### (2) 전자문서교환

정보의 원천이 되는 EDI와 바코드를 기본으로 해야 한다. 컴퓨터간의 전자적 커뮤니케이션을 통해 공급자와 고객 간에 발생하는 정보의 교환이 비문서화됨을 의미한다.

#### (3) 크로스도킹

제조업체에서 판매되는 시점의 장소와 포장형태를 고려하여 소매업자에게 제품을 발송하면, 물류센터 도착 즉시 각 점포별로 구분되어 출고시키는 시스템으로 재적재 시간과 비용을 절감할 수 있다. 즉, 판매되는 시점의 장소와 포장 형태를 고려하여 공급자는 소매업자에게 상품을 보낸다. 물류센터 도착 즉시, 점포별로 구분되어 적하된 파렛트는 광학적 문자판독과정표준 바코드을 거쳐 분류되고 재적재된다. 이 과정은 제품을 직접 체크할 필요가 없으며 소요 시간도 불과 몇 분이다.

#### (4) 가치사슬분석

ECR의 잠재적 이익을 예측하기 위해 제품보충체인과 거래당사자 각자가 수행해야 하는 활동에 대한 정밀한 분석이 선행되어야 한다. 이러한 분석과정을 거침으로써 ECR 도구들이 어디에 적용될 것인가가 나타나게 된다. 중복 또는 불필요한 활동이나 꼭 필요하지만 지금 놓치고 있는 것들이 무엇인가를 파악해야 한다.

#### (5) 활동원가회계

활동원가회계ABC 분석을 통해 공급자나 소매업자는 상품과 관련된 제반비용들을 측정하여 그 수익성 수준을 결정할 수 있다. 실질적으로 상품은 최종 고객에 이르기 까지 비용을 파생시키는 수많은 과정을 거치게 된다. 하나의 과정여러 종류의 상품 취급행위에서 파생되는 비용을 정의내림으로써 상품의 실제 비용이 파악되며 이 정보는 거래 당사자들이 ECR의 이익을 서로 공유하는데 필요하다.

### (6) 카테고리 관리

상품관리가 하나의 단품수준이 아니라 상품의 그룹 또는 카테고리수준에서 이뤄지는 것이 카테고리 관리이다. 즉 고객의 입장에 선 상품개념이라 할 수 있다.

### (7) 연속적인 제품보충

연속적인 제품보충CRP : Continuous Replenishment Program은 재고량, 유통채널 잔존주문량, 예측판매량, 재고수준 등 공급업자와 소매업자와의 정보 공유로서 상품의 흐름을 통제하고 관리하는 것이다. 이를 통해 재고량과 재고시간을 단축할 수 있다. 공급자와 소매업자 사이의 긴밀한 협조체계 하에서 가능하다.

### (8) 배송상품의 순서선정

배송처에서의 상품 위치를 고려한 납품 준비로 불필요하게 선반 사이를 오고 가는 일 없이 상품을 진열대에 바로 배치하는데 매우 유용하다.

## 4) ECR의 효과

ECR을 도입하면 유통체인의 비용감소, 재고감소 그리고 생산성 향상으로 인한 재무부담의 감소 등 전체 유통망 측면에서 볼 때 상당한 이점이 있다. 상품의 경쟁력이 있을수록 최종고객에게 돌아가는 이점은 더 증가한다.

ECR은 단순히 비용의 감소측면에서가 아니라 공급자와 소매업자 사이의 협력을 통한 거래관행의 개선 측면에서도 그 중요성을 가진다. 특히 무재고, 고객과 고객 니즈에 대한

**표 7-1** QR과 ECR의 비교

| | QR | ECR |
|---|---|---|
| 출현 | 1980년대 섬유·의류업계 중심 | 1990년대 식품·잡화 중심 |
| 개념 | 의류업계와 유통업체가 상호 협력하여 고객의 개성화나 가격지향시대에 적응하기 위해 거래선과 공동으로 실시하는 리엔지니어링의 개념 | 제조업자, 도매상, 소매상의 물류정보를 종합하여 고객이 만족할 수 있도록 소매점두를 충실하게 하는 시스템 |

지식의 확대, 그리고 브랜드 혹은 점포에 대한 소비자 충성도의 증대 등의 이점이 있다.

이러한 ECR의 이점은 전체적인 관점에서 볼 필요가 있다. 예를 들어, 재고가 가지는 의미는 반드시 모든 이에게 같은 의미를 지닌다고는 할 수 없다.

## 3. CAO(자동발주시스템)

CAOComputer Assisted Ordering는 유통업체 중심의 컴퓨터 자동발주시스템으로 재고가 미리 정해진 안전재고량에 도달하면 물류센터나 제조업체에 자동적으로 직접 발주하는 방식이다. 따라서 CAO의 성공적 구현을 위해서는 정확한 매장 내의 재고파악과 오류 없는 정체된 POS 데이터가 필수적이다.

CAO는 고객에 대한 반응과 효율적인 상품보충 측면에서 상당한 잠재적 개선을 이룰 수 있도록 하는데 중요한 역할을 한다. POS 데이터와 상품보충과정을 연계함으로써 비용을 줄이고 매대공간의 효율적인 활용으로 상품판매 효과를 높일 수 있으며, 판촉활동에 의해 발생하는 제품수요에 즉각적으로 대응할 수 있게 된다. 현행 주문관행과는 대조적으로 자동발주시스템을 통해 소매업체는 보다 신속하게 고객의 수요에 반응할 수 있을 뿐만 아니라 동시에 운영비를 절감하고 재고수준을 낮출 수 있다.

자동발주시스템은 POS 데이터를 근거로 수작업 없이 점포에서 주문을 할 수 있게 된다. 이러한 주문은 EDI를 통해 물류센터로 전송되고 즉각적으로 재고보충이 이뤄지게 된다. 이러한 업무처리과정을 통해 물류의 동기화 및 수요관리의 통합화가 가능해진다.

자동발주시스템의 성공적인 구현을 위해서는 실제 상품의 판매량과 보충상품의 필요수량 사이의 차이를 효과적으로 관리하는 것이 매우 중요하다. 매주 판매량과 같이 반복적인 구매형태에 의해 발생하는 차이를 파악하고 관리하기가 상대적으로 쉬우나, 판촉활동 등 불규칙적인 구매형태에 의해 발생하는 차이는 제대로 관리되지 못하는 실정이다.

## 4. CRP(지속적인 상품보충)

### 1) CRP의 개념

CRPContinuous Replenishment Program는 상품을 소비자수요에 기초하여 유통소매점에 공급Pull 방식하는 방법으로 기존에 유통소매점에 재고가 있음에도 불구하고 상품을 공급

Push 방식하는 것과는 차이가 있다. 밀어내기 공급방식이 아닌 정확한 수요에 근거하여 상품이 공급되는 끌어내기 공급방식이라 할 수 있다. 지속적인 상품보충은 거래선 간에 상품이 공급되는 모든 지점에 적용될 수 있는 개념으로, CRP의 초기단계에서는 유통공급과정에서 상품을 공급받기 위해 유통업체의 물류센터 또는 도매배송업체의 출고데이터를 사용한다. CRP의 발전단계에서는 POS데이터를 사용하여 상품보충 프로세스를 보다 개선시킬 수 있다.

CRP는 유통공급망에 종사하는 거래업체들간에 서로 협력하는 업무관행으로서, 이는 주문수량에 근거하여 물류업체가 주문을 하는 전통적인 상품보충 프로세스로부터 실질적인 상품수요와 예측수요를 근거로 상품보충을 하는 것이다. CRP를 구현하게 되면 다빈도배송이 가능하게 되어 재고수준과 운영비를 낮출 수 있다. CRP에서는 판매데이터와 판매예측을 근거로 한 소비자 수요를 통해 상품보충에 필요한 주문과 배송을 실시하게 된다. 가장 보편적인 형태로 운영되는 공급자 재고관리VMI : Vendor Managed Inventory는 물류업체에서 재고데이터와 점포별 주문데이터를 매일 공급업체에 전송하면, 공급업체는 물류업체가 소매점포의 상품수요를 충족시킬 수 있는 주문업무를 책임져야 한다.

CRP는 주로 제조업체나 물류센터의 보충발주를 자동화하는 시스템이며, VMI는 생산자가 소매업자와 상호 협의하여 소매업자의 재고를 관리하는 개념이다.

CRP의 근간은 바로 전자문서교환시스템EDI이다. EDI는 소매업체가 제조업체에게 상품의 출고요청을 전송할 수 있도록 한다. 비록 초기단계에서는 소매업체 창고의 출고 데이터를 기초로 EDI문서를 전송하게 되지만, POS 데이터의 통합관리 능력이 증대됨에 따라 점포에서 실제 판매된 판매량에 근거한 EDI 문서전송이 가능해진다. 이를 통해 각각의 단품별 판매에 따른 제조업체의 단품별 보충이 가능하게 된다. CRP는 주로 제조업체나 물류센터의 보충발주자동화를 의미하며 CAO는 유통업체의 발주자동화를 의미한다.

## 2) CRP의 분류

기업에서 CRP를 추진하는 방법에는 크게 두 가지가 있다. 하나는 재고관리의 책임소재를 고려한 방법이고, 다른 하나는 협력업체간에 정보공유의 정도를 고려한 방법이다. 상품공급업체와 유통업체 사이에서 발생하는 주문은 상품에 대한 수요를 결정하고, 또한 완벽한 주문이행을 위해서는 상품을 공급하는 업체에게 충분한 정보를 제공하여야 한다. 따라서 CRP는 제조업체, 유통업체 중 누구에게 주문책임이 있느냐에 따라서 VMI

와 CMI로 나누어진다.

### (1) VMI(공급자에 의한 재고관리)

VMIVendor Managed Inventory는 현재 소매상, 도매상, 제조업체 모두가 POS 데이터를 보면서 시장의 동향을 파악하는 작업이 시작되고 있다. 소매점의 물건 움직임을 보면서 생산 및 수송을 하게 되면 팔리지 않는 상품을 운반하거나 보관하는 불필요성을 줄일 수 있다. 또한 동일 POS 데이터를 보면서 오는 양을 예측할 수 있으므로 발주업무를 생략할 수 있다. 이것을 공급자에 의한 재고관리라고 한다. VMI는 우수거래처와의 정보공유 네트워크를 기반으로 정확한 수요예측, 최적화된 재고운영, 업무의 비효율성을 제거함으로써 최소의 비용으로 최적의 상품을 공급할 수 있는 전략적 제휴관계를 통해 업무의 효율성을 증대시키는데 그 목적이 있다.

제조업체또는 공급업체, 도매배송센터가 상품보충시스템을 관리하는 경우 상품보충 시스템이 실행될 때마다 판매·재고정보가 유통업체에서 제조업체로 전송된다. 이러한 정보는 제조업체의 상품보충시스템에서 미래의 상품수요량 예측을 위한 데이터로 활용되며 또한 제조업체의 생산공정에서는 생산량 조절에도 사용된다. 제조업체의 CRP시스템에서 계산되는 수요량은 현재와 미래의 생산량 결정을 위한 재고·생산계획 수립에 효과적으로 활용될 수 있다. 성공적인 VMI 도입을 위한 선결과제는 다음과 같다.

① 자재창고의 재고정보가 정확하여야 한다.
② 제조업체의 창고관리를 공급자인 벤더가 직접관리 한다.
③ 정보인프라 구축을 통한 실판매정보의 공유가 이루어져야 한다.
④ 자재코드의 체계화표준화가 되어 있어야 한다.

### (2) CMI(공동 재고관리)

CRP시스템이 제조업체와 유통업체에서 공동으로 운영될 경우 판매와 재고정보는 CRP시스템이 실행될 때마다 유통업체에서 제조업체로 전송된다. 유통업체로부터 전송된 판매, 재고정보는 제조업체의 CRP시스템에서 상품수요예측을 위한 정보로 활용되며 생산 사이클의 생산량 조절에도 사용된다.

CMICo-Managed Inventory를 거래선간에 추진할 때에는 주문제안서를 제조업체가 작성하고 이를 유통업체가 수정 및 확정하게 된다. 즉 CMI는 상품보충에 대한 책임이 유통업체에게 있다는 것이다. 따라서 VMI는 제조업체공급자가 발주확정 후 바로 유통업체로 상품배송이 이루어지는 것에 비하여, CMI는 제조업체가 발주확정을 하기 전에 발주권고를 유통업체에게 보내어 상호합의 후 발주확정이 이루어지는 처리를 말한다. VMI에서 한 단계 더 보완된 것으로 유통업체와 공급업체 간 협업을 통해 공동으로 재고를 관리하는 것을 의미한다.

### 3) CRP 도입 효과

CRP 도입으로 기대되는 효과를 정리하면 다음과 같다.

① 공급사슬의 유지비용 감소
② 상품보충주기 단축
③ 재고수준 감축
④ 공급속도 향상과 정확성 증대
⑤ 상품공급의 용이성 향상
⑥ 상품흐름 균일화
⑦ 고객에게 최고수준의 서비스제공

## 5. 크로스도킹

### 1) 크로스도킹의 개념

크로스도킹Cross Docking은 창고나 물류센터에서 수령한 상품을 창고에서 재고로 보관하지 않고 바로 배송할 수 있도록 하는 물류시스템으로 통과형 물류센터라고도 한다. 크로스도킹을 실현하기 위해서는 ASNAdvanced Shipping Notice과 JITJust in Time 환경이 필요하다. 즉, 공급처의 출하정보 사전입수체계와 물류거점으로의 적시입하체계를 갖추어야 한다.

크로스도킹의 목적은 유통업체, 도매업체, 배송업체, 항만터미널운영업체 등의 물류센터에서 발생될 수 있는 비생산적인 재고를 제거하고자 하는 것이다. 크로스도킹의 이점은 상품을 창고로케이션으로 입고되고 출고되는데 소요되는 시간과 비용을 제거하는 것이며, 크로스도킹을 함으로써 기대할 수 있는 효과로는 유통업체의 결품 감소, 재고수준 감소, 물류센터에서의 회전률 증가, 상품의 공급용이성 증대, 상품흐름의 원활화 등이 있다. 이와 같은 효율성을 구현하기 위해서는 사전에 활동원가분석ABC분석을 실시하는 것이 좋으며 EAN/UCC표준, EDI 등을 통한 정보교환체제가 잘 구축되어 있어야 한다.

**| 표 7-2 | CRP와 Cross Docking의 기대효과**

| CRP | Cross Docking |
|---|---|
| • 재고수준 및 운영비 감소<br>• 상품의 보충주기 단축을 통한 다빈도배송 가능<br>• Supply Chain에서의 상품의 흐름 향상<br>• 소비자 수요에 대한 반응 증대<br>• 거래업체간 보다 나은 업무 협조관계 구축 | • 유통업체의 결품 감소<br>• 재고수준 감소<br>• 물류센터에서의 회전율 증가<br>• 상품의 공급용이성 증대<br>• 상품흐름의 원활화 |

### 2) 크로스도킹의 유형

#### (1) 기포장 크로스도킹

기포장 크로스도킹은 유통업체 점포의 주문에 따라 제조업체가 미리 선택한 파렛트, 케이스 등 패키지를 수령하고, 추가 작업 없이 다른 제조업체에서 배달되어 점포로 배송할 차량에 적재된 유사한 패키지와 함께 배송도크로 이동시키는 것을 말한다.

#### (2) 중간처리 크로스도킹

중간처리 크로스도킹은 파렛트, 케이스 등 패키지를 수령하여 물류센터에서 소분하고 소분된 패키지에 다시 라벨을 붙여 새로운 패키지로 만들어 점포로 배송하는 것을 말한다. 이렇게 만들어진 새로운 패키지물류단위나 거래단위를 지칭함를 다른 제조업체에서 배송되어 배달차량에 적재된 유사한 패키지와 함께 배송도크로 이동시키게 된다.

## 6. 카테고리 관리

### 1) 카테고리 관리의 개념

카테고리 관리Category Management란 고객의 가치를 창출하기 위해 유통업체와 공급업체가 비즈니스 결과를 향상시킬 수 있도록 카테고리를 전략적 비즈니스 단위로 관리하는 프로세스를 말한다. 여기서 카테고리란 소비자가 상호 연관된 것으로 인지하고, 소비자의 요구를 충족시키기 위해 상호 대체할 수 있다고 판단되는 명확하고 관리 가능한 상품 및 서비스의 그룹이라고 할 수 있다.

카테고리 관리는 개별적 브랜드 관리체제를 탈피하고 전체 카테고리 결과의 가치를 높일 수 있도록 설정된 정책과 실무의 지원 하에 상품그룹의 구색을 관리하는 체제로 재편하는 과정을 지칭한다. 보다 광의의 카테고리 관리는 유통업체들과 거래파트너 공급업체들이 함께 모여 고객 중심의 카테고리 계획을 창출하고 관리하는 쌍방향 비즈니스 프로세스를 뜻한다.

## 2) 카테고리 관리의 구성요소

카테고리 관리의 구성요소에는 전략, 비즈니스 프로세스, 스코어카드성과측정, 조직역량, 정보기술, 거래파트너 간 협력관계 등이 있는데 이 중에서 전략과 비즈니스 프로세스는 가장 근본적인 요소로서 카테고리 관리의 핵심요소가 된다.

### (1) 전략

카테고리라는 전략적 비즈니스 단위의 기초 위에 비즈니스를 조직하고 유도·관리하는 전략적 선택으로 비즈니스 프로세스에서 의사결정의 지침이 되는 전체적 틀이 된다.

### (2) 비즈니스 프로세스

비즈니스 프로세스는 전략을 달성하기 위해 요구되는 일련의 작업으로, 카테고리 관리의 작업이 이루어지는 활동의 순서와 방법을 의미한다.

### (3) 스코어카드

스코어카드는 카테고리 비즈니스 계획을 모니터링하고, 카테고리 계획 관련 의사결정을 개선하며 보상 및 책임의 근거를 제공하는 측정 수단이 된다.

### (4) 조직역량

조직역량은 적절한 조직구조, 역할 및 책임, 기술 및 지식, 보상시스템 등을 통하여 기업조직의 핵심역량을 개발하는 것이다.

#### (5) 정보기술

정보기술은 비즈니스 프로세스의 생산성을 향상시키고 카테고리 관리에서 사실에 기초한 의사결정을 지원하는 데이터와 시스템을 의미한다.

#### (6) 거래파트너간의 협력관계

거래파트너가 협력하여 공동의 목적을 위해 고유한 자원과 비전을 극대화할 때 창출되는 시너지효과로 소비자 가치의 증대와 수익증대의 효과를 창출한다.

## 7. BSC와 SCOR

### 1) 스코어카드

BSCBalanced Scorecard는 SCM 추진을 진행 중이거나 준비 중인 기업제조, 도매, 물류, 유통이 자사 및 거래파트너의 SCM추진의 준비도, 협업수준 및 그에 대한 성과를 객관적으로 측정할 수 있도록 하는 계량적 평가도구이다. 이러한 평가를 통해 특정 취약 분야에 대한 우선순위 설정과 필요한 개선안을 파악하는데 지침서로 활용되며, 향후 개선을 위한 전략과 방향 수립 및 실행 프로세스를 설정하는데 도움이 된다.

스코어카드는 Robert S. Kaplan과 David P. Norton에 의해 창안된 것으로 이들은 기업의 전략적 목표를 성과측정지표로 전환시킬 수 있다고 생각하여 성과측정관리 기법의 하나로서 개발한 것이다. 스코어카드는 1990년대 중반, 미국에서 식품·잡화산업을 중심으로 추진되던 SCM이 전 산업으로 확대됨에 따라 기업들의 SCM 추진의 객관적인 평가지표 마련에 대한 필요성 대두로 등장하게 되었다. 산업화 시대에는 표준화된 제품의 대량 생산을 통해 원가를 낮추는 것이 기업 경쟁력을 좌우하는 핵심이었기 때문에 재무제표 상의 결과를 통해 기업의 역량을 판단하였으나, 정보화 시대에 들어서면서 기업가치를 종합평가할 수 있는 스코어카드 기법이 도입되었다. 제품 및 서비스의 질, 조직 구성원의 사기 및 숙련도, 업무절차, 고객의 충성도 등 기업의 성패에 결정적 영향을 미치면서도 재무제표에는 직접적으로 포함되지 않는 요소들을 측정하는 것이다.

스코어카드의 전체 내용은 유통, 도매, 물류, 제조 등 Supply Chain상에 관련된 기업간의 협업의 관점으로 구성되었으며, 이는 기업 내부의 기능간 장애요인 및 외부의 거래 파트너와의 장애요인을 제거하는데서 출발한다. 스코어카드의 평가대상은 유통Retailer, 제조Supplier, 공동Joint의 3개 부문으로 구성하여 자사의 역량을 평가하는 것은 물론 거래 파트너와의 준비도 및 협력관계를 평가하도록 구성하였다.

## 2) SCOR 모델

SCORSupply Chain Operations Reference 모델은 Supply Chain Council에서 개발하여 보급하고 있는 표준적인 공급사슬 Process Reference Model이며, 해당 기업의 공급업체로부터 고객에 이르기까지 계획, 조달, 생산, 판매 및 배송이 이루어지는 공급사슬을 통합적으로 분석한다는데 그 기초를 두고 있다. Process Reference 모델은 비즈니스프로세스 리엔지니어링BPR, 벤치마킹, Best Practices 분석의 개념을 하나로 통합한 개념이며, 프로세스 요소, 성과지표, Best Practice 등을 함께 제시함으로써 모델의 적용성을 높인 것이 가장 큰 장점이라 할 수 있다.

전략적인 수준에 초점을 두고 있는 Balanced ScorecardBSC와 비교할 때 SCOR 모델은 공급사슬관리의 성과를 측정하고, 개선분야를 직접적으로 파악할 수 있는 구조를 가지고 있다는 장점이 있다. 공급사슬의 통합운영은 정보와 상품의 흐름을 개선하며, 사슬 내의 모든 연결부분에서 발생하는 과잉재고와 낭비요인을 절감시킬 수 있다. SCOR 모델은 계획, 조달, 제조, 배송, 반품의 다섯 가지 상위 레벨의 관리 프로세스로 이루어진다. 그리고 SCOR 모델은 최상위수준프로세스 유형, 구성수준프로세스 카테고리, 프로세스 요소수준프로세스 분해, 실행수준프로세스 요소 분해의 네 가지 계층적 레벨로 구성된다.

**| 그림 7-2 |** SCOR 모델

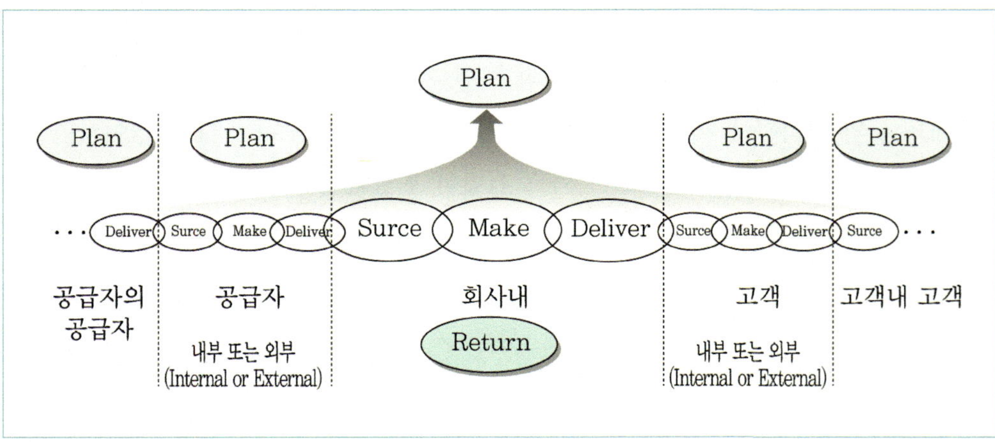

# 제 3 절 SCM 성공을 위한 요인

## 1. 공급 측면의 동기화

### 1) 채찍효과의 개념

제품에 대한 수요의 변동은 다양한 요인에 의해 유발된다. 예측 가능한 부분에 대해서는 적절한 예측기법을 적용하여 대응하면 되지만, 문제는 예측 불가능하게 변동하는 부분이며 SCM은 이에 대한 새로운 시각을 제시하고 있다. 예측 가능한 장기적 변동을 제외하고 나면, 대개의 제품에 대한 최종 소비자의 수요는 그 변동폭이 크지 않다. 그런데 공급망을 거슬러 올라갈수록 이 변동폭이 커지는 현상이 발생하게 되는데 이러한 현상을 채찍효과Bullwhip Effect라고 한다.

**| 그림 7-3 |** 채찍효과

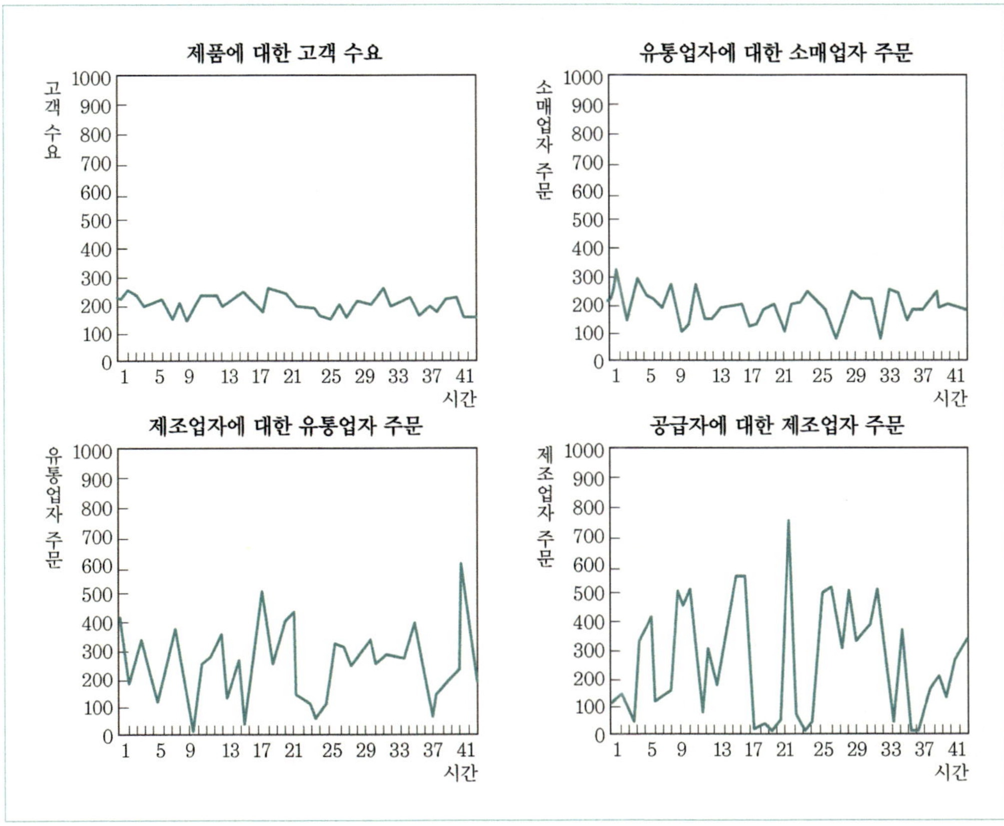

채찍효과란 소를 몰 때 쓰는 긴 채찍의 경우 손잡이 부분에서는 작은 힘이 가해져도 끝 부분에서는 큰 파동이 생기는 데 착안하여 명명되었다. 즉, 공급망에 있어서 소비자 수요의 작은 변동이 제조업체에 전달될 때는 확대되므로, 제조업체 입장에서는 수요의 변동이 매우 불확실하게 보이는 것이다.

소비자가 상점에서 제품을 구입해가는 양은 일별로 볼 때 큰 차이가 없음에도 불구하고 제조업체에서는 주문량이 일 단위로 크게 변하는 현상이 바로 그 예다. 이러한 정보의 왜곡현상으로 공급망 전체로는 재고가 많게 되고 고객에 대한 서비스 수준도 떨어지며 생산능력 계획의 오류, 수송상의 비효율, 생산계획상의 난맥 등과 같은 악영향이 발생하게 된다. 문제는 공급망 내 구성원들은 합리적이고 논리적으로 판단하고 행동하는 데에도 불구하고, 정보의 왜곡으로 인하여 이러한 현상이 발생하게 된다는 것이다.

새로운 구조와 운영방식 하에서는 최종소비자의 소비속도에 따라 제품이 공급망 전체를 물 흐르듯이 흘러가야 하며, 이와 같이 된 상태를 동기화Synchronization 되었다고 한다. 이러한 제품흐름의 동기화가 SCM의 핵심적인 과제이다.

## 2) 채찍효과 발생의 원인

채찍효과가 발생하는 원인에 대해서는 다음과 같이 정리할 수 있다.

### (1) 전통적인 예측관행

시장에서의 실제 수요량의 예측을 정확하게 하지 못한 상태에서 각 공급사슬 단계별로 통상적인 주문량에 의존하여 각자가 독립적으로 수요를 예측하기 때문에 수요의 왜곡과 변동이 증가하게 된다.

### (2) 긴 리드타임

긴 리드타임과 수요변동의 예측에 있어 작은 변화는 안전재고와 재주문 수준, 그리고 수문량에 변화를 초래하여 변동폭의 증가를 가져 온다.

### (3) 일괄 및 대량주문

운송비용이 큰 비중을 차지하는 경우 소매업체들은 운송비용의 이점을 활용하기 위하여 주문량을 늘리거나, 분기별, 연도별 목표 판매량의 달성에 따른 인센티브정책이 있을 경우 비주기적인 대량주문이 발생하게 된다. 여러 도매상이나 소매상으로부터 동일한 시점에서 한꺼번에 주문을 받으면 일정 시점에서 수요가 급격히 증가하는 현상이 발생한다.

#### (4) 가격변동

소비자의 실제 수요량과 관계없이 시장가격의 변동으로 가격이 낮게 형성될 때 대량의 주문을 하게 되는 경우가 있다.

### 3) 채찍효과의 대처방안

채찍효과를 제거 내지 감소시키기 위한 대처 방안으로는 다음과 같다.

첫째, 정보의 왜곡으로 인한 문제를 제거하기 위해서는 공급사슬 전반에 걸쳐 수요에 관한 정보를 집중화하고 공유한다.

둘째, 최종 소비자의 수요 변동폭을 감소시킬 수 있는 영업전략을 선택하는 등의 시장전략을 고려할 필요가 있다.

셋째, 제품의 공급 리드타임을 감축시킬 수 있는 방안을 모색해야 한다.

넷째, 가격정책의 안정화와 철저한 판매예측을 거친 뒤 공급하는 방안마련이 필요하다.

다섯째, 불황에 대비하기 위해 거래선과 전략적 파트너십을 강화할 필요가 있다. 예를 들어 공급자 재고관리VMI : Vendor-Managed Inventory 등 공급사슬 구성원 간에 전략적 관계를 강화한다.

## 2. 수요 측면의 카테고리 관리

제품흐름의 동기화는 공급망 전체가 수요를 어떻게 충족시켜야 하는가라는 문제를 중심으로 혁신을 추구한다. 많은 기업에서 행해지는 수요창출 노력이 있었으나 전체 공급망의 성과를 저해한다는 점은 흔히 간과되고 있다. 매출이 저조하면 거래처를 대상으로 판촉을 시행한다. 유통업체를 대상으로 한 이러한 판촉은 대개 가격할인이나 물량할증의 형태로 제공되며 단기적으로는 매출액을 늘리는데 기여하지만, 반대로 공급망 전체의 재고만을 증가시키는 결과만을 가져오는 경우가 대부분이다. 나아가 이러한 단기적 처방들로 인해 소비자의 수요정보가 더욱 왜곡되며 그 결과 앞에서 본 동기화는 더욱 어려워진다. 따라서 수요의 창출은 공급망의 동기화를 저해하지 않으면서 궁극적인 소비자의 수요를 창출하는데 초점을 두어야 한다. 이와 같은 맥락에서 유통업체와 제조업체 간의 협력이 강조되는 현상이 쉽게 이해되며, 특정 제품군을 중심으로 유통업체와 제조업체가 협력을 통해 공동의 수요를 창출해내는 과정을 카테고리 관리라 한다.

## 3. SCP와 SCE

### 1) SCP

SCPSupply Chain Planning는 Supply Chain을 구성하는 다양한 요소Manufacturing Plant, Distribution Center, Supplier 등들의 관계를 파악하고 시장수요를 예측하여 Supply Chain 전체에 대한 최선의 계획을 수립하는 것으로 SCM의 운영 방향을 제시한다.

SCM의 Software 구성 중 SCP는 의사결정과 계획입안 업무를 지원하는 소프트웨어이며, APSAdvanced Planning and Scheduling로 불리는 다양한 소프트웨어들로 구성되어 있다. 구체적으로 보면 수요계획, 행사계획, 재고계획, 자동재고보충계획, 생산계획 등으로 나누어 볼 수 있다.

**| 표 7-3 | SCP와 SCE의 주요 내용**

| 구분 | SCP | SCE |
|---|---|---|
| 주요 내용 | • 수요계획<br>• 행사계획<br>• 재고계획<br>• 재고보충계획<br>• 생산계획 | • 사전출하통지<br>• 재고수준, 채널간의 정보공유 수준 결정<br>• 공급자 선정, 배송업체 선정<br>• OMS, WMS, TMS |

### 2) SCE

SCESupply Chain Execution는 주문처리나 물류관리에 따른 SCM을 실행하기 위한 Software들로 구성되는데. 과거에 독자적인 시장을 형성하고 있었던 것들이 SCM이 등장함에 따라 함께 구축되어야 시너지효과가 높아진다는 것을 인식하게 되어 점점 통합되어지고 있다. 즉 SCE는 실제 물류현장에서 이루어지는 물과 정보의 거래를 규명하고 관리하는 부분이다. SCE의 주요 의사결정 사항에는 공급자 선정, 배송업체 선정, 재고수준, 채널간의 정보공유 수준, OMSOrder Management System, WMSWarehouse Management System, TMSTransport Management System 등이 해당된다.

현실적으로 보면 ERP를 구축한 기업에서는 기업성과를 높이기 위한 도구로서 SCP를 쉽게 활용할 수 있을 것이며 SCP를 구현하기 위해서는 외부 손과 발이 되는 SCE를 필요로 하게 된다.

**| 그림 7-4 | 물류 측면에서의 SCM 범위**

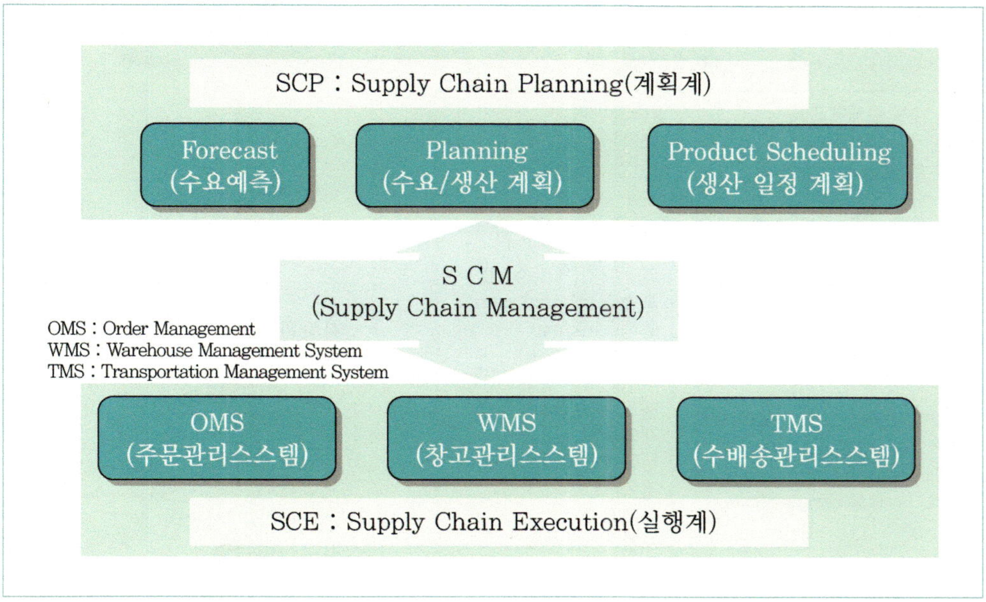


**| 그림 7-5 | SCM 중 SCP의 범위**

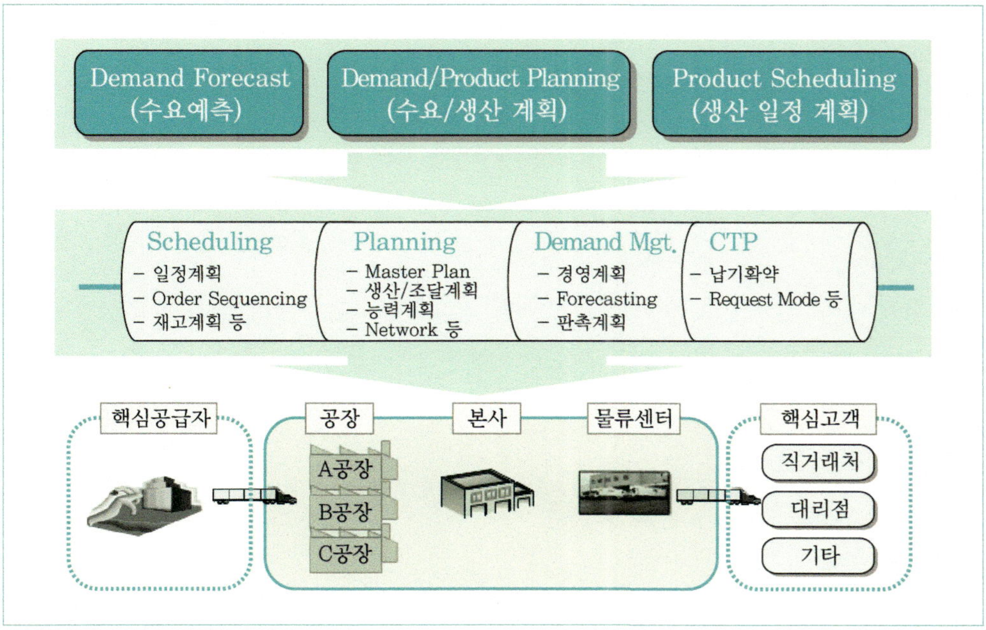

**| 그림 7-6 | SCM 중 SCE의 범위**

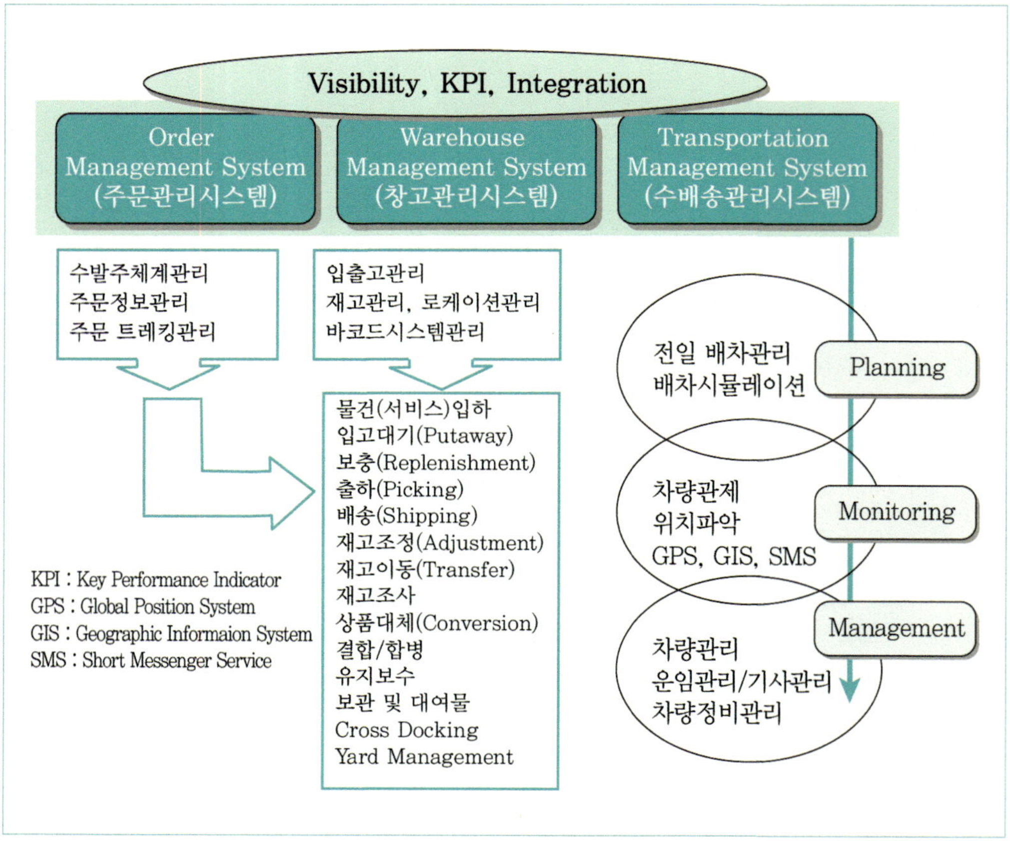

## 연습문제

**1.** 채찍효과(Bullwhip Effect)에 관한 설명으로 옳지 않은 것은?

① 공급사슬에서 정보의 왜곡현상은 채찍효과를 발생시킨다.
② 공급사슬상에서 채찍효과는 공급사슬상의 하류, 즉 소비자측으로 갈수록 그 폭이 커진다.
③ 채찍효과의 주요 원인으로는 부정확한 수요예측, 제품가격의 변동, 긴 리드타임 등을 들 수 있다.
④ 채찍효과는 제조업자, 유통업자, 고객 사이에서 제품의 거래와 관련된 정보의 불일치에 기인한 문제로 볼 수 있다.
⑤ 채찍효과의 해소를 위해서는 정보의 공유, 기업간 협업을 통한 재고관리, 효과적인 가격정책 등이 요구된다.

**2.** 효율적인 공급사슬관리기법에 관한 설명으로 옳지 않은 것은?

① VMI(Vendor Managed Inventory)는 공급업체가 주도적으로 재고를 관리하는 것을 의미한다.
② CMI(Co-Managed Inventory)는 VMI에서 한 단계 더 보완된 것으로 유통업체와 공급업체 간 협업을 통해 공동으로 재고를 관리하는 것을 의미한다.
③ CPFR(Collaborative Planning Forecasting and Replenishment)은 유통업체와 공급업체가 긴밀한 협업을 통해 판매계획을 수립하고, 수요예측 및 재고관리를 공동으로 진행하는 프로세스를 의미한다.
④ 크로스도킹(Cross-Docking)은 공급사슬상의 각 단계간에 제품이동시간을 줄이기 위해 보관기능 없이 통과시키는 시스템이다.
⑤ QR(Quick Response)은 공급업자와 생산업자가 긴밀한 협업체계를 통하여 생산리드타임을 줄이는데 초점을 두는 시스템이다.

**3.** 채찍효과(Bullwhip Effect)의 발생 요인에 해당 하지 않는 것은?

① 가격변동의 심화
② 중앙 집중화된 수요정보
③ 리드타임의 증가
④ 과다한 수요예측
⑤ 배치주문(Order Batching)

4. 공급사슬 내에 있는 모든 객체들의 동기화(synchronization)에 따른 이점으로 보기 어려운 것은?

① 공동협력 체제의 형성이 쉽다.
② 구매와 생산에 있어서 규모의 경제 달성을 용이하게 한다.
③ 전체 리드타임의 단축에 기여할 수 있다.
④ 변화에 대한 대응능력을 제고시킬 수 있다.
⑤ 고객에 대한 납기약속을 잘 지킬 수 있게 한다.

5. ECR(Efficient Customer Response)의 구현을 위한 관리기법으로 가장 거리가 먼 것은?

① CAO(Computer Assisted Ordering)
② CR(Continuous Replenishment)
③ CD(Cross Docking)
④ CM(Category Management)
⑤ CP(Count Point)

6. 다음 중 SCE(Supply Chain Execution)의 주요 의사결정사항에 해당되지 않는 것은?

① 재고수준
② 자재소요량 계획
③ 공급자 선정
④ 배송업체 선정
⑤ 채널간의 정보공유 수준

7. 다음 중 ECR에 대한 설명으로 옳은 것은?

① 전자산업에서 최초로 실행되었다.
② Efficient Customer Relationship의 약자이다.
③ 소비자단체와 유통업체 간 상호 정보를 공유하여 비효율을 없애고자 한다.
④ 매장의 판매정보가 온라인으로 공급자에게 전달되어 현재의 재고상태를 파악할 수 있도록 한다.
⑤ 소비자의 가치를 극대화하기 위하여 최종 소비자의 직접 참여를 바탕으로 하는 의사결정방식이다.

8. 다음 중 공급사슬관리(Supply Chain Management)에서 발생하는 채찍효과(Bullwhip Effect)의 주요 원인이 아닌 것은?

① 중복된 수요예측
② 긴 리드타임
③ 실시간 주문처리
④ 가격의 변동
⑤ 결품 예방 경쟁

9. 오늘날 글로벌공급망의 성공은 최종적으로 무엇으로 평가되는가?

① 주문인도 사이클 ② 고객에게 부가되는 가치
③ 완전선적된 주문품의 비율 ④ 적시선적된 주문품의 비율
⑤ 안전한 재고수준

10. 다음은 ECR(Efficient Consumer Response : 효율적 고객대응) 구현 원칙에 대한 설명이다. 이 중 적절치 않은 것은?

① 전체 시스템의 효과성과 잠재적 보상이 명확하도록 일관성있는 성과측정과 보상시스템을 사용하여야 한다.
② 제품의 흐름이 생산 및 포장에서부터 소비자에 이르기까지 효율적으로 이루어져야 한다.
③ 대외적인 EDI표준과 대내적인 경영정보시스템을 통해 정보의 정확성을 향상시켜야 한다.
④ 기존 윈윈(Win/Win) 거래관계의 패러다임을 Win/Lose의 관계로 전환해야 한다.
⑤ 생산, 마케팅 및 물류기능과 연계된 의사결정을 효과적으로 지원하여, 소비자에게 보다 나은 가치를 제공할 수 있어야 한다.

11. 공급사슬관리가 요구하는 인식전환의 방향이 아닌 것은?

① 제품 중심에서 고객 중심으로
② 재고관리자에서 정보관리자로
③ 단순거래관계에서 협력관계로
④ 프로세스 중심에서 기능 중심으로
⑤ 비용 절감에서 수익성 확보로

12. 크로스도킹(Cross-Docking) 전략을 설명한 것이다. 이 중 가장 잘못된 것은?

① 창고나 물류센터에서 수령한 물품을 재고로 보관하는 것이 아니라 입고와 동시에 출고하여 배송하는 물류시스템을 말한다.
② 크로스도킹 전략을 가장 효율적으로 활용하는 업종은 유통업, 도매배송업 및 항만터미널운영업 등이다.
③ 크로스도킹 전략은 유통업체의 결품 감소, 재고수준 감소, 물류센터에서의 회전율 감소 및 상품의 공급용이성이 증대되는 기대효과가 있다.
④ 크로스도킹 전략을 효율적으로 구현하기 위해서는 사전에 활동원가분석(ABC분석)을 실시하는 것이 좋다.
⑤ 크로스도킹 전략에서는 EAN/UCC표준, EDI 등을 통한 정보교환체제가 잘 구축되어 있어야 한다.

Chapter 8

# 물류아웃소싱과 제3자물류

## 제 1 절 아웃소싱과 물류아웃소싱

### 1. 아웃소싱

#### 1) 아웃소싱의 개념

아웃소싱Outsourcing이란 사내작업의 외주화, 정보시스템의 개발, 사무적인 일반 업무 등 간접인력 삭감을 의도해서 행하는 외부 위탁업무이다. 즉, 기업의 여러 가지 경영활동과 업무 가운데 일부를 기업 자체 내에서 처리하지 않고 외부에 맡기거나 조달하는 것을 뜻한다. 이는 기업의 역량을 핵심부문에 집중하면서 외부의 전문분야를 활용하여 경쟁력을 높이기 위한 경영혁신운동의 일환이다.

**| 표 8-1 | 아웃소싱 개념의 변화**

| | 전통적 아웃소싱 | 새로운 아웃소싱 |
|---|---|---|
| 명칭 | 하청(Subcontracting)<br>OEM | 전략적 아웃소싱(Strategic Outsourcing)<br>프로세스 아웃소싱(Process Outsourcing) |
| 등장시기 | 1950년대 말 | 1980년대 말 |
| 도입목적 | 인건비, 간접비 등의 비용절감 | 기업의 조직과 자원을 핵심역량 중심으로 새롭게 재구축하여 경쟁우위를 확보 |
| 대상분야 | 생산, 전산, 홍보 등 단순 업무 및 간접지원 부문 중심<br>전체 업무 프로세스 중 일부 | 간접지원 부문을 포함한 R&D, 마케팅, 판매, 인사, 물류 등의 기업 전 분야 해당 업무 프로세스 전체 |
| 공급업체와 관계 | 단기적, 거래적 | 장기적, 동반자적 |

## 2) 아웃소싱의 도입 이유

정보기술의 발달로 자신이 수행하는 활동 중 핵심역량을 제외하고 나머지 부문을 해당 전문기업에 맡김으로써 경쟁력을 제고시키려는 전략적 아웃소싱을 실행하려는 기업들이 많아지고 있다. 또한 기업들의 리스트럭처링이나 리엔지니어링의 일환으로 기업들이 사업내용을 재검토하는 과정에서 외부자원의 활용을 통해 비용절감을 할 수 있는 방안을 강구하면서 그 대안으로 아웃소싱이 도입되고 있다. 그리고 기업의 관리영역이 광범위해지고 정보시스템의 도입 등으로 자사에서 하는 것보다 전문성 및 노하우를 가진 전문업체에 위탁하는 것이 효과가 크다.

**| 표 8-2 | 아웃소싱의 도입 이유**

| 외적 환경요인 | 내적 환경요인 |
|---|---|
| 저성장 및 경기침체 지속 | 매출신장률 둔화, 비용증대 |
| 글로벌 경쟁 심화 | 관리부문의 조직 비대화 |
| 아웃소싱업체의 제공서비스 고도화, 다양화, 전문화 | 고정비 부담 심화(투자 리스크 확대) |

## 3) 아웃소싱의 유형

### (1) 비용절감형 아웃소싱

비용절감형 아웃소싱은 비용절감을 위해 중요하지 않은 기능들을 아웃소싱하는 것으로써 우리나라 기업들이 주로 이용하는 형태청소, 경비, 주차 등이다.

### (2) 분사형 아웃소싱

분사형 아웃소싱은 기업 내의 특정 기능이나 조직을 분사시키는 유형이다. 여기에는 이익추구형과 스핀오프형이 있다.

#### ① 이익추구형

이익추구형Profit-Center은 사내에서는 크게 중요하지 않으나 나름대로 전문성을 확보하고 있는 기능을 외부화하여 수익률을 제고시키려는 아웃소싱이다.

#### ② 스핀오프형

스핀오프형Spin-Off은 자사 보유의 일정한 기술이나 역량들을 분사시켜 비즈니스화 하지만 핵심역량 자체는 아웃소싱하지 않는 형태이다.

### (3) 네트워크형 아웃소싱

네트워크 아웃소싱은 핵심역량 이외의 모든 기능을 아웃소싱하고 이들 공급업체와 네트워크를 형성하여 시너지 효과를 제고시키는 형태이다. 각각의 주체가 서로의 경영자원을 공유하고 상호 보완적으로 활용하는 코소싱Co-Sourcing의 형태로, 조직의 유연성 제고와 새로운 부가가치 창출이 가능한 형태이다.

### (4) 핵심역량 자체의 아웃소싱

핵심역량 자체의 아웃소싱은 기업의 핵심역량 자체를 외부화시켜 경쟁에 노출시킴으로써 핵심사업의 경쟁력을 더욱 높이려는 아웃소싱을 말하며 주로 첨단산업에서 이용한다.

## 2. 물류아웃소싱

### 1) 물류아웃소싱의 개념

물류아웃소싱은 물류활동의 일부 또는 전부를 외부 물류전문업체에게 위탁하여 수행할 수 있도록 하는 물류전략이다. 기업은 물류아웃소싱을 통해 핵심역량에 집중할 수 있으며, 인적자원의 감소와 자본투자비용의 절감 그리고 조직의 유연성을 확보할 수 있다. SCM, JIT, 정보통신기술의 발달 등과 같은 최근의 물류환경 변화는 물류기능의 아웃소싱을 통한 접근방법을 파트너십에 입각한 전략적 차원으로 전환시키고 있다.

### 2) 물류아웃소싱 전략

기업의 전략과 목표에 따라 물류아웃소싱 도입여부가 결정될 수 있고, 도입 결정 후에도 업체선정을 위한 기준이 달라질 수 있다. 어떤 기업은 핵심역량 육성이 주목적이 될 수 있고, 또 다른 기업은 시장점유율 확대가 주요 목적이 될 수 있다. 물류아웃소싱의 전략은 철저히 기업이 추구하는 전략적 방향을 근거로 수립되어야 한다. 이와 관련한 내용을 정리하면 다음과 같다.

첫째, 물류활동과 관련하여 현재 지출되고 있는 비용현황을 정확히 파악해야 한다.

둘째, 최고경영자의 지지를 얻는 것이 필수적이다.

셋째, 기업 내부의 물류부서에 대한 조직 및 인원 감축에 대한 저항을 해결해야 한다.

넷째, 물류아웃소싱의 주된 목적과 전략이 조직 전체의 전략과 일관성을 유지해야 한다.

다섯째, 현재와 미래의 고객에 대한 욕구를 충족해야 한다.

### 3) 물류아웃소싱의 기대효과

물류기능들의 아웃소싱은 경쟁우위를 획득하고 고객서비스 수준을 증대시키며, 전반적인 물류비용을 감소시키는데 매우 효과적이다. 물류아웃소싱의 직접적인 효과로는 물류비용의 효율적 관리, 물류서비스의 규격화, 물류부분에서 자본투자의 불필요 등을 꼽을 수 있다. 그리고 간접적인 효과로는 기업의 유연성 확보, 핵심 사업에 주력가능, 관리의 효율화, 생산성의 증대 등 이다. 물류아웃소싱의 기대효과를 정리하면 다음과 같다.

첫째, 물류산업의 수요기반이 확대되고 이에 따른 물류시설에 대한 고정비 부담의 감소로 규모의 경제효과를 창출함으로써 물류산업의 합리화와 고도화가 촉진된다.

둘째, 제조업체의 고객만족 경영체제를 지원할 수 있는 물류서비스가 신속하게 개발하고 제공됨에 따라 물류수요자인 제조업체들이 자사의 핵심 사업에 모든 경영자원을 집중하여 경쟁력을 강화할 수 있는 여건이 조성된다.

셋째, 물류서비스 가운데서 가장 비중이 높은 운송서비스는 현행 화물자동차 의존형 개별직송방식에서 탈피하여 다른 운송수단과 연계되는 연계수송방식과 물류시설을 이용한 거점운영방식이 활성화되는 등 종합물류서비스로서의 면모를 갖추게 된다.

넷째, SCM 실행의 핵심요소는 공급망 내 기업간의 최종고객에 대한 정보공유와 신속한 정보흐름에 있으므로 물류아웃소싱은 SCM의 도입 및 확산을 촉진하는 매개 역할을 할 것이다.

### 4) 물류아웃소싱의 단점

물류아웃소싱은 앞서 제시한 많은 이점이 있는 반면 다음과 같은 문제점이 발생할 수 있다.

첫째, 종래에 내부에서 실시하던 업무가 외부화됨으로써 업무 내 기밀이나 노하우가 누설될 위험이 있다.

둘째, 해당 업무가 외부화되기 때문에 그 업무를 알고 있는 스탭의 부재로 인한 위험부담이 있다.

셋째, 도입부서의 인원삭감에 따른 노동문제가 발생할 수 있다.

넷째, 섬세한 물류서비스 제공이 곤란해지는 등의 서비스수준 저하에 대한 우려가 있다.

## 제 2 절 물류자회사

### 1. 물류자회사의 개념

물류자회사란 화주기업 자신이 직접 물류업무를 수행하였거나 외부에 아웃소싱 했던 물류업무를 별도의 법인으로 분리시켜 이 회사에 50% 이상의 자본을 투자하여 자신의 물류를 전담하게 하는 형태의 물류회사를 말한다. 모회사의 물류관리업무를 전부 혹은 일부를 대행하기 위한 물류관리상의 한 수단으로서 모회사의 출자 및 인원의 파견으로 설립된 회사를 말한다. 물류자회사의 설립은 모회사의 기본적인 물량이 뒷받침하고 있기 때문에 안정적으로 물류회사를 운영하면서 다른 화주들의 일반화물을 유치하여 매출을 올릴 수 있다는 점, 그리고 물류업무를 독립적으로 운영하면서 물류서비스 품질이 향상될 수 있다는 판단 하에 설립하게 되는 것이다.

## 2. 물류자회사의 발전과정

물류자회사는 모회사의 업무만을 수행하는 모회사 전속형, 그룹의 물류업무까지 수행하는 그룹형, 그룹 이외의 업무로 확장하는 물류사업형의 발전과정을 거친다.

첫째, 모회사전속형은 판매 및 사내물류에 이르는 활동을 하는 형태로 모회사의 업무만을 100% 수행하는 형태이다.

둘째, 그룹형은 물류사업의 대상 영역을 모회사뿐만 아니라, 모회사를 포함하는 그룹관련회사의 물류업무 분야까지 확대하여 수행하는 형태이다.

셋째, 물류사업형은 그룹사 이외의 대상영역까지 확대된 형태로 운송회사, 창고회사, 하역회사, 포장회사 등을 중심으로 기업의 비용절감뿐만 아니라 수익성 창조를 통한 그룹 전체에 기여하는 형태이다.

## 3. 물류자회사의 장·단점

### 1) 물류자회사의 장점

#### (1) 물류전문가 집단의 육성

모회사의 물류관리분야에 종사하는 관리자들을 타 부서로 이동하게 되면 물류관리 전문가의 양성이 어렵다. 그러나 이들을 물류자회사로 분산시켜 근무시키면 지속적으로 물류관리를 담당하게 되고, 전문가로 육성되어 보다 효율적인 물류업무를 수행할 수 있다.

### (2) 물류비 관리의 명확화

모회사가 물류업무를 직접 처리하게 되면 인건비나 물류시설 등에 대한 비용을 명확하게 파악하기가 곤란하다. 즉 어느 부분까지를 물류비용으로 처리하고 어느 부분을 일반관리비나 제조비용으로 처리할 것인지를 구분하기가 모호한 부분이 많다. 따라서 물류자회사를 설립하여 물류시설, 인원, 장비 등을 물류자회사 소속으로 분리하여 운영하면 정확한 물류비 관리가 가능해진다.

### (3) 모회사의 물류전략 실현

물류관리를 외부에 아웃소싱하게 되면 그 물류기업이 화주기업의 물류전략을 100% 이해하고 실천하기보다는, 이익창출 중심으로 운영하게 되어 고객에 대한 맞춤서비스를 제공하는 것이 어렵게 된다. 따라서 자기의 물류전략을 잘 이해하고 실천할 수 있는 물류자회사를 설립하여 전체적인 비용을 낮추면서도 효과적인 서비스를 제공할 수 있다.

### (4) 노동조합과 절충이 용이

물류분야는 육체적인 업무와 생산 및 판매분야에 종속적으로 발생하는 특성으로 인하여 타 분야에 비해 불만의 발생여지가 높으며 노사문제가 발생할 가능성 또한 높다. 따라서 물류자회사를 별개의 회사로 관리하게 되면 노동조합과의 절충이 쉬워진다.

### (5) 비용의 외부유출 방지와 이익창출

외부의 물류기업에 의뢰하기보다는 물류자회사를 설립하여 운영한다면 현금유출을 축소할 수 있고 그만큼 자신이 이익을 더 얻을 수 있다.

### (6) 물류 노동임금의 탄력성

고임금을 받고 있는 물류관리자를 물류자회사로 전환시켜 전체적인 인건비 수준을 낮추고, 임직원을 퇴직시키기 위하여 물류자회사를 설립하여 완충지대 역할을 수행하도록 한다.

### (7) 물류정보의 외부유출 방지

외부의 물류기업에 아웃소싱할 경우 판매정보, 재고정보 기타 물류정보들이 다른 경쟁기업으로 유출될 우려가 높으나 물류자회사를 설립하여 운영하게 되면 이러한 문제점을 해소시킬 수 있을 뿐만 아니라, 자신의 물류 특성에 맞는 물류정보시스템을 개발하여 독자적으로 활용할 수 있다.

## 2) 물류자회사의 단점

### (1) 모회사의 물류전략과 충돌 가능성

물류자회사가 타 회사의 물류를 같이 취급할 경우 모회사는 자기의 물류를 중심으로 최우선적으로 처리해 줄 것을 요구함에 따라 모회사의 물류전략과 자회사의 물류전략 간에 충동할 가능성이 있다.

### (2) 물량확보의 어려움

물류자회사가 성공적으로 운영되기 위해서는 보다 많은 물량을 확보하여 경제성이 확보되어야 한다. 그러나 모회사의 경쟁기업들이 자기의 판매정보나 기타 물류정보 등이 유출될 것을 우려하여 물류자회사에 물류관리 의뢰를 꺼려할 수 있다.

### (3) 모회사의 비용절감 압력

물류자회사 설립이 물류전문가 양성 및 물류비의 명확한 관리 등을 통하여 물류서비스 수준 향상에 있음에도 불구하고 인건비 등 물류비 절감을 요구하게 된다. 이러한 모회사의 비용절감 압력이 자칫 서비스수준을 저하시켜 물류자회사가 경쟁력을 잃고 실패로 끝날 우려가 있다.

### (4) 낙하산식 인사정책

모회사의 퇴직임원을 물류자회사로 방출하여 비물류 전문가가 의사결정을 하도록 하는 것은 직원들의 사기를 저하시킬 뿐만 아니라, 중요한 의사결정에서 잘못된 결정을 함으로서 물류자회사의 운영을 어렵게 하기도 한다.

### (5) 모회사의 자금통제 등의 간섭

보통 모회사는 물류자회사에 대한 설비투자나 자금집행 등을 모회사가 직접 통제하거나 관리자를 파견하여 관여하게 된다. 모회사의 간섭이 증대될 경우 자회사의 독립성 결여 및 이로 인한 업무의욕이 저하될 가능성이 있다.

# 제 3 절 제3자물류

## 1. 제3자물류의 개념

제3자물류3PL : Third Party Logistics는 물류아웃소싱의 한 부분으로서 기업이 수행하는 다양한 활동 중 전략적으로, 가장 잘 할 수 있는 분야나 핵심역량을 가진 분야에 기업의 모든 자원을 집중시키고 부가가치가 낮은 물류업무를 외부 전문업체에게 업무의 설계, 기획 및 운영까지 위탁시키는 것을 말한다. 즉, 제3자물류는 전략적 물류아웃소싱SLO : Strategic Logistics Outsourcing이라고 할 수 있다.

여기서 전략적 아웃소싱Strategic Outsourcing이란 기업이 종래 내재되어 있거나 또는 새로운 업무에 대해 핵심업무에 경영자원을 집중, 전문성의 확보, 비용절감 등의 명확한 전략적 목적을 갖고 업무의 설계에서부터 운영에 이르기까지 모든 것을 외부화하는 것을 말한다.

1988년 미국 물류관리협회의 화주대상 물류서비스 조사에서 제3자 제공자Third Party Providers라는 용어를 최초로 사용하였는데, 제3자Third Party란 물류채널 내의 다른 주체와의 일시적이거나 장기적인 관계를 가지고 있는 물류채널 내의 대행자 또는 매개자를 의미하며, 화주와 단일 혹은 복수의 제3자간에 일정 기간 동안, 일정 비용으로, 일정 서비스를 상호합의 하에 수행하는 과정을 제3자물류라고 정의하고 있다.

물류기능간 통합관리를 강조한 공급사슬관리SCM의 개념이 발전되어, 기업간 물류기능의 외연적 통합을 통해 물류효율성을 제고하기 위해 제조업체와 유통업체 간의 전략적 제휴라는 형태로 나타난 것이 QRQuick Response, ECREfficient Customer Response이라면, 화주와 물류서비스 제공업체 간의 전략적 제휴라는 형태로 나타난 것이 제3자물류이다. 제3자물류라는 용어가 널리 사용되기 시작한 시기는 1980년대 말부터로 물류활동의 일부를 외주 또는 계약을 통해 조달한다는 의미로 사용되기 시작하였다. 일반적으로 제1자물류는 자사물류, 제2자물류는 자회사물류, 제3자물류는 위탁물류라고 한다.

## 2. 제3자물류와 아웃소싱의 차이점

제3자물류는 화주에 대해서 물류개혁을 제안하여 포괄적인 물류업무를 수탁하는 업무라고 정의할 수 있다. 아웃소싱도 제3자물류도 계약에 의해서 사내업무를 외주화한다는 점은 같으나, 다른 점은 제3자물류에는 명확한 목적이 부여되어 있다는 점이다.

**| 표 8-3 | 제3자물류와 아웃소싱의 비교**

| 구분 | 제3자물류 | 아웃소싱 |
|---|---|---|
| 목표 | 원가절감, 경쟁우위의 획득 | 원가절감 |
| 운영기간 | 중장기 위주 | 단기 일시적 |
| 관계내용 | 밀접 · 협력관계 | 느슨 · 일시관계 |
| 서비스제공 | 능동적 · 적극적(제안형) | 수동적(수주형) |
| 계약방식 | 경쟁계약 | 수의계약 |
| 의사결정 | 최고경영층 | 중간관리층 |
| 자산특성 | 무자산형 가능 | 자산소유 필수 |
| 관리형태 | 통합관리형 | 분산관리형 |
| 화주와의 관계 | 협력관계 | 상하계약관계 |
| 서비스범위 | 종합물류 지향 | 기능별 서비스(수송, 보관) |

## 3. 제3자물류의 도입목적

### 1) 기업의 핵심역량 강화

제3자물류는 기업의 핵심역량 부문에 대한 경쟁력을 강화하기 위한 전략으로 사용된다. 아웃소싱으로 인력, 자금이라는 경영자원이 재배분되어 결과적으로 보다 적절한 자원배분이 가능해진다. 비효율적이고 비용이 높은 부문과 이와 관련된 주변업무를 전문 외부의 물류업체에게 아웃소싱하고 핵심역량 부문에 경영자원을 집중함으로써 경쟁사와의 차별성을 강화시킬 수 있게 된다.

### 2) 기업의 구조조정 수단

제3자물류는 조직의 슬림화와 유연화를 달성시키기 위한 전략이다. 아웃소싱을 활용함으로써 단순하고 반복적인 업무 등이 외부화됨에 따라 기업조직의 슬림화를 달성할 수 있다.

### 3) 시너지효과

제3자물류는 시너지효과에 의한 새로운 부가가치를 창출하기 위한 전략이다. 외부의 제3자물류업체에게 아웃소싱함으로써 기업 내부적으로는 기업의 핵심역량을 더욱 강화시킬 수 있으며 아웃소싱 부문에 대해서는 전문 물류업체의 핵심역량을 이용할 수 있어 전 기업활동의 핵심역량 강화가 가능하게 된다.

### 4) 비용절감

제3자물류는 핵심역량을 보유하고 있는 부문에 자원을 집중하고 그 이외의 부문에 대해서는 아웃소싱함으로써 비용을 절감할 수 있는 전략으로 사용된다. 전문 물류업체에게 아웃소싱하는 부문의 대부분은 많은 인적 자원과 시간이 소요되는 부분이다.

### 5) 기업의 서비스 확대

제3자물류는 서비스부문의 전문성을 확보하는 전략이다. 물류지원, 정보시스템 등 고도의 전문성을 요구하는 업무는 인적 자원의 육성, 관련 장비의 보유 등에 대규모의 투자와 시간이 소요된다. 따라서 제3자물류는 이를 가장 효율적으로 해결할 수 있는 수단이다.

### 6) 글로벌네트워그의 효율화

제3자물류는 글로벌네트워크의 효율적인 운영을 도모하는 전략이다. 세계경제의 글로벌화 추세에 따라 시장은 확대되고 있으나, 이 모든 시장을 단일조직이 관리하고 운영하는 데는 한계가 있다. 특히 문화와 경제체제가 다른 지역에서는 그 지역의 물류업체를 이용함으로써 효율적으로 시장에 접근할 수 있다.

## 4. 제3자물류의 발전과정

제3자물류는 물류활동을 수행하는 주체가 누구인가에 따라 기업이 사내에서 물류조직을 두고 물류업무를 직접 수행하는 경우인 자사물류1PL : First Party Logistics와 기업이 사내의 물류조직을 별도로 분리하여 자회사로 독립시키는 자회사물류2PL : Second Party Logistics 그리고 외부의 전문물류업체에게 물류업무를 아웃소싱하는 제3자물류3PL : Third

Party Logistics로 구분할 수 있다. 따라서 제1자물류는 자가물류를 의미하며, 제2자물류는 자회사물류 그리고 제3자물류는 물류아웃소싱을 의미한다.

제3자물류의 발전과정은 다음과 같다. 1단계는 물류아웃소싱으로 분류되며, 운송, 보관, 하역, 포장, 정보처리, 유통가공 등 일련의 공급사슬에서 요구되는 물류기능을 개별적으로 외부에 아웃소싱하는 경우이다. 2단계는 배송, 보관 등 여러 물류기능을 일괄적으로 아웃소싱하는 경우이며, 3단계는 서비스범위 2단계와 비슷하지만 운영·관리 측면뿐만 아니라 물류전략, 계획부문까지 포괄적으로 수행하는 경우이다.

**| 그림 8-1 |** 제3자물류의 발전과정

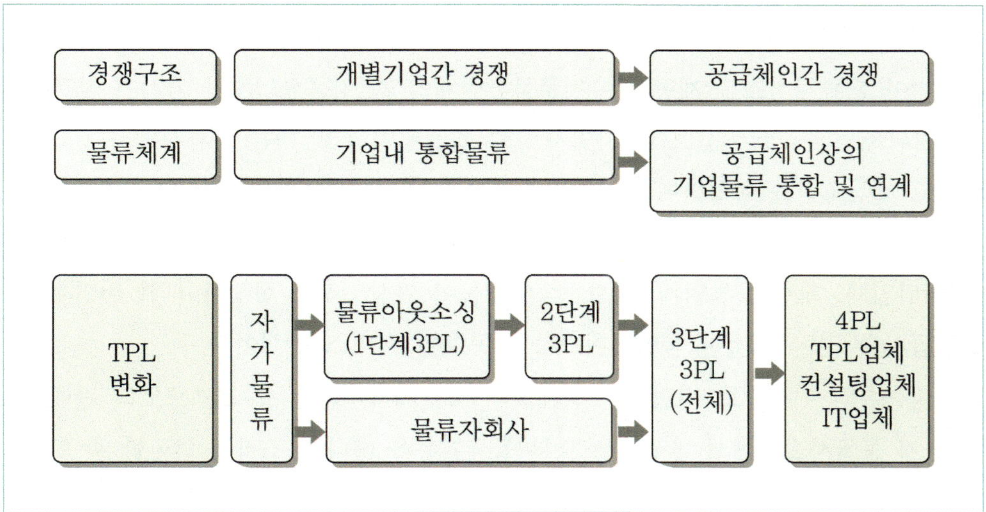


## 5. 제3자물류의 기대효과

제3자물류를 도입함으로써 다음과 같은 효과를 얻을 수 있다.

첫째, 물류시설에 대한 고정비 부담의 감소로 규모의 경제효과를 얻을 수 있어 물류산업의 합리화·고도화 실현할 수 있다.

둘째, 고품질 물류서비스의 제공으로 제조기업의 경쟁력을 강화적시배송, 추적시스템의 개선 등시킬 수 있다.

셋째, 종합물류서비스를 활성화시킬 수 있다.

넷째, SCM 도입 및 확산을 촉진시키는 매개 역할을 할 수 있다.

다섯째, 핵심역량에 집중하여 경쟁력을 강화시킬 수 있다.
여섯째, 시간, 인력, 비용 등이 절약될 수 있다.

# 제 4 절 제4자물류

## 1. 제4자물류의 개념

제4자물류4PL : Forth Party Logistics는 제조업체나 유통업체 등의 기업들로부터 아웃소싱을 받아 물류서비스를 제공하는 전문물류업체인 제3자물류업체가 자사가 부족한 부분을 보완해줄 수 있는 정보통신사업자, 전문컨설팅업체 및 다른 물류사업자 등과 제휴를 맺고 가상조직을 형성하여 공급사슬상의 모든 물류기능에 대한 토털 솔루션을 제공하는 서비스 방식을 의미한다. 즉 제4자물류는 통신 및 인터넷 기술의 진전에 따라 경영컨설팅업체, 제3자물류업체, 정보기술업체들이 가상조직을 형성하여 한 번의 계약으로 공급사슬 전반에 걸친 통합서비스를 제공하는 서비스 방식이다.

제4자물류의 이용으로 기업들은 원재료의 조달에서부터 최종 고객으로의 판매에 이르기까지 공급사슬상에서 발생하는 모든 물류활동을 하나의 조직에 의존할 수 있게 된다. 이와 같이 제4자물류는 포괄적인 공급사슬관리의 통합자 역할을 수행함으로써 공급사슬관리에서 일어날 수 있는 문제점을 해결해 줄 뿐만 아니라 물류관련 네트워크를 개선하는 수준 높은 물류서비스를 제공하고 있으며, 종래의 제3자물류업체를 능가하는 영업상의 책임을 진다.

## 2. 제4자물류의 도입배경과 특징

기업의 물류 부담 가중 및 핵심역량 집중으로 제3자물류는 운영체계의 한계 극복 및 사업기회 확대를 위해 e-비즈니스 기반의 물류서비스를 제공하는 제4자물류가 등장하게 되었다.

공급사슬 내의 물류를 최적화하고 기업의 경쟁력을 강화하기 위하여 기능적 아웃소싱의 단계를 거쳐 물류기능의 통합과 운영의 자율권이 증대되고, 전체적인 공급사슬 솔루션을 제공하는 서비스 제공자와 함께 기업의 경영자원, 능력, 기술을 관리하고 결합하는 공급사슬통합자로서의 역할을 하게 되었다. 제4자물류의 특징에 관해서 살펴보면 다음과 같다.

첫째, 다양한 기업이 파트너로서 참여하는 혼합조직이다.

둘째, 합작투자 또는 장기간 제휴형태로 운영된다.

셋째, 이익의 분배를 통하여 공통의 목표를 설정한다.

넷째, 공급사슬 상의 모든 물류활동을 하나로 관리한다.

다섯째, 4PL 조직과의 계속적인 노하우 공유가 필요하다.

## 3. 제3자물류와 제4자물류의 차이점

제3자물류와 제4자물류의 차이점을 분석하면 다음과 같다.

첫째, 제4자물류 서비스 제공자는 제3자물류에서 보다 광범위하게 그리고 종합적이고 전문적인 물류서비스를 제공하여 비용절감뿐만 아니라, 서비스 제고에 주안점을 두고 있으므로 보다 확정적인 경쟁력 제고에 기여한다.

둘째, 제4자물류 서비스 제공자는 제3자물류와는 달리 물류전문업체, IT업체 및 물류컨설팅업체가 컨소시엄을 구성하여 가상물류 형태의 물류서비스를 제공한다.

셋째, 제4자물류 서비스는 물류활동의 단순한 수행이 아니라 물류활동 업무프로세스의 혁신을 우선하고 있으며, 다음 단계로서 물류활동을 수행하여 실질적인 물류효율화의 기여가 가능하다.

넷째, 제4자물류 서비스는 e-비즈니스 환경에 적응하여 인터넷 등의 최신 정보기술 기반에서 e-SCM, e-CRM, QR 등의 물류전략과 조화를 이루면서 서비스를 제공한다.

# 연습문제

1. 제4자물류에 관한 설명으로 옳지 않은 것은?

① 제4자물류서비스 제공자는 공급사슬관리와 아울러 부가가치 서비스를 제공할 수 있는 능력을 갖춘 물류업체이다.
② 물류 컨설팅과 네트워크 개선 등에 관한 조언을 해 줄 수 있다.
③ 제3자물류나 제4자물류 둘 다 물류서비스의 아웃소싱에 해당한다.
④ 제3자물류가 기업과 고객 간의 거래(B2C)에 집중하는 반면 제4자물류는 기업 간의 거래(B2B)에 집중한다.
⑤ 제3자물류에 솔루션 제공 능력을 더하면 제4자물류가 된다.

2. 물류의 기본기능과 함께 전자상거래가 발전되면서 공급사슬을 효율적으로 지원하며, 해결책을 제시하고 변화·관리능력 및 전략적 컨설팅을 포함하는 물류영역을 무엇이라 하는가?

① 제4자물류(4PL)
② 운송주선업
③ 제2자물류(2PL)
④ NVOCC
⑤ 포워더(Forwarder)

3. 다음 표는 제3자물류와 종래의 외주물류를 비교한 것이다. 다음 설명 중 적절하지 않은 것은?

| | 제3자물류 | 외주물류 |
|---|---|---|
| ① 운영기간 | 중장기 위주 | 단기, 일시적 |
| ② 계약방식 | 수의계약 | 경쟁계약 |
| ③ 서비스 제공 | 제안형 | 수주형 |
| ④ 관리형태 | 통합관리형 | 분산관리형 |
| ⑤ 서비스 범위 | 종합적 서비스 | 기능별 서비스 |

**4.** 성공적 물류 아웃소싱을 위하여 필요한 사항에 해당되지 않는 것은?

① 세부적인 물류목표의 설정
② 지속적인 의사소통을 위해 표준화된 채널 이용
③ 충분한 시간적 여유를 가지고 아웃소싱업체 선정
④ 아웃소싱 물류업체에 대하여 적극적, 직접적으로 지휘, 통제
⑤ 아웃소싱업체를 단순한 공급업체로만 인식하지 않고 파트너로 인정

**5.** 다음 중 제3자물류(3PL)의 효과로 옳지 않은 것은?

① 운영비용 감소효과
② 서비스 개선효과
③ 자본비용의 감소효과
④ 핵심역량에 대한 집중효과
⑤ 수직계열통합(Vertical Integration)효과

Chapter 9

# 운송관리

## 제 1 절 운송의 의의

### 1. 운송의 개념

제품이 생산되는 장소와 그것을 필요로 하는 장소간에는 항상 거리의 장애가 존재하고 있으며 이러한 장소적 장애요인을 제거하고 생산자판매자, 수출자와 구매자소비자, 수입자 간을 원활히 결합함으로써 재화의 가치를 높이기 위한 재화의 공간적 이동행위를 운송이라고 한다. 즉 재화와 용역을 효용가치가 낮은 장소로부터 높은 장소로 이동시키는 행위로서 재화와 용역의 효용을 창출하는 활동이다. 물류의 하부시스템인 포장, 보관기능, 하역기능, 정보기능, 유통가공기능, 물류관리기능과 연계하여 물류관리의 합리화를 달성하기 위한 물류관리시스템의 한 요소로서 운송물류라는 개념으로 발전하여 비용절감과 고객서비스 향상이라는 관점에서 그 중요성이 인식되고 있다. 운송은 물류의 중핵이기 때문에 운송이라는 말로 물류 전체를 대표하는 경우도 있다. 오늘날 경제 규모의 확대와 무역의 활성화로 인하여 운송의 대형화, 신속화, 안전화를 위한 지속적인 운송 효율성이 추구되어 왔으며, 이러한 운송의 발달은 인류의 생활을 풍족시키는데 기여해 왔다.

21세기에 접어들면서 정보통신과 컴퓨터의 발달로 인하여 생산의 유형이 소품종 대량생산체계에서 다품종 소량생산체계로 변화되었으며, 제품라이프사이클이 단축되었고, 재고수준의 축소와 물류 총비용을 감축하여 고객만족을 추구하려는 물류관리기법들은 운송문제를 보다 복잡하게 만들고 있다. 특히 단순한 운송의 범위에서 벗어나 다양한 고객만족 서비스를 수행하도록 함으로써 그 역할이 더욱 중요해지고 있다.

한편 운송은 재화의 이동범위가 전 세계로 확대되고 일반화됨에 따라 경제적이고 안전하며 신속한 운송을 위한 각종 시스템과 용기가 개발되어 이용되고 있으며 이 용기들에 대한 표준화 문제가 발생하고 있다.

## 2. 운송의 기능

생산은 형태적 또는 형상적 효용을 담당하고 보관은 시간적 효용을 가진다. 운송은 기본적으로 상품재화의 장소적 이동을 담당하는 물류의 기능을 수행하고 있으며 이는 물류의 가장 기본적인 기능에 속한다. 그러나 물류의 관리기법이 다양해지고 물류 프로세스가 복잡해지면서 새로운 기능이 발생되고 있다.

### 1) 제품이동기능

제품의 부가가치를 증대시키거나 화물이외 다른 가치의 증대를폐기, 회수물류의 경우에는 환경오염방지, 인간생활의 안전, 쾌적한 생활 향상 등을 위해 운송이 발생 위하여 제품을 장소적으로 이동하는 기능이다. 기본적으로 운송이 발생한다는 것은 이동기능을 수행한다고 할 수 있다.

### 2) 제품보관기능

물류관리 기술이 발전하고 글로벌 아웃소싱이 활발해지면서 운송거리가 장거리화됨에 따라 새롭게 인식하기 시작한 운송의 기능이 제품보관기능이다. 물론 단거리 운송에서도 차량을 창고처럼 이용하기 위해서 당장 수요처에서 주문이 없는 상품도 일시적으로 차량에 적재한 상태로 대기하게 하거나 운송되어온 화물을 하차하지 않고 야드에 대기시켜 놓음으로써 창고 역할을 하게 하는 경우가 많다. 또한 장거리 수입화물은 자신이 수입한 화물이 장시간 해상에 운송되고 있는 과정에 있지만, 이는 자신의 재고상품인 것만은 사실이기 때문에 보관된 재고로 인식하는 것이 타당하다.

### 3) 시간조절기능

과거에는 생산과 소비의 시간 괴리를 조절하는 기능은 주로 보관창고기능이 담당하여 왔다. 그러나 다품종 소량생산과 무재고또는 재고의 최소화를 추구하는 생산 및 유통전략이 일반화되면서 운송은 구매자 또는 소비자가 원하는 시간 내에 상품을 전달해야 한다. 또한 판매자들은 구매자가 원하는 시간 내에 상품을 전달하기 위하여 그 요구시간을 충족시킬 수 있는 운송수단을 선택하여 이용하게 된다. 따라서 운송은 주로 창고가 담당하던 시간조절 기능까지도 담당하게 된 것이다.

## 3. 운송의 경제적 역할

협의의 운송은 유통에 있어서 재화의 장소적 분리 문제를 해소하며 보관 및 시간조절 기능을 수행하고 있지만, 광의의 운송은 경제 전체에 다양한 영향을 미치고 있다.

### 1) 물품의 교환 촉진

각 지역에서 필요로 하는 재화를 각 지역에서 각각 생산하지 않고 경쟁력을 가질 수 있는 재화만을 생산하여 서로 교환하는 것이 품질 좋은 재화를 저렴하게 이용할 수 있는 방법이다. 이러한 재화의 교환을 운송이 보다 활발하게 할 수 있도록 해 준다.

### 2) 가격의 안정과 평준화

운송의 발달은 재화의 지역간 이동을 활발히 하여 수요와 공급을 조절함으로써 가격의 안정과 평준화가 이루어진다.

### 3) 지역적 분업화

신속한 운송시스템이 도입되어 필요한 시점에 필요한 재화를 확보할 수 있고 그 비용도 저렴하다면, 각 지역이 모든 재화를 생산하지 않고 경쟁력 있는 재화만을 생산하고 서로 교환함으로써 지역별 분업화가 활발하게 이루어질 수 있는 것이다.

### 4) 경쟁조성

신속한 운송과 저렴한 운송비는 재화가 어디에서 생산되건 지역에 관계없이 동일한 시장 내에서는 동일한 상품에 대한 판매경쟁이 공정하고 활발하게 이루어질 수 있게 된다.

### 5) 대량생산과 대량소비

저렴한 운송비와 대량운송기술은 대량생산과 대량소비를 유발시키고 제품생산에 있어서 규모의 경제를 가능하게 하여 가격을 인하시키는 역할을 한다.

### 6) 도시화

도시간 물품교환이 촉진되고 지역적 분업이 활성화되면 산업입지의 특성에 따른 도시화가 활발하게 이루어진다.

### 7) 무점포판매 및 전자상거래의 활성화

21세기에 접어들면서 통신판매업, 온라인쇼핑몰 등이 활성화되면서 가격의 안정과 유통업의 지역간 차별이 완화되는 등 유통업의 대변화가 발생하고 있다. 이는 소량다빈도 배송, 택배서비스와 같은 운송기술의 발달에 힘입은 바가 크다고 할 수 있다.

## 4. 운송시스템의 요소

운송시스템이란 화물이 상차하고 목적지에 도착할 때까지 상차와 하차, 운행과 중계, 혼합, 환적 등 다양한 작업들이 발생하게 되며, 이러한 작업들이 효율적으로 이루어지기 위해서는 이들 일련의 과정이 체계화되어 관리되어야 하는 바, 이러한 체계화를 운송시스템이라고 말한다. 운송시스템이 효율적으로 작동하기 위해서는 기본적으로 세 가지 요소가 필요하다. 즉 운송수단인 Mode, 운송을 원활하게 하고 운송할 목적물이 집합되고 처리되는 시설인 Node, 그리고 운송수단이 통행하는 통로인 Link가 그것이다. 따라서 운송관리라 함은 이 세 가지 요소와 이들을 직접 운영하는 사람을 잘 관리하고 조합함으로써 효율적인 운송시스템을 구축하고 운영하는 일이라 할 수 있다.

### 1) Mode

Mode운송수단는 운송을 직접 담당하는 수단으로서 자동차, 선박, 항공기, 철도차량, 파이프라인 등이 이에 속한다.

### 2) Node

Node운송결절점는 운송을 위한 재화를 효율적으로 처리하기 위한 장소 또는 시설로서 출발 및 도착지의 물류센터거점, 배송센터, 제조공장, 물류터미널, 화물역, 항만, 공항터미널 등이 이에 속한다.

### 3) Link

Link운송로는 운송수단이 운행에 이용하는 통로를 말한다. 즉 운송결절점인 node에 대해 이를 연결하는 선이다. 여기에는 공로, 철도, 해상항로, 내수면로, 항공로 등이 있다.

## 5. 운송의 변화추세

운송의 형태는 소비나 생산형태의 변화에 맞춰 변해간다. 즉 운송모델은 생산과 소비의 종속변수라고 할 수 있다. 따라서 생산과 소비가 대량생산, 대량소비에서 소량다품종생산, 더 나아가서는 개별 맞춤형 생산으로 변화함에 따라 운송의 형태 및 모델도 급속하게 변하고 있다. 더욱이 20세기 후반부터 인식하기 시작한 재고의 문제점 그리고 물류서비스가 상품의 매출에 지대한 역할을 한다는 인식에 따라 물류서비스의 역할도 급속하게 변하고 있다.

### 1) 소량다빈도 수배송

운송비 절감을 위한 대형차량에 의한 대량운송모델에서 재고수준을 감축시키고 수요자 및 구매자가 원하는 시점에 공급을 할 수 있도록 적은 수량을 빈번하게 운송을 해주는 수배송모델이 일반화 되고 있다.

## 2) JIT 수배송

JITJust in Time는 도요다자동차에서 부품의 재고를 줄임과 동시에 부품의 품질결함을 제로0화하기 위한 기법으로 사용한 자재공급기법이지만, 재고수준을 줄이면서 결품을 방지하기 위한 방법으로서 운송에서도 일반화되고 있으며 JIT에서 더 나아가 JOTJust on Time로까지 발전하고 있다.

## 3) 복합운송의 일반화

상품의 글로벌아웃소싱이 일반화되고 국내에서 생산하는 많은 제품들이 수출됨에 따라 복합운송은 과거처럼 특정기업, 특정상품에서만 발생하는 것이 아니라 이제 대부분의 기업들이 이용해야 할 운송모델이 되고 있다.

## 4) 공동수배송

과거에는 자사의 고객에 대한 서비스 우선, 영업비밀의 누출방지 등을 위하여 독자배송을 위주로 수배송을 운영하여 왔으나, 소량다빈도 배송수요가 증가하면서 이제는 독자배송은 너무 많은 수배송비를 발생시키기 때문에 공동수배송을 적극적으로 이용하고 있는 추세이다.

## 5) 배송의 택배화

과거에는 거래처에 대한 제품의 공급이 push전략 중심이었기 때문에 제품출하와 동시에 많은 제품을 동시에 대량으로 공급하였으나, 이제는 pull전략으로 변화되면서 판매 되는대로 또는 잘 판매되는 상품만 주문에 의하여 공급하게 됨에 따라 대량배송 보다는 택배시스템을 이용하여 필요한 양만을 공급하는 시스템으로 변하고 있다.

## 6) 항공운송의 급증

항공운송은 운송임이 고가이기 때문에 운송리드타임이 짧고 고가이면서 부피 및 중량이 비교적 작은 화물이 주로 이용하였다. 따라서 대부분의 수출입화물들은 해상운송을 이용하고 항공운송은 납기를 놓친 긴급 수출입화물이나 정밀전자제품, 귀금속, 신선식품, 화훼류, 샘플류 등이 주로 이용되었다. 그러나 시간의 가치 증대, 무재고 추구 등으로 인하여 항공운송이 점차 일반화되고 있는 추세이다.

## 6. 운송수단의 종류

운송을 위한 수단은 기본적으로 육상운송, 해상운송, 항공운송으로 나눌 수 있으며 이러한 운송수단들은 일정 운송수요에 대하여 단독으로 운송을 완성할 수도 있고 두 가지 이상의 운송수단을 결합하여 완성할 수도 있다.

### 1) 육상운송

육상운송은 지표면에 설치된 통로를 이용하여 운송을 하는 운송수단으로서 다음과 같이 구분할 수 있다. 육상운송은 통로Link의 설치가 비교적 어려움에도 불구하고 저렴하고 다양한 Mode의 이용, 용이한 Node의 설치가 가능하여 가장 보편화된 운송수단이다.

#### (1) 공로운송

공로운송은 공공도로public road를 이용하여 운송을 하는 방법으로서 자동차가 운송수단에 해당 된다. 도로는 육상의 Link 중 가장 용이하게 건설될 수 있으며 개인의 집 앞까지도 건설이 가능하여 가장 편리하게 이용할 수 있는 운송 수단이고 가장 일반화된 운송수단이다.

#### (2) 철도운송

철도운송은 지표면에 건설된 철로를 이용하여 운송하는 방식으로서 궤도를 따라 운행하는 기관차와 화차가 운송수단이 된다. 철도는 건설과 운영, 유지에 많은 자금이 소요되기 때문에 공로보다는 건설이 용이하지 못하다. 또한 철도는 일반 공로처럼 자유로운 통행이 불가능하기 때문에 일시에 대량으로 운송하는 시스템이 구축되어야 운영의 효율성을 실현할 수 있다

### 2) 해상운송

해상운송은 해수면 또는 내수면을 통로로 이용하여 운송하는 방법 또는 해양을 통로로 하고 선박을 수단으로 하여 원양과 연안항로를 따라 사람과 화물을 운송하는 것을 말한다. 운송수단은 선박이 이용된다. 수면을 통로로 개설하는 데는 일부 수로가 낮은 경우에 준설이 필요하지만 대부분의 통로는 큰 비용 없이 개설이 될 수 있다. 그러나

화물이 육지와 수면 등 두 개의 통로를 이용해야 하므로 이를 연결하는 수단인 항만이 필요하며, 항만의 개발과 유지보수에는 많은 비용이 필요하다.

해상운송은 육상운송과 같은 기동성이 확보되지 않기 때문에 해상운송이 경쟁력을 갖기 위해서는 대량운송에 의한 저렴한 운송서비스를 제공하는 것이 필요하다. 해상운송의 특징은 대량수송 및 장거리 운송, 운송비의 저렴, 운송로의 무한정성, 운송의 저속성 등이다. 해상운송의 기능은 국제수지 개선 효과, 관련 산업육성, 자원의 효율적 분배 국제적 분업촉진, 국방력 강화, 국제경쟁력 강화자국선박 활용, 국민소득 증대기여 등이다.

해상운송은 법적으로 연안운송과 외항운송으로 관리되며, 연안운송이란 자국내의 항구 간을 운항하는 것을 말하며, 외항운송이란 자국 항구와 외국의 항구 간을 운항하며 수출입 물품을 운송하는 것을 말한다.

### 3) 항공운송

항공운송은 하늘의 통로를 이용하여 운송하는 방법이며, 운송수단은 항공기가 이용된다. 해상운송과 같이 항로를 개설하는 데는 비용이 소요되지 않지만 육지와 항공을 연결하기 위한 공항과 물류터미널의 건설에 많은 자금이 소요될 뿐만 아니라, 항공기를 제작하는데 많은 자금이 소요되며 운행비용도 많이 소요된다.

또한 항공기는 화물을 적재하고 운항하는데 한계가 있어 대량화물을 운송하는 데는 적절하지 않은 대신 운송의 신속성은 매우 높다. 따라서 부피가 작고, 고가의 긴급성 화물들이 이용되고 있으며, 현재와 같이 시간의 가치가 중요해지고 재고수준을 낮게 유지하며, 세계시장을 상대로 마케팅을 하는 기업들이 증가함에 따라 화물의 항공이용률은 급증하고 있다.

### 4) 복합운송

복합운송은 운송수단을 구분하는 기준은 아니다. 다만 하나의 운송수요를 완성하는 데 있어서 지리적 여건에 의하여 필연적으로 이용되기도 하며, 보다 효율적인 운송을 위하여 이용되기도 하는데 이렇게 2가지 이상의 운송수단을 연결하여 운송하는 것을 복합운송이라고 한다.

해상이나 항공 및 철도를 이용하여 운송을 하는 경우에는 대부분 복합운송이 발생하게 되어 있으나, 복합운송이라고 칭하기 위해서는 하나의 운송장 또는 운송지시에 의해 일관적으로 복합운송이 이루어져야 한다는 것이다. 즉 각각의 운송이 다른 계약과 다른 운송장 및 지시서에 의하여 이루어진다면 복합운송이라고 할 수 없다는 것이다.

## 7. 운송수단별 장·단점 비교

각각의 운송수단은 다음과 같은 장단점을 가지고 있다. 따라서 이용자는 운송할 화물의 특성 및 운송에 요구되는 조건시간, 비용, 기타 서비스 등을 고려하여 운송수단을 선택해야 한다.

**| 표 9-1 | 운송수단별 장·단점 비교**

| 종류 | 장점 | 단점 |
|---|---|---|
| 화물자동차 | • Door to Door의 편리한 운송<br>• 근거리운송에 경제적<br>• 운임이 탄력적<br>• 간단한 포장상태로 운송 가능<br>• 필요한 때 즉시 이용 가능<br>• 다양한 통로 가능<br>• 신속한 운송가능(자가수송 용이)<br>• 화물의 특성에 맞는 차량 이용 가능 | • 대량수송에 부적합<br>• 장거리운송에 부적합(비용적 측면)<br>• 운행의 안전성 저하<br>• 환경오염 유발<br>• 교통체증에 취약<br>• 적재중량 제한 |
| 철도 | • 대량운송 및 중량물 운송에 적합<br>• 중장거리운송에 적합(경제적)<br>• 비교적 안전한 운행<br>• 전천후 운송수단<br>• 정시성 우수(계획수송이 가능) | • 근거리운송에 비경제적<br>• 연계운송이 필요(소운송이 필요)<br>• 화물파손율 증가<br>• 화차 확보에 시간 소요(사전예약)<br>• 역구내 체류시간 발생<br>• 운임이 비탄력적 |
| 선박 | • 대량화물의 장거리운송에 적합<br>• 단위당 운송료가 저렴<br>• 운임이 비교적 탄력적<br>• 중량화물운송에 제한받지 않음 | • 운행의 저속성<br>• 기후의 영향<br>• 육로운송과 연계운송 필요<br>• 항만 내 화물처리기간 소요<br>• 항만설비 투자 및 하역비 고가 |
| 항공기 | • 신속한 운송 가능<br>• 소량·경량화물의 원거리운송에 적합<br>• 파손율이 적음(낮은 보험료)<br>• 화물포장의 간소화<br>• 단일수송을 통해 재고조정이 가능하므로 금융비용을 극소화 | • 운송단가가 높음<br>• 이동통로의 경직성<br>• 중량과 용적제한<br>• 기후의 영향<br>• 공항 내 화물처리기간 소요<br>• 육상운송과 연계운송 필요 |

# 제 2 절 육상운송

## 1. 도로운송

### 1) 도로운송의 개념

도로운송은 화물자동차운송이라고도 하며, 공공도로public road를 이용하여 재화를 운송해주는 용역을 말한다. 따라서 이륜차나 리어카 등을 이용하여 운송하는 것도 공로화물운송에 포함될 수 있다. 그러나 오늘날에는 공로를 이용한 대부분의 화물운송이 화물자동차를 이용하여 이루어지고 있기 때문에 "공로화물운송이란 원동기와 바퀴를 부착한 화물자동차가 공공도로를 이용하여 화물을 운송하는 용역활동"이라고 할 수 있으며, 화물자동차의 다양한 장점으로 인하여 운송수단 중에서 가장 많은 운송 비중을 담당하고 있다.

### 2) 화물자동차운송의 특징

화물자동차를 이용한 육상운송은 타 운송수단과 비교할 때 다음과 같은 특징 있다.

#### (1) 기동성과 신속한 전달

기동성과 신속한 전달은 화물자동차운송의 가장 큰 특징 중의 하나이다. 문전까지 개설된 도로와 적은 비용으로 확보된 다양하고 많은 화물자동차에 의하여 필요한 시점에 필요한 장소까지 효율적으로 화물을 운송할 수 있다.

#### (2) 문전운송(Door to Door)의 실현

운송할 화물의 크기와 특성 및 도로의 여건에 따라 적합한 화물차량을 선택하여 중간 환적과정 없이 목적지까지 직접 운송을 함으로써 안전하고 신속하게 운송을 할 수 있다.

#### (3) 다양한 고객니즈에 대응

화물자동차는 도로여건이나 운송화물의 크기 및 특성에 따라 비교적 용이하게 활동할 수 있다. 따라서 화물운송을 필요로 하는 사람은 자신이 운송해야 할 화물에 적합한 차량을 구입하여 활용하거나 운송업체에 자신의 화물에 적합한 차량을 활용하여 운송해 줄 것을 요구할 수 있다.

### (4) 에너지 다소비형이며 운송의 효율성이 낮음

화물자동차운송은 철도나 선박과 같은 대형운송수단에 비하여 상대적으로 차체의 크기가 작을 뿐만 아니라, 소량의 화물도 운송하기 위하여 매우 작은 차량도 제작되고 활용된다. 따라서 화물자동차의 운송은 타 운송수단에 비하여 에너지를 많이 소비할 뿐만 아니라 인적자원 활용도면이나 운송단위당 소요되는 운송장비 제작에 소요되는 재료비 및 제작비 등도 비교적 비싼 편이다. 따라서 화물자동차운송은 선박이나 철도에 비하여 경제성 면에서 효율성이 낮다.

### (5) 근·중거리 운송에 적합

철도 또는 선박에 의한 운송은 주로 대단위로 이루어지기 때문에 화물의 상하차 시간이 많이 소요전체 운송물량을 상하역하는 데 소요되는 시간되며 이들의 운송이 원활히 이루어지기 위해서는 양단간에서 화물자동차를 이용한 마무리 운송이 이루어져야 하기 때문에 전체적인 운송시간이 많이 소요된다.

그러나 화물자동차는 문전운송이 이루어지며 운송화물의 크기에 따라 적합한 차량을 이용하여 운송을 하기 때문에 상하차 시간이 적게 소요되어 근·중거리의 경우에는 운송시간뿐만 아니라 운송비용 측면에서도 유리하게 된다.

### (6) 타 운송수단의 운송을 완성시켜 줌

화물자동차운송은 철도, 선박 및 항공기에 의한 운송이 문전운송이 되지 못함으로써 발생하는 운송의 단절문제를 다양한 크기의 차량을 이용하여 완성시켜주는 역할을 담당한다.

### (7) 교통 환경에 취약

일반적으로 철도는 통제되어진 철로를 이용하여 계획된 운행시간표에 의하여 운행된다. 또한 선박이나 항공기는 항만이나 공항 내에서의 혼잡이 있기는 하지만 일단 항로에 들어서면 보다 자유롭고 복잡하지 않은 항로를 따라 운항하게 된다. 그러나 화물자동차는 통제되지 않는 도로를 이용하여 불특정 다수의 차량이 자유롭게 이용하기 때문에 교통체증이 자주 발생하며, 다른 통로를 이용하여 이를 피하는 방법이 용이하지 않아 신속성 및 정확성에 악영향을 미치게 된다.

## 3) 화물자동차운송의 분류

화물자동차운송은 그 운송형태에 따라 다양하게 이루어지고 있지만, 운송대가의 수수 여부, 운송의뢰 단위, 발착지의 수 등에 따라 다음과 같이 구분할 수 있다.

### (1) 자가운송과 영업운송

자가운송이란 화주가 자신이 직접 차량을 구입하고 그 차량을 이용하여 자신의 화물을 운송하는 것을 말하며, 영업운송이란 운송대가를 받기 위하여 운송업자가 차량을 확보하고 타인의 화물용역을 수탁받아 운송을 수행하는 것을 말한다.

### (2) 트럭단위운송과 콘솔운송

트럭단위Truck Load운송은 화물운송을 의뢰하는 단위를 트럭단위로 하거나 대량으로 운송을 의뢰하여 운송업자가 트럭단위로 운송배정배차을 하는 경우를 말하며 주로 문전운송으로 이루어진다. 콘솔운송이란 하나의 트럭에 다양한 화주의 화물을 합적하여 운송하는 것을 말하는 것으로서 LTLLess than Truck Load운송이라고도 한다. 택배, 정기화물 등이 이에 속하며 화물터미널을 이용하여 트럭단위운송으로 전환된다.

### (3) 집배운송(배송)과 간선운송(수송)

집배운송은 하나의 차량을 이용하여 여러 화주를 순회하면서 화물을 수집하여 운송하거나 순회배달하는 형태의 운송을 말하며, 주로 중·소형차량을 이용하여 근거리운송으로 이루어진다. 간선운송이란 주로 대형차량을 이용하여 장거리 운송을 하는 것을 말한다. 대량화물을 문전으로 운송하거나 집배운송이 이루어질 수 있도록 집하되거나, 배달할 화물을 터미널과 터미널사이에서 대량으로 운송하는 것을 말한다.

## 4) 화물자동차의 종류

자동차의 분류는 기본적으로 자동차의 용도, 형상, 구조, 크기, 원동기 등에 따라 분류되기는 하지만 분류의 목적에 따라 합당하게 다양한 방법으로 분류한다.

### (1) 사업면허관리를 위한 구분

화물자동차운수사업법이 규정하고 있는 화물자동차의 종류는 다음과 같다. 화물자동차운수사업법에서는 전체적인 운송능력관리를 위하여 화물운송능력에 따라 4가지로 구분하고 있으며 변경등록 시에도 기존의 적재능력에서 50%를 초과하여 확대된 톤급의 등록을 제한하고 있다.

**| 표 9-2 | 사업면허관리를 위한 구분**

| 경형 | 소형 | 중형 | 대형 |
|---|---|---|---|
| 배기량 1,000cc 미만으로서 길이 3.6m, 너비 1.6m, 높이 2m 이하인 것 | 최대 적재량이 1톤 이하인 것으로서 총중량이 3톤 이하인 것 | 최대적재량이 1톤 초과 5톤 미만이거나, 총중량이 3톤 초과 10톤 미만인 것 | 최대 적재량이 5톤 이상이거나 총중량이 10톤 이상인 것 |

### (2) 자동차관리법에 의한 구분

자동차관리법에서는 자동차를 〈표 9-3〉과 같이 형태별로 구분하고 있다.

**| 표 9-3 | 자동차관리법에 의한 구분**

| 구분 | 차형 | 내용 |
|---|---|---|
| 일반화물 자동차 | 일반형 | 보통의 화물운송용인 것 |
| | 덤프형 | 적재함을 원동기의 힘으로 기울여 적재물을 중력에 의하여 쉽게 미끄러뜨리는 구조의 화물운송용인 것 |
| | 밴형 | 지붕구조의 덮개가 있는 화물운송용인 것 |
| | 특수 용도형 | 특정한 용도를 위하여 특수한 구조로 하거나, 기구를 장치한 것으로서 위 어느 형에도 속하지 아니하는 화물운송용인 것 |
| 특수 자동차 | 견인형 | 피견인차의 견인을 전용으로 하는 구조인 것 |
| | 구난형 | 고장, 사고 등으로 운행이 곤란한 자동차를 구난, 구인할 수 있는 구조인 것 |
| | 특수 작업형 | 위 어느 형에도 속하지 아니하는 특수 작업용인 것 |

### (3) 한국공업규격에 의한 구분

한국공업규격 표준에 따르면 〈표 9-4〉와 같이 다양한 운송장비로 구분하고 있다.

❙ 표 9-4 ❙ 한국공업규격에 의한 구분

| 용도 | 종류 | 내용 | 비고 |
|---|---|---|---|
| 트럭 | 본네트트럭 | 엔진이 운전석 앞쪽에 설치된 트럭 | 일반적, 범용적 화물운송용 자동차 |
| | 캡오버트럭 | 엔진이 운전석 아래에 설치된 트럭 | |
| | 밴 | 적재함이 지붕구조로 되어 있는 트럭 | |
| | 패널밴 | 운전실과 적재함이 일체로 되어있는 밴형트럭 | |
| | 라이트밴 | 소형의 패널(Panel) 밴트럭, 배달용 | |
| | 픽업 | 지붕이 없는 소형의 적재함을 설치한 트럭 | |
| 트랙터·트레일러 | 트랙터 | 트레일러를 견인하는 자동차 | 화물을 적재하는 차량과 견인하는 차량으로 분리된 차량 |
| | 세미트레일러 | 트레일러와 견인자동차가 적재하중을 분담하는 트레일러 | |
| | 풀트레일러 | 트레일러 자체가 적재물의 하중을 모두 감당하는 트레일러 | |
| | 폴트레일러 | 축이 하나이면서 적재하중을 분담하는 트레일러 | |
| 특별 용도차 | 선전차 | 적재함에 광고판을 설치한 자동차 | 화물차 적재함을 특수용도로 이용하는 자동차 |
| | 구급차 | 적재함에 구급장비를 장착한 자동차 | |
| | 우편차 | 우편물 집하 및 배달에 이용되는 자동차 | |
| | 냉동차 | 적재함에 냉동기가 부착된 자동차 | |
| | 판매전시차 | 적재함을 상품전시 및 판매가 가능토록 제작한 자동차 | |
| 특별 장비차 | 탱크로리차 | 액체 및 기체화물을 운송하기 위한 구조 | 특수한 용도에 맞게 기계적 장치가 부착된 자동차 |
| | 덤프차 | 적재함을 기울여 화물을 중력으로 내리는 자동차 | |
| | 믹서차 | 레미콘 운송용 자동차 | |
| | 위생차 | 분뇨수거용 자동차 | |
| | 소방차 | 소방용 자동차 | |
| | 렉카차 | 자동차 견인을 위한 자동차 | |
| 특수차 | 산업용차(지게차 등), 농업용차(트랙터 등), 건설용차(불저도 등), 군용차(장갑차 등) | | |

❙ 그림 9-1 ❙ 세미 트레일러(Semi Trailer)

**| 그림 9-2 |** 풀 트레일러(Full Trailer)

**| 그림 9-3 |** 폴 트레일러(Pole Tralier)

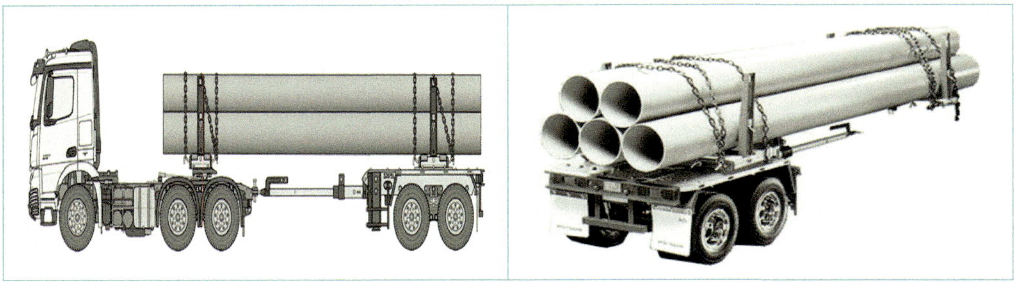

## 2. 철도운송

### 1) 철도운송의 개념

철도Railway, Railroad는 육상에 건설된 괘도를 통로로 하여 운행하는 기관차 및 열차를 이용하여 여객 또는 화물을 운송하는 것을 말하며, 레일 또는 일정한 가이드웨이guide way에 유도되어 여객 및 화물을 운송하는 차량 및 운전하는 설비를 말한다.

철도산업발전기본법에서는 "철도라 함은 여객 또는 화물을 운송하는 데 필요한 철도시설과 철도차량 및 이와 관련된 운영, 지원체계가 유기적으로 구성된 운송체계를 말한다."라고 규정하고 있다. 철도를 단순한 기관차 및 열차에 의한 운송을 일컫는 개념이 아니고, 다양한 인프라와 시스템이 효율적으로 협력하여 신속하고 안전한 운송서비스를 제공하는 거대한 시스템으로 파악하고 있는 것이다.

광의로는 강삭철도, 가공삭도, 모노레일, 신교통시스템, 자기부상철도 등도 포함된다. 협의로는 레일을 부설한 선로위에 동력을 이용한 차량을 운행하여 사람과 물건을 운반하는 교통시설을 말한다. 실제로 철도는 통로가 거대하고 각 지역을 거미줄처럼 연결하는 네트워크를 형성하고 있으며 이 네트워크를 통하여 대량의 운송능력을 갖는 철도차량이 신속하고 안전하게 운송을 하기 위해서는 다양한 통제시스템이 작동되어야 한다. 또한 이러한 철도를 운영하는 데는 많은 인력과 조직이 필요하다. 철도의 유형에는 철도, 고속철도, 일반철도, 도시철도, 전용철도, 광역철도광역전철가 있다.

철도화물 운송체계는 그 특성상 중량 및 대량화물 수송에 적합하기 때문에 전 세계적으로 대량화물을 중심으로 화물별 전용철도 운송체계를 구축하고 있다. 특히 컨테이너와 같은 중량화물의 중·장거리 운송에 있어서 철도운송 분담률을 높이기 위해 노력하고 있다.

철도화물운송은 대부분의 경우 door to door운송이 되지 못하고 운송의 주요구간은 철도가 담당하고 문전구간은 화물자동차운송이 담당하는 이원적 운송 즉 대운송철도가 직접 운송을 담당하는 부분과 소운송철도운송이 이루어질 수 있도록 화주문전과의 연계운송 및 하역작업 등을 말한다. 이때 소운송은 비단 운송만을 일컫는 말이 아니라 화물차량 및 철도차량에 대한 상하차작업, 철도역 구내에서의 이송작업, 일시보관, 기타 다양한 부대서비스 등을 총체적으로 일컫는 말이다으로 이루어진다.

### 2) 철도운송의 인프라

철도운송이 이루어지기 위해서는 다음과 같은 인프라가 확보되어야 한다.

#### (1) 철로와 부대시설

기본적으로 차량이 통행할 수 있는 철로가 개설되어야 하며 철도를 제어하는 각종 장치가 구비되어야 한다.

#### (2) 기관차 및 화차

철도차량은 화물을 적재하는 화차대차/차체와 이를 견인하는 기관차동력차로 구성되어 있다. 이러한 차량은 일반적으로는 철도를 운영하는 회사가한국철도공사 보유하고 운영하지만 특수한 경우에는 화주가 보유하기도 한다.

#### (3) 화물상하역시설

대량으로 운송되는 화물을 안정적으로 신속하게 처리하기 위해서는 철도역에는 화물

상하역을 위한 시설들이 필요하다.

#### ① 작업선

화차가 운송할 화물을 적재하거나 하역을 하기 위해서는 철도차량이 운송을 하기 위해 이용하는 본선main line으로부터 분지分枝된 별도의 작업선에 입환入換이 되어야 한다.

#### ② 하역장

화차에 상차할 화물이 대기하고 도착한 화물을 하차하여 화물자동차에 적재하기 위해서는 작업선과 연접하여 넓은 작업장이 필요하다.

#### ③ 상옥시설(헛간)

철도를 이용하여 운송하거나 도착한 화물을 일시적으로 안전하게 보관하기 위한 시설을 상옥시설이라고 한다. 하역장과 연접하여 설치되며, 화물의 보관 시간이 단기간이고 입출작업을 자유롭게 하기 위하여 벽이 없는 건물구조로 되어 있다. 이 상옥시설을 이용하는 화물은 시설사용료를 부담해야 하는데 주로 소운송업자가 부담하고 화주에게는 서비스차원에서 운영하는 것이 일반적이다.

### (4) 컨테이너 야드 및 부대시설

컨테이너를 전문적으로 취급하는 ICD 및 Depot에는 컨테이너 야적장 및 상하차크레인 등의 설비가 갖추어져 있다.

## 3) 철도운송의 특징

철도운송은 일반화물자동차 운송에 비하여 다음과 같은 특징이 있다.

### (1) 대량운송 가능

하나의 기관차에 다수의 화물열차를 연결하여 운송하기 때문에 일시에 대량운송이 가능하다. 또한 하나의 열차편성에 2~3대의 기관차를 연결함으로써 견인 및 추진력을 증가시켜 운송능력을 증대시킬 수도 있다.

### (2) 운송비가 공로운송(화물자동차운송)에 비해 저렴

일시 대량운송이 가능하기 때문에 동일한 운송거리 내에서의 운송비는 화물자동차에 비해 훨씬 저렴하다. 그러나 전체적인 물류비의 저렴성 여부는 화물의 환적비용, 소운송비용 등을 종합적으로 검토해야 한다.

### (3) 저공해, 고안전성

화물자동차에 비하여 매연발생이 적으며전기철도의 경우에는 매연이 없음 정해진 철도를 통해 운행할 뿐만 아니라 전체적으로 정해진 운행다이어그램에 의하여 운행하며, 각 운행구간마다 운행제어를 함으로써 매우 안전한 운행이 가능하다.

### (4) 정시성이 비교적 높음

정해진 통로를 스케줄로 운행하기 때문에 비교적 운행시간을 준수하여 운행하게 된다.

### (5) 운행경로가 제한적임

철로라는 특수한 통로를 이용하기 때문에 철로가 없는 지역에 대한 운행이 불가하거나 인근지역에서 소운송이 필요로 하나 원거리 지역은 경제성 저하로 철도운송이 어려운 지역이 많다.

### (6) 소운송이 필요함

물류센터 또는 공장에 철도가 부설되어 있는 특수한 경우를 제외하고 대부분의 경우에는 철도운송을 이용하기 위해서는 화물취급역까지 화물을 운송 후 화물을 화차에 상차시켜야 하며 역으로 도착한 화물도 마찬가지이다. 소운송은 추가적인 상하차작업과 화물자동차운송을 발생시켜 많은 운송원가를 발생시킨다.

### (7) 화차 사용에 융통성이 제한적임

철도운송은 정해진 스케줄에 의하여 운행을 해야 한다. 따라서 지정된 시간 내에 상차작업이 완료되어야 하며 작업이 지연되면 제때 운송하지 못한다. 또한 도착한 화물도 다음 화물운송에 화차를 투입해야 하기 때문에 규정된 시간 내에 하차를 완료해야 한다. 상차나 하차를 약속된 시간에 완료하지 못하면 화차유치료를 부담해야 한다.

## 4) 철도화차의 종류

철도화차도 화물자동차처럼 운송하는 화물의 특징에 따라, 그리고 신속한 상하차 및 안전한 운송 등의 목적으로 다양한 형태로 제작 및 활용되고 있다. 다음에 소개하는 화차 형태는 우리나라에서 사용하고 있는 대표적인 차종이다.

### (1) 유개화차

유개화차는 화차의 형태가 화물을 안전하게 적재할 수 있도록 지붕과 벽을 설치한 밴형구조로 되어 있는 화차를 말한다. 운송 중 악천후나 도난 등으로부터 화물을 보호할 수 있도록 철골 및 철판구조로 되어 있으며, 운송 시에는 호송인이 탑승하거나 봉인을 하도록 되어 있다. 이러한 유개화차는 범용적으로 이용되기 때문에 주로 철도운영회사가 소유하고 운영한다.

### (2) 무개화차

무개화차는 화물을 지지할 수 있는 벽체구조는 있으나 지붕구조가 없는 화차를 말한다. 운송되는 화물이 악천후와 관계가 없거나 분실 우려가 없는 화물을 운송하는 차량으로서 자갈, 무연탄, 고철, 광석 등을 운송할 때 이용된다. 지붕이 없기 때문에 상차가 용이하며 하차할 때는 측면분출구를 통하여 쏟아 내리거나 기계를 이용하여 퍼내는 형식으로 하차한다.

### (3) 평판화차

평판화차는 화차의 프레임 위에 화물을 적재할 수 있는 상판만을 부착시켜 장대화물, 중량물 및 기후와 관계없는 화물을 용이하게 적재 운행할 수 있도록 제작된 화차이다.

### (4) 유조차

유조차는 적재대가 탱크형으로 되어 있어 유류, 화학물질 등을 운송할 수 있는 구조로 된 화차이다. 이 화차는 타 화물을 적재할 수 없기 때문에 화주 기업이 직접 제작하거나 철도운영회사에 제작을 의뢰하되 장기간 사용계약을 한다. 화주가 자신의 화물을 용이하게 적재 및 하차할 수 있는 구조로 제작한다.

### (5) 컨테이너화차

컨테이너화차는 전문적으로 컨테이너 운송에 적합하도록 프레임의 불필요한 부분을 제거하여 경량화를 추진함과 동시에 컨테이너를 안전하게 장착할 수 있는 락킹locking장치가 부착된 화차이다. 미국 등에서는 컨테이너 운송효율을 높이기 위하여 2층으로 적재할 수 있는 더블스텍컨테이너 차량이 많이 활용되고 있다.

### (6) 벌크화차

벌크화차는 주로 가루시멘트를 운송하기 위한 화차로서 벌크전용탱크가 설치되어 있다. 특히 시멘트제조업체들이 사유화차로 제작하여 이용하고 있다.

### (7) 기타 특장화차

철도운송의 활성화를 위하여 자동차운송전용, 코일운송전용, 곡물운송전용 등 다양한 전용화차를 제작하여 운영하고 있다.

## 5) 철도수송의 형태

### (1) 직행수송

직행수송이란 특정 발착역을 정하여 도중에 열차의 입환작업 없이 그 구간을 직행운송하는 방식이다. 유류, 양회, 컨테이너 등 대량화물 중 운송구간의 일정한 화물을 공장이나 산지 간 전용열차로 직행수송한다.

### (2) 컨테이너수송

특급은 Freight Liner 수송이라고도 하며, 컨테이너 화물을 싣고 문전에서 문전까지의 일관 수송을 말한다.

### (3) 쾌속화물운송

차급화물운송의 하나이며, 지역별로 중심역을 정하고 그 중심역 사이를 쾌속열차를 연결하여 수송하는 방식을 말한다. 중심역까지는 보통 화물열차나 트럭으로 화물을 운반한다.

### (4) 야드(조차장)집결수송

역두 또는 역근처 야드또는 조차장에 화물을 집결하여 행선별로 구분 편성되어 화물열차에 의해 도착역에서 가장 가까이 있는 야드까지 수송되는 방식을 말한다.

## 6) 철도역의 컨테이너 하역방식

### (1) TOFC(Trailer On Flat Car)방식

TOFC방식은 화차 위에 컨테이너를 적재한 트레일러를 적재한 채로 운송을 한 후 목적지에 도착하여 트레일러를 견인장비로 견인, 하차한 후 트랙터와 연결하여 운송하는 방식을 말한다. 이 방식은 다음과 같이 두 가지 형태로 이루어진다.

#### ① Piggy Back방식

Piggy Back방식이란 화차위에 화물을 적재한 트럭 등을 적재한 상태로 운송을 하는 형태를 말한다. 컨테이너운송에서는 컨테이너를 적재한 트레일러샤시를 화차에 직접 적재하고 운행하는 것을 말한다. 컨테이너를 트레일러에서 하차한 후 다시 화차에 적재하는 번거로움과 비용문제 그리고 시간문제를 해결하기 위하여 미국 등에서 제공되고 있는 방식이다. 트레일러를 화차에 적재하거나 하차할 때는 피기팩커piggy packer라는 장비를 이용하여 화차의 측면에서 상하차 한다. 트레일러의 하대높이만큼 적재높이가 높아져 일반 터널 등을 통과하는데 어려움이 있어 우리나라에서는 이용이 곤란하다.

#### ② Kangaroo방식

캥거루방식이란 피기백방식과 유사하나 트레일러 바퀴가 화차에 접지되는 부분을 경사진 요철형태로 만들어 적재높이가 낮아지도록 하여 운송을 하는 형태이다. 이 방식은 화차의 맨 뒷부분과 야드를 경사로rampway로 연결하여 트레일러를 견인할 수 있는 특수장비를 이용하여 컨테이너를 적재하거나 하차한다. 화차는 컨테이너운송 전용으로 제작하며 화차 적재높이가 낮아져 안정되게 운송할 수 있다.

### (2) COFC(Container On Flat Car)방식

COFC방식은 화차에 컨테이너만을 적재하는 방식을 말한다. 철도 컨테이너 데포에서 크레인이나 컨테이너 핸들러를 이용하여 적재하며, 일반평판화차나 컨테이너 전용화차를 이용하여 운송한다. 적재하는 방향에 따라 세로-가로방식비교적 취급량이 적은 종류, 매달아 신는 방식대량의 컨테이너를 신속히 처리하고자 할 경우, 플렉스밴flexi-van방식 등이 있다. 국내에서 일반적으로 이용되고 있는 컨테이너 적재 방법이다.

**| 그림 9-4 |** TOFC(Piggy Back 방식)

**| 그림 9-5 |** COFC

### (3) 프레이트라이너(Freight Liner)

프레이트라이너는 1965년 영국 국철이 개발한 정기급행컨테이너열차로서 대형 컨테이너를 적재하고 터미널 사이를 정기적으로 고속운행하는 화물컨테이너 운영방식이다. 철도의 일정구간을 정기적으로 고속운행하는 열차를 편성하여 운송서비스를 하는 철도화물운송방법 또는 이러한 방법으로 운송서비스를 제공하는 회사를 말한다. 주로 컨테이너 위주의 열차편성을 하여 신속하고 저렴한 운송서비스를 제공한다.

프레이트라이너의 정확한 의미는 비단 터미널에서 터미널까지만의 철도운송서비스만 제공하는 것이 아니라 화주의 요구에 의하여 door to door 운송서비스까지도 제공한다. 그러기 위해서는 프레이트라이너는 컨테이너운송용 트레일러의 확보 및 운영 그리고 상하차작업을 위한 시스템 구축 등이 필요하다.

## 7) 철도화물 운임체계

### (1) 화차취급 운임

화차취급은 철도운임과 발착양단의 통운요금으로 구성되며 철도운임은 거리대별 톤당 운임에 운임계수톤수를 곱하여 산정한다. 특대화물, 위험물 및 귀중품 등에는 할증료가 부가되며 화차유치료, 인도증명료 등 특별요청사항에 대해서도 제반 부대요금이 부과된다. 통운요금은 발착양단의 요금으로서 발송료, 도착료 및 특별의뢰사항에 대한 제반요금으로 구성된다. 정형대량운송이나 일관파렛트화의 경우에는 할인제도가 있다.

#### ① 일반화물에 대한 철도운임컨테이너화물 제외

㉮ 운임액 = 운송거리km × 운임단가1km당 × 화물중량1톤당

㉯ 운임산출시 1km 미만의 운송거리 및 1톤 미만의 화물중량은 반올림

㉰ 화물에 대한 기본운임은 1톤 1km당 벌크시멘트 50원, 황산 62원, 비료류 62원, 국내무연탄 55원, 기타품목 45.90원

#### ② 운임 할인대상

㉮ 사유화차기본운임의 7~31% 할인

㉯ 대량화물예 : 연간계약량 33만 톤 이상 시 23% 할인

㉰ 정형운송컨테이너화물의 경우 기본운임의 9~31% 할인

### (2) 컨테이너취급 운임

컨테이너취급 운임은 화차취급운임과 마찬가지로 철도운임과 통운요금으로 구성되며 요금계산방법도 동일하다. 냉동 및 냉장 컨테이너 등의 사용에는 할증제도가 있고 해상컨테이너의 경우에는 할인제도가 있다.

① 운임액 = 운송거리km × 컨테이너 규격별 운임단가1km당

② 20피트 컨테이너 516원, 40피트 컨테이너 800원, 45피트 컨테이너 946원이며, 공컨테이너는 운임단가의 74%를 적용

③ 통운요금 = 발착양단의 요금

### (3) 혼재운임

혼재화물의 운임은 발착혼재 기지간의 철도운임에 대한 고객운임과 발착기지양단의 집하료 및 배달료로 구성된다. 그리고 품목할증, 특대할증제도가 있으며 특별한 요청사항이 있을 때에는 그에 따른 중계료와 제반 요금이 부과되고 있다.

# 제 3 절 해상운송

## 1. 해상운송의 개념

해상운송Marine Transportation이란 화물선을 운송수단으로 하여 원양항로와 연안항로 또는 내수면로를 따라 운항하는 운송시스템을 말한다. 해상운송은 항공운송, 육상운송과 비교하여 신속성, 편리성, 정확성 등에서 뒤떨어지지만 규모의 경제에 의한 일시에 대량으로 장거리를 운송할 수 있다는 경제성 면에서 다른 운송수단보다 뛰어나 수출입 화물의 해상운송 의존도가 상당히 높다. 이러한 해상운송은 하천, 호수, 운하 등의 내수로운송에서 시작하여 해양에 진출하게 되었으며, 우리나라의 경우 남북분단으로 인하여 국내운송의 주요 운송수단이 자동차운송과 철도운송이라면 국제운송에서는 해상운송이 주가 되는 가운데 그 외 운송수단이 보조하는 복합운송이 이루어지고 있다.

해상운송의 발전은 1차 세계대전 후 디젤기관의 발명, 조선기술과 운항기술의 발달에 따라 부정기선 분야에서는 유조선tanker과 건화물선bulk carrier으로 특화되었으며, 중화학공업의 발전에 따라 화물을 자기선박이나 용선charter으로 운송하는 산업운송인industrial carrier이 등장하게 되었다. 정기해운 분야에서는 1960년에 하반기부터 컨테이너선 운항이 발전하면서 물류합리화에 기본이 되는 국제복합운송의 시대가 열리게 되었으며, 오늘날 해상운송은 운송의 경제성과 안전성, 교통의 자유성, 운송비의 절감 및 세계무역량의 증가에 따라 꾸준히 성장하고 있다.

**| 표 9-5 |** 해상운송의 장·단점

| 장점 | 단점 |
|---|---|
| • 대량운송 용이<br>• 장거리 운송에 적합<br>• 운송비 저렴<br>• 대륙간 운송 가능<br>• 자유로운 운송로 | • 항만시설에 하역장비 등의 설치 필요<br>• 기후에 민감<br>• 운송시간의 장기화(운동속도가 느림)<br>• 운항횟수가 적음<br>• 타 운송수단에 비해 높은 위험 존재 |

## 2. 해상운송의 특징과 역할

### 1) 해상운송의 특징

국제운송은 해상운송을 기본으로 하여 컨테이너의 이용과 다른 운송수단을 결합한 복합운송방법이 보편화되어 가고 있으며, 해상운송은 다른 운송수단인 자동차운송, 철도운송, 항공운송과 비교하여 여러 가지 특징을 가지고 있다.

#### (1) 높은 국제성

대부분의 해상운송은 공해상의 항로에서 세계를 무대로 해운회사 간에 자유로운 경쟁하에서 이루어지고 있다. 또한 해상운송의 수단인 선박은 원칙적으로 국적에 관계 없이 항만에 입출항이 가능하고, 세계 해운시장은 하나의 공통시장이 되고 있으며 일부 해운선진국들은 편의치적선의 형태로 다국적 선원이 선박을 운영함으로써 국제성이 높다.

#### (2) 장거리운송

해상운송은 주로 대양을 횡단하여 대륙과 대륙을 연결하는 형태를 띠고 있다. 그리고 단위당 운송비용이 저렴하기 때문에 장거리운송에 가장 많이 이용되고 있다.

#### (3) 대량운송

해상운송은 다른 어떤 운송수단보다 단위당 운송능력이 뛰어나다. 여러 운송수단 중에서 항공운송은 신속성은 뛰어나나 운송량에 제한이 있고, 철도운송은 항공운송에 비해 운송량은 많으나 선박에 비해 운송량이 뒤떨어진다. 해상운송은 일시에 대량의 화물을 운송할 수 있는 장점을 갖고 있다.

#### (4) 저렴한 운송비

해상운송은 철도운송과 기타 운송기관과 비교했을 때 가장 저렴하다. 해상운송은 바다라는 자연적 통로를 이용하므로 철도운송이나 자동차운송과 같이 도로나 철도와 같은 시설을 구출하는 데 별도의 비용이 필요 없고, 거대한 선박의 부력을 이용하여 운송하므로 운반능력이 뛰어나다. 해상운송은 1회에 대량운송이 이루어지기 때문에 단위당 운송비가 저렴하고 수송비의 비율은 감소하게 된다.

#### (5) 수송의 안전 및 정확성

최근 조선기술의 급격한 발달과 전자산업 및 기술의 발달로 선박의 안전성이 대폭 향상되었으며, 컨테이너 전용선의 등장으로 선박회사의 사전 예고된 스케줄에 따라 거의 정확하게 일정관리가 이루어지고 있다.

### 2) 해상운송의 역할

해상운송은 고속화, 대형화, 전용선화, 컨테이너화 되면서 그 중요성이 높아지고 있다. 이와 관련하여 해상운송의 주요 역할에 대해서 살펴보면 다음과 같다.

#### (1) 자원의 효율적인 배분

해상운송은 국가 간의 경쟁을 유발하여 시장가격을 평준화시키기 때문에 운송의 안정성, 신속성, 정확성의 향상과 운송비의 저렴성은 상품의 유통을 촉진시키고 재고량을 감소시켜 유통자본의 회전율을 높임은 물론 생산 및 유통 양면에 걸쳐 산업발전과 국민경제 발전의 기초적 조건을 조성하는 기능을 담당하여 국제분업과 교환을 촉진함으로써 경제활동을 원활하게 해준다.

#### (2) 국민소득 증대에 기여

해상운송은 하나의 서비스산업으로서 운임수입은 국민소득을 형성하며, 직접적인 자본 및 노동의 투입부문으로서 국민소득의 증대에 기여할 뿐 아니라 자국선 이용 시 외화지출을 절감시켜 외화절약 효과를 가져 온다.

### (3) 국제수지의 개선

해상운송은 외화운임 수입뿐만 아니라 수출입 증대 등을 통한 간접적인 외화획득 효과로 국제수지 개선에 큰 기여를 한다. 이는 자국선박을 이용하여 상품을 운송하게 되면 외화를 절약할 수 있으며, 선박대여를 통하여 용선료를 획득할 수 있기 때문이다.

### (4) 관련 산업의 육성

해상운송의 발전은 조선공업, 보험업 등 관련 산업과 밀접한 연관성을 가지며 이들 산업의 발전은 연쇄유발효과를 일으켜 고용증대 및 국민경제에 미치는 영향이 크다.

### (5) 국방력의 강화

해상운송의 육성을 통한 선박운송능력 증대는 경제적인 면에서 뿐만 아니라 유사시 국방력 측면에서도 큰 의의를 지닌다. 전시에 여객선 및 일반상선을 군대와 군수품의 운송에 이용하여 전쟁수행을 원활하게 함은 물론 특수선으로 개조하여 군무에 종사하게 함으로써 전력을 크게 증대시킬 수 있다.

### (6) 국제경쟁력의 강화

무역상품의 해상운송은 항로개설을 통하여 자국상품의 시장영역을 확대시키며, 저렴하고 안정적인 운송은 국제시장에서 가격경쟁력을 향상시켜 준다. 자국 해운을 이용하는 경우 대외무역에서 해상운임과 운송서비스에 대하여 영향력을 행사할 수 있으므로, 해운동맹의 독점적인 관행과 운임구조에 영향력을 행사하여 무역을 유리한 방향으로 이끌어갈 수 있다.

# 3. 선박

## 1) 선박의 개념

선박은 물 위를 떠서 사람이나 물자를 싣고 물 위로 이동할 수 있는 구조물물 위의 교통수단이다. 일반적으로 선박이라 함은 사람이나 화물을 싣고 해상을 통하여 공간적, 장소적 이동을 수행하는 운송수단으로 선박이라는 고유의 속성인 부양성, 화물 및 여객을 실을 수 있는 적재성, 적재된 것을 위치적으로 전환시킬 수 있는 운반성의 3요소를 갖춘 구조물이라 할 수 있다.

상법상 선박이란 상행위, 기타 영리를 목적으로 항해에 사용하는 것을 선박이라고 규정제740조하고 있으나, 상행위나 영리를 목적으로 하지 않는 국가나 공공기관 소유의 선박도 포함되어야 할 것이다.

일반적으로 무역에서 선박이라 함은 상선 중에서도 영리를 목적으로 하고, 화물을 수송하는 협의의 개념으로 파악하여야 할 것이다. 즉 화물운송을 주목적으로 하는 상선을 말하는 것으로 화물선이라 칭한다. 그러나 상선에는 여객운송과 화물운송을 동시에 하는 선박이 있기 때문에 여객정원이 몇 명이냐에 따라 여객선 또는 화물선으로 구분하고 있는데 각 나라마다 규정이 다르다. 우리나라에서는 여객정원선원 제외 12명 이하의 화물을 운송할 수 있는 선박을 화물선으로 정의하고 있다.

## 2) 선박의 톤수

선박의 크기는 용적과 중량으로 나타내며, 화물선의 경우에는 선박이 적재할 수 있는 화물의 중량과 용적으로 그 크기를 표현한다. 적재하는 화물을 기준으로 할 때 국제적으로 사용되고 있는 톤ton은 중량으로는 2,240lbs, 용적으로는 40ft³를 그 단위로 하고 있다.

해운에서 사용되는 선박의 톤수는 아주 다양하고 우리가 알고 있는 톤이라는 개념과 아주 다르기 때문에 막연하게 몇 톤이라는 개념은 있을 수 없다. 반드시 무슨 톤수로 몇 톤이라고 해야 정답이 될 수 있다.

### (1) 용적톤

용적톤Space Tonnage은 선박에 한정하여 사용되며, 선박의 용적을 톤으로 환산할 때에는 100cft2.83238m³를 1톤으로 한다. 용적톤은 다른 톤과 혼동할 우려가 있어 사용되지 않고 다만 m³ 또는 ft³로만 사용하고 있다. 용적톤으로 표시하는 것은 총톤수, 순톤수 및 재화용적톤수이다.

#### ① 총톤수

총톤수GT : Gross Tonnage는 선박의 용적량으로 갑판 아래의 적량과 갑판 위의 밀폐된 장소의 적량의 합에서 선박의 안전과 위생에 사용되는 부분의 적량제외적량 : exemptions을 제외한 것을 톤수로 환산한 값이다. 총톤수는 각 국의 해운력과 각종 통계 및 관세, 등록세, 도선료, 검사료 등의 수수료와 제세금의 기준이 된다.

#### ② 순톤수

순톤수NT : Net Tonnage는 화물 및 수용 등 직접 상행위에 사용되는 용적으로 총적량에서 선박의 운항에 직접 이용되는 부분의 적량공제적량 : deduction을 공제한 순적량을 톤수로 환산한 것이다. 순톤수는 항만세, 톤세, 운하통과료, 등대사용료, 항만시설사용료 등 모든 세금과 수수료의 산출기준이 된다.

#### ③ 재화용적톤수

재화용적톤수Measurement Tonnage는 선박의 각 창hold의 용적과 특수 화물창고 등 선박의 화물적재능력을 용적으로 표시한 것으로 관습상 40ft³1.133m³를 1톤으로 나타내고 있다.

### (2) 중량톤

중량톤은 배수톤수Displacement Ton, 재화중량톤수Dead Weight Ton로 구분된다.

#### ① 배수톤수

배수톤수Displacement Tonnage란 선체가 밀어내는 배수량displacement capacity으로 표시하는 톤수를 말한다. 주로 군함의 크기를 나타낼 때 많이 사용된다. 배수톤수는 화물의 적재상태에 따라 달라지므로 상선의 크기를 나타내는데 이용되지는 않으며 다만 화물의 적재량을 산정하는데 이용되는 것이 특징이다.

#### ② 재화중량톤수

재화중량톤수DWT : Dead Weight Tonnage란 선박이 적재할 수 있는 화물의 최대허용중량만선배수량-공선배수량으로 화물선, 탱커 등의 선복량을 나타내는데 사용되며 용선계약, 선박매매 등 상거래의 기준이 된다.

## 3) 선급제도

선박은 대부분의 국가에서 법규에 따라 구조와 건조기술 및 재료 등에 대한 규제 하에 제조하고 있으나, 정상적인 항해가 가능한 선박의 상태인지를 확인하기가 곤란하다. 이러한 내항성seaworthiness에 대한 보다 객관적이고 전문적인 판단을 위하여 만든 제도가 선급제도classification societies이다.

선급은 해상보험에서 선박의 보험자격을 인정하는 근거가 되는 것으로 최초의 발생은 영국 보험업자의 단체기관이었던 Lloyd협회가 Lloyd's Register of Shipping의 이름으로 선체, 기관 및 부속기구에 대하여 검사를 하고 여기에 선급을 붙인 것이 시초가 된다.

선급을 계속 유지하기 위해서는 정기적으로 유지검사선급유지를 위해 일반검사와 4년마다 정밀검사를 받아야 하며, 선박의 총 등록 톤수가 100톤 이상인 경우 공인된 선급협회의 감독하에 건조되며, 우리나라의 경우 한국선급협회Korea Register of Shipping가 선박검사를 위한 국가대행기관으로 지정되어 있다. 한국선급협회가 발급한 선박등급은 선박매매, 용선계약, 보험료 산출 등의 기준이 된다.

## 4) 편의치적

편의치적FOC : Flags of Convenience이란 선주가 속해 있는 국가의 엄격한 요구조건과 의무를 피하기 위하여 선주가 속해 있는 국가가 아닌 파나마, 라이베리아, 온두라스, 키프러스, 바하마, 버뮤다 등과 같은 조세도피국tax haven company의 국적을 취득한 다른 나라의 선박을 뜻한다.

편의치적은 다음의 이유로 많은 선주들이 선호한다.

첫째, 운항 및 안전기준의 이행을 회피할 수 있다.

둘째, 자국선원을 승선시켜야 할 의무가 없음에 따라 인건비를 절감할 수 있다.

셋째, 운항에 따른 세금 혜택을 얻을 수 있다.

넷째, 국제금융시장의 이용이 용이하다.

다섯째, 선원공급의 선택 폭이 확대된다.

### (1) 편의치적선 이용의 이점

편의치적선제도는 제2차 세계 대전 이후 선진국의 고임금 선원으로 인한 국제경쟁력 약화를 커버하기 위하여 탄생하여 오늘에 이르고 있다. 편의치적을 하게 된 가장 큰 이유도 선원문제였다. 그러나 편의치적선제도는 선원문제 이외도 선주에게 여러 가지 이익을 가져다주는 제도이기 때문에 선원문제가 없는 국가의 선주들도 즐겨 이용하게 되면서 국제적으로 널리 이용되게 되어, 가장 보편적이고 효율성 있는 선박 보유 방식으로 자리 잡고 있다. 선원 이익을 포함한 편의치적선의 이점은 아래와 같다.

① 선원고용상의 이익

② 세제상의 혜택

③ 금융상의 이점
④ 정치적인 영향력이 상대적으로 약함
⑤ 국가의 간섭이 없음
⑥ 영업상의 자유
⑦ 선박의 안전, 오염방지에 대한 비용의 절감
⑧ 정치적 이유로 인한 국적 은폐이스라엘, 남미국가 등
⑨ 신속한 시장대응

### (2) 편의치적선 이용의 단점

① 자국의 지원 및 특권 포기선박투자공제, 운항보조금, 건조보조금, 연안무역권
② 편의치적국의 낮은 국력영사관, 대사관 등
③ 해운동맹 및 컨소시엄의 참입제한
④ ITFInternational Transport Workers' Federation의 배척운동

## 4. 항만

### 1) 항만의 개념

항만이란 해륙운송의 교차점으로서의 기능을 발휘할 수 있게끔 물리적 시설과 서비스를 제공할 수 있는 복합적 실체이다. 항만은 해륙운송의 중계지로서 육송된 화물의 선적과 화물을 원활하게 양륙할 수 있는 시설을 갖추고 산업활동이 이루어지고 있는 장소이다. 따라서 항만은 선박이 입출항하고 화물의 하역, 보관 및 처리를 하기 위하여 선박의 안전정박을 위한 충분한 수심과 넓은 접안시설, 하역장비 및 창고, 화물장치장과 육상교통과의 연계, 입출항에 필요한 세관 및 검역시설과 기타 간접시설을 갖추고 있어야 한다.

항만은 한 나라의 경제발전을 직접적으로 주도하는 상공업활동을 통하여 국제무역의 증진에 중요한 역할을 수행하며, 해운산업의 발달 및 관련 산업을 직·간접으로 발전시킨다는 점에서 경제적 중요성이 크다.

## 2) 컨테이너터미널의 역할과 기능

컨테이너를 이용한 수송은 육상수송 수단과 해상수송 수단뿐만 아니라 해륙의 중계지 역할을 하는 항만의 기능이 결합되어 이루어진다. 이 항만에서의 활동은 단순히 해륙 환적으로는 컨테이너화의 기본 목적에 부합되지 않는다.

재래식 항만의 부두는 단순한 화물의 종착지점인데 비하여 컨테이너터미널은 화물의 집적, 양화 및 적하 등을 행하는 물류기지로서 뿐만 아니라 집하, 재고상황을 관리하는 정보 중추의 역할을 하는 곳이다. 따라서 컨테이너터미널은 다음과 같은 역할을 담당한다.

① 컨테이너가 복수의 수송기관을 이용하여 세계 각지에 집산 이동하는 거점
② 컨테이너 이동을 파악하고 관리하는 기점
③ 해상과 육상의 두 운송수단의 생산성을 향상시키는 기능

컨테이너터미널은 선박에 화물을 적재, 양륙, 적부하고 화물과 컨테이너의 인수도가 일어나는 장소이다. 따라서 대량화물을 신속하고 효율적으로 처리할 수 있도록 터미널 자체에 본선작업 시스템, 부두이송 시스템, 장치 및 보관 시스템, 인수도작업 시스템, 게이트작업 시스템, 정보 및 관리 시스템 등의 하위 시스템과 이들 하위 시스템들이 터미널 내에선 유기적으로 종합 시스템의 체계를 갖추고 있다.

그리고 이들 하위 시스템들이 상호간에 순차적인 연결을 통하여 원활하게 화물을 유통함으로써 이용자, 관리자 모두에게 비용의 절감과 신속, 안전한 서비스를 제공하는 장소이다. 터미널의 기능은 크게 하역이송기능, 보관기능, 혼재기능으로 분류할 수 있다. 터미널의 기능을 달성하기 위하여 각 기능을 공통으로 지원하는 기능을 갖추고 있다.

## 3) 항만(컨테이너터미널) 주요 시설

### (1) 안벽

안벽Quay은 선박이 접안하여 화물의 하역작업이 이루어질 수 있도록 구축된 구조물로서 입출항 선박의 크기에 따라 적합한 수심과 충분한 길이의 선석Berth수를 적정규모로 확보하고 있어야 한다.

수심은 컨테이너선 2,500TEU 경우 간조 시 40피트약 12m 정도 되어야 한다. 안벽길이

는 접안 선박에 따라서 다르나 대체적으로 선석 당 300~350m부산항 3부두 35, 36선석 : 200m, 광양항 컨테이너선석 : 350m 정도이다. 현재 선박 대형화의 영향으로 신설 항만의 경우 400m까지 안벽의 길이가 확대되고 있다.

### (2) 적양장

적양장Apron은 안벽에 접한 야드 부분에 일정한 폭을 가지고 나란히 뻗어있는 하역작업 공간을 가리키며, 하역장비가 설치되어 필요한 위치로 이동하면서 컨테이너의 적하 및 양하작업을 수행하는 곳을 말한다.

적양장 폭은 하역시설에 따라 다르나 보통 40~50m이다. 또한 적양장에는 컨테이너 전용 크레인을 안벽 전장에 걸쳐 활용할 수 있도록 크레인 레일이 설치되어 있다. 적양장은 적하 및 양하작업이 이루어지는 공간으로서 장비와 컨테이너의 이동이 많고 현장 작업 인원이 집중적으로 배치된 공간이므로, 적양장에서의 작업 시 특히 안전에 유의하여야 한다.

### (3) 마샬링야드

마샬링야드Marshalling Yard는 컨테이너선의 입항 전에 계획된 본선 적하계획에 따라 선적 예정 컨테이너를 도착지 항구에서 하역할 순서대로 정렬하거나, 항구에 입항한 컨테이너선으로부터 양륙할 컨테이너를 언제든지 화주의 요구에 부응할 수 있도록 정렬하는 데 필요한 공간이다.

에이프런과 인접해 있는 경우가 많으며 터미널 이송장비들이 방해받지 않고 움직일 수 있을 정도의 공간이 필요하다. 통상 이 곳에는 사방으로 차량이 자유롭게 통행되는 직사각형의 지상 구획인 여러 개의 블록으로 나눈다.

### (4) 컨테이너야적장

컨테이너야적장CY : Container Yard은 컨테이너의 하역작업 전후 컨테이너의 인수도 및 보관을 위해 컨테이너를 쌓아두는 장소를 말한다. 주로 마셜링 야드marshalling yard의 배후에 배치되어 있으며, 때로는 마셜링 야드를 포함하여 부르기도 한다. CLCContainer Load Cargo는 이곳에서 화주와 선박회사 간에 화물수도가 행해진다.

### (5) 컨테이너조작장

컨테이너조작장CFS : Container Freight Station은 주로 LCLLess than Container Load화물에 대하여 선적시의 적입Vanning 및 양하 시의 적출Devanning작업이 이루어지는 곳이다. 화물의 수출입 통관업무도 이곳에서 이루어진다. CFS가 반드시 터미널 내에 있을 필요는 없지만, 작업의 편리함 때문에 대부분의 대형 컨테이너 전용 터미널들은 CFS를 그 터미널 내에 설치한다. 최근에는 터미널 공간을 넓게 사용하기 위하여 CFS를 터미널 밖으로 옮기거나 경우에 따라서는 완전한 항만구역 밖으로 옮기는 추세이다.

### (6) 통제실

통제실Control Tower or Control Center은 본선의 하역작업이나 CY 내의 컨테이너 배치가 본부의 계획이나 지시대로 이루어지도록 통제 및 감독하는 기능을 수행한다. 컨테이너 부두의 전경이 잘 보이는 장소에 건설되며 현대화된 터미널 내에서는 컴퓨터 등을 사용하여 중앙통제기능을 합리적으로 수행한다.

### (7) Maintenance Shop

Maintenance Shop은 CY에 있는 여러 종류의 하역기기나 운송 관련 기기의 점검, 수리, 정비하는 곳이다.

### (8) 게이트

컨테이너터미널에서는 게이트가 터미널 안팎을 구분하는 문을 뜻하는 것이 아니고, 반출입하는 컨테이너의 필요한 서류의 접수, 봉인 및 컨테이너의 손상 유무를 검사하고 컨테이너의 무게를 측정하는 곳으로 컨테이너 터미널과 내륙 운송회사 간의 책임 한계선인 곳이다.

무게 측정기와 점검대가 설치되어 있으며, 일부 외국에서는 서류의 접수를 별도의 장소에서 하는 곳도 있다. 또한 게이트에서는 컨테이너 인수 및 인도에 관한 서류를 상호 교환하고, 컨테이너 이상 유무를 점검하며 컨테이너 수송차량의 장치장 내 진입방향을 지시한다. 컨테이너 수송차량의 증가로 인한 게이트 혼잡을 해소하기 위해 게이트에 자동화된 컨테이너 인식시스템을 설치, 운영하는 터미널이 증가하는 추세이다.

### (9) Administration Office

Container Yard 운영요원이 Yard 경영을 위한 행정사무를 수행하는 곳이다.

### (10) 수리장

수리장Repair Shop은 컨테이너터미널의 기본적인 시설은 아니지만, 선사에 대한 서비스의 목적으로 자가 또는 외부업체를 이용하여 컨테이너 용기의 검사, 보수, 사용 전후의 청소, 손상의 수리를 한다. 특수한 컨테이너인 냉동컨테이너는 냉동기의 점검 및 수리를 위한 별도의 인력과 장비가 필요하며, 액체나 기체화물을 수송하는 탱크컨테이너는 화물을 수송 전 반드시 내부 세척이 필요하므로 터미널 내 또는 임항지역 내에 별도의 특수한 세척 시설이 필요하다.

### (11) 냉동컨테이너 장치장

냉동·냉장을 위한 전기장치가 부착된 컨테이너는 지정한 온도의 지속적인 유지를 위하여 장치장에 보관할 때에는 육상 전력 공급 장치에 접속시켜야 한다. 일반적으로 사용하는 전력은 220V/30A, 220V/60A 또는 440V/ 60A이며, 접속을 위한 여러 형태의 연결 부속품이 준비되어야 한다.

### (12) 부두

부두Wharf는 선박이 계류하여 여객을 승하선시키거나 화물을 싣고 내릴 수 있도록 만든 항만시설이다. 보통 목재나 콘크리트의 축조물이 많으며 해상운송과 육상운송의 중계지로서 중요한 역할을 한다. 육상 측으로는 도로나 철도와 이어지고, 화물의 하치장과 창고를 갖추고 있으며 크레인 등의 하역 기계가 설비되기도 한다. 해상 측으로는 선박이 계류하기에 충분한 수심과 부두의 길이가 요구된다. 용도에 따라 잡화선, 컨테이너선, 전용선, 여객선 부두 등으로 불리고, 모양에 따라 독식, 연안식, 빗모양식 등이 있다. 안벽, 잔교, 부잔교 등이 여기에 속한다.

### (13) 잔교

잔교Pier는 선박을 접안계류하여 화물의 하역과 여객의 승선 및 하선이 용이하게 이루어질 수 있도록 만든 목재, 철제 또는 콘크리트제 교량형 구조물을 말한다. 보통 육지에서 거의 직각으로 뻗어 나오고 그 양측에 배를 가로붙이지만, 강줄기 등에서는 육안에서 떨어진 수심이 적당한 곳에 육안과 나란히 만들어 그 가장 먼 쪽에 배를 대는 경우도 있다. 전자를 제방형 잔교, 후자를 도형 잔교라 한다. 구조는 각 부위에 빔을 걸고 바닥을 붙인 것이다. 가벼운 구조이므로 지반이 연약한 곳에도 만들 수 있고 내진설계도 하기 쉽다.

❙그림 9-6❙ 컨테이너터미널

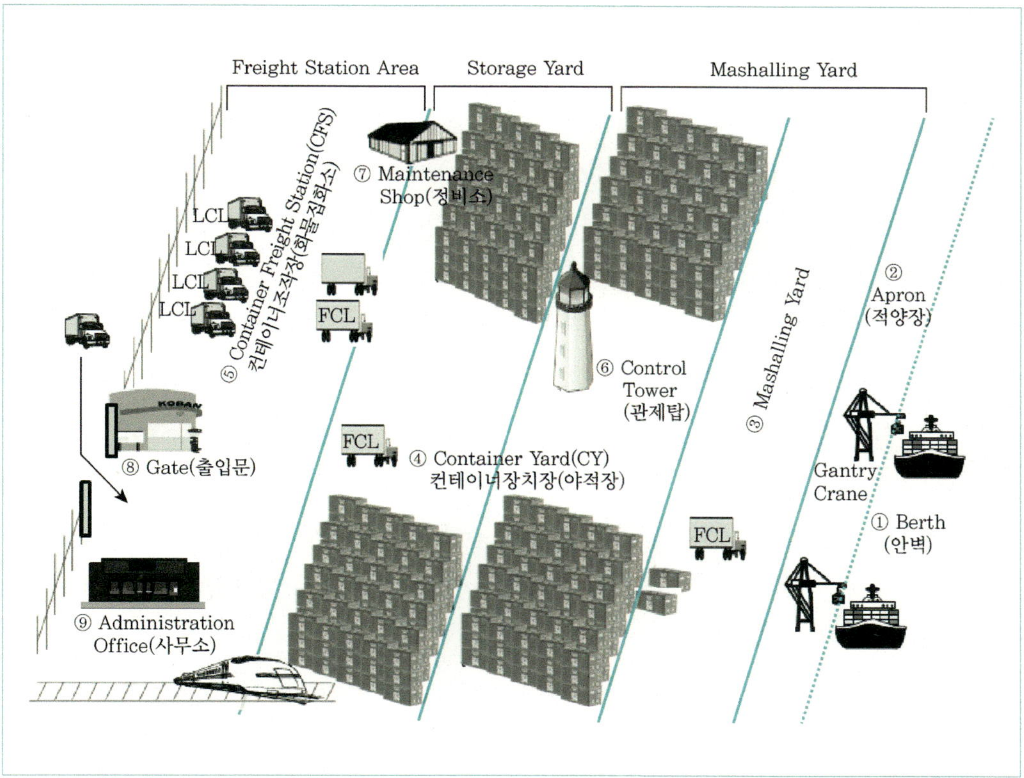


## 5. 운송방식과 운송계약

### 1) 정기선 운송

정기선 운송이란 정해진 운항계획에 따라 일정한 항로를 화물의 많고 적음에 관계없이 규칙적으로 반복 운항하면서 공포된 운임률에 따라 운임이 부과되는 화물선과 여객선의 운송을 말한다. 공산품 등의 일반화물 또는 포장화물 등 불특정다수의 화물운송에 주로 이용되고 있어 소량의 개별적 화물로 구성되며 일정 항로에서의 수요발생이 계속적인 동시에 발생량이 비교적 안정되어 있는 것이 특색이다.

정기선 운송은 미리 정한 항로와 기항지에 배선할 스케줄과 배선 선박명을 공표하여 이 스케줄에 따라 선박을 운항한다. 정기선의 이용을 희망하는 화주는 이 공고를 보고 선박회사나 그 대리점을 통해 선적예약을 하고, 정해진 날짜에 화물을 정해진 곳에서 운송인에게 인도함으로서 운송계약이 개시된다. 정기선 운송사업자는 이미 선박이 만선된 경우 등 불가피한 경우가 아니면 화주의 운송계약 요구를 거절하는 것이 금지되는 소위 공공운송인common carrier이다.

오늘날 컨테이너의 출현으로 정기선 운항이 점차 세계 해운의 주류를 이루는 추세에 있는데, 이와 관련하여 정기선 운송의 특징에 대해서 설명하면 다음과 같다.

① 일정한 시차를 두고 사전에 지정된 여러 항구를 빈번하게 운항한다.
② 특정 화주 또는 제한된 화물만을 운송하지 않고 불특정다수의 화물을 운송하는 공공운송인이다.
③ 선박 자체가 부정기선에 비해 고가이며 화물도 완제품 내지 반제품인 2차 상품이 대종을 이루어 1차 상품인 원자재 및 농 · 광산물 등의 부정기선 화물에 비해 고가이다.
④ 서비스가 공공성을 띠고 있기 때문에 관계당국이 운임표를 작성 및 공시한다.
⑤ 다양한 화물의 취급 및 여러 항구를 기항하므로 취항항구마다 점소를 두게 됨으로써 조직 규모가 대형이다.
⑥ 화물의 유무에 상관없이 일정에 맞춰 규칙적으로 운항해야 하기 때문에 많은 선박이 필요하고, 조직규모도 커서 막대한 자본을 요하는 위험도가 큰 사업이다.

### 2) 부정기선 운송

부정기선 운송은 주로 석유, 석탄, 광석, 곡물, 원목, 철강 등 대량의 화물을 화주가 요구하는 시기, 항로에 응해 불규칙적으로 운항하는 운송형태이다. 이 구분은 정기선이 육상운송에서 노선버스에 해당한다면, 부정기선은 전세버스에 해당한다고 할 수 있다.

부정기선 운송의 특징을 정리하면 다음과 같다.

① 항로 선택이 용이하다.

② 대량화물을 대상으로 하고 있다.
③ 운임은 수요와 공급환경에 의하여 결정되어 진다.
④ 정기선 운송과 같이 해운동맹의 형성이 어려우며 단일 시장에서의 자유경쟁이 전개되어 가격이 시장기능에 따라 다변적으로 변화할 수 있다.
⑤ 선복의 공급이 물동량 변화에 대해 매우 탄력적이기 때문에 선복수급이 균형을 이루기 쉽다.

**표 9-6** 정기선과 부정기선의 비교

| 구분 | 정기선 운송 | 부정기선 운송 |
|---|---|---|
| 운항형태 | 규칙성·반복성 | 불규칙성 |
| 운송인 | 보통운송인(Common Carrier)<br>공공(중)운송인(Public Carrier) | 계약운송인(Contract Carrier)<br>전용운송인(Private Carrier) |
| 화물의 성격 | 한 선박에 이종화물 | 한 선박에 동종화물(Bulk) |
| 화물의 종류 | 완제품, 컨테이너 | 원료, 연료, 농산물 |
| 화물의 가치 | 고가 | 저가 |
| 운송계약 | 선화증권(B/L) | 용선계약서(Charter Party) |
| 운임 | 동일 운임(동일 품목/상이한 화주)<br>운임률(Tariff) 적용<br>운임동맹 | 선박의 수요와 공급에 의해 결정 |
| 서비스 | 화주의 요구에 따라 조정 | 선주·용선자간 협의 결정 |
| 선박 | 고가·구조복잡(컨테이너선) | 저가·구조단순(벌크선) |
| 조직 | 대형조직(본사 및 해외지점) | 소형조직 |
| 여객 | 제한적인 취급(카페리) | 취급하지 않음 |

## 3) 개품운송계약과 용선운송계약

### (1) 개품운송계약

개품운송계약은 개별 물품의 운송을 목적으로 하는 해상운송계약으로 다수의 화주로부터 위탁받은 개별 화물을 정기선으로 운송하기 위하여 체결하는 운송계약이다. 즉,

운송인이 불특정 다수의 화주로부터 소량 화물의 운송을 위탁받아 이들 화물을 혼재하여 운송하는 것이 일반적이다. 개품운송계약의 운송계약서는 따로 작성하는 것이 아닌, 선적 후 운송인이 발행하는 선화증권에 의하여 운송계약이 성립된다.

### (2) 용선운송계약

용선이란 선박의 소유주인 선주또는 선주와 같은 선박의 사용권을 가지고 있는 사람가 자기가 지배하는 선박을 다른 사람에게 이용하도록 하는 것을 말한다. 용선에서 선박의 사용권을 가지고 있는 사람을 일반적으로 선주owner라고 부르며, 다른 사람의 선박을 빌려서 사용하는 사람을 용선자charterer라고 한다.

용선운송계약이란 해상운송인인 선주가 항해의 전기간 또는 항해에 대해서 일정기간 동안 선복ship's space의 일부 또는 전부를 제공하여 물품을 운송하기로 약정하고, 용선자가 그 보수로서 운임을 지급하기로 약정하는 계약을 의미한다. 그리고 용선에 사용되는 계약서를 용선계약서라고 한다.

용선운송계약은 크게 선복 전부를 빌리는 전부용선계약과 일부를 빌리는 일부용선계약으로 구분되며 전부용선계약은 용선형태에 따라 다시 항해용선계약, 기간정기용선계약 그리고 나용선계약선박임대차계약으로 구분된다.

#### ① 항해용선계약

항해용선Voyage Charter계약이란 특정한 항구하나 또는 그 이상에서 특정한 항구하나 또는 그 이상까지 정해진 화물의 정해진 양을 운송해 주고 그 대가로 운임을 받는 계약을 말한다. 통상 한 항차만을 기준으로 하는 것이 기본이나, 계약에 따라 유사한 항해용선계약이 계속 반복되는 경우도 있다. 이것을 연속항해용선계약Consecutive Voyage Charter이라고 한다.

#### ② 정기용선계약

정기용선Time Charter계약은 특정한 선박의 사용권을 약정된 기간 동안 용선자에게 주고, 용선자로부터 약정된 용선료를 받는 계약이라는 면에서 나용선계약과 유사한 계약이나 나용선 계약과는 달리 선주는 선박을 항시 운항할 수 있는 상태를 유지하면서 이 선박이 실제 운항하여 수익을 얻을 수 있는 권리만은 용선자에게 빌려준다는 점이 다르다.

그러므로 선주는 선박을 항시 가동할 수 있는 상태로 유지하기 위하여 자격과 능력을 갖춘 선원을 배승시켜야 하고, 선용품을 공급하여야 한다. 그리고 선박을 항상 정상적으로 운항할 수 있도록 유지보수 하여야 하며 만약의 위험을 담보하는 보험에 가입하여야 한다. 선박 운항과 관련된 비용을 선주와 용선자가 어떻게 부담하는가는 정기용선계약의 이해에서 가장 어려운 문제 중의 하나다.

### ③ 나용선계약

나용선Bareboat Charter계약이란 선박 그 자체만을 선주가 용선자에게 사용할 수 있도록 해주는 것으로 선박임대차Charter by Demise라고 하기도 한다. 선박 그 자체 만이라는 의미는 선박이외에 그 선박을 정상적으로 운용하는 데 필요한 선원을 비롯한 각종 선용품을 제외하였다는 것을 의미하는 것이다. 그러므로 나용선자는 나용선한 선박을 운항하기 위하여 선원을 자기 책임 하에 고용하고 선박운항에 필요한 선용품을 공급해야 하며, 선박의 일상적인 유지보수와 보험 계약의 유지 등 선박을 운항하는 데 필요한 여러 가지 업무를 자기의 비용과 책임으로 하여야 한다.

**표 9-7** 용선운송계약의 형태

| 운항형태 | 내용 |
|---|---|
| 항해용선계약 (Voyage Charter) | 한 항구에서 다른 항구까지 한 번의 항해를 위해 체결되는 운송계약 |
| 정기용선계약 (Time Charter) | 모든 장비를 갖추고 선원이 승선해 있는 선박을 일정 기간을 정하여 고용하는 계약 |
| 나용선계약 (Bare Boat Charter) | 선박만을 용선하여 인적 및 물적 요소 전체를 부담하고 운항 전부에 걸친 관리를 하는 계약 |

# 제 4 절 항공운송

## 1. 항공운송의 개념

항공운송Air Transportation이란 항공기의 항복plane's space에 승객 및 화물을 탑재하고 국내외 공항air port에서 공로air route로 다른 공항까지 운송하는 운송시스템을 의미한다. 항공운송은 해상운송이나 육상운송에 비해 최근에 도입된 운송시스템이나 경제적 특성에 따라 가장 체계화된 유통시스템과 정보체계를 이용하여 물적유통체제가 완벽하게 되어 있는 운송부문이다.

과거 항공운송은 주로 일부 제한된 특수화물만이 대상이었으나 오늘날은 항공기의 발전과 항공화물의 컨테이너화, 지상조업의 자동화, 고부가가치 화물의 증가와 항공운송이 갖는 정시배달의 장점 등으로 국제무역에 있어 중요한 운송수단으로서의 기능을 수행하고 있다. 항공운송 관련 사업으로는 정기항공운송사업, 부정기항공운송사업, 항공기사용사업, 항공기취급업, 상업서류송달업, 항공운송총대리점업, 항공화물혼재업, 도심공항터미널이 있다.

최근 들어 비약적인 발전을 해 온 항공운송이 다른 운송에 비하여 짧은 역사에도 불구하고 큰 비중을 차지하고 주목을 받게 된 것은 항공운송이 지닌 여러 이점과 특성들 때문이다. 항공운송은 해상 및 육상운송과 비교했을 때 다음과 같은 특징을 가지고 있다.

## 2. 항공운송의 특징

### 1) 신속성과 정시성

항공운송은 해상운송 등 다른 운송수단에 비해 운송기간이 가장 짧으며, 발착시간, 정시운항, 운항회수에 의한 정시성을 서비스의 최우선으로 하고 있다.

### 2) 안전성

항공운송은 운송기간이 짧을 뿐만 아니라 항공기에 적재될 때는 파렛트, 이글루, 컨테이너 등 안전한 적재용기에 담아 안전하게 운송된다. 또한 항로는 다른 운송통로에 비해 매우 쾌적한 통로이기 때문에 화물의 안전정이 매우 높다. 따라서 수출입화물의 포장도 해상운송에 비해 경량화된다.

### 3) 경제성

운임 면에서 항공운임이 해상운임에 비해 높으나 포장비 저렴, 보험요율 낮음, 관리비, 손실 등 간접비 및 배달시간, 정시성, 신뢰성 등 보이지 않는 비용을 감안한 종합비용 면에서 볼 때 해상운송과 경쟁력이 있는 품목도 발생하고 있다.

### 4) 야행성

항공화물은 여객수송과는 달리 주간에 그날의 발송분을 모아 야간에 운송을 하여 다음날 새벽까지 도착시키고, 익일 주간에 배달을 하는 것이 관례화 되어 있기 때문에 화물의 대부분이 야간에 집중되는 특성을 보이고 있다.

### 5) 비계절성

항공화물은 단골 화주로부터 반복적으로 출하하는 경향이 많기 때문에 비교적 타 운송수단에 비해 계절적인 수요의 탄력성이 적다.

### 6) 편도성

항공화물은 해상운송과는 달리 왕복성이 적고 대부분 왕항이나 복항 등 편도성이 강하기 때문에 최근에는 도착지에 전용화물터미널을 설치하고 공적운항이 없도록 운항스케줄을 짜고 있다.

## 3. 항공운송의 장·단점

항공운송은 다른 운송수단과 비교하여 다음과 같은 장점 및 단점이 있다.

### 1) 항공운송의 장점

#### (1) 신속한 운송

다른 어떤 운송수단보다도 신속하게 운송할 수 있다.

### (2) 정시성

기후의 영향을 받기는 하지만 운송거리에 비하여 그 오차는 크지 않다.

### (3) 안전정

비교적 안전한 화물의 취급, ULD를 이용한 안전한 적재, 운항의 정숙성으로 인하여 운송화물이 안전하게 도착되며, 통제된 공간에서 화물의 취급이기 때문에 분실 등의 위험도 매우 낮다.

### (4) 포장비 절감

안전한 취급과 정숙한 운행으로 인하여 화물의 포장이 해상운송에 비하여 대폭적으로 경량화 될 수 있다.

### (5) 상품의 특성에 따른 취급

항공운송에서는 동일한 항공기 내에도 화물의 종류에 특성에 따라 온도, 습도, 환기 등을 조절할 수 있어 변질가능한 상품의 안전한 운송이 가능하다.

### (6) 신속·정확한 화물추적정보 제공

항공운송은 운송수단 중 가장 체계화되고 신속한 화물추적정보를 제공할 수 있다.

### (7) 저렴한 운송보험료

항공운송은 안전한 운송이 보장되기 때문에 수출입화물에 대한 운송보험료가 해상운송에 비해 매우 저렴하다.

### (8) 운임 외 부대비용 적음

항공운송임에는 발송지의 공항터미널에서 도착지의 공항터미널까지 모든 화물 취급비용과 운송임이 포함되어 있어 해상운송에서 발생하는 각종 부대비용이 발생하지 않는다해상운송에서는 터미널화물처리비, CFS작업료, 도착지화물인도비용, 컨테이너세, 서류발급비, 통화할증료, 유류할증료 등 다양한 부대비용이 발생한다.

## 2) 항공운송의 단점

항공운송은 앞에서 설명한 많은 장점이 있는 반면 단점도 많이 가지고 있다.

### (1) 고가의 운송임

항공운송의 가장 큰 단점은 운송비가 고가라는 것이다. 항공기의 제작가격, 많은 에너지의 사용, 공항이용에 따른 비용 등은 운송비를 높이는 역할을 한다.

### (2) 중량 및 규격 제한

항공기는 지상에서 하늘로 이륙해야 하는 특성 때문에 항공기의 크기나 화물의 적재량에 제한을 받을 수밖에 없다. 현재 가장 큰 화물기인 보잉747의 경우에도 최대 적재량이 117톤 정도이다. 따라서 대량으로 운송되는 수출입화물은 한번에 운송하기 어렵다. 또한 정기선의 경우에는 이미 사전에 항공화물영업대리점 또는 Consolidator들이 항복space을 예약하여 운송을 하기 때문에 대량운송의 경우에는 전세기를 이용해야 한다.

### (3) 운송시간의 제약

항공운송은 공항간또는 국가간 여객 또는 화물의 운송량에 따라 운항빈도가 결정된다. 따라서 일부 항로를 제외하고는 주 1회 또는 2, 3회 정도 운항하는 것이 일반적이다. 따라서 신속성이 장점인 항공운송도 이러한 운항빈도에 의하여 운송시간에 제약을 받는 경우가 많다.

### (4) 운송지역의 제약

항공운송물량이 많은 일부 항로를 제외하고 대부분의 항공운송은 여객기의 화물칸을 이용하여 운송이 이루어진다. 따라서 여객항로가 개설되어 있지 않은 지역은 중계운송을 이용하거나 항공운송을 하지 못하는 경우가 발생한다.

### (5) 복합일관운송의 어려움

항공기를 이용하여 화물을 운송할 경우 파렛트나 컨테이너를 이용하여 운송이 되지만, 이 파렛트나 컨테이너는 그 규격 및 특수한 형태로 인하여 그 자체으로 화물자동차 또는 철도를 이용한 복합일관운송이 어렵다.

## 4. 항공운송의 대상화물

항공운송을 이용하는 품목은 빠르고, 적절한 시간에 간편한 절차에 의해 취급되는 품목으로서 일반적인 품목은 다음과 같다.

**| 표 9-8 |** 항공화물의 대상품목

| 항공화물의 대상 | 주요 품목 및 내용 |
|---|---|
| 긴급수요품목 | 납기 임박화물, 계절유행상품, 투기상품 |
| 장기운송 시 가치상실품목 | 생선식료품, 생화, 동물, 방사선물질, 신문, 잡지, 필름, 원고, 긴급서류 등 |
| 부가가치가 높은 품목 | 전자기기, 정밀광학기기, 컴퓨터기기, 통신기기 등 |
| 여객에 수반하는 품목 | 상품, 샘플, 이삿짐, 애완동물, 자가용차 등 |
| 고가품목 | 모피, 미술품, 귀금속 등 |
| 다른 운송수단의 약세 | 벽지(오지)지역에 대한 운송화물, 항만 또는 해운파업으로 해상운송이 불가한 경우, 해상 또는 육상운송의 정지로 인한 불가피한 경우 |
| 물류관리나 마케팅전략 | 과잉재고에 의한 가격하락 방지를 위한 상품, 경합상품보다 신속한 서비스체제 확립을 위한 상품, 자사 상품의 시장경쟁력 강화를 하기 위한 상품, 재고투자절감을 위한 물류시스템의 합리화 등 |

## 5. 항공운송 이용의 증가요인

과거에 해상운송으로 이루어지던 대량 수출입화물까지도 항공운송을 이용하는 항공운송이 급증하고 있으며 앞으로 더욱 증가할 것으로 예상된다. 이러한 항공운송의 증가는 다음과 같은 요인에서 비롯된다고 할 수 있다.

① 고가품에 속하는 상품 점유율의 증가고부가가치 화물
② 국제사회의 정보화 추세에 따른 세계경제의 긴밀화 및 유행에 민감한 상품의 신속한 유통세계유행의 동질화
③ 세계교역량의 증가국제적 분업화의 가속화
④ 항공운송에 적합한 고부가가치 품목의 증가
⑤ 항공기의 대형화에 인한 운임의 인하운임의 합리화
⑥ 화물전용기의 정기적 취항정기 서비스의 제공
⑦ 화물전용터미널의 건설

## 6. 항공운송사업

항공화물은 일반적으로 송화인이 항공회사와 직접 거래하기보다는 항공화물운송대리점이나 항공화물주선업자와 운송계약을 체결하는 것이 일반적인 관행으로 되어 있다.

### 1) 항공화물운송대리점

항공화물운송대리점Air Cargo Agent은 항공사 또는 총대리점을 유상으로 항공기에 의한 화물운송계약체결을 대리하는 사업을 영위하는 자를 말한다. 항공회사의 운송약관, 규칙, 운임률, 운항예정표에 의거하여 항공화물을 유치하고 항공운송장Air Waybill을 발행하며, 이에 부수되는 업무를 수행하여 그 대가로 소정의 수수료를 받는다. 각각의 항공회사가 세계의 항공화물의 집화, 포장, 통관절차, 배송 등을 스스로 행하는 것은 매우 번거로운 일이다. 이에 따라 항공화물운송대리점을 통해 항공화물의 원활한 흐름이 발생한다.

항공운송대리점의 주요 기능은 수출 항공화물의 유치, 운송을 위한 준비작업항공화물운송장의 작성, 포장작업 등, 수출입화물에 대한 통관수속의 대행, 항공화물보험의 부보업무, 항공운송 이전과 직후에 이루어지는 내륙운송의 주선 및 이행 등과 같은 부대서비스를 제공하는 것이다.

### 2) 항공운송주선업자

항공운송주선업자Air Freight Forwarder는 혼재업자Consolidator라고도 부르며, 타인의 수요에 응하여 유상으로 자기의 명의로서 항공사의 항공기를 이용하여 화물의 혼재 또는 운송하는 사업으로 스스로가 송화인과의 계약주체로서 독자적인 운송장, 운송약관, 요율을 가지고 운송계약을 체결하는 자를 말한다. 항공화물운송주선업은 1993년 12월 항공법이 개정되면서 삭제되고 화물유통촉진법에서 해상화물운송주선업과 함께 복합운송주선업으로 통합되었다.

항공운송주선업자는 항공사로부터 항공화물운송장Master Air Waybill을 발급 받게 되며, 자신은 송화인에게 혼재화물운송장House Air Waybill을 발행한다. 즉, 항공회사와의 운송계약에 따라 발행되는 항공화물운송장을 근거로 하여, 자체 보유한 별도의 운송약관에 따라 다수의 화주들에게 독립된 항공화물운송장인 혼재화물운송장을 발행하는 항공기 없는 항공사의 역할을 수행하고 있다.

# 제5절 복합운송

## 1. 복합운송의 개념

복합운송Combined Transport이란 복합운송인MTO : Multimodal Transportation Operator이 화물을 자기 책임 하에 인수한 어떤 국가의 일정 지점으로부터 다른 국가의 인도 예정지점까지 복합운송계약에 의거하여 적어도 두 종류 이상의 운송수단운송수단의 다양성을 이용하고, 하나의 운송계약단일 운송계약에 의하여 두 국가 간의 물품운송, 단일책임주체, 단일운임, 복합운송증권 발행이어야 한다는 것을 의미한다. 복합운송은 운송수단을 구분하는 기준은 아니다. 다만 하나의 운송수요를 완성하는 데 있어서 지리적 여건에 의하여 필연적으로 이용되기도 하며 보다 효율적인 운송을 위하여 이용되기도 한다.

화물운송에 있어 선박의 가동률을 향상시키고 운송원가의 절감을 위해 개발된 컨테이너의 출현으로 화물취급 및 항만하역의 기계화가 가능하였고 국제운송의 신속성, 안전성 및 경제성을 도모하는 육상, 해상 및 항공운송 전반에 걸쳐 여러 가지 운송방식을 연결하는 일관운송 즉, 복합운송방식의 발달에 따라 국제운송의 문전에서 문전까지의 운송방식이 가능하게 되었다. 복합운송의 경제적 이점으로는 화물유통의 신속성 제고, 안전성 제고, 저렴성 확보, 운송서류의 간소화, 노동력 부족 해소와 하역설비의 자동화 및 무역의 확대촉진 등이 있다.

컨테이너운송과 복합운송과의 관계에 있어 이는 전혀 별개의 개념으로 컨테이너운송은 용기에 의한 운송을 뜻하는 하드웨어적 개념이며, 복합운송은 재래식 단편운송체제 segment transport system를 일관운송체제door to door transport system로 바꾼 소프트웨어적 개념으로 이해해야 한다.

오늘날 컨테이너화에 의한 가장 효과적으로 사용되고 있는 시스템이 복합운송제도이고, 복합운송의 장점을 극대화시킬 수 있는 운송수단이 컨테이너이기 때문에 컨테이너운송과 복합운송은 같은 의미로 해석되고 있다.

## 2. 복합운송의 유형

복합운송은 연결하는 방식에 따라 다음과 같이 구분된다.

### 1) Piggy Back System

Piggy Back철도-트럭 System은 화물차량을 철도차량에 적재하고 운행하는 시스템을 말한다. 즉 화물차동차로 운송한 화물을 철도역에서 화물자동차나 화물차동차의 적재함 또는 컨테이너채로 철도에 인계하여 운송한 후 도착역에서 적재함 또는 컨테이너채로 인수하여 화물자동차로 곧바로 운송하는 시스템이다.

### 2) Birdy Back System

Birdy Back트럭-항공 System은 항공운송과 공로운송을 연계하여 일관시스템으로 운송하는 방법을 말하나 용이하지는 않다.

### 3) Train-Ship System

Train-Ship철도-해상 System은 선박과 철도운송을 결합하여 일관시스템으로 운송하는 방법으로서, 화물만을 연계하는 방법과 열차페리와 같이 철도차량 자체를 선박을 이용하여 운송함으로써 화물의 환적이 발생하지 않도록 하는 운송시스템도 많이 이용한다.

### 4) Sky-Rail System

Sky-Rail철도-항공 System은 항공운송과 철도를 연계하여 일관시스템으로 운송하는 방법이다. 그러나 항공으로 운송되는 화물은 소량, 고가화물 위주이기 때문에 실질적으로 항공과 철도가 연계되기는 쉽지 않다.

### 5) Sky-Ship System

Sky-Ship항공-해운 System은 항공운송과 선박운송을 연계하여 일관시스템으로 운송하는 방법이다. 이 방법도 Sky-Rail System처럼 용이하지 않다.

해상운송이 가지는 저렴성과 항공운송이 갖는 신속성이라는 양자의 최대 장점을 효과적으로 결합한 운송방식이다. 장점은 운임과 운송일수가 해상운송과 항공운송의 장점이 중간적 입장에 있으므로 항공운송에서의 고운임률과 해상운송에서의 운송기간이 장기성을 극복할 수 있다. 즉, 항공운송보다는 싸게 해상운송보다는 빠르게 운송되는 복합운송방식이라는 관점에서 경제적인 운송방식이라 할 수 있다.

### 6) Fishy Back System

Fishy Back해운-트럭 System은 선박운송과 공로운송트럭운송을 연계하여 일관시스템으로 운송하는 방법이다. 자동차와 선박의 장점을 혼합하여 이루어지며 운송비 절감, 운송시간의 절약, 운송능률의 증대 같은 효과를 얻을 수 있다. 컨테이너와 같이 화물자체를 연계운송하는 방법과 차량자체를 선박에 싣고 운송을 하게 되는 카페리형이 있다.

### 7) 선박-부선방식

선박-부선방식은 심해와 내륙수로를 통하여 화물운송을 필요로 할 때 사용되는 운송방식이다.

## 3. 복합운송의 특성

복합운송은 국제간의 이동, 복합운송계약의 체결, 복합운송인에 의한 전 구간운송의 책임인수, 운송수단의 이종복수성을 포함하여야 한다는 점에서 단순히 두 번 이상 반복하는 통운송과는 구별되며 다음과 같은 특성을 가지고 있다.

### 1) 운송책임의 단일화

해상운송과 기타 방법에 의한 운송을 결합하여 이를 하나의 계약으로 인수하는 형태로서 운송계약이 단일계약이라는 점이 복합운송의 최대의 특징이다. 즉 복합운송인이 화주와 운송계약을 체결함으로써 전 운송구간에 대하여 단일책임을 지는 책임이 일원화된다는 것이다. 또한 전체 운송을 계획하고 여러 운송구간을 적절히 연결 및 총괄하여, 운송이 원활하게 이루어지도록 조정하고 감독할 지위에 있기 때문에 복합운송인에게 책임을 집중시킴으로써 복합운송 본래의 기능을 발휘할 수가 있다.

### 2) 복합운송증권의 발행

복합운송이 화주의 문전운송계약을 체결한 경우에 화주에 대하여 전 운송구간을 커버하는 유가증권인 복합운송증권을 발행한다. 이런 복합운송서류는 화주로 하여금 금융기관에서의 편의를 제공받을 수 있는 매개역할을 한다.

### 3) 단일운임의 설정

복합운송인은 복합운송의 대가로 각 구간별로 분할된 운임이 아닌 전체 운송구간에 대한 단일의 운임청구권을 가진다.

### 4) 운송방식의 다양성

복합운송은 서로 다른 여러 운송수단에 의하여 이행되어야 하며 이때의 운송방식은 운송인의 수가 문제가 되는 것이 아니라 운송수단의 종류가 문제가 되며, 이러한 운송수단은 각각 다른 법적 규제를 받는 것이라야 한다.

### 5) 위험부담의 분기점

복합운송에 있어서 위험분담의 분기점은 송화인이 물품을 내륙운송인에게 인도하는 시점이 된다.

## 4. 복합운송 경로

### 1) 아메리칸 랜드 브리지

랜드 브리지Land Bridge는 해상과 육로의 복합일관수송이 실현됨에 따라 해상→육로→해상으로 이어지는 운송구간 중 중간구간인 육로운송구간을 말하며, 대륙횡단을 위한 철도 및 육로운송방식을 이용하여 매개 운송구간화 함으로써 육상과 해상을 잇는 해륙복합운송을 위한 교량의 역할을 담당하고 있다. 즉 화물이 도로를 통해 타국으로 건너가는 서비스다.

아메리카 랜드 브리지ALB : American Land Bridge는 1850년대에 미대륙을 횡단하던 Rail Bridge의 개념에서 출발하였으며, 본래의 명칭은 Land Bridge이였으나 SLB 등을 통한 극동-유럽간 수송과 구별하기 위해서 American Land Bridge라고 부르게 되었다. ALB는 1967년 수에즈운하 폐쇄로 극동/유럽의 전 구간 해상운송과 경쟁하는 새로운 운송방법으로 1972년 1월 영업을 개시했다.

### 2) 미니 랜드 브리지

미니 랜드 브리지MLB : Mini Land Bridge는 해운회사에 의하여 개발되었으며 미니 브리지라고도 한다. 이것은 미국 내 한 지점에서 해외화물이 적재되거나 종결시카고 등 내륙지역되는 랜드브리지의 특별한 경우다. 극동~미국서안항까지 해상운송 한 다음 육상운송철도 또는 철도~도로의 내륙운송, 항만철도로 운송하는 복합운송으로 대서양안미국동안 또는 걸프지역 항만까지 수송하는 해륙복합운송이다.

### 3) 마이크로 랜드 브리지

마이크로 랜드 브리지Micro Land Bridge는 서부해안의 항구를 통해 제공되는 최신의 서비스다. 이 서비스는 항구가 아니라 집 앞까지 운송해 주는 것이다. 극동에서 북미 서해안까지 화물을 해상으로 운송하고 북미 내륙도시는 철도나 트럭으로 복합운송하는 형태로서 통상 IPIInterior Point Intermodal 서비스로 알려져 있다.

### 4) 시베리아 랜드 브리지

시베리아 랜드 브리지SLB : Siberia Land Bridge는 극동지역에서 유럽과 중동행의 화물극동/유럽, 부산~로테르담 13,000km을 러시아의 극동항보스토치니항으로 수송한 다음, 시베리아 철도로 시베리아를 횡단하여 러시아의 서부 국경에서 유럽지역으로 또는 그 반대루트로 운송하는 시스템이다. 시베리아 대륙 횡단철도라고 하며 목적지인 유럽 또는 중동으로 향하는 세계최장의 복합운송경로이다.

### 5) 차이나 랜드 브리지

차이나 랜드 브리지CLB : China Land Bridge는 중국대륙철도와 실크로드를 이용하여 극동지역의 한국, 일본 등에서 유럽까지 화물을 운송하는 방식이다. 중국대륙을 횡단거리로 동서로 관통하여 TSR에 연결되며, 극동~중국 연운항~중국대륙횡단철도~구소련철도러시아 아라산쿠 경유를 통과하여 유럽의 로테르담까지 연결하는 운송경로로서 SLB보다 2,000km 이상 거리가 단축되며, 수송기간도 10일 이상 줄어들 수 있다.

## 연습문제

**1.** 다음의 설명 중에서 도로화물운송의 장점으로 적합하지 않은 것은?

① 신속한 배차가 가능하며 단거리 운송에 경제적이다.
② 다양한 고객의 요구를 충족시키는데 효과적이다.
③ 운송물량의 변동에 유연하게 대처할 수 있다.
④ 일관운송체계가 용이하다.
⑤ 화물의 중량제한이 없어 대량화물 운송에 유리하다.

**2.** 전용특장차란 차량의 적재함을 특수한 화물의 운송에 적합하도록 구조를 갖추거나 특수한 작업이 가능하도록 기계장치를 부착한 차량을 말한다. 다음에서 열거한 차량 중 전용특장차가 아닌 것은?

① 덤프트럭 ② 믹서차량 ③ 액체운송차
④ 폴(pole) 트레일러 ⑤ 냉동차량

**3.** 다음 철도화물운송에 대한 설명 중 옳지 않는 것은?

① 유개화차는 용적제한을 받으므로 장, 폭, 고 등에 관하여 따로 규정하여야 하며 무개화차의 경우에는 자연적인 제한이 없으므로 제한할 필요가 없다.
② 사유화차는 고객이 자기비용으로 제작한 차량을 말하며 제작비 보전의 방안으로 운임할인을 받고 있다.
③ 화물의 넓이와 길이는 화차의 옆판 및 머리판으로부터 외방으로 튀어나오게 할 수 없다.
④ 화차단위로 화물을 취급하는 것을 차급화물이라 한다.
⑤ 화물영업선이라 함은 화물취급을 위하여 선로를 부설하고 화물의 발송 및 도착, 취급에 제공하는 선로를 말한다.

**4.** 다음 중 화물자동차와 철도가 결합되어 운송되는 복합운송방식은?

① 피기백 방식(Piggy Back System)
② 피쉬백 방식(Fishy Back System)
③ 버디백 방식(Birdy Back System)
④ 랜드 브리지 방식(Land Bridge System)
⑤ 철도-해운 방식(Train-Water System)

5. 철도역의 컨테이너 하역방식에 대한 설명 중 그 내용이 옳지 않은 것은?

① TOFC 방식은 컨테이너를 실은 트레일러 채로 화차위에 적재하는 운송방식을 말한다.
② TOFC 방식은 피기백 방식과 캥거루 방식, 프레이트 라이너 등으로 구분된다.
③ COFC 방식은 별도의 하역기기를 필요로 하지 않는다.
④ COFC 방식은 TOFC 방식보다 보편화 되어 있다.
⑤ COFC 방식은 화차 위에 컨테이너만을 적재하는 방식이다.

6. 다음 중 철도운송의 특성과 거리가 먼 것은?

① 중ㅁ장거리의 경우 운임이 비교적 저렴하다.
② 계획적인 운송이 가능하고, 전국적인 운송망을 이용할 수 있다.
③ 왕복운송에 따른 유리한 운송할인제도가 존재한다.
④ 열차를 새로 편성하는데 많은 시간이 소요되어 기동성이 떨어진다.
⑤ 적합한 차량을 적절한 시기에 배차하기가 쉽다.

7. 다음 설명 중에서 철도운송의 장점으로 적합하지 않은 것은?

① 문전에서 문전까지 운송의 자기완결력이 크다.
② 정시성 확보로 계획적인 수송이 가능하다.
③ 중·장거리 운송에 적합하고, 운임이 저렴하다.
④ 비교적 전천후적인 운송수단이다.
⑤ 대량화물운송에 유리하다.

8. 해상운송에 있어서 정기선운송(Liner)과 부정기선운송(Tramper)의 비교에 대한 설명 중 맞지 않는 것은?

① 정기선 운송은 이종화물을 취급하고, 부정기선 운송은 동종화물을 취급한다.
② 정기선 운송은 화주의 요구에 따라 서비스가 조정되고, 부정기선 운송은 선주와 용선자 간의 협의에 의해 서비스가 결정된다.
③ 정기선 운송은 제한적으로 여객을 취급하지만, 부정기선 운송은 여객을 취급하지 않는다.
④ 운송계약은 정기선 운송은 선화증권(B/L)으로 체결하고, 부정기선 운송은 용선계약서(Charter Party)로 체결한다.
⑤ 주로, 정기선 운송은 중개인이 화물집화를 담당하는 반면에 부정기선 운송은 영업부 직원이 화물집화를 담당한다.

**9.** 향해용선계약(Voyage Charter Party)에 관한 설명 중 틀린 것은?

① 용선료를 용선기간에 따라 결정하고 용선개시 전에 미리 선급한다.
② 용선자는 선복을 이용하고 선주는 운송행위를 한다.
③ 용선자는 선주에게 운임을 지급하고 선주는 선박운항에 따른 제비용을 부담한다.
④ 선주와 용선자 간의 계약내용으로는 선내하역비 부담조건과 정박기간에 관한 사항이 중요시 된다.
⑤ 용선자는 재용선자에 대해 감항담보의 책임이 없다.

**10.** 다음 중 최근에 항공운송이 증대하는 이유로서 거리가 가장 먼 것은 어느 것인가?

① 항공기의 대형화로 인하여 적재량의 증가 및 운임 인하를 가져왔다.
② 화물전용기의 정기운항으로 계획성이 확보되었다.
③ 항공화물터미널의 확충 및 전문성이 고조되었다.
④ 국제적 분업화보다 집중화가 가속되고 있다.
⑤ 운송화물이 고부가가치화 되었으며, 급송화물이 증가하고 있다.

**11.** 국제복합운송 경로에 대한 설명 중에서 내용이 일치하지 않는 것은?

① 시베리아 대륙 횡단철도(TSR) : 극동지역에서 유럽과 중동행의 화물을 러시아의 극동항으로 수송한 다음 시베리아 철도로 시베리아를 횡단하여 러시아의 서부국경에서 유럽지역으로 또는 그 역으로 운송하는 시스템
② 미니 랜드 브리지(MLB) : 극동-미국서안항까지 해상운송한 다음 육상운송으로 대서양 안, 걸프지역까지 내륙운송
③ 아메리카 랜드 브리지(ALB) : 극동의 주요 항구로부터 북미서안의 주요 항구까지 해상운송하며, 내륙운송을 철도에 연결, 북미 동남부항에서 다시 해상운송으로 유럽지역 항구 또는 유럽 내륙까지의 일관수송
④ 마이크로 랜드 브리지(Micro-Land Bridge) : 벤쿠버 또는 시애틀까지 해상으로 운송하고 그 곳에서 캐나다의 철도를 이용, 몬트리올에서 대서양의 해상운송에 접속하여 유럽 각 항구로 수송하는 복합운송경로
⑤ 중국 대륙 횡단철도(TCR) : 중국 연운항에서 시작하여 러시아를 통과하여 로테르담까지 연결할 수 있는 운송경로

12. 복합운송에 관한 일반적인 설명 중 틀린 것은?

① 복합운송인은 전 운송구간의 단일책임체계를 갖고 있다.
② 복합운송은 문전에서 문전까지의 서비스 대가로 일괄운임을 제시한다.
③ 복합운송은 두 가지 이상의 운송방식으로 이루어진다.
④ 운송인이 화주에 대해서 운송구간별로 각각의 유가증권을 발행한다.
⑤ 복합운송에서의 위험부담의 분기점은 송화인이 첫 번째 운송인에게 인도한 시점이다.

Chapter 10

# 보관하역관리

## 제 1 절 보관하역의 의의

### 1. 보관하역의 개념

#### 1) 보관

물품을 물리적으로 보존하고 관리하는 것으로 물품의 생산과 소비의 거리를 조정하여 시간적 효용을 창출하고, 적기에 원료와 부품을 공급하여 생산을 원활하게 하며, 그 제품을 수요에 적합하게 적기에 출발하여 판매효과를 높이는 기능을 수행한다. 이전에 보관은 저장과 동의어로 사용했으나 기업활동 중에서 마케팅 지향이 강해지고 또한 재고투자에 관한 인식이 높아짐에 따라 저장이라는 정태적이고 수동적인 위치에서 유동화·활성화 또는 고회전화라는 동태적이고 적극적인 지위로 탈바꿈하여 경영관리 측면에서 중요성이 더해가고 있다.

즉, 종전의 창고개념에서 보관의 의미는 보관된 물품이 장기간 움직이지 않는 창고로서의 기능이 강조되었으나, 현대적 개념은 원료나 반제품을 일시적으로 보관한다든가, 또는 소비지에 배송하기 위하여 일시적으로 보관하는 형태인 물류센터에서의 보관물류의 기능이 강조된 이른바 유동저장기능의 보관물류가 중요한 의미를 지니게 되었다.

### 2) 하역

하역은 물품의 운송 및 보관과 관련하여 발생되는 작업으로 각종 운반용구에 화물을 싣고 내리는 것으로 보관을 위한 입출고, 창고 내에서의 쌓기와 내리기 또는 이에 부수된 구분 및 품목 갖추기 등의 모든 작업을 의미한다. 뿐만 아니라 하역은 각종 운송기관, 즉 자동차, 철도화차, 선박, 항공기 등에서 화물의 상하차 작업, 운송기관 상호 간의 중계작업 및 창고의 입출고 작업 등 범위가 넓다.

좁은 의미에서의 하역은 사내하역만을 의미하지만, 넓은 의미의 하역은 국내외 운송품의 선적과 탑재를 위한 항만, 공항 및 철도터미널 등의 하역까지 포함된다. 하역을 구성하는 요소는 적화, 운반, 적부, 반출, 오더피킹, 분류, 정돈 등을 들 수 있다.

## 2. 보관하역의 원칙

### 1) 보관의 원칙

보관의 기본적인 원칙은 다음과 같이 10가지로 나누어 설명할 수 있다. 이들 원칙 사이에는 상호 연관성이 있기 때문에 보관시 물품의 성격이나 상황에 따라 적절히 배합하여 적용해야 한다.

#### (1) 통로대면 보관의 원칙

물품의 입고와 출고를 원활히 하고 효율적인 보관을 하기 위하여 통로면에 보관하는 방식이다. 이것은 창고 내 설계의 기본인 동시에 창고 내 물物의 흐름을 원활히 하고 활성화하기 위한 기본원칙이기도 하다.

#### (2) 높이쌓기 원칙

물품을 위로 높이 적재하는 것을 의미하며, 1단적으로 쌓기보다는 팔레트 등을 사용하여 높이 쌓는 것이 용적효율을 향상시킬 수 있다. 선입선출 등 재고관리상의 제약조건이 있을 경우에는 랙이나 층층대 등 보관설비의 이용을 생각해 볼 필요가 있다.

### (3) 선입선출의 원칙

선입선출FIFO : First In First Out이란 먼저 입고되어 보관된 물품은 먼저 출고하는 원칙이다. 일반적으로 감광지, 필름, 식품 등과 같이 제품의 라이프사이클이 짧은 경우에 적용된다.

### (4) 회전대응 보관의 원칙

보관할 물품의 장소를 회전에 응하여 정하는 원칙으로 입·출하빈도의 고저에 따라 장소를 결정하는 것을 의미한다. 예를 들어 출입구가 동일한 창고의 경우 입·출하빈도가 높은 경우에는 출입구에 가까운 장소에 보관하고 낮은 경우에는 출입구에서 먼 장소에 보관한다.

### (5) 동일성·유사성의 원칙

동일품종은 동일장소에 보관하고 유사품은 근처 가까운 장소에 보관하여 관리효율을 높이고 생산성 향상을 도모한다는 원칙이다. 같은 품목이 창고 내에 산재해 있을 경우 물품의 격납이나 유출은 물론 재고조사 작업원의 재고 파악 등 여러 면에서 작업생산성의 저해요인이 발생한다. 창고 내 작업의 생산성을 향상시키기 위해 기본적으로 필요한 것은 작업원이 어느 선반에 어느 제품이 있는지를 쉽게 알 수 있는 시스템을 구축하여야 한다.

### (6) 중량특성의 원칙

중량물과 대형물품은 낮은 곳에, 소형이고 가벼운 물품은 높은 곳에 보관하는 등 중량에 따라 보관장소나 높낮이를 결정해야 한다는 원칙이다.

### (7) 형상특성의 원칙

물품의 규격화, 정형화 등에 따라 보관방법을 바꾸어 형상특성에 부응하는 보관을 해야 한다는 원칙이다. 예를 들어 표준품은 랙 위에 보관하고 비표준품은 형상에 따라 보관한다. 표준품은 포장의 모듈화에 대응하는 것이고, 비표준품은 일품요리적인 성격의 품종이다. 자동차 부품, 다이아몬드 등에서도 특수한 보관기기나 설비를 사용하여 복잡한 형상물을 표준화하고 있다.

### (8) 위치표시의 원칙

보관품의 장소와 선반번호 등의 위치를 표시함으로써 격납·유출작업을 단순화하고 실수를 적게 할 수 있다.

### (9) 명료성의 원칙

시각적으로 보관품을 용이하게 식별할 수 있도록 보관하는 원칙이다. 위치표시, 동일성 또는 높이쌓기 등의 원칙을 배려하여 창고 작업원이 보관품의 장소나 보관품 자체를 쉽게 알아볼 수 있도록 장치를 마련해야 한다.

### (10) 네트워크 보관의 원칙

관련 품목을 한 장소에 모아서 보관하는 원칙으로 관련 품목을 계통적으로 그룹화하여 한 장소에 모아서 보관하여야 한다.

## 2) 하역의 원칙

### (1) 하역경제성의 원칙

하역의 경제성은 불필요한 작업 횟수를 줄여 작업상의 손실을 억제하고 하역의 파손과 오손, 분실을 최소화하는 것이다. 이를 위하여 하역작업 횟수를 감소시켜서 0에 접근시키고, 하역작업 톤·km하역작업의 대상의 수량 × 이동거리를 최소화하며, 하역투자를 최소화하면서 하역작업을 최대화하는 방법을 택할 필요가 있다.

### (2) 이동거리(시간) 최소화의 원칙

이동거리 최소화의 원칙은 운송, 보관은 물론 물품의 이동을 수반하는 시스템의 기본이며, 이는 물류의 설계 또는 기계화단계에 있어서도 매우 중요한 요소이다.

### (3) 활성화의 원칙

활성화는 물품의 운반과 움직임을 쉽게 하여 운반을 편하게 하는 것으로 관련된 작업을 조합시켜 전체를 능률적으로 운용하는 것을 목적으로 하는 원칙을 의미한다.

### (4) 단위화(유니트화)의 원칙

화물을 어느 단위로 수합하는 것을 말하며 이는 하역합리화의 수단으로서 중요한 요소 중의 하나이다. 단위화를 통하여 화물의 손상, 감모, 분실을 방지하고 수량의 확인도 쉬워짐과 동시에 팔레트 등과 조합시킴으로써 하역작업의 효율성을 향상시킬 수 있다.

### (5) 기계화의 원칙

인력작업을 기계화로 대체하는 것으로 화물을 한번에 대량으로 취급할 수 있고 위험한 물품 등 인력으로 어려운 물품의 취급이 가능하다.

### (6) 중력이용의 원칙

물품을 중력의 원칙에 따라 위에서 아래로 움직이는 것이 편리하고 한층 더 경제적이다. 모터를 이용하지 않고 중력을 이용하여 화물을 이동시키는 플로어 랙이 대표적인 장치이다.

### (7) 일괄작업의 원칙

일괄작업은 인터페이스라고도 하는데 인터페이스는 계면界面 또는 접점을 의미한다. 일괄작업은 계면을 원활히 이용하는 것으로 한 공정과 다른 한 공정의 접점 즉, 인터페이스를 하역시 이용하는 것이다. 예를 들어 자동창고로부터 팔레트의 상태로 반출된 화물을 트럭에 적재하는 경우 사람의 손을 빌리지 않고 자동적재장치 등에 의해 직접 트럭에 싣거나 컨베이어 등을 이용함으로써 두 점을 원활히 연결시킬 수 있다.

### (8) 시스템화의 원칙

개개의 하역활동을 유기체로서의 활동으로 간주하는 원칙으로 종합적인 관점에서 시스템 전체의 균형을 염두해 두고 시너지효과를 올리는 것이 시스템화의 기본이 된다. 현재와 같이 변화가 격심한 시대에는 변화에 대응할 수 없는 경직적인 시스템은 시스템의 라이프사이클이 짧고 효율성이 저하되기 마련이다. 시스템화의 원칙은 하역뿐만 아니라 모든 분야에 공통된 원칙이다.

## 3. 보관물품의 흐름방식

### 1) One Way 방식

One Way 방식은 직진성의 원칙이라 하며, 물품을 반입하는 입고와 물품을 반출하는 출고가 별도로 설치되어 운영된다. 물품의 흐름은 한 방향으로 이루어진다.

### 2) U Turn 방식

U Turn 방식은 역행교차 회의의 원칙이라고 한다. 물품을 반입하는 입고와 물품을 반출하는 출고가 동일한 방향에 위치하며, 물품의 입고방향과 출고방향은 서로 반대이다.

# 제 2 절 보관물류시설

## 1. 창고

창고는 영어로 storage와 warehousing으로 표현되는데 storage는 주로 원자재를 보관하는 창고를 일컬으며, warehousing은 제품을 보관하는 창고의 개념으로 사용되는 경우가 많다. 일반적으로 warehouse는 창고 그 자체를 의미하는 반면, warehousing은 창고계획, 창고관리, 창고시스템 구축 등 창고운영 및 관리 등의 의미를 내포하고 있다. 창고는 물품의 감소 및 변질이 발생하지 않도록 보관할 수 있는 장소로 수요와 공급의 조정을 원활히 하여 생산활동, 판매활동, 소비활동에 기여하는 시설을 말한다. 그리고 창고는 운영형태에 따라 자가창고, 영업창고, 리스창고, 공공창고로 분류된다. 일반적으로 창고는 다음의 기능을 한다.

① 저장기능

② 수급조정기능

③ 가격조정기능

④ 총운송비 절감기능

⑤ 연결기능

⑥ 매매기관적 기능
⑦ 유통가공기능

## 2. 물류터미널

### 1) 물류터미널의 개념

물류터미널은 운송될된 화물과 운송할한 운송장비트럭 또는 기타 운송수단가 하나의 장소에 집결되어 효율적 운송을 추구할 수 있도록 한 시설을 말한다. 이러한 역할을 수행하기 위해서는 화물을 보관하거나 처리할 수 있는 물류센터시설이 필요하고 운송할 운송수단을 용이하게 확보할 수 있도록 다양한 차량 또는 다른 운송수단이 주차하거나 집결할 수 있는 시설이 필요하다. 따라서 물류터미널에서는 주로 보관 및 하역관리, 운송관리 등 종합적인 물류기능이 이루어진다고 할 수 있다.

### 2) 물류터미널의 종류

#### (1) 복합물류터미널

복합물류터미널 사업이라 함은 2가지 이상의 운송수단 간의 연계운송을 할 수 있는 시설을 갖춘 물류터미널을 말한다. 복합물류터미널의 기능에 대하여 정리하면 다음과 같다.

① 강화된 혼재기능
② 화물자동차의 주차장 또는 대기 장소로서의 기능
③ 수요자가 요구하는 형태로 상품을 수요구조에 적합하도록 수요형태를 변형하는 트랜스폼 기능
④ 운송수단 예약, 도착정보, 재고관리정보 등을 취급하는 정보센터 기능
⑤ 유통보관기능

#### (2) 일반물류터미널

일반물류터미널이라 함은 복합물류터미널 외의 물류터미널을 말한다.

### 3) 물류터미널의 기능

일반적으로 물류터미널은 다음과 같은 기능을 수행하고 있다.

#### (1) 화물운송 중계기능

대량운송과 소량 집·배송과 연계하기 위한 기능으로서 화물취급장 등을 갖추고 있다.

#### (2) 화물보관기능

수송 또는 배송할 화물의 보관을 위하여 창고를 보유하고 있다.

#### (3) 운송수단간 연계기능

복합화물터미널의 경우 철도와 연계운송이 가능하도록 철도인입선이 설치되어 있고 화물적환장이 구비되어 있다.

#### (4) 도매시장기능

일반적이지 않지만 유통과 물류를 효율적으로 연계하기 위하여 도매시장 등 유통시설을 유치해 운영하고 있는 터미널도 있다.

#### (5) 통관기능

수입화물의 운송비 절감을 위하여 터미널 내 보세장치장 설영특허를 받아 운영한다.

#### (6) 유통가공기능

창고 및 배송센터 등을 이용하여 유통화물의 포장, 조립 등 가공기능을 수행할 수 있다.

#### (7) 운송주선기능

화물자동차운송주선업체들이 입주하여 도착되는 차량들을 대상으로 화물운송주선사업을 행한다.

#### (8) 주차장

타 지역으로부터 도착하는 차량들의 주차장 역할을 하며유료주차, 차고지가 부족한 운송업체들을 대상으로 주차장 임대사업을 행한다.

#### (9) 지원시설

복합물류터미널 등 대단위 터미널 시설에는 많은 운송업체, 창고업체, 운송주선업체들이 입주해 있기 때문에 이들의 업무를 지원하기 위하여 자동차 정비업체, 주유소, 은행들이 입주하고 있다. 그리고 종사자 및 운전기사들의 편의를 위한 각종 휴게시설, 식당, 숙박시설 등도 입주해 있다. 또한 시설 및 인력의 효율적 이용을 위하여 지게차 등 하역장비 임대업체 및 노무인력공급업체 등이 입주해 있는 경우도 있다.

### 4) 물류터미널에 설치되는 시설

복합 및 일반물류터미널이 운송의 효율성을 높이고 물류터미널로서의 제 기능을 하기 위해서는 다음과 같은 시설 및 시스템이 필요하다.

#### (1) 화물취급장

택배업체의 분류장, 수배송업체의 크로스도킹장으로 이용될 수 있는 전문적인 화물취급장이 필요하다. 화물취급장은 화물의 분류 및 크로스도킹이 원활하게 이루어지도록 충분한 건물의 폭과 기둥의 수와 크기의 삭감이 필요하며 전천후 상하차작업이 가능하도록 충분한 캐노피canopy가 설치되어야 한다.

#### (2) 보관시설(창고)

공동수배송이 추구되고 화물자동차의 복화운송이 원활하게 이루어지도록 하기 위하여 가급적 대규모의 보관시설을 갖추고 운영하는 것이 필요하다.

#### (3) 대형주차장

물류터미널 내의 차고 및 화물취급장에 화물을 운송할 또는 운송을 완료한 화물자동차들이 동일한 지역 내에서 대기할 수 있도록 충분한 주차장의 확보가 필요하다.

#### (4) 정비시설

물류터미널을 이용하는 화물자동차들이 타 장소로 이동하지 않고 현지에서 차량의 점검 및 수리를 할 수 있도록 화물자동차 전용정비공장의 설치가 필요하다.

### (5) 주유소

물류터미널을 이용하는 화물자동차들이 타 장소로 이동하지 않고 현지에서 필요한 연료유를 주입할 수 있도록 주유소의 설치가 필요하다.

### (6) 휴게시설

화물을 운송하기 위하여 대기하는 운전기사들이 피로를 풀고 휴식을 취하거나 필요시 숙박을 할 수 있도록 휴게실, 숙박시설, 음식점, 목욕시설 등의 설치 및 운영이 필요하다.

### (7) 관리용건물

전체적인 물류터미널의 시설들을 관리하고 운영하기 위한 관리건물이 필요하기도 하지만 물류터미널에 도착되는 차량들에 대한 운송화물을 알선하기 위한 주선업체의 사무실, 화물자동차운송업체의 사무실, 기타 각종 지원서비스를 제공하는 기업들의인력지원, 하역장비지원 등 사무실 등을 제공할 수 있도록 관리용건물이 필요하다.

### (8) 파렛트 보관시설

입주한 업체들이 저렴하게 임대용 파렛트를 공급받기 위해서는 화물터미널 내에 파렛트 보관 야적장을 설치하여 운영하는 것이 필요하다.

### (9) 보세장치장

수입화물을 보관하는 화주기업을 위하여 화물터미널 내에 보세장치장 설영특허를 받아 운영하는 것이 필요하다.

### (10) CFS

소량의 상품을 수출입하는 입주업체들에 대한 운송비 절감을 위하여 화물터미널의 보세장치장내에 CFS를 설치하고 운영하는 것이 필요하다.

#### (11) 컨테이너야드

복합물류터미널의 경우에는 철도 인입선이 설치되기 때문에 터미널 내에 컨테이너를 보관 및 취급할 수 있는 야드와 필요한 설비를 갖추는 것이 필요하다.

#### (12) 구차구화정보시스템

장거리 타 지역으로부터 도착된 차량들에게 복화화물을 알선할 수 있는 정보를 제공하거나, 화주들입주업체 및 외부의 화주기업에게 도착해 있는 차량에 관한 정보를 제공할 수 있는 구차구화시스템을 운영하는 것이 필요하다.

### 5) 물류터미널 운영의 이점

앞에서 설명한 물류터미널의 기능과 시설 등이 갖추어지면 물류터미널은 다음과 같이 물류관리를 합리화하는데 많은 이점을 가져다 줄 수 있다.

#### (1) 물류기능간의 효율적인 연계

화물자동차와 철도 또는 다른 운송수단 간에 효율적인 일관운송을 가능케 하여 운송비를 절감할 수 있게 해 준다.

#### (2) 공동화의 이점

대단위의 시설 및 다양한 화주업체의 화물이 한 단지 내에서 보관, 운송 및 취급되기 때문에 공동수배송의 추진이 용이해지며, 전문적인 보관서비스업체들에 의하여 유사한 화물들이 보관되어 물류센터창고의 보관효율성이 높아진다.

#### (3) 대량운송 가능

물류터미널을 이용하게 되면 특히 장거리운송에 있어서 소량으로 운송되는 비효율성을 획기적으로 개선할 수 있다. 즉 장거리운송은 대형차량을 이용하여 터미널까지 운송하고 터미널 내에서 분류하여 중·소형차량을 이용하여 배송을 하거나 소량으로 수집된 화물을 터미널 내에서 도착지역별로 콘솔하여 대형차량을 이용하여 운송함으로서 대량운송에 의한 운송비 절감을 가능케 한다.

### (4) 대규모화의 이점

시설의 대단위화 및 다양한 화주기업들의 화물이 보관되고 취급됨으로서 이들을 전문적으로 지원하기 위한 지원기능들이 단지 내에 입주하게 되고, 이들로부터 안정적이고 저렴하게 그리고 숙련된 질 높은 각종 서비스를 제공받을 수 있게 된다. 즉 파렛트 렌탈, 지게차 렌탈, 노무인력의 공급작업 및 포장 등, 운송차량의 수배 등이 신속하고 저렴하게 이루어질 수 있다.

### (5) 현대적 설비 및 시설에 의한 물류비 절감

물류터미널은 많은 운송업체 및 보관업체들이 입주하기 때문에 운송 및 보관물량이 많아져 물류비를 절감할 수 있는 효율적인 최신설비를 설치하고 운영할 수 있는 취급화물의 규모의 경제가 이루어진다.

### (6) 운송화물정보의 용이한 확보

물류터미널 내에는 많은 화물이 도착하고 발송되기 때문에 단지 내에서 발생하는 화물운송정보의 확보가 용이할 뿐만 아니라, 구차구화시스템이 운영될 경우에는 외부의 운송화물에 대한 정보까지도 확보할 수 있다.

### (7) 전문적 물류서비스

물류업체가 집단화되고 경쟁이 발생함으로서 물류업체들은 물류관리전문가에 의한 전문적인 물류관리서비스가 제공될 수 있도록 노력하게 되며, 전문적이고 종합적인 물류관리업무를 수행함으로서 물류관리전문가가 양성되게 된다. 따라서 물류서비스 이용업체들은 전문적 물류서비스를 제공받을 수 있다.

### (8) 공차운행 방지

기본적으로 물류터미널 내의 주차장을 이용하여 주차하기 때문에 화물운송 및 대기를 위하여 외부의 타 주차장으로 이동할 필요가 없어 공차운행이 방지될 뿐만 아니라 단지 내에서 운송할 화물을 확보하게 되면 그 효과는 더욱 크다고 할 수 있다.

## 3. 집배송센터

집배송센터는 물류센터보다 소규모로 소매점이나 소비자에게 배송, 택배기능에 개별 기업의 유통, 배송센터로서의 기능을 수행하는 시설을 의미한다. 집배송센터는 배송, 보관, 유통가공, 분류, 포장, 검사 등의 기능을 수행하며, 유통센터distribution center라고도 한다. 집배송센터는 유통과 물류기능을 분리하는 상물분리를 실시하고, 수송비를 절감하며 고객서비스를 강화하기 위하여 운영된다.

## 4. 내륙컨테이너기지

내륙컨테이너기지ICD : Inland Container Depot는 내륙통관기지를 뜻하였으나 점차 통관의 기능보다는 내륙지역에서의 컨테이너 수급과 운송의 원활한 연결을 위한 기능이 보다 중요해지고, 이를 위한 시설들이 확충되면서 Inland Container Depot의 기능을 수행하고 있다.

ICD에서는 수입화물의 통관, 컨테이너의 보관, 화주문전 간의 집배운송, 철도에 의한 연계운송 및 하역, 포장 등 본원적인 기능 외에도 컨테이너의 원활한 운송을 위하여 운송주선, 컨테이너 및 운송장비의 수리 등 다양한 기능을 수행하고 있다. 이러한 ICD는 전체적인 시설의 운영, 관리를 제3섹터방식으로 운영되는 ICD주식회사에 의해서 운영되지만 실질적인 컨테이너의 운송과 관련한 영업 및 사업의 운영업무는 각 철도작업선별블럭별로 컨테이너운송업체 또는 선사들이 배정을 받아 독점적으로 운영하고 있다.

## 5. 보세구역

보세구역Bonded Area은 보세화물을 세관의 규제 하에 두어 관세징수와 통관상의 행정권을 확보하는 것은 물론 가공 및 중계무역을 촉진시키기 위해 운영한다. 보세구역은 지정보세구역, 특허보세구역, 종합보세구역으로 나뉜다. 지정보세구역은 세관검사장, 지정장치장 등 외국물품을 일시적으로 장치하는 구역이다. 특허보세구역은 개인이 영리를 목적으로 세관장의 특허를 받아 설치하는 구역으로 보세창고, 보세공장, 보세판매장, 보세전시장, 보세건설장 등이 해당된다. 종합보세구역은 특허보세구역의 기능 중 둘 이상의 기능을 종합적으로 수행하는 보세구역을 말한다.

# 제3절 재고관리

## 1. 재고관리의 의의

### 1) 재고관리의 개념

재고는 정상적인 영업활동 과정에서 판매목적으로 보유하고 있는 것, 판매를 목적으로 생산하고 있는 것, 판매에 이용될 재화나 용역을 생산함에 있어서 소비하여야 할 유형의 동산에 속하는 항목의 총칭이라고 할 수 있다. 즉 재고란 정상적인 영업활동과정에서 판매를 예상한 물품이나 물품판매를 목적으로 생산과정에 있는 재고품과 원재료나 소모품을 의미한다.

재고관리는 생산을 용이하게 하거나 고객의 수요를 충족시키기 위해 그리고 비용절감을 위해 원자재, 부품, 재공품, 완제품 등 재고를 효과적인 상태로 관리하는 기법이다.

### 2) 재고관리의 기능

물류 중에서 적정량의 재고 보유가 필요한 것은 유통조직 중 재고의 중요한 기능 때문이다.

#### (1) 품절방지기능

품절로 인한 기회손실을 방지하고 판매량을 늘리기 위해서는 고객의 수요충족을 보유하는 일이 가장 중요한 기능이 된다.

#### (2) 전시진열기능

점포에 물품을 전시함으로써 고객의 구매동기를 자극하는 기능이다.

#### (3) 제조의 계열화와 평준화 기능

고객의 수요는 불규칙적으로 변동함에 따라 재고가 완충역할을 하여 수요변동의 충격을 흡수하고, 계획적인 생산 실시로 안정적이고 경제적인 조업이 가능하며, 제조원가의 안정과 가격인하에도 도움을 준다.

### (4) 경제적 발주기능

재고보관비용과 발주비용은 서로 상충관계를 가지고 있다. 재고가 줄어들면 발주횟수와 발주비용은 증가하나 보관비용은 감소하게 된다. 따라서 이 두 비용을 최소화할 수 있는 경제적 발주방법이 강구되어야 한다.

### (5) 운송합리화의 기능

제조업체로부터 소비자의 물품을 전달하기에는 중간 물류거점에 따라 운송경로가 달라지게 된다. 적절한 재고는 규모의 운송에 의하여 운송비용을 합리화시키는 기능이 있다.

### (6) 유통가공 기능

유통과정에서 가공, 조립, 재포장에 의한 소비자의 요구를 충족할 수 있다. 적정재고와 보유를 통하여 변화하는 소비자의 요구를 공장에서가 아닌 중간과정에서 가공을 통하여 즉시 충족할 수 있다.

## 2. 재고관리기법

### 1) ABC분석 방식

ABC분석이란 잘 팔리는 인기상품과 잘 팔리지 않은 비인기상품으로 분류하여 다른 관리방식을 적용하자는 사고에서 품목수는 적으나 매출액 구성비가 높은 상품을 A그룹으로, 품목수는 많으나 매출액의 구성비가 낮은 상품은 C그룹으로, 그리고 A그룹과 C그룹의 중간을 이루는 상품을 B그룹으로 분류하여 관리하는 것을 말한다.

이것은 재고에도 20:80의 법칙이 적용된다는 것으로 전품목수의 20%가 매출액의 80%를 이룬다는 것이다. 재고회전율이 높은 A품목은 잘 팔리므로 입고와 동시에 출고되므로 물류거점에서도 입출고가 쉬운 위치에 배치하여 중점관리하게 된다. 재고회전율이 낮은 C품목은 재고관리 비용을 억제하는 등 A품목과는 다른 재고관리방법을 선택하게 된다. 이것은 발주점방식에 의한 간편한 재고관리 방식의 대상이다.

ABC 분석방식은 다음과 같은 방법으로 수행한다.

첫째, 품목별로 수량 또는 매출액을 산출한다.

둘째, ABC 분석표에 수량 또는 금액이 큰 순서대로 기입한다.

셋째, 품목순으로 수량 또는 매출액의 백분율을 기입한다.

넷째, 누계백분율을 기입한다.

다섯째, 각 품목을 가로축에 놓고, 수량 또는 매출액의 백분율을 세로축에 놓아 막대 그래프를 만든다.

여섯째, 각 품목별 누계백분율을 세로축에 놓고 각 점을 선으로 잇는다. 이렇게 해서 만들어진 선이 파레토 곡선이다.

일곱째, 이들을 분류기준에 따라 ABC의 3등급으로 분류한다.

**| 표 10-1 | ABC 분석표**

| 분류 | 매출액 | 재고 품목수 | 연간 총사용금액 | 재고 통제수준 | 적정재고 관리기법 |
|---|---|---|---|---|---|
| A품목 | 크다 | 10-20% | 70-80% | 아주 엄격 | 정기발주법 |
| B품목 | 중간 | 20-40% | 20% | 중간 | 정량발주법 |
| C품목 | 작다 | 40-60% | 5-10% | 느슨 | Two-Bin법 |

### 2) Two-Bin 방법

Two-Bin 방법은 두 개의 상자에 부품을 보관하여 사용하다가 어느 한 상자의 재고가 바닥나면 발주하고, 그동안 나머지 한 상자에 있는 재고를 사용하는 방식으로 나사와 같은 부품의 재고관리에 많이 사용되는 재고관리기법이다. 발주점법의 변형인 Two-Bin 법은 C품목 등과 같이 수량이 적거나 저가품에 주로 적용되며, 재고수준을 계속해서 조사할 필요가 없다는 장점이 있다.

## 3. 재고관리의 발주방법

재고관리에서 발주방법은 기본적으로 4가지로 나눌 수 있다. 이것은 정기적으로 발주하는가, 부정기적으로 발주하는가 등 발주의 타이밍과 정량으로 발주하는가, 부정량으로 발주하는가 등 발주량의 2가지를 조합하여 4가지로 구분하고 있다. 즉 정기정량발주, 정기부정량발주, 부정기정량발주, 부정기부정량발주의 구분이다.

┃그림 10-1┃ 재고관리의 발주방법

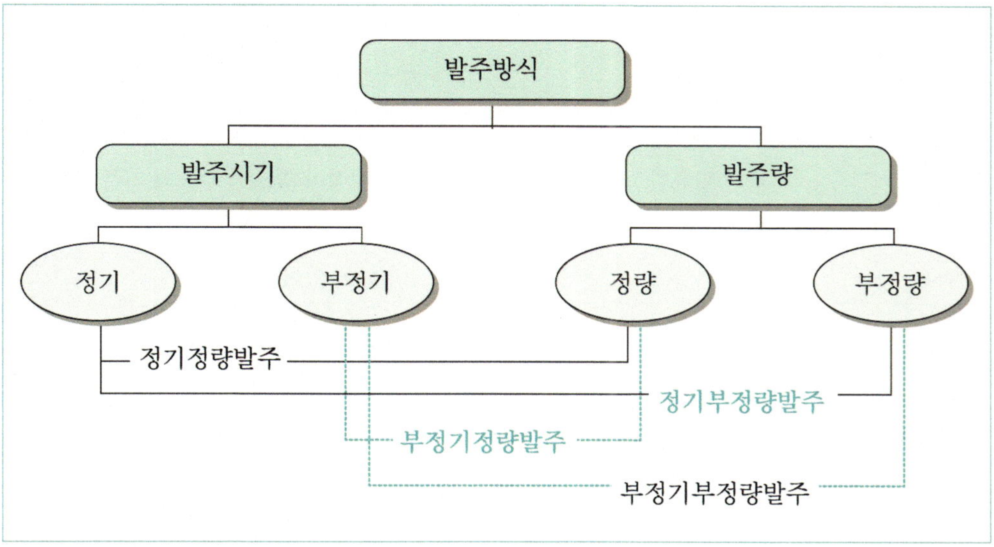


이중에서 정량발주방식이나 발주점방식으로 불리는 부정기정량발주와 정기발주방식으로 불리는 정기부정량발주가 전통적으로 논의되어 왔다.

## 1) 정량발주방식

정량발주방식은 발주점방식 혹은 부정기정량발주방식이라고 불리며, 일정 기준의 재고량발주점을 미리 결정하여 놓고 재고량이 발주점에 다다르면 결정된 발주량발주로트 사이즈을 발주하는 방법이다.

발주점을 결정하기 위해서는 안전재고를 어느 만큼 하면 좋은지를 결정하지 않으면 안 된다. 이 경우 발주량을 고정되어 있고 발주시기가 변동하게 된다. B그룹이나 C그룹의 품목이나 수요변동이 안정적인 비교적 저가의 상품에 적합하다.

## 2) 정기발주방식

정기발주방식은 정기부정량발주방식이라고도 불리며, 각 상품에 대하여 익월, 익익월, 경우에 따라 3개월 전까지 판매계획을 세워 현시점에서의 재고량을 보아 익월의 발주량을 계획하는 것이다. 이와 같이 발주계획구매계획에 기초하여 재고를 적정하게 유지한다는 방법이다.

**| 표 10-2 | 정기발주방식과 정량발주방식의 비교**

| 구분 | 정기발주방식 | 정량발주방식 |
|---|---|---|
| 소비금액 | 고가의 물품 | 저가의 물품 |
| 재고유지수준 | 더 많은 안전재고 유지 | 일정량의 재고 유지 |
| 수요예측 | 특히 필요함 | 과거 실적이 있으면 수요의 기준이 됨 |
| 발주시기 | 일정 | 부정 |
| 수주량 | 변경 가능 | 고정되어 있어야 함 |
| 품목수 | 적을수록 좋음 | 많아도 됨 |

이 경우 발주시기가 고정되어 있고 발주량이 변동하게 된다. A그룹과 같이 판매전략상 중요한 품목이나 수요변동이 큰 고가의 상품에 적합하다.

# 연습문제

**1.** 내륙 컨테이너 기지(ICD : Inland Container Depot)의 설명과 거리가 먼 것은?

① ICD는 원래 내륙통관기지를 뜻하는 Inland Clearance Depot의 의미로 쓰였다.
② 본선작업과 마샬링(Marshalling) 기능을 수행하는 기능을 갖고 있다.
③ 운송의 거점으로서 대량운송의 실현, 공차율의 감소, 운송회전율의 증가 등을 통한운송의 합리화를 실현하고 있다.
④ 세관 통관 하에 수출입 및 연계운송을 위하여 일시적인 장치, 창고보관, 재수출, 일시상륙 등의 기능을 담당하는 장소이다.
⑤ 정보시스템의 구축을 기반으로 항만과 국내의 수출 ㅁ 수입지를 연계시키는 시스템으로 운송, 하역, 보관, 포장, 통관의 기능도 수행한다.

**2.** 화물터미널의 주요 기능이 아닌 것은?

① 화물운송의 중계기지
② 정기노선 화물업체들의 화물기지
③ 개별 생산업체들의 배송센터 역할
④ 소매시장 기능
⑤ 화물트럭 및 터미널 이용자에 대한 서비스 기능

**3.** 다음은 내륙컨테이너기지(ICD : Inland Container Depot)의 특성을 나타낸 것이다. 특성에 해당되지 않는 것은?

① ICD에서는 많은 기능들이 수행되고 있으나 그 중에서도 화물은 혼재, 컨테이너의 배치, 적재 및 해체 등의 필수적인 임무로 간주되고 있다.
② ICD는 전통적으로 항만에서 수행되는 기능 및 서비스의 대부분을 담당하고 있는 까닭에 내륙항(Inland Port)이라고도 불리우며, 그 결과 항만에서의 보관시설 부족문제를 해소한다.
③ ICD는 화물의 출발지와 최종목적지가 다른 소량의 컨테이너화물을 만재컨테이너화함으로써 소량화주에게 운송비의 절감을 가져다 줄 수 있으나 대량화주에게는 경제적 의미가 없다.
④ ICD 건설의 필수적인 요소의 하나는 적절한 서비스 수준을 유지할 수 있는 토지의 가용성이며 소요면적은 보관시설 및 이송, 그리고 부대서비스에 대한 요구사항에 따라 결정된다.

**4.** 다음 중 내륙컨테이너기지(ICD : Inland Container Depot)의 기능이 아닌 것은?

① 통관기능
② 마샬링 기능
③ 장치 및 보관기능
④ 집하 및 분류기능
⑤ 내륙운송 연계기능

**5.** 복합화물터미널 개발을 위한 수요예측에 대한 설명으로서 부적절한 것은?

① 시계열 모형을 이용하여 단기수요를 예측해야 한다.
② 총 수요 가운데 복합화물터미널을 경유할 화물의 비율을 결정한다.
③ 경유비율을 총수요량에 곱하여 복합화물터미널 수요를 산출한다.
④ 시설 원단위를 적용하여 수요를 처리할 수 있는 시설 규모를 결정한다.
⑤ 시설 소요면적은 순수 보관 면적과 통로, 작업장 등 추가 면적을 고려하여 결정한다.

**6.** 복합화물터미널에 대한 설명과 거리가 먼 것은?

① 2가지 이상 운송수단 간의 연계운송을 할 수 있는 규모 및 시설을 갖춘 화물터미널로 일반화물터미널과는 구분된다.
② 운송·보관의 공급기능과 금융·정보 등의 보조적 기능이 종합적이고 조직적으로 이루어진다.
③ 화물의 집하, 하역, 분류, 외부포장, 보관 등에 필요한 시설을 갖추어 화물유통의 중심역할을 수행한다.
④ 수출입화물의 내륙통관기능은 내륙ICD의 고유기능으로 복합화물터미널은 이 기능을 가질 수 없다.
⑤ 투자방식은 크게 정부·지자체 주도방식, 민간주도방식 및 민관합동방식으로 구분할 수 있다.

**7.** 물류센터의 수와 재고비용, 운송비용 및 배송 Lead Time과의 관계에 대한 설명 중 틀린 것은?

① 물류센터의 수가 늘어나면 재고비용은 증가한다.
② 물류센터의 수가 늘어나면 배송 리드타임은 단축된다.
③ 물류센터를 적정 수 이상으로 증가시키면 운송비용이 증가한다.
④ 물류센터의 수가 늘어나면 시설투자비용은 증가한다.
⑤ 시설투자비용을 고려하지 않고 물류센터의 개수를 늘리면 재고비용과 운송비용의 합이 줄어든다.

8. 다음 중 물류센터의 구분과 기능에 대하여 설명한 내용 중 잘못된 것은?

① 배송센터는 대형할인점의 중앙배송센터와 같이 보관과 함께 입고된 제품을 취합·분류하여 배송하는 기능을 수행한다.
② 중계센터는 보관보다는 Cross Docking 기능에 충실하다.
③ 보관센터는 보관이 주요 목적이며 항만의 CY, 일반 임대 창고 등이 있다.
④ 보관센터의 입고와 출고의 단위는 큰 차이가 있다.
⑤ 배송센터의 활동으로 오더피킹(Order Picking)이 가장 많은 인력과 비용이 소모된다.

9. 복합화물터미널의 운영 방안 중 시설에 대한 투자방식에서 "국가 또는 지방공공단체의 공동출자회사에 의한 출자금을 도입하여 민관일체로 운영하는 형태로, 민간의 경영능력과 공공의 자금력을 연결하여 효과적 시설운영을 하는 방식"은 다음 중 무엇인가?

① 공동출자방식
② 제3섹터방식
③ 협동조합방식
④ 정부 및 지방자치단체 주도방식
⑤ 기업공동체방식

Chapter 11

# 물류포장관리

## 제1절 포장의 의의

### 1. 포장의 정의

포장은 생산단계에서는 종점이고 물류단계에서는 출발점이다. 따라서 포장은 내용물을 보호하고 취급을 편리하게 하여 판매를 촉진하는 물류의 시발점이라 할 수 있다. 그 이유는 목적지까지 내용품의 손상 없이 안전하게 전달해야 하기 때문이다. 포장은 수송 또는 보관하역 중에 재화가치의 상태 보존을 위해 적절한 재료, 포장용기 등을 물품에 가하는 기술 및 상태를 의미한다.

한국의 공업규격KS A 1001 : 포장의 정의에서는 포장을 "물품의 수송과 보관에서 물품의 가치 및 상태를 보호하기 위하여 적합한 재료나 용기 등으로 포장하는 방법 및 상태"라고 정의하고, KS A 1006-1976포장용어에 따르면 포장이란 "물류의 수배송, 보관, 취급, 사용 등에 있어서 그 가치 및 상태를 유지하기 위해 적절한 재료, 용기 등을 이용해 보호하는 기술 및 보호한 상태를 말하며 이는 단위포장, 내부포장 및 외부포장의 세 가지로 구분하여 규정하고 있다.

포장은 물류의 하부체제의 하나로 화물의 이동성, 하역성 보호성 등 물류과정 가운데서 중요한 역할을 수행하고 있다. 포장이 물류부문에서 차지하는 비율은 금액면에서 적은 편이다. 그러나 포장은 생산과 마케팅을 연결하는 기능을 지니고 있어, 생산의 제1단계인 생산의 설계단계부터 관여하고 있다. 즉, 제품의 개발 단계부터 생산능력, 공업포장 그리고 상업포장의 3측면까지 연결하며, 이것을 고려하지 않고서는 생산에서 판매, 소비에 이르기까지의 일관시스템의 실현은 불가능하다. 뿐만 아니라 더 나아가서는 수송수단 또는 보관 제설비와의 유기화, 상품전시 및 포장해체, 폐기처분의 전체 사이클에 매우 광범위하게 관련되어 있다.

현대사회에 있어서 포장은 단순히 한기업의 내부 문제가 아니라 기업, 소비자, 공공단체 또는 국제사회 전체의 문제로서 파악해야 하며 그 중에서도 특히 물류의 규격화, 표준화의 관점에서 중추적인 역할을 담당하고 있다는 점을 명심해야 할 것이다.

## 2. 포장의 종류

### 1) 형태별 분류

#### (1) 단위포장

단위포장Unitary Packing은 개별포장 혹은 낱포장이라고도 하며, 물품 개개의 포장을 말하며 상품가치를 높이거나 물품 개개를 보호하기 위하여 적합한 재료 및 용기 등으로 물품을 포장하는 방법 및 포장한 상태를 말한다.

#### (2) 내부포장

내부포장Inner Packing은 속포장이라고도 하며, 개별포장화물을 적절한 단위로 모아서 포장하거나 중간용기에 넣은 기술 또는 상태를 말하는 것으로 물품에 대한 수분, 습기, 광열 및 충격 등을 방지하기 위하여 적합한 재료 및 용기 등으로 물품을 포장하는 방법 및 포장한 상태를 말한다.

### (3) 외부포장

외부포장Outer Packing은 겉포장이라고도 하며, 포장화물을 용기에 넣거나 넣지 않은 채 결속하여 기호, 화인 등으로 표시하여 내부의 물품이 무엇인지 확인하도록 한다. 외부포장은 물품의 수송 도중에 발생 가능한 파손, 변질, 유실 등의 위험을 예방하고 물품 취급업자들로 하여금 물품의 취급을 더 간편하게 하기 위하여 내장별로 또는 몇 개의 내장을 모아 다시 행하는 포장방법이다.

## 2) 기능별 분류

### (1) 상업포장

상업포장Commercial Packing은 마케팅 분야에 속하며 물류분야의 공업포장과는 그 기능면에서 차이가 있으며, 일반적으로 소매를 주로 하는 상거래에서 상품의 일부로서 또는 상품을 정리 및 취급하기 위한 판매포장을 말한다. 상업포장은 내용보호와 판매촉진이라는 2가지 기능을 만족시켜야 한다. 상업포장은 "상품의 얼굴"로서 판촉기능을 담당하나 호화포장, 과잉포장, 과대포장 등은 소비자의 불만을 초래할 수 있다. 또한 포장폐기물의 처리 문제는 사회적 문제로 제기되고 있으므로 포장용기의 개선과 적정포장방법에 대한 연구가 계속되어야 한다.

### (2) 공업포장

공업포장Industrial Packing은 산업포장 혹은 운송포장이라고도 하며, 상품의 보호는 물론 취급의 편리성에 대한 기능이 요구된다. 공업포장은 상업포장과 달리 판촉기능은 약하지만 목적지까지 상품을 파손 없이 안전하게 수송시키는 것이 중요 기능이다. 포장비 절약을 위해서 지나치게 포장을 간소화하면 오히려 상품의 파손을 증가, 취급상의 불편, 수송효율의 저하, 보관의 곤란 등의 문제가 발생된다. 그렇게 되면 포장비를 절약했다고 하더라도 파손과 감모율의 증가로 수송비, 하역비, 보관비의 비율이 높아짐으로 전체 비용이 증가하게 된다. 반대로 파손과 감모율을 줄이기 위해 과대포장을 하면 상품의 파손율은 줄일 수 있으나, 포장비가 높아지므로 물류에서의 포장문제는 제품설계 단계에서부터 이러한 요인들을 사전에 검토하여 포장설계를 계획하는 일이 중요하다.

## 3. 포장의 기능

포장은 일상생활에서 물품을 보관하고 운반하는 등 인류의 역사가 시작되면서 자연발생적으로 시작된 생활의 지혜였으며, 오늘날에는 고도의 산업사회 속에서 제품의 보관, 수배송, 판매 및 사용 등에서 중요한 요소로 등장하게 되었다. 특히 물류와의 상호 연관성 측면에서 볼 때의 포장물류는 포장이 물류의 시점에서 물류부문과 여러 기능과의 상호 연관성 속에서 포장의 역할을 생각하여야 하는 매우 중요한 기능을 수행하고 있다.

포장에는 마케팅과 물류의 두 가지 기본기능들이 있다. 포장의 마케팅기능은 포장의 색깔과 모양을 통해 제품정보와 홍보기능을 제공하는 것이다. 포장은 말없는 세일즈맨이며 기업과 고객 간의 마지막 접촉점이다. 소비자들은 일반적으로 제품이 가지고 있는 지각된 이미지들로부터 제품을 구입하는데, 그들의 지각은 제품의 포장이 주는 단서들에 의해서 강하게 영향을 받는다. 예를 들면 브랜드, 색깔, 디스플레이 등을 들 수 있다. 물류관점에서 포장의 기능은 제품을 보관하고 그 제품이 무엇인지를 나타내는 것이다. 포장의 기능에 대해서 구체적으로 살펴보면 다음과 같다.

### 1) 보호성

보호성이란 공업포장의 본질이며 품질의 유지에는 불가결한 요소이다. 내용물 보호기능을 비롯하여 상품의 특성과 이동방법, 보관기간과 방법, 취급조건에 따라 내용물의 변질을 방지하는 것을 말한다.

### 2) 정량성(단위화)

정량성이 가능하다 하더라도 모듈기준가격을 정하여 기본적인 단위를 결정할 필요가 있다. 이는 거래상 취급편리하고 범용성의 기본적인 단위가 되어야 한다.

### 3) 표시성

표시성은 인쇄, 라벨 붙이기 등 포장에 의해 표시가 쉬워지는 것이나, 표시가 어려운 것액체, 입체 등을 포장하여 표시하기 쉽게 하는 것을 말한다.

### 4) 판매촉진성

판매촉진성은 구매의욕을 환기시키고 동시에 광고성이 많이 주어지는 것을 말한다. 따라서 상품에 대한 무언의 판매원 역할을 하며 상품과 소비자 간의 연결매체의 역할을 수행한다.

### 5) 편리성

편리성은 공업포장, 상업포장에 공통된 것으로써 상품의 사용목적에 알맞도록 소비자나 판매점원에게 취급사용상 편리를 제공하는 것을 지칭한다.

① 제조업자 : 취급, 보관, 운송용이, 생산라인·포장라인에서 안정적인 포장
② 운송업자 : 화물취급, 이동편리, 고적재효율
③ 창고업자 : 상품표시가 명확
④ 판매업자 : 하역, 보관, 식별, 진열용이
⑤ 소비자 : 운반 및 개봉이 용이, 취급용이

### 6) 효율성

작업효율이 양호한 것을 의미하며 구체적으로는 생산, 하역, 판매, 수배송, 보관 등의 작업이 효율적하역성, 작업성으로 이루어지는 것을 말한다.

# 제2절 포장의 재료와 기법

## 1. 포장재료 및 용기

포장재료는 포장기술의 진보와 관련 시스템의 발전으로 변화되어 가고 있다. 포장 재료의 경우 과거에는 목재, 섬유 및 요업제품이 주류를 이루었으나 현재는 종이, 금속, 플라스틱 등이 중심이 되어 가고 있고 최근에는 각종 복합재료가 활용되고 있다.

하역의 기계화는 파렛트 이용을 촉진함과 동시에 종래의 나무상자포장을 골판지포장

으로 변화시켰다. 포장재료 중 많이 사용되는 골판지, 나무상자, 플라스틱 용기에 대해서 살펴보면 다음과 같다.

## 1) 골판지

### (1) 골판지의 개념

골판지Corrugated Fiberboard는 파상판지 또는 주름진 판지로서 판지 바깥쪽의 평평한 부분에 사용되는 라이너liner와 안쪽의 골flute을 내는 부분 및 이중양면골판지 중간에 사용되는 골심지medium paper로 구성된다. 라이너에는 미표백 크라프트 펄프를 주원료로 사용해 만들어진 크라프트 라이너와 표층 이외에 폐지에 혼용한 주트 라이너jute liner, 내수 라이너, 유색 라이너가 있다. 골심지에는 일반골심지, 강화골심지, 내수골심지, SCP골심지가 있다. 골심지는 주로 SCPSemi Chmical Pulp를 사용해 만들어지는데, 등급에 따라 폐지가 혼입되어 있다. 라이너에는 강도, 균일성, 내벽성 및 인쇄의 적정성이 요구되며 골심지에는 골을 내는 부분에 대한 인장강도, 가공의 적정성, 내압강도 및 접착성이 요구된다.

### (2) 골판지 골의 종류

골판지를 구성하는 골의 종류는 A, B, C, E골이 사용된다. 이 중 A골은 높이가 가장 크고 판지의 두께가 두꺼워 완충성이 크기 때문에 가장 많이 사용되며, 그밖에 단위포장용 상자 등에는 E골이 사용된다. 골판지의 강도는 내용품을 보관하기에 충분한 강도가 요구된다.

① A골 : 골의 높이가 가장 크므로 상자로서의 압축강도도 가장 크고 판지의 두께가 두꺼워 완충성이 크기 때문에 현재 가장 많이 이용되고 있다. 주로 전자제품, 의류, 생활용품 등 10kg 이내의 물품포장에 사용된다.

② B골 : 골의 수가 많아져 평면 압축강도가 크기 때문에 금속통 등의 강성 내용품에 많이 이용된다.

③ C골 : A골과 B골의 중간으로 평균적인 성능을 갖고 있어 구미유럽과 아메리카에서 활용되고 있으나 우리나라에서는 거의 사용되지 않고 있다. 물성적으로는 A골에 가까운 특성을 나타낸다.

④ E골 : 평면 압축강도에 강하며 가장 골의 수가 많고 골 높이가 낮아 주로 낱포장

혹은 속포장용으로 많이 쓰이며 화려한 인쇄가 가능하다.

⑤ 수직압축강도 및 완충성 : A골>C골>B골>E골

⑥ 평면압축강도 : E골>B골>C골>A골

| 표 11-1 | 골의 종류

| 종류 | 골수/30cm | 골높이(mm) | 골판지의 두께(mm) | 골을 내는 비율 |
|---|---|---|---|---|
| A골 | 34±2 | 4.3~4.7 | 4.5~5.3 | 1.59 |
| B골 | 40±2 | 3.3~3.7 | 3.7~4.3 | 1.45 |
| C골 | 50±2 | 2.3~2.7 | 2.7~3.3 | 1.36 |
| E골 | 85~97 | 1.1~1.4 | 1.4~2.0 | 1.27 |

골판지는 그 구조에 따라 다음 네 가지로 구분된다.

#### ① 편면 골판지

편면single 골판지는 파형으로 골을 낸 골심지 원지의 한쪽 면에 라이너를 붙인 것으로 주로 내부 포장용으로 많이 사용된다.

#### ② 양면 골판지

양면double 골판지는 파형으로 골을 낸 골심지 원지의 양쪽에 라이너를 붙인 것으로 상자용으로 많이 사용되고 있다.

#### ③ 이중양면 골판지

이중양면double wall 골판지는 양면 골판지에 편면 골판지를 붙인 것으로 손상되기 쉬운 물품이나 귀중품의 포장에 사용된다.

#### ④ 삼중 골판지

삼중triple wall 골판지는 이중양면 골판지에 다시 편면 골판지를 붙인 것으로 중량물의 포장에 사용된다.

**┃그림 11-1┃ 골판지의 종류**

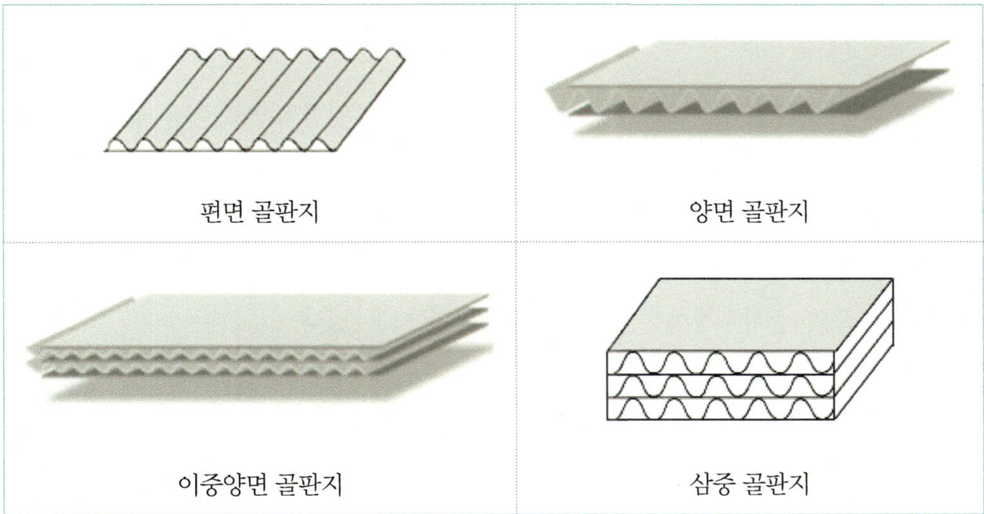


### (3) 골판지의 장·단점

골판지의 장점에 대해서 살펴보면 다음과 같다.

첫째, 대량생산품의 포장에 적합하다.

둘째, 대량주문 요구를 수용할 수 있다.

셋째, 정량이고 체적이 작아 보관이 편리하므로 운송 중 물류비가 절감된다.

넷째, 포장작업이 용이하고 생력화, 기계화가 가능하다.

다섯째, 포장조건에 맞는 강도 및 형태를 임의 제작할 수 있다.

여섯째, 외부충격에 탄력을 주어 내용물의 손상을 방지할 수 있다.

반면, 골판지는 다음의 단점을 갖고 있다.

첫째, 습기에 약하며 수분을 흡수하므로 압축강도를 저하시킨다.

둘째, 소단위 생산 시 비용이 비교적 높다.

셋째, 하물의 취급 시 파손이나 휘기 쉽다.

## 2) 나무상자

### (1) 나무상자의 개념

나무를 이용한 포장에는 용도에 따라 종류가 있으나 일반적으로 이용되고 있는 종류는 나무상자, 합판상자, 와이어바운드상자, 받침대 등이며 이외에도 나무통, 파렛트 및 틀상자, 컨테이너 등이 있다. 나무상자는 과거부터 사용되고 있는 대표적인 포장 재료로서 단위포장인 파렛트나 컨테이너의 출현과 골판지상자의 출현으로 이용이 감소되고 있으나 수출품의 중량포장에는 아직도 많이 사용되고 있다.

### (2) 나무상자의 장·단점

나무상자의 장점에 대해서 살펴보면 다음과 같다.

첫째, 높은 강도로 고도의 내용품 보호성이 있으며 귀중품, 중량물 및 기계류의 포장이나 외장용기에 적합하다.

둘째, 재료확보가 용이하고 공작이 간단하다.

셋째, 재활용의 효과가 크다.

반면, 나무상자는 다음의 단점을 갖고 있다.

첫째, 썩거나 강도가 저하되기 쉽고 수분의 내포로 내용품에 손상을 줄 우려가 있다.

둘째, 대량생산에 대응하기 어렵고 재료보관에 많은 공간이 필요하다.

셋째, 중량이 무겁고 용적이 커지므로 물류비가 많이 든다.

넷째, 포장과 개장 시 공구를 필요로 하며 시간과 노력이 든다.

## 3) 플라스틱 포장재

### (1) 플라스틱 포장재의 개념

플라스틱 포장재는 중량포장부대와 플라스틱컨테이너로 구분된다. 중량포장부대는 플라스틱 필름부대로 한 것과 플라스틱포를 부대로 한 것이 있다. 필름부대는 방습, 방수성이 뛰어나 비료, 설탕, 소금 등 무기물에 사용되며, 플라스틱포대는 풍성이 있으므로 가마니나 마대의 대체품으로 곡류나 사료 등에 이용된다. 플라스틱컨테이너는 장점이 많고, 성형가공이 쉽기 때문에 다양하게 이용되고 있다.

### (2) 플라스틱 용기의 장·단점

플라스틱 용기의 장점에 대해서 살펴보면 다음과 같다.
첫째, 나무상자에 비해 가볍고 내용연수가 길며 보수비용이 들지 않는다.
둘째, 착색이 용이하고 일체구조이므로 취급이 용이하고 관리하기가 쉽다.
셋째, 씻고 말리기가 용이하다.

반면, 플라스틱 용기는 다음의 단점을 갖고 있다.
첫째, 미끄러지기 쉽다.
둘째, 표면에 흠집이 생기기 쉽고 오손되기 쉽다.
셋째, 내용연수는 길지만 초기비용이 많이 든다.
넷째, 파손 시 복구가 어렵다.
다섯째, 나무상자보다 가격이 비싸다.

## 4) 유기용기

### (1) 유리용기의 개념

유리는 무기질의 융용체를 냉각할 때 결정화하는 일 없이 실용상 고체로 사용할 수 있는 상태까지 응고한 것을 말하며 딱딱하고 부서지기 쉬운 특징이 있다.

### (2) 유리용기의 장·단점

유리용기의 장점에 대해서 살펴보면 다음과 같다.
첫째, 기체 및 수분투과성이 없다.
둘째, 착색, 인쇄, 자동포장 가능하다.
셋째, 화학적으로 안정하다.
넷째, 재활용 및 재사용성이 우수하다.

반면, 유리용기는 다음의 단점을 갖고 있다.
첫째, 충격에 의해 깨지기 쉽다.
둘째, 비교적 무겁다.

## 5) 금속용기

### (1) 금속용기의 개념

금속용기는 주석도금강판, 강철, 알루미늄을 이용한 캔 포장뿐만 아니라 드럼, 알루미늄 박스, 병뚜껑 등의 포장분야에 사용된다. 알루미늄은 가볍고 녹이 잘 슬지 않는 장점이 있으나, 강철보다 가격이 비싸기 때문에 재활용에 대한 관심이 높다. 그리고 금속 캔은 장기간 저장을 위해 사용되는 포장용기로 신선한 맛의 보존을 위한 맥주, 탄산음료 등의 식품 포장재로 주로 사용하고 있다.

### (2) 금속용기의 장·단점

금속용기의 장점에 대해서 살펴보면 다음과 같다.
첫째, 내용물을 위생적으로 오래 보호할 수 있다.
둘째, 취급 편리, 광선, 공기, 물이 통하지 않는다.
셋째, 크기를 용이하게 설정하여 제작 가능하다.
넷째, 운반 중 외력에 충분히 견딜 수 있는 강도를 가질 수 있다.
다섯째, 소비자에게 정보제공이 용이하다.
여섯째, 자동, 고속생산가능 및 재활용 가능하다.

반면, 금속용기는 다음의 단점을 갖고 있다.
첫째, 상품의 품질보호에 많은 투자를 하여야 한다.
둘째, 상품원가에 큰 영향을 끼친다.

## 6) 포장 부재료

포장 부재료란 포장의 보조적 기능을 하는 재료로서 구체적으로는 완충재, 방청제, 방충제, 방서제 그리고 결속재 등을 들 수 있다. 완충재는 화물에 가해진 진동이나 낙하에 의한 충격을 완화시키기 위해 사용되는 부자재로서 폴리에틸렌, 골판지, 기포가 든 플라스틱 필름 등이 있다. 방청제는 녹을 막기 위해 사용되는 약재로서, 방청유, 기화성 방청재 등을 말하며, 방충제와 방서제는 충해, 곰팡이의 발생을 방지하고, 쥐의 피해를 방지하기 위해 가공처리시 사용하는 약제를 말한다. 결속재는 포장을 그대로 묶는 재료이며, 구체적으로는 끈, 종이밴드, 플라스틱 밴드, 와이어, 테이프 등이 있다.

## 2. 포장기법

포장화물은 유통과정에서 여러 가지 장애요인에 노출되게 한다. 그 예로 충격, 진동, 압축, 뒤틀림 등 외력으로 인한 장애와 온도, 수증기 및 가스, 액체 등의 기상변화에 따라 발생하는 장애 등을 들 수 있다. 따라서 포장 본래의 기능인 보호기능을 만족시키기 위해서는 화물의 성격에 따라 포장기법을 알아야 할 필요가 있다.

### 1) 집합포장기법

#### (1) 집합포장기법의 개념

집합포장Assembly Packaging은 운송포장의 취급 시 기계하역의 대상이 되는 비교적 대형화물의 집합체로서 낱개의 포장상품을 하나의 단위화된 화물로 만드는 것을 말한다. 집합포장이 갖추어야 할 요건은 물류의 각 단계에서 집합체가 무너지지 않을 정도의 충분한 보호기능이 있어야 하며, 운송기관이나 보관설비에의 하역작업과 취급이 용이하도록 설계 시에 적재공간을 고려해 용적과 중량을 기계하역에 적합하도록 포장해야 한다.

#### (2) 집합포장방법

집합포장의 방법으로는 종이, 플라스틱, 나이론, 금속밴드, 꺽쇠 및 물림쇠 등을 이용해 밴드결속, 테이핑Taping, 슬리브Sleeve, 꺽쇠고정, 틀, 대형골판지상자, 슈링크Shrink포장, 스트레치Stretch포장, 접착 등을 이용한 방법이 있다. 이때 집합포장에 사용되는 보호재료는 코너패드, 덮개, 틀, 칸막이판, 덧받침대, 충전물 등이 이용된다. 이와 관련한 상세한 설명은 [그림 11-2]에 제시되어 있다.

**| 그림 11-2 |** 집합포장수단

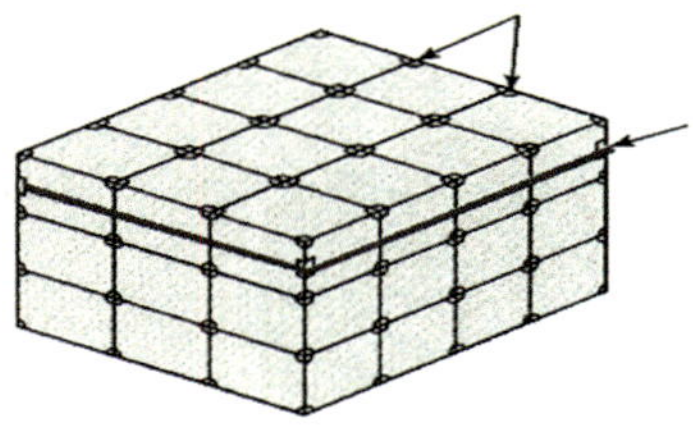

밴드 결속
가장 많이 사용
종이, 플라스틱, 나일론, 금속밴드 등의
재료로 집합포장

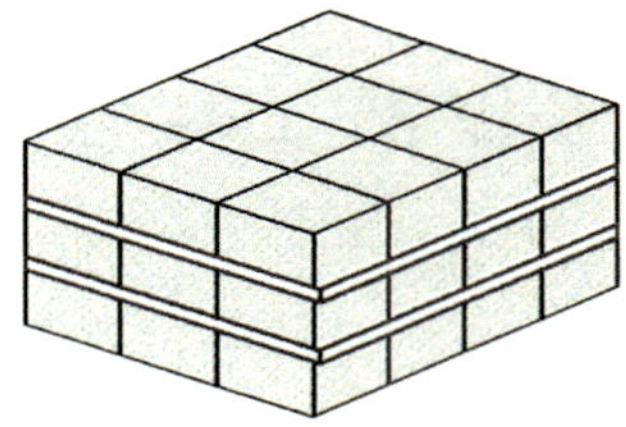

테이핑(Taping)
용기표면에 접착테이프로 집합포장
용기표면이 손상될 수 있음

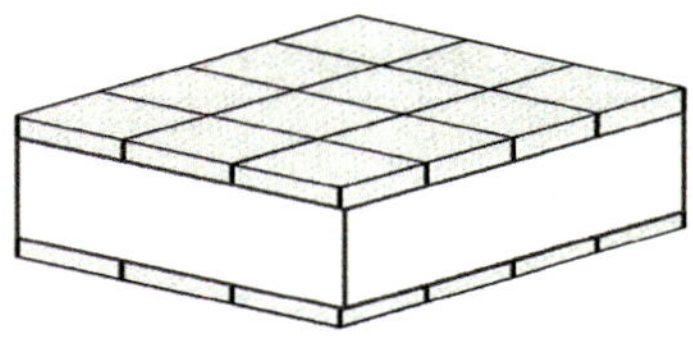

슬리브(Sleeve)
보통 필름으로 슬리브를 만들어 수직
4면을 감싸는 방법

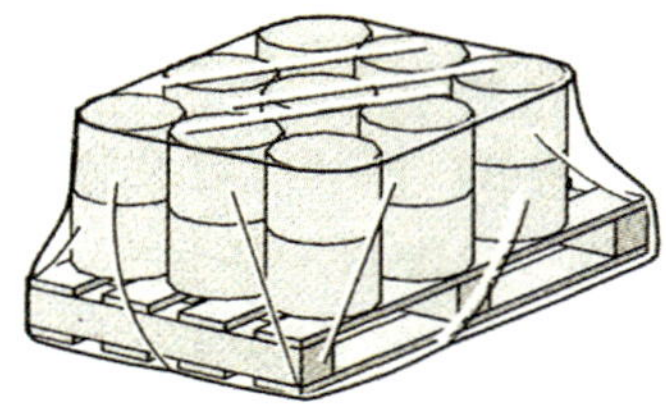

쉬링크포장(Shrink)
수축 필름의 열수축력에 의해 집합포장

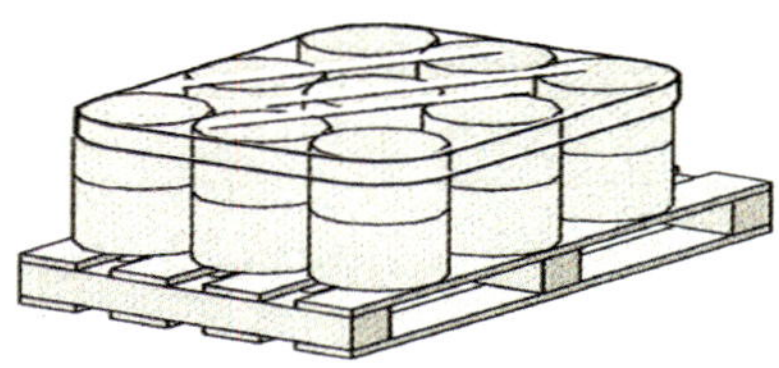

스트레치포장(Stretch)
스트레치 필름의 접착성을 이용
스트레치 필름은 대개 3겹

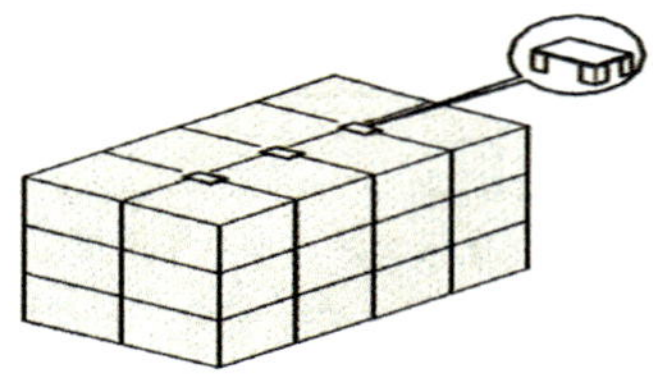

꺽쇠/물림쇠
상자가 고정되도록 꺽쇠나 물림쇠를 박는
방법

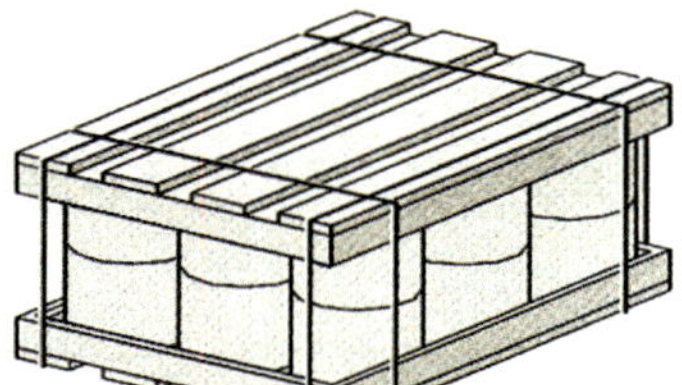

틀
주로 수평이동에 이용
위, 아래를 틀로 고정

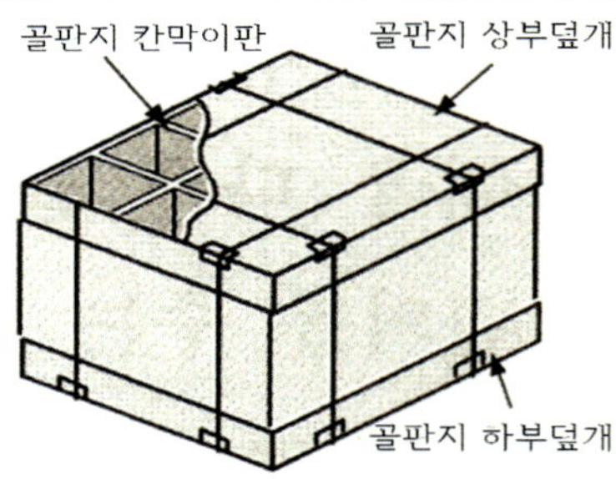


대형골판지상자
골판지 칸막이 판이나 덮개로 고정
보호재(깨짐/손상방지), 고정패드, 덮개, 틀,
칸막이판, 덧받침대, 충전물 등

### (3) 파렛트의 집합적재방법

집합포장기법에서 파렛트의 집합적재방식은 다음과 같은 것이 있다. 아래에 제시한 집합적재방법 중 정방형 파렛트에 블록 쌓기, 교호열 쌓기, 핀휠 쌓기 및 스플릿 쌓기 방식이 많이 사용되고 있다.

#### ① 블록 쌓기

블록 쌓기는 가장 단순한 쌓기 방식으로 포장방향이 아래에서 위까지 같게 쌓는 방법으로 화물이 갈라질 염려가 있고 안정감이 없다.

#### ② 교호열 쌓기

교호열 쌓기는 짝수층과 홀수층을 90도 회전시켜 쌓는 방법으로 화물이 갈라질 염려가 없으나 정방형의 파렛트에서만 적용할 수 있다.

**| 그림 11-3 |** 파렛트 집합적재 방법

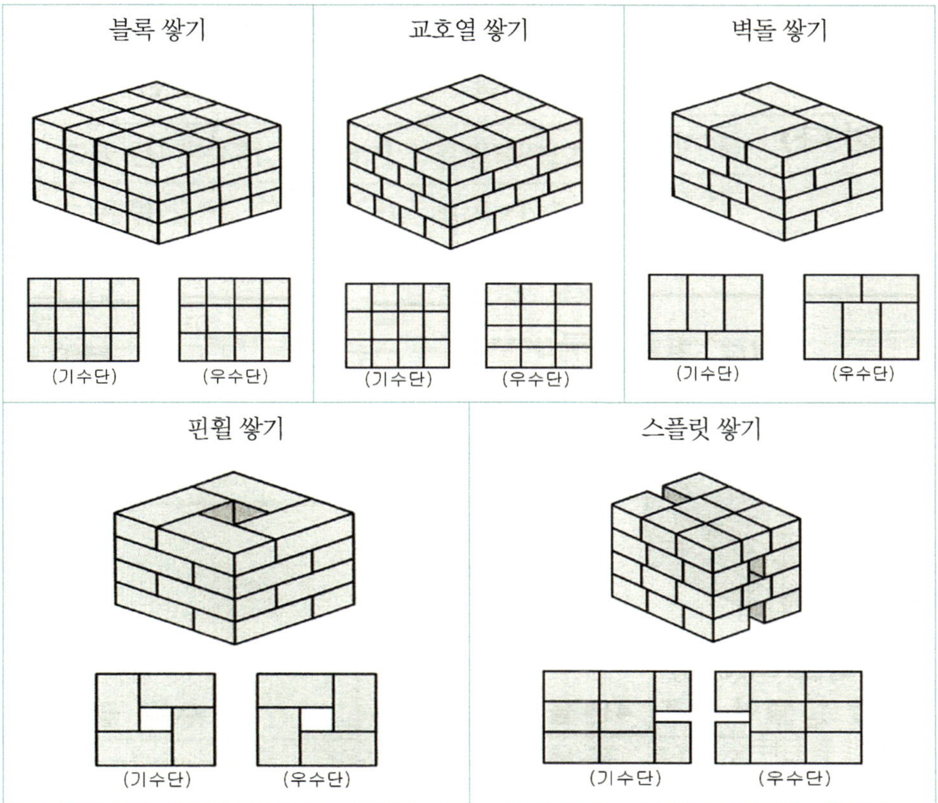

#### ③ 벽돌 쌓기

벽돌을 쌓듯이 가로와 세로를 조합하여 일단을 배열하고 홀수층과 짝수층을 180도 회전시켜 쌓는 방법을 말한다.

#### ④ 핀휠 쌓기

핀휠Pinwheel 쌓기는 풍차형으로 쌓고 중앙에 빈 공간이 생기게 하여 각 단에서 포장의 방향을 바꾸어 쌓는 방식으로 쌓는 방식으로 정방형의 파렛트 적재에 사용된다.

#### ⑤ 스플릿 쌓기

스플릿Split 쌓기는 벽돌 쌓기의 변형된 형태로 가로와 세로를 배열했을 때 크기의 차이에서 오는 홀수층과 짝수층이 빈 공간이 서로 마주보게 쌓는 방법으로 화물이 갈라질 염려가 없고 안정감이 있다.

### 2) 완충포장기법

완충포장Cushiony Packing은 물품이 진동이나 하역의 충격에 의한 파손을 방지하고, 외력이 물품에 직접 가해지지 않도록 외부압력을 완화시키는 포장기법을 말한다. 완충포장을 하기 위해서는 물품의 성질, 유통환경, 포장재료의 완충성능을 고려해야 한다. 완충포장의 설계에는 내용물의 중량, 허용가속도, 물류환경에 의해 예상되는 최대낙하높이, 내용물과 완충재료와의 접촉면적 등의 검토가 이루어져야 한다. 일반적으로 완충포장의 설계에는 다음과 같은 사항을 검토해야 한다.

① 완충재료로 보는 내용물의 중량
② 내용물의 허용가속도
③ 물류환경에 의해 상정되는 최대낙하의 높이
④ 내용물과 완충재료와의 접촉면적

### 3) 방습포장기법

방습포장Water Vapor Proof Packing이란 물류과정에서 습기가 상품에 스며들지 않도록 방지하는 포장으로 방습포장 속에 물품을 밀봉하는 것으로써, 습기가 상품에 미치는 영향으로는 다음과 같은 것이 있다.

① 팽대, 조해, 응고 등비료, 시멘트, 농약, 공업약품 등
② 변질건조식품, 의약품 등
③ 곰팡이의 발생식료품, 섬유제품, 피혁제품 등
④ 녹의 발생금속제품

또한 내용품에서 수분이 발산하여 품질이 저하되는 것을 막는 것도 이 기법에 포함된다.

### 4) 방청포장기법

기계류나 금속제품은 물류과정에서 공기 속에 산소, 이산화탄소, 수분 등에 의해 표면에 산화물, 탄산염, 수산화물 등이 생기는데 이를 녹이라고 말한다. 녹에 의하여 상품 본래의 기능을 상실하게 되므로 이를 막기 위하여 방청포장Rust Preventive Packing을 하게 된다. 방청포장은 녹을 발생하게 하는 산소나 습기가 금속의 표면에 접촉되지 않도록 하는 포장을 말한다. 방청을 위해서는 그리스Grease, 기화성 방청제, 플라스틱, 방청필름 등이 주로 사용되고 있으나 이외에도 진공포장, 특수충전제 및 특수골판지 등이 개발되어 사용되고 있다.

### 5) 방수포장기법

방수포장Waterproof Packing은 포장 내용물을 유통과정에서 방수지, 왁스가공지 또는 아스팔트가공지 등과 같은 방수포장재료를 이용하여 빗물이나 바닷물의 침입을 방지하는 포장기법을 말한다.

## 제 3 절 화인과 화물취급표시

### 1. 화인의 개념

화인Cargo Mark, Shipping Mark이란 포장화물의 외장에 기입하는 특정한 기호, 번호, 목적지, 취급상의 문구 및 기타의 표시 등을 총칭하는 것으로, 화물취급자로 하여금 다른 물건과의 구분, 매수인의 사용편의 및 선적서류와 물품과의 대조에 편의를 주는데 그

목적이 있다. 국제무역에 있어 화인이 부정확하면 다른 화물과 혼동을 가져와 하역착오, 화물의 이동착오, 불착 등의 직접적인 원인이 되며 또한 통관 시 문제가 발생하는 등 확인과정에서 시간과 비용상 큰 손실을 줄 수 있다.

## 2. 화인표시의 방법

포장시공에 있어서 그 형태의 결정은 내용물의 성격에 따라 달라지듯이 화인의 표시는 외장의 형태와 위치 및 면적에 따라 그에 맞는 방법을 선택하여야 한다.

### 1) 스탬핑

스탬핑Stamping, Printing은 화인할 장소에 고무인이나 프레스기 등을 사용하여 찍는 것으로 종이상자나 골판지상자 또는 자루 등에 주로 이용된다.

### 2) 카빙

카빙Carving, Embossing은 금속제품에 사용하는 방법으로 직접 내용상품에 쇠로 된 각인을 찍거나 주물의 경우 주물을 주입할 때 미리 화인을 해두어 제품 완성 시 화인이 나타나도록 하는 방법이다.

### 3) 레이블링

레이블링Labeling은 견고한 종이나 직포에 필요한 표시를 미리 인쇄해 두었다가 일정한 장소에 붙이는 것으로 통조림병, 유리병 등에 이용된다.

### 4) 태그

태그Tag는 종이나 직포 또는 양철, 알루미늄, 플라스틱판 등에 일정한 표시내용을 기재한 다음 다시 나사나 기타 다른 적절한 방법으로 묶는 방법이다.

### 5) 스티커

스티커Sticker는 태그 방법과 비슷하나 태그와는 달리 못으로 박거나 혹은 특정 방법에 의하여 고착시키는 방법이다.

### 6) 스텐실

스텐실Stencil은 나무상자에 널리 쓰이는 방법으로 기름기가 많은 무거운 종이나 셀룰로이드판, 플라스틱판, 알루미늄판 등의 시트에 글자를 파두었다가 잉크나 페인트 등을 붓이나 스프레이를 이용하여 칠하는 방법이다.

## 3. 화인표시의 종류

화인의 종류는 기본적으로 여덟 가지가 있으며 이외에도 필요에 따라 증감이 될 수 있다. 증감이 되는 화인은 매도인의 편의에 의한 것이 아니라 매수인의 요구상품분류, 내용품번호, 총중량, 용적, 신용장번호, 수입허가번호에 의한 것이므로 상대방의 지시에 따라 달라진다. 주표시Main Mark, 목적지표시Destination Mark, 상자번호Case Mark, 원산지표시Origin Mark 등은 필수적으로 표시해야 한다. 목적지표시와 상자번호가 없는 화물을 무화인 화물No Mark Cargo : NM이라 하는데, 무화인 화물의 경우 Non Delivery 등으로 화주에게 커다란 손해를 주는 경우가 많다. 화인의 내용이 결여되었거나 불명확하여 화물사고가 발생하면 화주 측의 책임으로 처리된다. 화인의 내용이나 형태는 통상 Sales Note나 Purchase Note에 표시된다.

**그림 11-4** 화인표시의 예

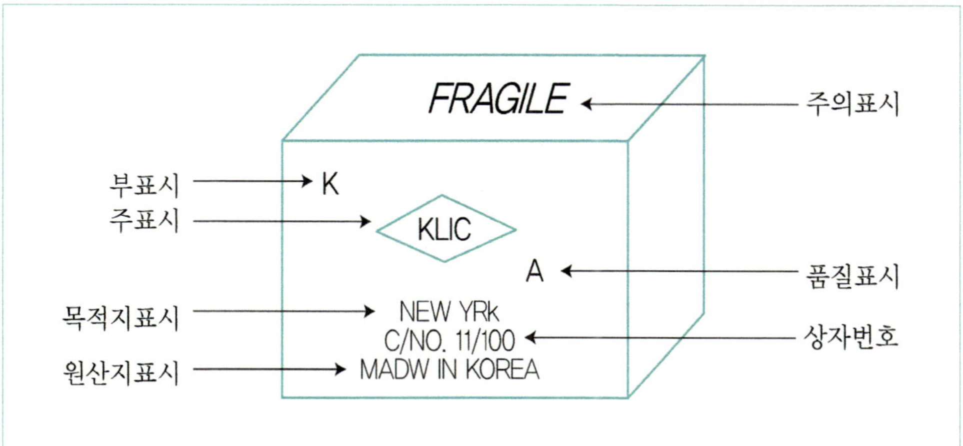

## 1) 주표시

주표시Main Mark는 화인 중 가장 중요한 표시로서 타 상품과 식별을 용이하게 하는 기호이다. 이것은 송화인이나 수화인을 표시하는 특정한 기호에 대표문자를 넣어 만드는 것이 통례로서 대개 회사의 상호를 넣어 표시하는 경우가 많다.

## 2) 부표시

부표시Counter Mark는 내용물품의 직접 생산자나 혹은 수출대행사 등이 붙이는 기호이다. 주표시의 보조로서 같은 그룹의 화물 중 구별을 할 필요가 있을 때 이용된다. 주표시의 위쪽이나 밑쪽에 기재하게 되나 기재되지 않는 경우도 있다.

## 3) 품질표시

품질표시Quality Mark는 내용품의 품질이나 등급을 표시한다.

## 4) 상자번호

상자번호Case Number는 송장, 적화목록 기타 운송서류와 대조하여 식별, 확인하기 위하여 상자 겉면에 표시하는 일련번호이다.

## 5) 목적지표시

목적지표시Destination Mark는 화물이 다른 곳으로 잘못 운송되는 것을 막기 위한 필수적인 화인으로서 반드시 표시해야 되는 화인이다.

## 6) 수량표시

수량표시Case Mark는 단일포장이 아닌 2개 이상의 경우 번호를 붙여 수량을 표시한다.

## 7) 주의표시

주의표시Care Mark는 내용품의 성격, 품질, 형상 등에 따라 취급시의 주의를 표시하는 것을 말한다. 화물의 선적 또는 운송 시에 취급상의 주의를 표시한 것으로 보통 포장의 측면에서 표시하기 때문에 side mark라고도 한다.

### 8) 원산지표시

원산지표시Origin Mark는 관세법규에 따라 수출품은 원산지명을 표시하도록 되어 있다. 주로 생산국을 외장의 맨 아래에 표시한다.

## 4. 화인표시의 주의사항

화인을 표시하는 경우 주의하여야 할 사항은 다음과 같다.

첫째, 기재사항의 누락이나 오류가 발생하지 않도록 세심한 주의를 한다.

둘째, 화인은 물에 씻기지 않도록 방수잉크를 사용한다.

셋째, 외부의 힘에 의하여 파손 또는 탈락이 안 되도록 한다.

넷째, 문자 획의 굵기가 동일하도록 한다. 중요하다고 굵게 표시해서는 안 된다.

다섯째, 기재되는 사항은 분명하게 읽을 수 있도록 한다.

여섯째, 표시방법은 기재장소나 포장형태에 따라 적절한 방법을 선택한다. 일정한 장소에 화인을 표시하는 것이 아니라 적절한 장소에 표시해야 한다.

일곱째, 표시장소는 가장 알기 쉽게 판독할 수 있는 장소에 한다.

여덟째, 주의표시는 관심을 끌 수 있도록 붉은색으로 표시하는 것이 좋다.

아홉째 일체의 표시는 문자의 배열이 정연하고 짜임새 있도록 표시한다.

## 5. 화물의 취급주의 표시

일반화물의 하역작업시 화물의 보호 및 취급자의 안전을 위해 적정한 화물취급을 지시하는 표시이다. 내용품의 성격, 품질, 형상 등에 따라 붉은색으로 취급상의 주의를 표시하게 된다. 이하에서는 한국공업규격에 의한 일반화물의 취급주의표시KS A 1008와 위험물의 취급주의 표시KS A 1009에 대해 살펴보도록 한다.

**| 그림 11-5 |** 일반화물의 취급표시

| 지시표시 | 호칭 | 지시내용 |
| --- | --- | --- |
|  | 깨지는 것<br>(FRAGILE) | 깨지기 쉬우므로 주의하여<br>취급할 것을 표시한다. |
|  | 취급주의<br>(HANDLE WITH CARE) | 충격을 주지 않도록 조심스레<br>취급할 것을 표시한다. |
|  | 갈고리 금지<br>(USE NO HOOKS/DO<br>NOT PUNCTURE) | 운송포장화물의 취급 시<br>갈고리 사용을 금지하는<br>표시이다. |
|  | 위<br>(THIS WAY UP) | 화물의 올바른 윗방향을<br>표시하여 반대, 가로쌓기를<br>하지 않을 것을 표시한다. |
|  | 직사일광, 열차폐<br>(PROTECT FROM HEAT) | 직사일광 및 열로부터<br>차폐하는 것을 표시한다. |
|  | 방사선 방호<br>(PROTECT FROM<br>RADIOACTIVE SOURCES) | 방사원에서 격리 또는<br>방사선을 방지하는 것을<br>표시한다. |
|  | 거는 위치<br>(SLING HERE) | 슬링을 거는 위치를<br>표시한다(상대하는 2면<br>각각에 표시). |
|  | 젖음 방지<br>(KEEP DRY) | 물이 새지 않도록 보호할 것을<br>표시한다. |

| 지시표시 | 호칭 | 지시내용 |
|---|---|---|
|  | 무게중심 위치<br>(CENTER OF GRAVITY) | 화물의 무게중심 위치를 표시한다(표지는 표시보기와 같이 무게중심의 위치가 쉽게 보이도록 필요한 면에 표시). |
|  | 불안정<br>(UNSTABLE) | 쓰러지기 쉬운 화물임을 표시한다. |
|  | 굴림 금지<br>(DO NOT ROLL) | 굴려서는 안 됨을 표시한다. |
|  | 손수레 삽입금지<br>(NO HAND TRUCK HERE) | 손수레를 끼워서는 안 되는 부위를 표시한다. |
| 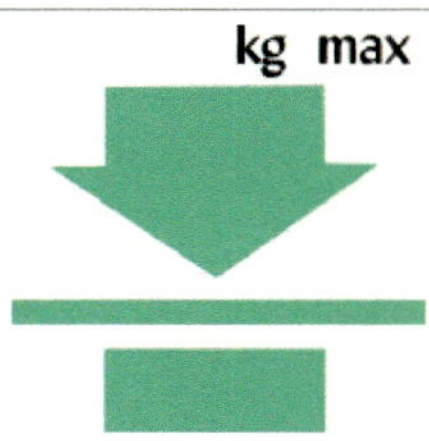 | 윗쌓기 제한<br>(STACKING LIMITATION) | 위에 쌓을 수 있는 최대무게를 표시한다(표지의 상부에는 최대 허용무게를 수치로 표시). |
|  | 쌓는 단수 제한<br>(LAYERS LIMIT) | 겹쳐쌓을 수 있는 총 단수를 표시한다(표지 위의 수치는 최대허용 겹쳐쌓기 총 단수 10단 쌓기의 보기를 표시). |
|  | 온도 제한<br>(TEMPERATURE LIMITATIONS) | 허용되는 온도범위 또는 최저, 최고온도를 표시한다. |

| 지시표시 | 호칭 | 지시내용 |
|---|---|---|
|  | 화기 엄금<br>(KEEP AWAY FROM FIRE) | 타기 쉬우므로 화기를<br>접근시켜서는 안 된다는 것을<br>표시한다. |
|  | | 밟지 마시오 표시이다. |
|   | | 찍힘 주의 표시이다. |

## 제4절 적정포장과 포장표준화

### 1. 적정포장

#### 1) 적정포장의 개념

적정포장Appropriate Packing이란 상품의 품질보존, 취급상의 편의성, 판매촉진, 안전성 등 포장 본래의 기능을 만족시키는 동시에 합리적이며 가장 경제적인 포장을 말한다. 즉 유통과정에서 발생하는 진동, 충격, 압축, 온도 및 습도 등에 의해 물품에 파손 및 손상이 발생하는 것으로부터 화물을 보호하여 원상태 그대로 운송될 수 있는 포장을 말한다. 적정포장에서는 과대, 과잉 포장을 회피하고 결함포장을 배제하여야 하며 이를 위하여 그 설계 면에서 보호성, 안전성, 단위, 표시, 용적, 내포장, 폐기물처리 등을 고려하여야 한다.

일반적으로 적정포장이라고 하면 상품의 보호기능이 발휘되는 관점에서 그리고 판촉이나 상업포장을 중심으로 한 소비자 보호라는 관점에서 공간용적비나 비교포장비에 의한 적정포장기준을 적용할 수 있다. 그러나 이 같은 적정포장기준이 절대적인 기준이 될 수 없는 이유는 운송화물의 이동거리, 운송수단의 종류, 하역방식, 기후, 풍속, 관습의 차이 및 상품의 종류와 특성 등에 따라 일정하게 그 기준을 결정할 수 없기 때문이다. 따라서 적정포장이란 상품의 품질보전, 취급의 편의성, 판매촉진 및 안전성 등 포장 본연의 기능을 만족시키는 가장 경제적인 포장이다.

적정포장의 가장 중요한 점은 포장비의 개념을 명확히 한 후 각종 포장비용의 상승을 최소한으로 억제하고 보호기능의 발휘를 최대한 이용할 수 있는 교차점에서 포장이 설계되어야 한다. 즉 포장비와 포장화물을 유통과정에서 외압으로부터 적절히 보호할 수 있는 기준에서 포장비의 적정화를 도모하여야 한다. 포장비의 절약은 하역 시의 충격이나 운송 중의 충격과 진동 그리고 보관 및 운송 중의 압축하중에 화물이 손상되는 것을 방지하는 범위 내에서 이루어져야 하는 것이다.

## 2) 적정포장의 조건

적정포장의 조건은 다음과 같이 포장과 관련되는 생산자, 물류업자, 판매자 및 소비자의 입장에서 적정성을 검토하여 제 조건을 충족시킬 수 있도록 하여야 한다.

### (1) 생산자 측의 조건

제품의 적절한 보호, 포장비 절감을 통한 원가절감, 기업 및 제품광고의 효율성 제고, 작업의 라인화 및 자동화를 위한 포장설계, 재생의 활용성 제고 등을 고려하여야 한다.

### (2) 물류업자 측의 조건

하역의 용이성과 위험성을 고려한 중량과 용적단위 포장, 유닛로드의 적합성 고려, 포장강도의 표준화, 표시마크, 물품의 구분, 행선지, 취급방법 등의 명확한 표시, 운송수단과 하역수단의 적합성 고려, 유통과정에서 도난방지 등을 고려하여야 한다.

### (3) 판매자 측의 조건

개장과 재포장의 용이성, 간단명료한 내용표시, 판매시점에 효과 여부, 소비자 감각에 부합되는 디자인을 하여야 한다.

#### (4) 소비자 측의 조건

소비자에게 만족감 제공, 개장 및 재포장의 용이, 포장의 처리나 재이용의 용이성 등의 조건을 충족시켜야 한다.

## 2. 포장표준화

### 1) 포장표준화 개념

포장표준화는 물류비 절감의 기본이 되며 물류관리의 핵심이라고 할 수 있다. 물류시스템에 있어서 물품의 크기, 중량, 형태가 서로 다르고 종류도 다양하다면 시간적으로나 공간적으로 이동과 변화가 많이 발생하게 될 것이다. 물류의 각 기능이 연결되는 곳에서 작업의 비효율성이 발생하게 되는데 이것을 해결하는 방법이 포장을 표준화하는 것에 있다고 할 수 있다. 물동량의 흐름에 있어 기본매체인 단위포장이 표준화되어 있지 않다면 운송, 하역, 적재, 보관 등의 각 단위가 아무리 잘 되어있더라도 제 기능을 발휘할 수 없게 될 것이다.

포장표준화는 파렛트, 랙시설, 장비, 전산정보 등의 물류표준화를 하기 위한 전제조건이며, 자재조달에서부터 생산, 물류, 판매에 이르기까지 모든 과정을 전체적으로 최적화하고 동기화하기 위한 핵심요소라고 할 수 있다. 포장표준화란 운송, 보관, 하역 등 물류의 각 단계에서 사용되는 시설, 장비를 규격화하여 이들 간 호환성과 연계성을 확보하기 위하여 포장물동량의 취급단위를 단위화 시키는 것을 말한다.

포장표준화는 포장치수, 포장강도, 포장재료 및 포장기법으로 구분될 수 있으나, 이 중에서 포장치수의 표준화는 가장 핵심적인 요소라고 할 수 있다. 포장치수의 표준화는 포장치수와 물류시설, 물류기기의 공간을 계열화하여 물류활동의 공간효율을 높이려고 하는 것이다. 포장치수의 표준화를 통해 포장용기의 부적 공간Dead Space을 최소화하고 적재효율을 향상시킬 수 있다. 포장강도의 표준화는 상품에 손상이 가지 않을 정도의 포장을 통해 과대포장 혹은 과소포장에 의해 불필요한 낭비나 파손 가능성을 최소화하는 것에 목적이 있다. 화물의 흐름에 있어 포장은 치수표준화가 가장 중요한 요소이지만 제품보호의 적정성이라는 포장 본연의 목적에서 보면 강도의 표준화는 간과해서 안 될 요소이다.

물류의 여러 가지 과정과의 연관성 및 종합적인 원가절감 측면을 고려할 때 치수표준화는 그 효과를 보려면 오랜 시간을 두고 기다려야 한다. 그러나 강도표준화는 주로 포장재료의 적정화와 관련이 있으므로 원가절감 효과가 빠르게 나타난다. 포장재료 및 포장기법의 표준화는 강도 및 치수의 표준화에 상호 관련되어 있다. 따라서 포장표준화를 추진하고자 할 때는 넓은 범위의 종합적인 관점에서 시도해야 한다. 전 세계적인 물류활동을 추구해 나아가기 위해서는 국내 독자적인 포장표준화보다는 국제적인 차원에서 협조형 표준화를 추진함이 바람직하다.

## 2) 포장표준화의 효과

포장표준화를 시행할 경우 다음과 같은 효과를 가져 올 수 있다.

첫째, 포장설계를 간소화함으로써 포장비, 포장재료비, 포장작업비 등을 절감할 수 있다.

둘째, 보관, 운송, 하역의 효율화로 물류비를 절감할 수 있다.

셋째, 판매 시 이용의 효율화로 판매효율이 향상된다.

넷째, 제품가격의 인하효과로 시장에서의 경쟁력이 강화된다.

**| 표 11-2 | 포장표준화의 이점**

| 항목 | | 수익자 | | | |
|---|---|---|---|---|---|
| | | 포장업자 | 사용자 | 유통업자 | 소비자 |
| 포장비 | 포장설계의 간소화와 과잉포장의 배제로 포장비 절감 | | √ | | |
| | 포장 재료비의 절감 | √ | √ | | |
| | 포장 제작비의 절감 | √ | √ | | |
| | 포장 작업비의 절감 | | √ | | |
| | 포장재료의 보관장소 및 재고 감소 | √ | √ | | |
| 보관비<br>수송비<br>하역비 | 보관효율 향상에 의한 보관비 절감 | | √ | √ | |
| | 수송효율 향상에 의한 수송비 절감 | | √ | √ | |
| | 하역효율 향상에 의한 하역비 절감 | | √ | √ | |
| | 파손율 감소 및 운송 보험료율 절감 | | √ | √ | |
| 판매비 | 소매점 진열대 이용효율 향상으로 판매효율 향상 | | √ | √ | |
| 종합<br>효과 | 소매가격의 인하 | | | | √ |
| | 구매자에게 안도감 부여 | | | | √ |

다섯째, 포장재료를 합리적으로 사용하여 포장폐기물의 감소효과를 얻을 수 있다.

여섯째, 포장업자의 측면에서는 포장의 표준화로 포장재료의 판매량이 감소할 우려가 있으나, 포장재료의 치수, 재료 종류의 감소 등의 합리화로 재고원가가 절감되어 이익의 향상이 가능해진다.

### 3) 포장표준화의 5대 요소

포장표준화는 치수표준화, 강도표준화, 재료표준화, 기법표준화 등 4대 요소로 나눠진다. 하지만 실무추진 시 포장관리표준화가 성공 여부를 가르는 핵심요소이므로 이를 추가하여 5대 요소라고 정의된다.

#### (1) 치수표준화

치수표준화를 위하여 표준파렛트 선정, 기존 포장재 치수조사, 겉포장 치수표준화, 속·낱포장 치수표준화, 사내포장 표준치수 등을 제정하여야 한다.

#### (2) 강도표준화

강도표준화를 위하여 기존포장 강도조사, 유통환경조사, 품목별 적정강도 설정, 표준강도 설정 등이 필요하다.

#### (3) 재료표준화

재료표준화는 겉포장 재료표준 설정, 속포장 및 낱포장 적정재질의 기준 설정, 환경대응형 포장재료의 개발이 필요하다.

#### (4) 기법표준화

기법표준화는 생활패턴형, 마케팅형태 변화에 대응한 포장기법 적용, 물류여건에 대응하는 원가절감형 포장법 등의 개발이 필요하다.

#### (5) 포장관리표준화

포장재 구매기준 및 사후관리 기준 제정, 수입검사 및 사후품질관리의 계속성 유지, 포장개발을 위한 기반조성을 하여야 한다.

## 4) 포장모듈화

### (1) 포장모듈화의 개념

일반적으로 하역, 보관 및 수배송 등을 합리화하려고 할 때 포장표준화나 규격화 그리고 포장 자체의 합리화가 동시에 행해져야 한다. 따라서 포장의 치수는 물류시스템 전체 중에서 계열화하지 않으면 안 된다. 예를 들어 파렛트의 규격이나 화차 및 보관랙의 규격을 결정하여 포장치수를 계열화하는 것 등이다. 종합물류시스템의 관점에서 보면, 포장의 모듈은 포장 외의 규격화가 달성되면서 동시에 가능해진다.

### (2) 포장모듈화의 절차

포장모듈화를 추진하기 위하여 다음과 같은 절차를 따르게 된다.

① 운송수단의 결정

② 표준파렛트의 치수 결정

③ 적정포장재 선택

④ 상품성을 고려하여 낱포장 설계

⑤ 겉포장 설계 및 치수 결정

⑥ 겉포장과 연계하여 낱포장 치수 결정

### (3) 포장 모듈의 저해요인

포장이 모든 제품에 맞도록 규격화 및 표준화되고 모든 운송, 보관, 하역시설에서 적합하도록 모듈화하는 것은 종합물류의 합리화란 차원에서 절대적으로 필요하다.

**| 표 11-3 | 포장기본 치수의 정수분할에 의한 기초수치**

| 분할 수 | 포장치수 일변의 길이(단위 : ㎜) | |
|---|---|---|
| | 1100 | 800 |
| 1 | 1100 | 800 |
| 2 | 550 | 400 |
| 3 | 365 | 265 |
| 4 | 275 | 200 |
| 5 | 220 | |

그러나 현재는 포장의 모듈화가 지연되고 있는데 그 이유는 다음과 같다.

첫째, 컨테이너용기에서 해륙용과 항공기용 등 공용을 위한 표준화가 어렵다.

둘째, 거래단위가 소규모이다.

셋째, 상품형태가 모듈에 적합하지 않다.

넷째, 제품의 다양화 및 경쟁의 격화로 인하여 제품의 종류가 증가됨으로써 판매지향형상업포장 중심으로 가는 경향이 있다.

다섯째, 포장의 모듈화를 위해서는 기존의 생산설비 및 물류설비를 변경하여야 한다.

여섯째, 기업의 최고 경영층에서 모듈의 중요성을 인식하지 못하고 있다.

**표 11-4** 기초수치에 의한 기본계열

| 1100 × 1100(단위 : ㎜) | | 1100 × 800(단위 : ㎜) | |
|---|---|---|---|
| 포장표준치수 | 배열방법 | 포장표준치수 | 배열방법 |
| 1100 × 1100 | 1 × 1 | 1100 × 800 | 1 × 1 |
| 1100 × 550 | 1 × 2 | 1100 × 400 | 1 × 2 |
| 1100 × 365 | 1 × 3 | 1100 × 265 | 1 × 3 |
| 1100 × 275 | 1 × 4 | 1100 × 200 | 1 × 4 |
| 1100 × 220 | 1 × 5 | 800 × 550 | 1 × 2 |
| 550 × 550 | 2 × 2 | 800 × 365 | 1 × 3 |
| 550 × 365 | 2 × 3 | 800 × 275 | 1 × 4 |
| 550 × 275 | 2 × 4 | 800 × 220 | 1 × 5 |
| 550 × 220 | 2 × 5 | 550 × 400 | 2 × 2 |
| 365 × 365 | 3 × 3 | 550 × 265 | 2 × 3 |
| 365 × 275 | 3 × 4 | 550 × 200 | 2 × 4 |
| 365 × 220 | 3 × 5 | 400 × 365 | 2 × 3 |
| 275 × 275 | 4 × 4 | 400 × 220 | 2 × 5 |
| 275 × 220 | 4 × 5 | 365 × 365 | 3 × 3 |
| 220 × 220 | 5 × 5 | 365 × 200 | 3 × 4 |
| | | 275 × 265 | 4 × 3 |
| | | 275 × 200 | 4 × 4 |
| | | 265 × 220 | 3 × 5 |
| | | 220 × 220 | 5 × 5 |

## 연습문제

**1.** 다음 중 포장과 관련된 설명을 잘못된 것은?

① 낱포장이란 파렛트 및 컨테이너 등을 사용하지 않고 포장화물 자체를 결속재료 등을 사용하여 단위화하는 것을 말한다.
② 포장 설계 시 고려해야 할 사항으로는 하역성, 표시성, 작업성, 경제성, 보호성 등이 있다.
③ 포장의 표준화는 하역작업의 능률을 향상시켜 유통의 합리화를 도모하는 것이다.
④ 적정포장이란 상품의 품질보존, 취급상 편리성, 판매촉진 등을 만족시키는 가장 경제적인 포장을 말한다.
⑤ 포장은 내용물을 보호하고 취급을 편리하게 하여 판매를 촉진하는 물류의 시발점이라 할 수 있다.

**2.** 다음은 포장 표준화의 궁극적인 목적을 설명하고 있다. 가장 거리가 먼 것은?

① 하역작업의 기계화로 일손 부족의 해결
② 물류흐름의 속도 증가
③ 보관시설의 적재효율 향상
④ 운송장비의 회전율과 운행시간의 감소
⑤ 물류장비 및 시설의 공동 이용으로 전체적인 효율성 향상

**3.** 최근에는 글로벌화에 따라 수출입 포장에 영문으로 표기하는 것이 보편화되었다. 다음 중 알맞게 짝 지워 지지 않은 것은?

① 취급주의 - HANDLE WITH CARE
② 위 쌓기 제한 - STACKING LIMITATION
③ 쌓는 단수 제한 - LAYERS LIMIT
④ 온도 제한 - KEEP AWAY FROM FIRE
⑤ 직사광선, 열차폐 - PROTECT FROM HEAT

4. 한국산업규격의 일반화물 취급주의 표시 중 아래 그림이 의미하는 것은?

① 무게중심위치
② 굴림 금지
③ 취급주의
④ 갈고리 금지
⑤ 손수레 삽입금지

5. 포장합리화의 원칙과 가장 거리가 먼 것은?

① 사양변경의 원칙
② 소량화·소형화의 원칙
③ 집중화·집약화의 원칙
④ 규격화·표준화의 원칙
⑤ 시스템화·모듈화의 원칙

6. 한국산업규격의 일반화물 취급주의표시 중 아래 그림이 의미하는 것은?

① 굴림 금지
② 무게중심위치
③ 취급주의
④ 갈고리 금지
⑤ 불안정

7. 포장에 관한 용어 설명으로 옳지 않는 것은?

① 단위포장 : 상품가치 향상을 목적으로 한 물품개개의 포장
② 상업포장 : 상품의 마케팅 기능을 강화하기 위한 포장
③ 공업포장 : 재료비 및 생산원가 절감을 주목적으로 하는 포장
④ 내부포장 : 수분, 습기, 열, 충격 완화를 목적으로 하는 포장
⑤ 집합포장 : 낱개의 포장상품들을 하나의 단위화된 화물로 만드는 포장

**8.** 1100mm×1100mm 계열의 포장모듈이 아닌 것은?

① 220mm×220mm
② 365mm×220mm
③ 550mm×275mm
④ 550mm×365mm
⑤ 550mm×400mm

**9.** 포장합리화의 원칙으로 옳지 않는 것은?

① 대량화, 대형화의 원칙
② 집중화, 집약화의 원칙
③ 규격화, 표준화의 원칙
④ 일반화, 다양화의 원칙
⑤ 재질변경의 원칙

**10.** 물류포장재의 주재료인 골판지에 관한 설명으로 옳지 않은 것은?

① 골의 높이와 30cm당 골의 개수에 따라 A골, B골, C골 및 E골로 구분되며, 이 중에서 골의 높이가 제일 높고 골의 개수가 적은 것은 E골이다.
② 가공성이 양호하여 대량생산이 가능하며 단기납품, 다품종 소로트에도 대응할 수 있는 유연성이 있다.
③ C골은 제2차 세계대전 중 미국이 군사물자의 효율적 수송을 위한 목적으로 개발한 것이다.
④ 골 모양으로 성형된 골심지의 편면에 라이너원지 1매를 붙인 것이 편면골판지이다.
⑤ 골 모양으로 성형된 골심지의 양면에 라이너를 붙인 것이 양면골판지이다.

Chapter 12

# 물류정보관리

## 제 1 절 물류정보의 의의

### 1. 물류정보의 개념

물류가 점점 복잡해지고 대규모화되고 있다. 대량의 정보를 신속하게 처리할 수 있는 정보기술은 물류에 필수적인 요소이다. 따라서 물류를 수행하는 기업들은 자동화와 함께 정보화에 관심을 기울이고 있다. 정보화를 통해 의사결정이 빨라지고 운영이 원활해지고 성과가 객관적으로 측정된다. 나아가 정보기술 기반의 물류를 통해 기업 및 국가적 경쟁력이 강화된다.

물류정보란 종합적인 물자활동의 원활화를 도모하는데 필수 불가결한 존재로서 생산에서 소비에 이르기까지 물류활동을 구성하고 있는 운송, 보관, 하역, 포장 등의 제 기능을 유기적으로 결합하여 전체적인 물류관리를 효율적으로 수행하게 하는 정보시스템을 의미한다. 물류정보는 물류의 제 기능을 효율적으로 작용하도록 연결시켜 주는 역할을 수행하므로 물류의 핵심적인 기능을 담당하고 있다.

물류정보는 컴퓨터에 의한 전산화를 통하여 물류를 시스템화하여 과학적인 관리를 가능하게 할 뿐만 아니라, 원료의 조달에서 완성품의 최종 수요자에게 인도되기까지의 각 물류기능을 연결하여 신속하고 정확한 흐름을 창출해 내는 것이다. 물류정보의 목적은 고객서비스의 향상, 물류비 절감, 물류의 제 기능을 종합적으로 관리할 수 있는 물류정보시스템의 확립 등을 제시할 수 있다. 물류정보의 기능은 신속 정확한 정보전달 기능, 제반 물류기능의 통합시스템 구축 기능을 들 수 있다.

## 2. 물류정보의 특징

물류정보는 다음과 같은 특징을 갖고 있다.

첫째, 다종, 다양하며 정보의 절대량이 많다.

둘째, 성수기와 평상시의 정보량의 차이가 크다.

셋째, 정보의 발생원, 처리장소, 전달대상 등이 광역으로 분산되어 있다.

넷째, 상품의 흐름과 정보의 흐름에 동시성이 요구된다.

다섯째, 영업, 생산 등의 자기 기업 내의 타 부서간의 관련성이 크다.

## 3. 물류정보의 종류

물류정보의 종류는 다음과 같이 화주정보, 화물운송 기기정보, 화물운송정보, 항만정보, 수출화물 검사정보, 화물하역정보, 보험정보, 화물통관정보 등으로 분류할 수 있다.

### 1) 화주정보

화주정보는 화주의 성명, 전화, 팩스번호, 화물의 종류, 중량, 용적, 적입장소, 발착지, 운송기간, 운송거리 등이 포함된다.

### 2) 화물운송 기기정보

화물운송 기기정보에는 화물자동차운송정보, 철도 관련 정보, 선박 관련 정보, 항공 관련 정보, 컨테이너의 정보 등으로 구분된다.

### 3) 화물운송정보

화물운송정보에는 화물집하정보, 개별창고화물정보, 화물터미널정보, 특정화물확인정보, 도로교통정보, 고속도로관리정보 등의 종합교통정보와 항공화물운송정보가 있다.

### 4) 항만정보

항만정보에는 항만관리정보, CY-CFS관리정보, 컨테이너추적정보, 항만작업정보, 화물유통통제정보, 작업지시정보, 선박도착정보, S/O정보, B/L정보, 보세창고, 장치장정보 등이 있다.

### 5) 수출화물 검사정보

수출화물 검사정보에는 검량정보, 검수정보, 선적검량정보 등이 있다.

### 6) 화물하역정보

화물하역정보에는 하역업체정보, 하역진척정보, 자동차상하역정보, 철도상하차정보, 선적정보 등이 있다.

### 7) 보험정보

보험정보에는 화물보험정보, 컨테이너보험정보, 자동차운송보험정보, 철도운송보험정보 등이 있다.

### 8) 화물통관정보

화물통관정보에는 수출입신고정보, 수출입면장획득정보, 관세환급정보, 항공화물통관정보 등이 있다.

# 제 2 절 물류정보시스템

## 1. 물류정보시스템의 개념

물류정보시스템LIS : Logistics Information Systems이란 원자재의 구입에서부터 완제품의 유통에 이르기까지 제품의 흐름과정 및 이와 관련해서 발생하는 제반 자료를 물류관리의 목적에 알맞게 처리하고 가공하기 위한 컴퓨터에 기반을 둔 정보시스템을 말한다. 물류정보시스템은 기업의 전략적 의사결정을 지원하고 물류정보의 효과적인 활용을 위해 정보의 저장과 처리에 필요한 체계적인 시스템 요소와 정보의 적절한 전달을 통해 고객서비스 향상과 물류비 절감을 목적으로 하고 있다.

물류정보시스템은 물류와 IT의 만남이다. IT의 발전이 광범위한 네트워킹을 실현시켜 통합을 촉진하고 있다. 물류가 바로 통합이며 이를 위해 물류정보시스템은 필수적이다. 물류정보시스템은 유통정보시스템에 속하고, 유통정보시스템은 다시 경영정보시스템에 속한다. 따라서 물류정보시스템은 최적 경영정보시스템의 구축방향과 일치하도록 하여야 한다. 그리고 상위 정보의 시스템화가 선행되어야 한다. 제조업에서는 생판물의 통합, 유통업에서는 재고 축소, 수급의 연계가 물류정보시스템의 요체이다.

물류정보시스템은 물류관리의 주요 단계별 요인인 포장, 하역, 보관 및 수송 등 각 기능 간을 연결시켜 전체적인 물류관리를 효율적으로 수행토록 하는 정보시스템이다. 또한 원재료의 구입에서부터 완제품 유통에 이르기까지 제품의 흐름과정 및 이와 관련되어 발생하는 사실 및 자료를 물류관리 목적에 알맞게 처리, 가공하는 컴퓨터를 기반으로 하는 정보시스템이라고 할 수 있다. 즉, 물류정보를 수집, 저장, 가공, 유통할 수 있게 컴퓨터의 하드웨어 및 소프트웨어, 업무프로세스 및 사람들의 집합체이다. 따라서 물류활동과 정보활동은 기본적으로 일체가 되어야 한다.

물류정보시스템은 주문을 받은 상품을 신속하고 정확하게 고객에게 도달시킴으로써 고객이 만족할 수 있도록 하고, 물류의 제반활동에 수반하는 비능률적인 요인들을 배제하고 개선함으로써 효율적인 물류시스템의 운용을 통하여 전체적인 물류비를 절감하는 데 그 목적이 있다. VAN, EDI, EC 등의 정보통신망이 기업의 물류정보시스템을 지원하며, 물류정보시스템은 ERP와도 연동될 수 있다. 물류정보시스템은 화주, 운송업자, 주선업자, 창고업자 등이 상호 교환하는 정보를 수집, 처리, 공급, 관리하여 물류활동의 효율성, 경제성, 신속성, 안전성을 추구하는 도구이다.

물류정보시스템은 기업에 있어서 단순한 원가절감, 생산성향상 차원을 벗어나서 경쟁우위 확보를 펼칠 수 있는 분야이다. 물류정보시스템을 효율적으로 활용함으로써 기업은 무재고 시스템의 토대를 마련하고 물류정보의 경영 전략적 활용가치를 창출하며 적량 적기 납품실현은 물론, 나아가서는 생산과 영업부서 간의 불신까지도 해소할 수 있다. 물류정보시스템은 ① 데이터 중심적이다. ② 정보가 다중 경로로 흐른다. ③ 응용 및 사용자 중심의 개발이 요구된다. ④ 높은 수준의 순차처리 방식을 채택한다.

## 2. 물류정보시스템의 특징

### 1) 격지자간시스템

물류정보시스템은 발화주와 착화주 등과 같이 멀리 떨어진 장소에 있는 당사간의 정보이동이 있는 시스템이다. 이와 같이 물류정보시스템은 서로 다른 장소에서 물류업무를 지원하기 위해 당사자 간에 정보통신망을 통해 하나로 연결해 주는 역할을 한다.

### 2) 다수기업간시스템

물류당사자는 같은 기업 내 각 부문은 물론, 기업과 연관을 맺는 수배송업자, 창고업자, 납품업자, 판매업자 등이 연결된 시스템이다.

### 3) 대량정보처리와 계절변동

회사별로 수주, 피킹, 분류, 수배송 등은 개별화물에 연관된 정보량이 많고, 계절변동에 의한 정보량의 차가 큰 시스템이라고 할 수 있다. 정보량의 번동 폭 또한 큰 시스템으로 예를 들어 계절적 상품인 경우에는 계절변동을 감안해야 한다. 따라서 물류정보시스템은 대용량 데이터베이스를 운용해야 하며 업무성격에 따라 온라인처리와 배치처리를 병용해야 한다.

### 4) 현장밀착형시스템

물류정보시스템은 현장 담당자에게는 업무처리를 위한 필수적인 시스템이다.

### 5) 지능형시스템

물류정보시스템과 연동하는 물류기기들이 점점 더 고도화, 지능화 되어가고 있으므로 이를 연결하여 상호 유기적으로 작동하게 하는 시스템이다.

### 6) 사전처리형시스템

수주정보, 재고정보에 따라 대응행동을 하기 전에 미리 필요한 정보처리를 끝내는 시스템이다.

## 3. 물류정보시스템의 목표

물류정보시스템이 구축되면 수배송이 가속화되고, 재고관리상 재고의 최소화 및 최적화, 물류거점의 집약화, 물류비의 절약화 등이 가능해져서 결과적으로는 고객에 대한 서비스를 향상시킬 수 있게 된다.

물류정보시스템의 목표는 고객서비스의 향상과 물류비용의 절감이라고 할 수 있다. 즉, 주문받은 물품을 신속하고 정확하게 고객에게 도달시킴으로써 고객이 만족할 수 있도록 하는 동시에 물류의 제반 활동에 수반하는 비능률적인 요소들을 배제하고 개선함으로써 효율적인 물류시스템의 운용을 통한 전체적인 비용의 절감을 가져오도록 해야 한다. 구체적으로 물류정보시스템의 목표를 정리하면 다음과 같다.

첫째, 기업간 정보의 공유를 바탕으로 유통재고를 최소화한다.

둘째, 적정고객서비스를 최소한의 비용으로 달성할 수 있도록 지원한다.

셋째, 조달, 생산, 유통 등을 포괄적으로 연결하여 전체적인 물자의 흐름을 관리한다.

넷째, 환경변화에 신속히 대응할 수 있도록 기업의 경쟁력을 향상시키는데 기여한다.

다섯째, 물류정보시스템은 소비자수요에 기초하여 Pull방식으로 유통망을 지원한다.

## 4. 물류정보시스템의 기능

### 1) 기획·통제기능

물류정보시스템은 리드타임정보 및 수요예측정보를 제공하여 기업이 생산량을 예측하고 재고수량과 재고입지를 결정하는데 중요한 정보로써 활용한다. 또한 사전에 설정된 설비 및 시설활용 목표 및 서비스 수준목표와 설제 달성된 서비스 수준을 비교함으로써 물류활동의 통제자료로서도 사용할 수 있다.

### 2) 조정기능

물류정보시스템을 통해 정보의 공유가 가능해짐으로써 생산계획과 조달계획을 조정할 수 있다. 그러나 이를 위해서는 정보시스템의 통합이 필수적이다. 통합적 정보시스템은 다음과 같이 설계되어야 한다.

첫째, 정보시스템 내의 어떤 하위시스템예컨대 조달물류정보시스템의 자료가 기타 하위시스템예컨대 판매정보시스템에도 사용될 수 있도록 설계되어야 한다.

둘째, 모든 분산된 자료를 공통된 지역에 보관함으로써 공통의 데이터베이스를 구축할 수 있어야 한다.

셋째, 밀접하게 관련된 활동을 통합하여 수행하는 것이 필요하다.

넷째, 각 하위시스템이 각종 지원컴퓨터 설비, 데이터베이스, 정보네트워크, 분석도구 등을 공동으로 이용할 수 있어야 한다.

### 3) 고객서비스·커뮤니케이션기능

고객이 인터넷 주문시 최초로 접촉하게 되는 것이 정보시스템으로서 정보시스템의 반응은 즉각적이고 신축적이어야만 한다. 기업으로서는 항상 고객에 대한 커뮤니케이션 경로가 적절히 유지되고 있는지 점검함으로써 주문율의 향상을 이끌어 낼 수 있도록 하여야 한다.

## 5. 물류정보시스템의 유형

### 1) 수주·출하시스템

고객의 주문에 대한 제품의 출하과정을 관리하는 시스템으로 수주처리는 거래활동의 출발점이며, 수주정보는 물류활동 및 물류정보시스템의 기초자료가 된다.

### 2) 재고관리시스템

물류거점의 네트워크에서 적절하게 재고를 배치함으로써 적정재고 수준을 유지하고 판매기회의 손실을 최소화하며 운송비 절감을 목적으로 한다.

### 3) 창고관리시스템

최소의 비용으로 작업자, 창고면적, 하역기계설비 등의 경영자원을 유효하게 이용하고 목표로 하는 고객서비스 수준으로 제고시키기 위한 시스템이다. 또한 보관시설 및 품목별로 재고상황 기록을 적정하게 유지하는 기능을 가지고 있다.

### 4) 수배송시스템

물류네트워크에서 화물이동에 관한 관리 및 배송효율의 향상을 위한 시스템으로 고객의 주문상황에 대하여 적기배송체제의 확립과 최적운송계획을 수립함으로써 운송비를 절감하는 체제로 되어 있다.

### 5) 물류관리시스템

고객의 주문에서 배송에 이르기까지 전과정을 계획, 실시, 평가 및 통제하는 시스템으로 각 분야의 관리시스템이 가장 효율적으로 수행되도록 물류시스템 전반을 관리하는 시스템이다.

# 제 3 절 물류관리를 위한 정보기술

## 1. 바코드

### 1) 바코드의 개념

바코드Bar Code란 굵기가 서로 다른 바Bar와 공간Space의 조합에 의해 상품에 관한 여러 가지 정보를 표시하고 이러한 문자나 숫자를 기계가 읽을 수 있도록 하는 기호체계

우리나라의 공통상품코드 체계는 EAN이 공식적으로 인정한 한국표준의 바코드임를 말한다.

바코드는 상품에 관한 정보를 해독할 수 있도록 부호화한 것으로 POS시스템의 보급 및 이용을 확대하기 위해 필요하다. 상품코드를 관리하는 국제기구인 GS1Global Standard #1은 유통물류를 비롯한 전 산업에서 사용되는 상품 식별용 바코드, 전자문서, 전자카달로그 등의 표준화를 주도해 온 민간국제표준기구이다. GS1 국제표준바코드 사용에 관해서는 GS1 Korea한국유통물류진흥원에서 총괄하고 있다.

## 2) 바코드의 장점과 단점

### (1) 바코드의 장점

바코드 시스템의 장점을 살펴보면 다음과 같다.

첫째, 오독률이 낮아 높은 신뢰성을 확보할 수 있다.

들째, 도입비용이 저렴하고 응용범위가 다양하다.

셋째, 바코드에 수록된 데이터는 비접촉 판독이 가능하고 한 번의 주사로 판독이 가능하다.

넷째, 컨베이어 상에서 직접 판독이 가능하며 신속한 데이터 수집이 가능하다.

### (2) 바코드의 단점

바코드 시스템의 단점을 살펴보면 다음과 같다.

첫째, 정보량은 일반적으로 5~15개의 bar에 담겨지므로 정보량이 적은 편이다.

둘째, 정보의 변경이나 추가가 되지 않으므로 정보추가를 원할 때는 추가 표시라벨을 별도로 부착하여야 한다.

## 3) 국제 바코드 표준체계

### (1) 국제거래단품코드

거래단품은 공급사슬 상에서 가격이 매겨지거나 주문 단위가 되는 상품을 말하며, 소비자에게 판매되는 모든 낱개 상품뿐만 아니라 묶음 상품, 기업 간 주문 단위로 이용되는 골판지 상자 단위도 거래단품의 범주에 포함된다.

국제거래단품코드GTIN : Global Trade Item Number의 종류에는 GTIN의 종류에는 GS1-88

자리, GS1-1313자리, GS1-1414자리가 있으며, 이를 전산으로 처리할 경우에는 모든 14자리로 입력해야 하므로 각 코드의 앞에 0을 채워 14자리로 만든 후 데이터베이스에 입력한다.

### (2) GTIN 코드의 예시

#### ① 국가식별코드(3자리)

첫 3자리 숫자는 국가를 국가를 식별하는 코드로 대한민국은 항상 880으로 시작한다. 세계 어느 나라에 수출되더라도 한국 상품으로 식별되며, 원산지를 나타내는 것은 아니다. 1982년 이전에 GSI에 가입한 국가식별코드는 2자리 1982년 이후 가입한 국가는 국가식별코드가 3자리이다.

#### ② 제조업체코드(6자리)

국가코드 다음의 6자리 제조업체코드는 대한상공회의소 유통물류진흥원에서 제품을 제조하거나 판매하는 업체에 부여한다. 업체별로 고유코드가 부여되기 때문에 같은 코드가 중복되어 부여되지 않는다.

#### ③ 상품품목코드(3자리)

제조업체코드 다음의 3자리는 제조업체코드를 부여받은 업체가 자사에서 취급하는 상품에 임의적으로 부여하는 코드이다. 000~999까지 총 1,000품목의 상품에 코드를 부여할 수 있다.

**❙ 그림 12-1 ❙** GTIN 코드의 예시

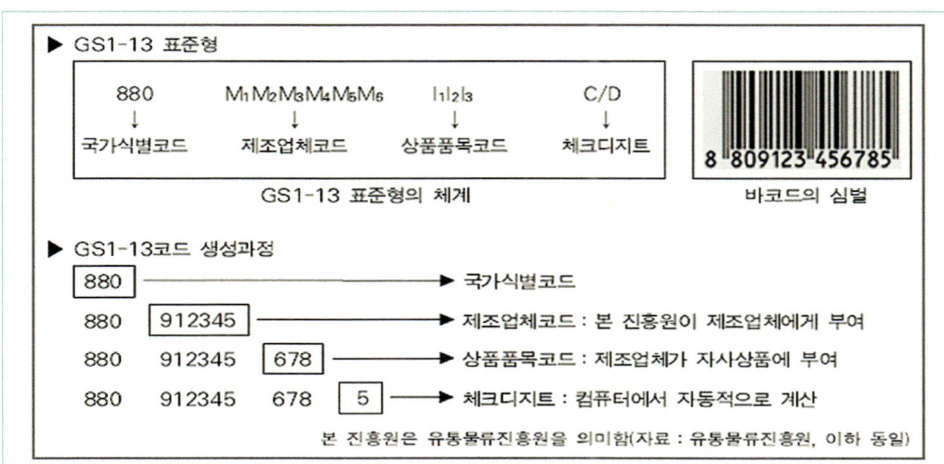

④ **체크 디지트**

스캐너에 의한 판독오류를 방지하기 위해 만들어진 코드로 바코드가 정확하게 구성되어 있는가를 보장해 주는 컴퓨터 체크디지트를 말한다.

## 4) GS1 바코드의 종류

### (1) GS1-13(표준형 A)

① **국가식별코드**

국가를 식별하기 위한 숫자로 2~3자리로 구성된다. 1982년 이전에 GS1 International에 가입한 국가는 2자리이며, 1992년 이후에 가입한 국가는 3자리가 부여된다. 우리나라의 경우 880을 사용한다.

② **제조업체코드**

상품의 제조업체를 나타내는 코드로 5자리, 의류 등의 다품종 업체에 63000~69999 부여한다.

③ **상품품목코드**

각각의 단품을 나타내는 코드로 0000~9999까지 총 10,000품목에 부여할 수 있다.

④ **체크 디지트**

스캐너에 의한 판독 오류를 방지하기 위해 만들어진 코드로 modulo 10방식에 의해 계산된다.

**| 그림 12-2 |** GS1-13 (표준형 A: 다품목 코드)

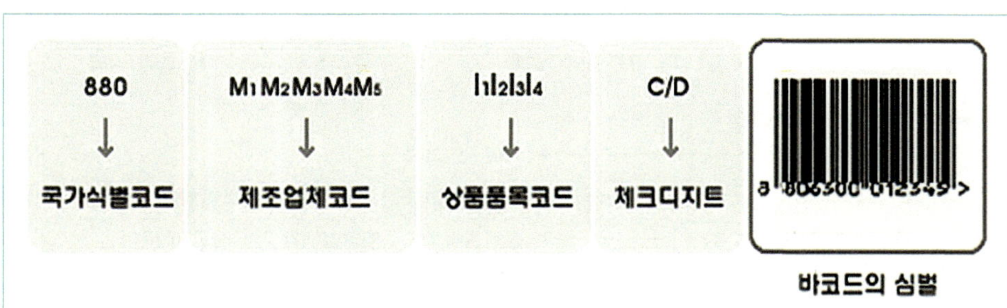

### (2) GS1-13(표준형 B)

**① 국가식별코드**

국가를 식별하기 위한 숫자로 2~3자리로 구성된다. 1982년 이전에 GS1 International에 가입한 국가는 2자리이며, 1992년 이후에 가입한 국가는 3자리가 부여된다. 우리나라의 경우 880을 사용한다.

**② 제조업체코드**

상품의 제조업체를 나타내는 코드로 6자리로 구성된다.

**③ 상품품목코드**

각각의 단품을 나타내는 코드로 총 1,000품목에 부여할 수 있다.

**④ 체크 디지트**

스캐너에 의한 판독오류를 방지하기 위해 만들어진 코드로 modulo 10방식에 의해 계산된다.

| 그림 12-3 | GS1-13 (표준형 B)

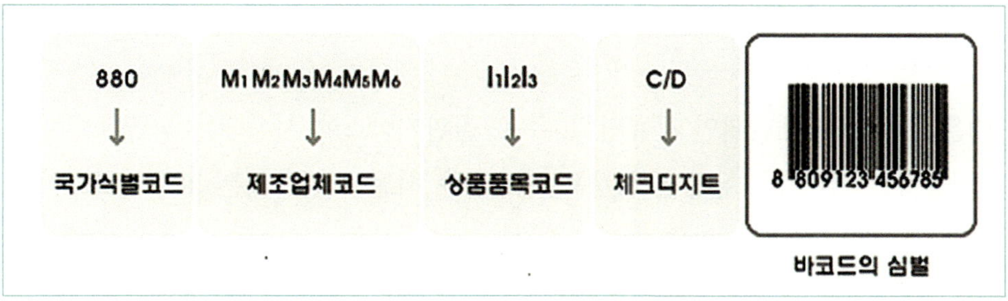


### (3) GS1-13(의약품 코드)

**① 국가식별코드**

국가를 식별하기 위한 숫자로 2~3자리로 구성된다. 1982년 이전에 GS1 International에 가입한 국가는 2자리이며, 1992년 이후에 가입한 국가는 3자리가 부여된다. 우리나라의 경우 880을 사용한다.

#### ② 제조업체코드

의약품 제조업체를 나타내는 코드로 5자리로 구성된다.

#### ③ 상품품목코드

각각의 단품을 나타내는 코드로 총 10,000품목에 부여할 수 있다.

#### ④ 체크 디지트

스캐너에 의한 판독오류를 방지하기 위해 만들어진 코드로 modulo 10방식에 의해 계산된다.

**| 그림 12-4 |** GS1-13(의약품 코드)

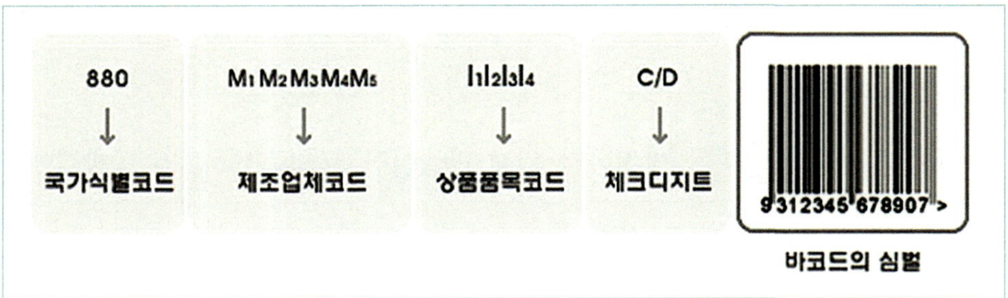


### (4) GS1-14(물류식별코드)

GS1은 업체간 거래단위인 물류단위, 주로 골판지박스에 사용되는 국제표준바코드로서 생산공장, 물류센터, 유통센터 등의 입·출하 시점에 판독되는 표준바코드이다

#### ① 표준물류바코드 활용 이점

물류센터 내 검품, 거래처별, 제품별 소팅, 로케이션관리의 자동화, 물류센터 내 실시간에 재고 파악을 통한 재고관리의 효율화, 생산에서 배송까지 제품 이동을 신속하고 정확하게 할 수 있다. 즉, 수주에서 납품까지의 리드타임 단축 등 물류단위 중심의 EDI 거래 촉진시킬 수 있다.

#### ② 물류식별코드가 의미하는 내용

표준물류코드의 0~9까지 부여할 수 있으며 그 의미는 다음과 같다.

0은 박스 내 소비자 구매단위가 혼합되어 있는 경우로 박스 내에 있는 단품에 부여된 상품품목코드와 다른 상품 품목코드를 부여해야 한다. 1~8은 박스 내에 동일한 단품이 들어 있는 경우 물류식별코드는 박스에 포함된 단품의 개수의 차이를 구분한다. 9는 추가형 코드가 있는 경우 부여된다.

**| 그림 12-5 |** GS1-14(물류식별코드)

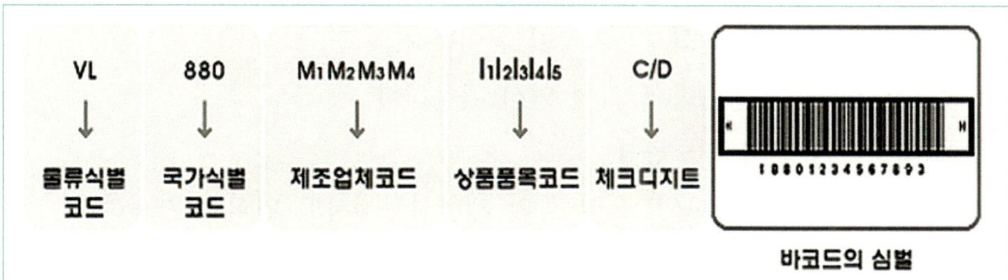


## 2. RFID

### 1) RFID의 개념

RFIDRadio Frequency Identification, 즉 무선주파수인식기술은 각종 물품에 소형 반도체 칩을 부착해 사물의 정보와 주변 환경정보를 무선주파수를 이용하여 식별하는 방식을 말한다. 1980년대부터 등장한 이 시스템은 무선식별시스템이라고도 하며, 원거리에서 인식이 가능하고 충돌방지기능이 있어 동시에 여러 개를 인식할 수 있는 장점을 가진 자동인식기술의 하나이다. 전파식별기술은 바코드처럼 직접 접촉하거나 가시대역 안에서 스캐닝할 필요가 없어 바코드를 대체할 기술로 평가받으며 활용범위도 확대되고 있다. RFID는 기본적으로 태그, 안테나, 리더, 호스트로 구성되어 있다.

바코드와 비교해 보면, 바코드의 경우 레이저 판독기를 바코드에 직접 접촉시켜야 하지만 RFID는 안테나와 태그만 있으면 판독기를 직접 접촉하지 않아도 쉽게 상품의 정보를 식별할 수 있으며 필요한 정보를 삽입할 수도 있다.

### 2) RFID의 장·단점

#### (1) RFID의 장점

RFID는 바코드에 비하여 다음과 같은 장점을 갖고 있다.

첫째, 나무, 직물, 플라스틱 등을 투과하여 인식이 가능하다.
둘째, 원거리 및 고속 이동시에도 인식이 가능하다.
셋째, 충돌방지기능이 있어 여러 개를 동시에 인식 가능하다.
넷째, 반영구 사용이 가능하다.
다섯째, 대용량의 메모리가 내장되어 있다.
여섯째, 태그의 데이터 변화 및 저장이 용이하다.
일곱째, 다수의 태그 정보를 동시에 인식 가능하다.
여덟째, 데이터의 신뢰도가 높다.
아홉째, 눈, 안개, 결빙, 도색, 오염 등의 제한상황에서도 인식이 가능하다.

### (2) RFID의 단점

RFID는 다음과 같은 단점을 갖고 있다.
첫째, 바코드에 비하여 가격이 비싸다.
둘째, 개인 프라이버시 침해가 가능하다.
셋째, 국가별 주파수가 다르다.
넷째, 전파의 적용범위가 한정되어 있다.

**| 표 12-1 | 바코드와 RFID의 비교**

| 구분 | 바코드 | RFID태그 |
|---|---|---|
| 인식방법 | 광학식 Read Only | 무선 Read / Write |
| 정보량 | 수십 단어 | 수천 단어 |
| 인식거리 | 최대 수십 cm | 최대 100m |
| 인식속도 | 개별 스캐닝 | 최대 수백 개 |
| 관리레벨 | 상품그룹 | 개개상품(일련번호) |
| 가격 | 라벨인쇄 10원 미만 | 태그 수백 원(향후 100원 이하) |

## 3) RFID의 구성요소

RFID는 태그, 안테나, 리더 및 호스트로 구성된다. 태그에는 고유 ID와 정보를 담은 초소형 IC집적회로, 안테나, 배터리가 들어 있다. 안테나는 무선주파수를 발사하며 태그로부터 전송된 데이터를 수신하여 리더로 전달한다.

리더는 태그로부터 데이터를 수신, 호스트 컴퓨터로 전송하는 역할을 하며, 서버는 태그와 리더 사이에 교환되는 정보를 받아들이는 역할을 한다. 호스트는 한 개 또는 다수의 태그로부터 읽어 들인 데이터를 처리하며, 분산되어 있는 다수의 리더 시스템을 관리한다.

사실상 초소형 방송국에 해당하는 시스템을 구축하는 셈이다. 또 주파수 배분 문제를 해결해야 하는 것도 숙제다. RFID는 전파를 이용하는 시스템이므로 방송 전파와 마찬가지로 한정된 자원인 전파의 주파수를 효율적으로 배분해야 하기 때문이다.

### 4) RFID의 물류분야 활용

RFID는 물류창고관리시스템, 항공수화물처리, 주차관리 등 물류분야에 유용하게 활용할 수 있다. 이와 관련하여 상세하게 설명하면 다음과 같다.

첫째. 물류창고관리시스템에서 파렛트, 박스단위로 태그를 부착하여 자동입출고처리, 공급체인을 경유하는 상품의 실시간 위치추적 및 재고관리 등에 이용할 수 있다.

둘째, 항공수화물처리에서 항공수화물의 보다 신속하고 정확한 판독과 분류 그리고 위험물품 재검사가 가능하다.

셋째, 통신분야에서 차량의 이동 중 자동지불 등에 이용할 수 있다.

넷째, 주차관리분야에서 태그가 부착된 차량이 접근하면 출입통제장치가 자동으로 개폐된다.

다섯째, 공장의 제도 및 소매업 분야에서 자산관리, 제품의 추적관리 등에 이용될 수 있다.

## 3. 자동발주시스템

자동발주시스템EOS : Electronic Ordering System은 온라인발주시스템이라고도 하며, 매장에서의 재고관리를 지원하기 위한 시스템이다. 매장 내에서 특정 상품의 재고량을 실시간으로 파악할 수 있는 시스템이 장착되어 있고, 판매에 따라 재고량이 줄어들어 재주문점에 도달하게 되면 컴퓨터에 의해 자동발주가 이루어지는 시스템을 말한다.

컴퓨터에 의한 온라인기술의 진보와 POS 시스템의 보급에 따라 점포 진열선반 앞에서 필요한 상품의 발주자료를 발주 단말기에 입력하여 이를 거래선 컴퓨터의 회선을 통하여 전송함으로써 수발주작업의 생력화와 정보수집처리의 신속화·정확화를 도모하는 보충발주시스템이다.

EOS의 도입목적은 소매점의 EOS화 측면에서 점포재고의 적정화, 오납·결품관리 용이, 검품체제 개선, 매입관리스시스템의 확립, 발주작업체제의 개선, 점포관리시스템으로의 발전 등이다. 또한 도매점의 EOS화 측면에서는 수주작업의 효율화, 물류체제의 효율화, 단골거래처에 대한 서비스체제의 향상, 판매관리의 시스템화, 사무작업의 생력화 등을 목적으로 한다.

## 4. CALS

### 1) CALS의 개념

CALSCommerce at Light Speed는 계획, 설계, 제조, 조달, 유지보수, 유통, 판매, 폐기에 이르기까지 생산 활동의 모든 부분에 걸쳐서 정보의 표준화 및 공유화를 도모하여 생산성 향상 및 고객서비스를 추구하는 개념이다. CALS 개념의 구현은 세계적인 수준에서의 정보공유체계를 구축하는 것이다. 이를 위해서는 물리적으로 분산되어 있는 각종 산업정보를 논리적으로 통합, 관리하는 기술과 이들 정보를 사용자간에 공유할 수 있도록 지원하는 시스템이 필요하다. 즉 CALS 환경 하에서 정보관리는 정부, 기업 등을 포함하는 사용자가 중심이 되어 활동하므로, 목표로 하는 제품, 체제 등의 Life-Cycle 동안 발생하는 자료를 효율적이고 통합적으로 관리하여 사용하는 것이 중요하다.

CALS는 전 세계의 산업계가 정보로 결합되는 가상기업의 구현이 목표이며, 이를 위하여 개방형 정보시스템을 구축하는 것이다. 이와 같이 CALS의 개념을 개방형 정보시스템의 구현을 적용키 위해서는 CALS 개념을 명확히 이해할 필요가 있다. CALS는 제품의 조달, 설계, 개발, 생산, 운용, 보수, 폐기라는 전 Life-Cycle에 관련된 정보를 표준에 따라 디지털화하며, 이들 정보를 공유 가능한 환경을 구축함으로써 산업계 전체의 생산성 향상을 추구하는 정보통합화 어프로치라고 정의할 수 있다.

### 2) CALS의 특징

CALS는 다음과 같은 특징을 갖고 있다.

첫째, 설계에서 폐기까지 제품의 라이프사이클 전체를 대상으로 한다.

둘째, 서류를 없애는 정보화 시스템으로 모든 업무는 국제표준에 의해 이루어진다.

셋째, 모든 정보는 표현, 저장, 전달할 때 통일된 국제표준에 의해 이루어진다.

넷째, 실현을 위해서는 전 세계를 연결하는 안정적인 네트워크의 정비가 전제조건이다.

다섯째, 어느 메이커의 하드웨어나 소프트웨어가 아니며 어느 특정 회사의 시스템도 아닌, 단지 전 세계 산업의 정보를 최대한으로 이용하고 기업간의 거래를 신속하게 하기 위한 산업정보화 전략이다.

### 3) CALS의 기대효과

CALS를 도입하면 다음과 같은 효과를 얻을 수 있다.

첫째, 데이터의 자유로운 교환으로 제품의 개발시간을 크게 단축시킬 수 있다. 이는 공동개발부문에서 실시간의 온라인으로 진행됨으로써 그 효과가 극대화되며, 최근 신제품의 수명이 단축되고 있는 상황 하에서는 그 효과가 매우 크다.

둘째, 해외조달에서의 최적, 최저가 부품조달이 가능하다. 즉, 정보네트워크를 활용한 전략적인 기업간 제휴가 가능하고 양질의 제품을 값싸게 전 세계로부터 구입하는 물류정보시스템적 기능이다.

셋째, 가상기업처럼 제휴하기 때문에 개발, 조달의 리드타임을 단축하며 생산을 향상시키고, 나아가서는 제품의 라이프사이클 전체를 통한 코스트 삭감을 유도할 수 있다.

## 5. 차량배차관리시스템

차량배차관리시스템TMS : Transportation Management System은 출하되는 화물의 양과 수하처의 수 및 배차가능 한 차량을 이용하여 가장 효율적인 배차방법을 찾아낼 뿐만 아니라 가장 효율적인 운송차량의 선정, 운송비의 계산, 차량별 운송실적 관리 등 일반적인 화물자동차의 운영 및 관리를 하기 위한 시스템을 말한다.

이러한 배차관리시스템은 다양한 화주의 화물을 운송하는 운송기업이나 특정 화주의 화물을 전담하여 수송 또는 배송하는 경우, 자사의 화물을 자사의 차량이나 외부의 차량을 이용하여 직접적으로 배차관리 하는 경우 등에 따라 전체적인 시스템의 범위, 업무내용 및 업무처리절차가 차이가 날 수 있다. 차량배차관리시스템이 추구해야 할 점은 다음과 같이 정리할 수 있다.

첫째, 가장 적절한 규모의 차량을 이용할 수 있도록 해야 한다.

둘째, 가장 적절한 대수의 차량을 투입할 수 있도록 해야 한다.

셋째, 차량의 상하차대기시간을 최대한 감축시킬 수 있도록 해야 한다.

넷째, 화물운송에 차질이 발생하지 않도록 적정한 차량을 배차할 수 있도록 한다.

다섯째, 차량의 운행사항 파악 및 운송실적과 분석 자료가 보고될 수 있도록 개발한다.

여섯째, 상품의 주문내용이 운송지시로 자동적으로 연계될 수 있도록 개발한다.

일곱째, 화주기업과 EDI를 구축한다.

## 6. 적재관리시스템

적재관리시스템VMS : Venning Management System이란 출하되는 화물의 양중량 및 부피에 따라 적정한 크기의 차량선택과 한대의 차량에 몇 개의 배송처의 화물을 적재할 것인지를 계산해 내는 것은 물론이고, 화물의 형상 및 중량에 따라 적재함의 어떤 부분에 어떤 화물을 적재해야 가장 효율적인 적재가 될 것인지를 시뮬레이션을 통하여 알려줄 수 있다. 또한 출하물량의 수준에 따라 차량의 소요, 컨테이너 및 파렛트의 소요량도 산출해 준다. 이러한 VMS는 다양한 종류의 화물을 매일 운송을 하면서 그 출하량이 매일 같이 변동되는 경우 매우 필요한 시스템이다.

적재관리시스템이 추구해야 할 점을 정리하면 다음과 같다

첫째, 다양한 차량을 이용할 수 있을 때는 가장 적절한 규모의 차량을 이용할 수 있도록 한다.

둘째, 이용하는 차량의 크기가 정해져 있을 때는 최적의 화물의 양을 운송할 수 있는 배송처를 결정할 수 있도록 한다.

셋째, 적재계획은 운송화물의 중량과 부피를 동시에 고려하여야 한다.

넷째, 축중제한을 초과하지 않도록 전체적인 적재화물의 중량을 통제할 수 있을 뿐만 아니라 편하중에 의한 축중제한이 발생하지 않도록 적재위치도 고려되어야 한다.

다섯째, 주문관리시스템OMS : Oder Management System과 자동적으로 연결될 수 있도록 해야 한다.

## 7. 라우팅시스템

라우팅시스템Routing System이란 화물자동차의 운행경로와 배송처를 최적으로 설정해 주는 정보시스템을 말한다. 택배업체와 배송업체같이 많은 개인이나 기업들을 방문하거나 고정된 대리점 또는 판매점에 상품을 공급하는 경우, 불특정 다수의 주문자들로부터 상품을 주문받아 최단시간 내에 배달을 해야 하는 업체들의 경우에는 주문자가 원하는 시간 내에 가장 가까운 경로를 이용하여 가능한 많은 상품을 배달하거나 보다 많은 거래처를 배송할 수 있도록 배차관리를 하는 것이 필요하다.

라우팅시스템은 택배와 같이 불특정 다수의 수하처를 대상으로 하는 경우와 고정 거래처를 대상으로 하는 경우로 대별할 수 있다. 불특정 다수의 수하처를 대상으로 하는 경우에는 수하처의 주소와 도로에 관한 GIS정보를 이용하여 라우팅을 하게 되며, 고정 거래처에 대한 배송의 경우에는 각 점포간 운송거리와 작업시간, 각종 작업여건 등을 사전에 조사하여 DB화한 후 이를 이용하여 라우팅을 하게 된다.

## 8. 화물추적시스템

화물추적시스템Tracing System이란 화물이 송화인의 문전에서 출발하여 수화인의 문전까지 도착할 때까지 언제 어떤 단계를 거쳐 누구에게 전달되었는지를 정보시스템을 통하여 알려주는 시스템을 말한다.

1990년 초까지만 해도 화물추적시스템은 화물의 취급종적을 추적함으로서 하물취급에 관한 책임소재를 가르고 수입 배분을 하며 화물의 취급을 준비할 수 있도록 하는 관리용도로 주로 활용되었으나 이후 물류환경의 변화에 따라 송화인, 수화인에게 그들의 화물이 지금 어느 위치에 있으며 언제 나에게 전달될 수 있는지를 알려주는 중요한 정보시스템이 되어가고 있으며, 택배나 포워딩, 컨테이너운송 등에서는 영업활동분야에서도 매우 중요한 역할을 하는 시스템이 되고 있다. 특히 향후 RFID가 물류에 도입되면 화물의 흐름에 관한 종적은 물론이고 제조에서 판매 및 소비과정까지의 상세한 정보가 정보시스템에 보고되고 파악될 수 있어 더욱 중요한 시스템이 될 것이 예상된다.

화물추적시스템이 추구해야 할 점을 정리하면 다음과 같다.

첫째, 가능한 실시간으로 추적정보가 제공될 수 있어야 한다.

둘째, 추적정보를 만드는데 있어서 너무 많은 인건비가 소요되지 않도록 해야 한다.

셋째, 화물의 관리에 책임소재가 따르는 부분에서는 반드시 누가, 언제, 어떤 형식의 취급을 했는지를 알 수 있도록 해야 한다.

넷째, 화주가 자신의 화물이 현재 어느 위치에, 어떤 형태로 있는지를 알 수 있게 해야 한다.

## 9. GPS를 이용한 차량추적시스템

GPSGlobal Positioning System란 미국 국방성에서 관리하는 지구 주변의 6개 궤도를 떠다니는 24개의 GPS용 위성에서 발생되는 신호를 수신하여 지구상 어디에서나 24시간 기상조건에 관계없이 무제한수의 사용자가 사용자의 3차원 위치정보와 시각정보를 무료로 제공받을 수 있는 위치측정시스템을 말한다.

GPS의 위치측정원리는 위치가 각각 다른 위성에서 지상의 한 지점에 도달하는 전파의 도달시간차를 비교하는 것으로 3개의 위성으로부터 신호를 받으면 현재의 위치를 알 수 있고, 4개 이상의 위성으로부터 신호를 받으면 측정지점의 고도까지도 알 수 있어서 위성에서 전파를 수신할 수 있는 곳이면 지구상 어느 곳에서나 자신의 위치를 정확히 알 수 있다. GPS를 민간분야에서 이용할 경우 위치오차가 대략 1백 미터 정도가 되지만 차등방식을 이용할 경우 10m 정도로 줄일 수 있으며, 반송파 위상을 이용하여 보완하면 cm 단위까지 줄일 수 있다.

GPS를 이용한 차량추적시스템은 사무실의 전자지도에 특정차량 또는 자사의 전체적인 차량이 어느 위치에 있으며, 어느 방향으로 운행을 하고 있는지, 영차인지, 공차상태인지 등을 파악하여 사전에 배차를 하거나 비효율적인 운행사항을 통제하기 위하여 이용되는 시스템이다. 이러한 시스템을 이용하기 위해서는 차량의 위치확인이 가능한 모바일장비가 차량에 설치되거나 운전기사가 휴대해야 하며, 이동통신회사의 서비스를 받아서 운영할 수 있다.

차량의 위치추적을 위해서는 휴대폰이나 모바일장비에 GPS위성 또는 통신안테나와 통신을 할 수 있는 통신장치를 설치하면 된다. 따라서 현재 시중에 출시되어 있는 GPS 장비들은 개인용이동전화기, PDA, Navigator, TRS 등이 있으며, GPS정보를 제공하는 이동통신사 등이 별도의 통신장치를 설치한 장비를 개발 또는 인증하여 서비스를 제공하고 있다.

## 10. 교통지리정보시스템

교통지리정보시스템GIS-T : Geographical Information System for Transportation은 디지털지도 Digital Map에 각종 정보를 위상적으로 연결하여 관리하고 이를 분석, 응용하는 시스템을 총칭하며, 이 중 각종 교통정보를 관리, 이용하여 교통정책 수립시 의사결정을 지원하는 시스템이다. GIS에 의해 생성된 디지털지도의 위치제공 기능을 기반으로 하여 각종 생활정보와 유무선통신 서비스를 결합하여 위치확인과 관련된 각종 응용서비스를 제공한다. 센터에서 지리정보시스템을 경유하여 이동체 위치검색, 자료송신을 하며 이동체는 일정시간 간격으로 위치, 상태정보를 시스템에 등록한다.

## 11. 주파수 공용통신

주파수공용통신TRS : Trunked Radio System은 중계국에 할당된 다수의 주파수 채널을 여러 사용자들이 공유하며 사용하는 무선통신 서비스로서 유선통신 고정망의 활용회선을 무선통신에 적용하여 가입자 음성통화량이 있을 때는 임의로 무선채널을 지정 전송하고, 음성통화가 없을 때는 회수하는 방식으로 무선채널의 공동이용을 통하여 주파수채널 이용률을 증가시키는 방식이다.

TRS 서비스의 특징은 먼저 일대 다수의 무선통신이 가능하다는 것이며, 가입자는 현재 소속된 중계국의 어느 채널이라도 사용이 가능하고, 또한 일제통신Group Call, 개별통신, 긴급통신, 공중전화망과의 접속, 그리고 데이터 전송이 가능하며, 가입자가 소 중계국의 어떠한 채널이라도 이용이 가능하다는 점을 들 수 있다. 이러한 특징으로 인해 초기에는 운수업, 제조판매업, 보험용역업, 서비스업, 선박 등 일대 다수의 통신이 필요한 업종에 주로 사용될 것으로 전망되나, 향후 기술발전 추이에 따라 셀룰러휴대폰를 대체할 수 있는 새로운 무선통신방식으로 인식되고 있다. TRS의 도입으로 물류비용절감, 고객서비스 개선, 효율적인 차량관리 등의 효과를 얻을 수 있다.

## 12. 지능형교통시스템

지능형교통시스템ITS : Intelligent Transport Systems은 도로와 차량 등 기존 교통의 구성요소에 첨단의 전자, 정보, 통신기술을 적용시켜 교통시설을 효율적으로 운영하고, 통행자에 유용한 정보를 제공하여 안전하고 편리한 통행과 전체 교통체계의 효율성을 기하도록 하는 교통부문의 정보화 사업이다. 지능형교통시스템은 도로건설, 교통, 통신, 전기, 전자, 자동차 등의 하드웨어와 운영기법, 정보처리기법 등의 소프트웨어가 결합되어 다양한 형태의 서비스로 나타나며 이는 운전자, 보행자, 교통시설 운영, 관리자 등에 제공되어 통행이나 운영, 관리에 다양한 혜택을 준다. ITS 도입의 효과로는 교통시설의 효율성 향상, 교통관리 효율화 도모, 교통혼잡 완화, 교통정보제공을 통한 이용자 편의성 증대, 사고방지 및 안전성 확보, 에너지 절감 및 환경오염감소 효과 등을 들 수 있다.

## 13. POS시스템

POSPoint of Sales시스템은 종래의 직접 손으로 입력하는 키인Key-in방식이 아닌 광학적으로 바코드를 자동판독방식의 레지스터에 의해 단품별로 수집된 판매정보와 매입·배송 등의 활동에서 발생하는 각종 정보를 컴퓨터로 처리하여 각 부문이 유용하게 활용할 수 있는 정보로 가공·전달하는 시스템이다. POS시스템은 점포활동에 수반되어 발생하는 정보 중에서 컴퓨터에 입력할 필요가 있는 정보를 POS터미널에서 일반적으로 수집하여 경영활동에 이용하는 시스템이므로 판매시점 정보관리시스템이라고 불리고 있다. POS시스템은 시계열 자료의 분석을 통해 문제점을 극복할 수 있는 의사결정 정보를 제공해 준다. 종래의 레지스터의 주요한 역할은 고객의 구입금액을 그 자리에서 빠르고 정확하게 계산하는 것이지만, POS시스템은 종래의 레지스터를 컴퓨터의 단말기 등으로 대체하여 고객에게 매출 금액을 제시하고 정산할 뿐만 아니라 소매업 경영에 필요한 각종 정보를 정확하게 수집, 처리하는 시스템이다.

# 연습문제

1. 다음은 물류정보 및 물류정보시스템에 관련된 설명이다. 다음 중 가장 적절하지 않은 것은?

① 물류정보는 성수기와 비수기의 정보량에 차이가 크다.
② 상품의 흐름과 물류정보의 흐름에는 충분한 시차가 필요하다.
③ 물류정보시스템은 리드타임 정보와 수요예측 정보를 제공하여 기업의 생산량을 예측하고 물류거점 입지를 결정하는데 중요한 정보로 활용된다.
④ 물류정보시스템을 통해 정보의 공유가 가능해짐으로써 생산계획과 조달계획을 조정할 수 있다.
⑤ 사전에 설정된 설비, 시설활용 목표, 서비스 수준 목표, 그리고 실제 달성된 서비스 수준을 비교하여 물류활동의 참고자료로 이용할 수 있다.

2. 다음 RFID(Radio Frequency Identification)와 관련된 설명 중 잘못된 것은?

① RFID는 바코드와 달리 접촉하지 않아도 인식이 가능하다.
② RFID는 원거리 및 고속 이동시에도 인식이 가능하다.
③ RFID칩은 바코드나 스마트카드에 비해 비용이 저렴하고 메모리 용량도 크다.
④ RFID 기술은 가시대역 내에서 스캐닝하지 않아도 되는 편리함 때문에 그 활용 범위가 확대되고 있다.
⑤ RFID는 나무, 직물, 플라스틱 등을 투과하여 정보의 교신이 가능하다.

3. 물류정보시스템에 관한 다음 설명 중 가장 적절하지 못한 것은?

① EOS는 매장의 재고관리를 지원하는 시스템으로 재고량이 재주문점에 도달하게 되면 자동발주가 이루어지는 시스템이다.
② VMI란 상품 판매 데이터와 판매예측을 근거로 한 소비자 수요에 기초하여 상품보충이 자동적으로 이루어지는 것으로 유통업체 보충발주의 자동화를 의미한다.
③ VMI는 제조업체가 상품보충시스템을 관리하는 경우로서 상품보충시스템이 실행될 때마다 판매와 재고정보가 유통업체에서 제조업체로 전송된다.
④ VMI에서는 제조업체로 전송된 정보는 상품보충시스템에서 미래 상품수요예측을 위한 데이터로 활용되며, 제조업체 생산 공장의 생산량 조절에 사용된다.
⑤ CR(Continuous Replenishment)은 밀어내기(Push)공급방식이 아닌 정확한 수요에 근거하여 상품이 공급되는 끌어내기(Pull) 공급방식이라 할 수 있다.

4. 물류정보시스템의 특징으로 적절하지 않은 것은?

① 원격지에 있는 당사자 간에 정보유통이 이루어지는 경우가 많다.
② 타 회사와의 정보유통이 많아 네트워크와의 접속이나 부가가치 통신망과 같은 공용 서비스에 대한 요구가 높다.
③ 상품의 흐름과 정보의 흐름에 동시성이 요구된다.
④ 정보의 절대량이 많으나 성수기와 비수기의 정보량 차이는 작다.
⑤ 서비스수준을 높이면서 물류비용의 절감을 고려해야 한다.

5. 물류정보시스템에 관한 다음 설명 중 적절하지 않은 것은?

① GIS(Geographic Information System)는 이동체의 위치 및 상태를 무선통신을 이용하여 실시간으로 파악, 관리하는 시스템이다.
② TRS(Trunked Radio System)는 정보물류망 중 중계국에 할당된 여러 개의 채널을 공동으로 사용하는 화물추적통신시스템이다.
③ EDI(Electronic Data Interchange)는 거래업체 간에 상호 합의된 서식을 일정한 형태를 가진 전자 메시지로 변환, 처리하는 전자 문서 교환 시스템이다.
④ DPS(Digital Picking System)는 점포로부터 발주 자료를 센터의 상품 Rack에 부착한 표기에 피킹 수량을 디지털로 표시한다.
⑤ VAN(Value Added Network)은 제3자를 매개로 하여 기업 간의 자료를 교환하는 통신망이다.

6. 다음 중 전자발주시스템(Electronic Ordering System)의 목적과 관련 없는 것은?

① 점포 내 재고의 적정화 ② 종업원의 부정방지
③ 수발주 업무의 신속화와 오류 방지 ④ 매입관리시스템의 확립
⑤ 검품체제 개선

7. 물류정보시스템의 목표에 대한 설명으로 적절하지 않은 것은?

① 기업 간 정보의 공유를 바탕으로 유통재고를 최소화한다.
② 적정 고객서비스를 최소한의 비용으로 달성할 수 있도록 지원한다.
③ 조달, 생산, 유통 등을 포괄적으로 연결하여 전체적인 물자의 흐름을 관리한다.
④ 환경변화에 신속히 대응할 수 있도록 기업의 경쟁력을 향상시키는 데 기여한다.
⑤ 정확한 생산계획 정보를 근거로 하여 공급계획을 수립하고 밀기(Push)방식으로 유통망을 지원한다.

8. GPS(Global Positioning System) 시스템에 대한 설명이다. 이 중 부적절한 것은?

① 인공위성과 통신망을 이용한 위치측정시스템을 말한다.
② 이동체의 위치파악에 적절한 시스템이다.
③ 무선통신시스템이므로 GPS 수신기의 차량부착이 필요 없어 편리하게 사용될 수 있다.
④ 이동차량이 목적지까지 최단경로를 찾는 데 효율적으로 이용될 수 있다.
⑤ 운행차량의 관리·통제에도 용이하게 활용될 수 있다.

9. POS(Point on Sale)의 효과에 대한 설명으로 옳지 않은 것은?

① 보충발주작업의 자동화
② 임시고용의 용이성
③ 종업원의 부정 방지
④ 정보의 발생시점에서부터 자료수집 가능
⑤ 대형 상품의 재고 파악이 어려워 신뢰성 저하

10. 다음에 제시된 바코드에 대한 설명으로 바르지 않은 것은?

18801234567893

① KAN-14 바코드이다.
② 첫 번째 자리인'1'은 물류식별코드를 나타낸다.
③ '56789'부분은 상품품목코드로 업체별로 절대 중복해서 사용할 수 없다.
④ 두 번째에서 네 번째 자리에 위치한 '880'을 통해 해당 제품을 생산한 국가를 확인할 수 있다.
⑤ 마지막 한 자리는 오류를 검증하는 코드이다.

**11.** 다음에서 설명하는 시스템의 특징으로 옳지 않은 것은?

> 상품판매시점에 관련 데이터를 직접 실시간으로 받아들이고 정보 처리하는 시스템으로 상품을 판매하는 시점에서 상품에 관련된 모든 정보를 신속·정확하게 수집하여 발주, 매입, 발송, 재고관리 등 필요한 시점에 정보를 제공하는 시스템이다.

① 상품의 판매동향 분석을 통해 인기상품 및 비인기상품의 신속한 파악이 가능하다.
② 실시간 차량운행경로 파악이 가능하고 효율적인 배차관리를 통해 공차운행이 감소한다.
③ 판매정보의 입력을 쉽게 하기 위해 상품포장지에 고유 마크나 바코드를 인쇄 또는 부착시켜 스캐너를 통과할 때 해당 상품의 각종 정보가 자동으로 입력된다.
④ 유통업체는 이 시스템을 활용하여 매출동향 파악, 적정재고 유지, 인기상품 진열 확대 등의 효과적인 상품관리 및 업무자동화가 이루어진다.
⑤ 제조업체는 이 시스템을 통해 확보한 정보 분석결과를 생산계획에 즉각 반영할 수 있다.

**12.** 물류정보시스템의 특징에 관한 설명으로 옳지 않은 것은?

① 상품의 흐름과 정보의 흐름은 밀접하게 연계되어 있다.
② 대량정보의 실시간 처리시스템이고 성수기와 비수기의 정보량 차이가 크다.
③ 물류비용보다는 서비스 수준을 높이는데 중점을 두어야 한다.
④ 기업 내 또는 기업과 관계를 맺고 있는 거래처를 연결하는 원격지간 시스템이다.
⑤ 물류시스템에 연동되는 물류기기들과 상호작용할 수 있는 지능형 시스템이다.

**13.** 물류정보와 관련된 설명으로 옳은 것은?

① 물류정보의 발생원은 집중되어 있다.
② 영업, 생산, 운송 등 타부분과의 관련성이 크다.
③ 일반적으로 요일별, 월별 정보량은 일정하다.
④ 정보의 처리장소와 전달장소는 항상 동일한 곳에 위치한다.
⑤ 물류정보에 보험사항은 포함되지 않는다.

**14** 다음 물류시스템 구축에 관련된 설명 중 가장 적절하지 않은 것은?

① 현행 시스템 분석, 사례연구 등을 통해 갭분석, 벤치마킹 등을 할 수 있다.
② 물류정보시스템 구축의 성공요인은 고객의 요구 및 만족도를 정확히 파악하는 것이다.
③ BPR(Business Process Reengineering) 전략의 원칙으로 순차처리, 직무 세분화와 정보기술의 활용 등을 들 수 있다.
④ VAN(Value Added Network) 도입에 따른 주요 경제적 효과로서는 정보전달 경로의 단축화를 들 수 있다.
⑤ 물류시스템 구축의 목적은 기업의 목표 달성을 위한 적절한 수준의 고객서비스를 최소비용으로 제공하는 것이다.

**15.** 다음 물류정보시스템에 대한 설명으로 옳지 않은 것은?

① EAN/UCC(European Article Number/Uniform Code Council) 시스템은 코드를 인쇄한 기업에 관계없이 어느 국가, 어느 장소에서도 사용이 가능하다.
② POS(Point Of Sale)는 생산시점관리 데이터와 다른 재고 관련 정보를 연계한 자동발주의 개념이다.
③ CRP(Continuous Replenishment Program)는 주로 제조업체나 물류센터의 보충발주를 자동화하는 시스템이다.
④ CAO(Computer Assisted Ordering)는 자동화된 주문관리에 의해 수요관리의 효율성을 도모하여 재고수준을 감소시킬 수 있다.
⑤ VMI(Vendor Managed Inventory)는 생산자가 소매업자와 상호 협의하여 소매업자의 재고를 관리하는 개념이다.

**16.** 물류시스템 설계 시 고려해야 할 요인으로 가장 거리가 먼 것은?

① 설비입지
② 재고정책
③ 운송수단과 경로
④ 신제품 개발역량
⑤ 대고객 서비스 수준

# 연습문제 정답

### 제1장 연습문제 정답

| 1 | 2 | 3 | 4 | 5 | 6 | 7 | 8 | 9 | 10 |
|---|---|---|---|---|---|---|---|---|---|
| ② | ① | ② | ① | ④ | ③ | ① | ③ | ④ | ① |
| 11 | 12 | 13 | 14 | 15 | | | | | |
| ③ | ⑤ | ③ | ⑤ | ⑤ | | | | | |

### 제2장 연습문제 정답

| 1 | 2 | 3 | 4 | 5 | 6 | 7 | 8 | 9 | 10 | 11 |
|---|---|---|---|---|---|---|---|---|---|---|
| ④ | ④ | ⑤ | ④ | ④ | ⑤ | ③ | ⑤ | ④ | ① | ⑤ |

### 제3장 연습문제 정답

| 1 | 2 | 3 | 4 | 5 |
|---|---|---|---|---|
| ④ | ② | ⑤ | ③ | ③ |

### 제4장 연습문제 정답

| 1 | 2 | 3 | 4 | 5 | 6 |
|---|---|---|---|---|---|
| ③ | ④ | ④ | ④ | ④ | ⑤ |

### 제5장 연습문제 정답

| 1 | 2 | 3 | 4 | 5 | 6 | 7 | 8 | 9 | 10 |
|---|---|---|---|---|---|---|---|---|---|
| 재고 관리비 | 1억 원 | 기회 원가 | ⑤ | ③ | ② | ① | ② | ③ | ⑤ |
| 11 | 12 | 13 | 14 | | | | | | |
| ④ | ① | ③ | ③ | | | | | | |

### 제6장 연습문제 정답

| 1 | 2 | 3 | 4 | 5 | 6 | 7 | 8 | 9 | 10 |
|---|---|---|---|---|---|---|---|---|---|
| ④ | ④ | ③ | ③ | ⑤ | ⑤ | ⑤ | ① | ④ | ⑤ |
| 11 | 12 | 13 | 14 | 15 | 16 | 17 | 18 | 19 | 20 |
| ③ | ⑤ | ④ | ③ | ① | ① | ⑤ | ③ | ③ | ⑤ |

### 제7장 연습문제 정답

| 1 | 2 | 3 | 4 | 5 | 6 | 7 | 8 | 9 | 10 |
|---|---|---|---|---|---|---|---|---|---|
| ② | ⑤ | ② | ② | ⑤ | ② | ④ | ③ | ② | ④ |
| 11 | 12 | | | | | | | | |
| ④ | ③ | | | | | | | | |

### 제8장 연습문제 정답

| 1 | 2 | 3 | 4 | 5 |
|---|---|---|---|---|
| ④ | ① | ② | ④ | ⑤ |

### 제9장 연습문제 정답

| 1 | 2 | 3 | 4 | 5 | 6 | 7 | 8 | 9 | 10 |
|---|---|---|---|---|---|---|---|---|---|
| ⑤ | ④ | ① | ① | ③ | ⑤ | ① | ⑤ | ① | ④ |
| 11 | 12 | | | | | | | | |
| ④ | ④ | | | | | | | | |

### 제10장 연습문제 정답

| 1 | 2 | 3 | 4 | 5 | 6 | 7 | 8 | 9 |
|---|---|---|---|---|---|---|---|---|
| ② | ④ | ④ | ② | ① | ④ | ⑤ | ④ | ② |

### 제11장 연습문제 정답

| 1 | 2 | 3 | 4 | 5 | 6 | 7 | 8 | 9 | 10 |
|---|---|---|---|---|---|---|---|---|---|
| ① | ④ | ④ | ⑤ | ② | ① | ③ | ⑤ | ④ | ① |

### 제12장 연습문제 정답

| 1 | 2 | 3 | 4 | 5 | 6 | 7 | 8 | 9 | 10 |
|---|---|---|---|---|---|---|---|---|---|
| ② | ③ | ② | ④ | ① | ② | ⑤ | ③ | ⑤ | ③ |
| 11 | 12 | 13 | 14 | 15 | 16 | | | | |
| ② | ③ | ② | ③ | ② | ④ | | | | |

# 참고문헌


문덕중 · 이광배 · 고희준 · 이상춘, 물류관리시스템, 대경, 2014.

박영태, 4.0시대 최신물류학개론, 삼영사, 2020.

박영태, 4.0시대 국제운송론, 삼영사, 2020.

송계의, 물류관리론, 탑북스 2019.

안태호, 현대물류론, 도서출판 범한, 1996.

오영택, 글로벌시대의 물류관리론, 도서출판 범한, 2016.

우정욱 · 김영민, 물류관리론, 도서출판 두남, 2020.

유창권, 물류관리론, 도서출판 두남, 2019.

유창권, 화물운송론, 도서출판 두남, 2018.

유창권, 보관하역론, 도서출판 두남, 2020.

이서영, 화물운송론, 도서출판 두남, 2020.

이신규, 국제물류, 형설출판사, 2015.

이원동, 물류기업 실무자를 위한 물류관리, 청람, 2013.

임석민, 물류관리론, 삼영사, 2016.

장성기, 물류관리론, 도서출판 두남, 2018.

전순환, 국제운송물류론, 한올출판사, 2020.

차충곤, 21세기 화물운송론, 도서출판 범한, 2013.

하명신 · 박경희, 글로벌 시대 국제물류의 이해, 탑북스, 2020.

한낙현, 물류관리론, 형성출판사, 2006.

한낙현 · 정준식, 국제물류관리, 탑북스, 2017.

# 찾아보기

ㅇ



ㅈ

## 저자 소개

### 이서영

- 단국대학교 무역학과(경영학 박사)
- 관세평가포럼 연구위원
- 관세청 보세판매장 특허심사위원회 위원
- 관세청 화물관리인 지정심사위원회 위원
- 한국무역학회 부회장
- 한국관세학회 부회장
- 한국무역연구원 편집국장
- Journal of Korea Trade (SSCI), Associate Editor
- 목원대학교 글로벌비즈니스학과 교수

[연구 실적]

- Exports of SMEs against Risk? Theory and Evidence from Foreign Exchange Risk Insurance Schemes in Korea (SSCI) 외 다수
- 무역학개론(개정3판), 한올출판사
- 화물운송론(개정2판), 도서출판 두남

**물류관리론 – 물류관리사를 위한 : 개정2판**

초　판 1쇄 발행 —— 2011년 8월 30일
개 정 판 1쇄 발행 —— 2021년 2월 20일
개정2판 1쇄 발행 —— 2023년 8월 10일
지은이 —— 이 서 영
펴낸이 —— 전 두 표
펴낸곳 —— 도서출판 두남
서울시 강동구 성내로 6길 34-16 두남빌딩
신 고 : 제25100-1988-9호
TEL : 02) 478-2065~7, 2311
FAX : 02) 478-2068
E-mail : dnbooks@dunam.co.kr
http://www.dunam.co.kr

**정가 28,000원**

ISBN 978-89-6414-968-3　　93320